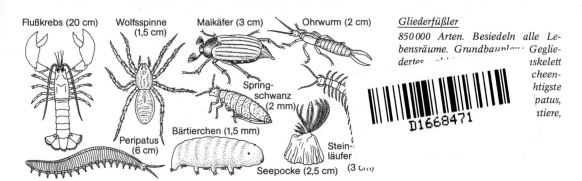

Flußkrebs (20 cm)   Wolfsspinne (1,5 cm)   Maikäfer (3 cm)   Ohrwurm (2 cm)

Springschwanz (2 mm)

Peripatus (6 cm)   Bärtierchen (1,5 mm)

Steinläufer (3 cm)

Seepocke (2,5 cm)

Gliederfüßler

850 000 Arten. Besiedeln alle Lebensräume. Grundbauplan: Gegliedertes ....skelett .... cheen- .... htigste .... patus, ... tiere,

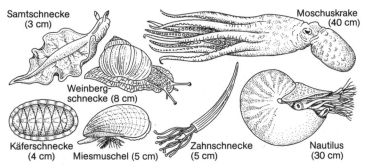

Samtschnecke (3 cm)   Moschuskrake (40 cm)

Weinbergschnecke (8 cm)

Käferschnecke (4 cm)   Miesmuschel (5 cm)   Zahnschnecke (5 cm)   Nautilus (30 cm)

Weichtiere

130 000 Arten. Land- und Wassertiere. Ungegliederter Körper mit Kopf, Fuß, Eingeweidesack und Mantel. Atmung mit Kiemen oder Lungen. Wichtigste Gruppen: Schnecken, Muscheln, Kopffüßer (Tintenfische, Nautilus), Urweichtiere (Käferschnecke).

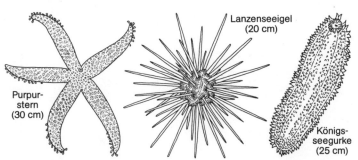

Lanzenseeigel (20 cm)

Purpurstern (30 cm)   Königsseegurke (25 cm)

Stachelhäuter

6000 Arten. Ausschließlich Meerestiere. Meist fünfstrahliger Grundbauplan, Hautskelett durch Einlagerung von Kalkplatten. Wassergefäßsystem zur Fortbewegung, Atmung und Nahrungsaufnahme. Wichtigste Gruppen: Schlangensterne, Seesterne, Seeigel, Seegurken.

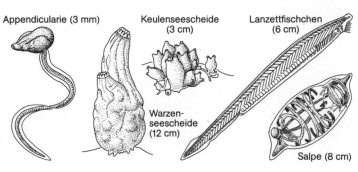

Appendicularie (3 mm)   Keulenseescheide (3 cm)   Lanzettfischchen (6 cm)

Warzenseescheide (12 cm)

Salpe (8 cm)

Manteltiere

1600 Arten. Festsitzende oder freischwimmende Meerestiere mit knorpeligem Skelettstab. Gruppen: Appendicularien, Seescheiden, Salpen.

Schädellose

Wenige Arten. Meerestiere. Körper abgeflacht, mit knorpeligem Skelettstab. Beispiel: Lanzettfischchen.

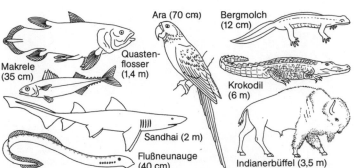

Ara (70 cm)   Bergmolch (12 cm)

Makrele (35 cm)   Quastenflosser (1,4 m)

Krokodil (6 m)

Sandhai (2 m)

Flußneunauge (40 cm)   Indianerbüffel (3,5 m)

Wirbeltiere

58 000 Arten. Besiedeln alle Lebensräume. Grundbauplan mit einem in Kopf, Rumpf und Schwanz gegliederten Körper. Innenskelett mit Wirbelsäule. Meist zwei Paar Gliedmaßen. Kiemen- oder Lungenatmung, geschlossener Blutkreislauf. Wichtigste Gruppen: Fische, Lurche, Kriechtiere, Vögel, Säugetiere.

Herausgeber:
Ernst W. Bauer

Biologie 2|A

Autoren:
Ernst W. Bauer
Martin Buddeberg
Wolfgang Goll
Hans Herzinger
Gerhard Kemmner
Walter Kleesattel
Günther Reichelt
Wolfgang Roser
Wolfgang Schwoerbel
Ulrich Weber

Cornelsen-Velhagen & Klasing

Im Auftrage von Cornelsen-Velhagen & Klasing
Verlag für Lehrmedien, Berlin,
entwickelt von Systemedia Integrierte Lernsysteme, Heidelberg

Herausgeber:
Prof. Dr. Ernst W. Bauer, Direktor des Seminars
für Erziehung und Didaktik in der Schule, Esslingen/N.

Redaktion:
Dr. Wolfgang Goll (Wissenschaftsredaktion)
Dr. Silvia Jander (Wissenschaftsredaktion)
Herbert Braun (Verlagsredaktion)
Winfried Berberich (Bildredaktion)

BIOLOGIE 2   Empfohlen vorwiegend
Allgemeine Ausgabe   für 7. und 8. Schuljahre

1. Auflage – 7. Druck 1981
Bestellnummer 14940

© Cornelsen-Velhagen & Klasing
GmbH & Co. Verlag für Lehrmedien KG, Berlin 1978

Lithografie: Rembert Faesser, Berlin
Druck: CVK-Druck, Berlin

ISBN 3-464-01494-0

Autoren:
Prof. Dr. Ernst W. Bauer, Esslingen/N.; OStR Martin Buddeberg,
Weinstadt; Dr. Wolfgang Goll, Heidelberg; StD Hans Herzinger, Det-
tingen; OStD Dr. Gerhard Kemmner, Esslingen/N.; OStR Dr. Walter
Kleesattel, Fellbach; Prof. Dr. Günther Reichelt, Donaueschingen;
OStD Dr. Wolfgang Roser, Esslingen/N.; Gymnasialprof. Dr. Wolf-
gang Schwoerbel, Biberach/Riß; StD Ulrich Weber, Gingen/Fils.

Berater:
Prof. Dr. Dietrich Burkhardt, Zoologisches Institut der Universität
Regensburg (Lebewesen orientieren sich); Akad. Oberrat Dr. Klaus
Dobat, Botanischer Garten der Universität Tübingen (Die Welt der
kleinsten Lebewesen); Prof. Dr. Klaus Immelmann, Fakultät für
Biologie der Universität Bielefeld (Einzelgänger und Herdentier);
Prof. Dr. Werner Rauh, Fachgruppe Botanik der Universität Heidel-
berg (An den Grenzen des Lebens); Dr. Hans Rausch, Deutsche Ge-
sellschaft für Ernährung, Frankfurt/M. (Gesund und krank); Prof.
Dr. Dieter Rodi, Pädagogische Hochschule Schwäbisch Gmünd
(Steppe, Wiese und Acker/Bäume und Wälder); Prof. em. Dr. Fritz
Schremmer, Zoologisches Institut der Universität Heidelberg (Glie-
dertiere in ihrer Umwelt); Prof. Dr. Jürgen Schwoerbel, Limnologi-
sches Institut der Universität Freiburg, Konstanz (See und Moor);
Prof. Dr. Adolf Seilacher, Institut und Museum für Geologie und
Paläontologie der Universität Tübingen (Aus der Geschichte der
Pflanzen und Tiere); Forstdirektor Eberhard Sitte, Esslingen/N.
(Bäume und Wälder); Dipl.-Biol. Michael Türkay, Forschungsinsti-
tut Senckenberg Frankfurt/M. (Lebensräume im Meer); PD Dr. Hel-
mut Uhlarz, Abt. Spezielle Botanik der Universität Ulm (Steppe,
Wiese und Acker); Prof. Dr. O. Wilmanns, Institut für Biologie II
der Universität Freiburg/Breisgau (See und Moor).

Layout: Erwin Poell BDG/ICTA, Heidelberg
Einbandfoto: Toni Angermayer, Holzkirchen

Vertrieb:
Cornelsen-Velhagen & Klasing
Verlagsgesellschaft, Bielefeld

Inhaltsverzeichnis

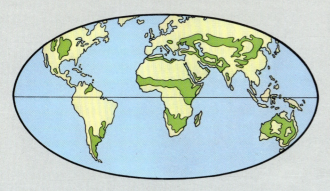

1 Steppe, Wiese und Acker

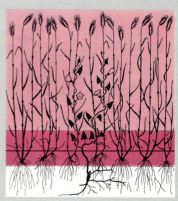

10.1 Büffel in der Prärie.

◁ 9.1 bis 9.7   Die Karte zeigt die Verbreitung der Grasländer über die Erde.
Das obere Foto stammt aus der Pußta in Ungarn. In einer solchen Grassteppe wählen die pflanzenfressenden Tiere aus, was ihnen zusagt.
Mitte: Im Alpenvorland sind an die Stelle ausgedehnter Wälder Bergwiesen getreten. Durch Schnitt und Düngung beeinflußt der Mensch die Pflanzen der Wiese.
Unten: Auf den Getreideäckern wird meist nur eine einzige Nutzgrasart in Monokultur gezogen. Der Einfluß des Menschen erfaßt auch den Boden.

10.2   Der tanzende Jäger verehrt und beschwört das begehrte Wild, dèn Büffel.

1.1 Die Steppe

Zottige, braune *Indianerbüffel*. Ein unübersehbares, wogendes Meer. 60 Millionen Tiere lebten noch vor 100 Jahren in der *Prärie*, der grenzenlosen *Grassteppe* Nordamerikas. Jahrtausendelang stellten die *Indianer* den Büffeln nach, ohne daß diese sich nennenswert verringert hätten. Mit dem Bau der großen Eisenbahn kamen die weißen Büffeltöter. Sie knallten die Millionenherden in wenigen Jahren bis auf einige hundert Tiere ab. Die Büffel wären ausgestorben, hätte nicht der amerikanische Kongreß im letzten Augenblick ein Schutzgebiet für sie geschaffen. Heute gibt es in Nordamerika wieder etwa 40 000 Büffel.

Im Sommer zieht die Herde über die Prärie und weidet vor allem das kurze, harte *Büffelgras* ab. Die raspelartigen Backenzahnreihen zermahlen es. Der Wiederkäuermagen und der lange Darm sorgen dafür, daß die schwerverdauliche Pflanzenkost gut ausgenutzt wird.

Büffel und Büffelgras. Die dicke Haut und das zottige Fell schützen den Büffel gegen die sengende Sonne und die eisigen Stürme des Winters. Starke Muskeln und harte Hufe ermöglichen ihm weite Wanderungen über den trockenen Boden. Die schmalen Blätter des Büffelgrases verdunsten weit weniger Wasser als krautige Pflanzen mit breiten Blättern. Das tiefreichende, weitverzweigte Wurzelsystem vermag auch in längeren Trockenzeiten noch genügend Wasser aufzunehmen. Vertrocknen aber die Grasblätter von der Spitze her oder werden sie von Tieren abgefressen, können sie nach jedem Regen von unten her rasch nachwachsen.

● An die *Klimabedingungen* ihres Lebensraumes sind sowohl Büffel als auch Büffelgras *hervorragend angepaßt.*

Wie erfolgreich die *Pflanzenfamilie der Gräser* weite Gebiete unserer Erde besiedelt, zeigt dir die Karte auf S. 9.

10

1.2 Die Weide

Die Grasländer sind vom Menschen nur wenig beeinflußt. Diese Gebiete sind aber nicht zufällig über die Landoberfläche verteilt, sondern nehmen – vereinfacht gesagt – eine *Zwischenstellung zwischen Wald und Wüste* ein. Dies ist auch der *Klimatabelle* zu entnehmen:

11.1 und 11.2 Wo die Elefanten zu zahlreich sind, wird der Wald zerstört. Gräser breiten sich aus. Das ist auch der Fall, wenn Feuer den Wald vernichtet.

		J	F	M	A	M	J	J	A	S	O	N	D	Jahr
Djakarta 6° Süd/107° Ost Trop. Regenwald	Temperatur	25,5	25,5	26,0	26,4	26,5	26,2	26,0	26,1	26,5	26,6	26,3	25,8	26,1 °C
	Niederschlag	331	326	198	131	101	95	66	43	73	114	139	215	1832 mm
Denver 40° Nord/105° West Prärie	Temperatur	−0,1	0,1	3,8	8,4	13,6	19,3	22,4	21,5	17,0	10,4	4,0	−0,2	10,0 °C
	Niederschlag	10	14	26	53	55	36	42	35	25	27	14	18	355 mm
Assuan 24° Nord/35° Ost Wüste	Temperatur	15,0	17,0	20,9	25,7	29,4	32,1	32,8	32,4	30,4	27,6	22,1	16,7	25,2 °C
	Niederschlag	0	0	0	0	0	0	0	0	0	0	0	0	0 mm

Prüfe, welche der folgenden Behauptungen sich durch die angegebenen Klimadaten stützen lassen:

– Ob sich Wälder oder Grassteppen bilden, hängt von der Höhe der Niederschläge und von der Temperatur ab.
– Es ist nur eine Frage der Zeit, bis der Wald überall die Steppe überwuchert hat.
– Als Folge von Buschfeuern wird der Wald zurückgedrängt, die Steppe breitet sich aus.

Daß sich die beiden letzten Behauptungen mit den Klimadaten weder bestätigen noch entkräften lassen, hast du sicher bemerkt. Es ergibt sich aber ein klarer Zusammenhang im Sinne der ersten Behauptung. Die zweite Behauptung ist falsch. Daß der Wald als Folge von Buschfeuern zeitweise zugunsten der Steppe zurückgedrängt wird, ist richtig.

Während in den *natürlichen Grasländern* der Pflanzenbewuchs in erster Linie durch das Klima und die pflanzen-

11.3 Gräser der Trockengebiete entwickeln ein ausgedehntes Wurzelsystem.

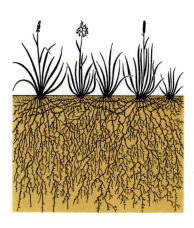

11

12.1 *Bei der Heuernte spielen Maschinen eine immer wichtigere Rolle.*

12.2 *Die grünen Pflanzen der Wiese bauen mit der Energie des Sonnenlichtes organische Stoffe auf. Wieviel Energie dabei verloren geht, aber auch wieviel die pflanzenfressenden Tiere übernehmen können und wieviel schließlich in ihrem Fleisch für den Menschen zur Verfügung steht, kannst du der Zeichnung entnehmen.*

12.3 *Wird das Gras schon im Mai geschnitten und in ein Silo gebracht, gärt es und ist dadurch vor Fäulnis geschützt. Rinder, die damit gefüttert werden, geben mehr Milch als bei Heufütterung.*

fressenden Tiere beeinflußt wird, greift in den *Weidegebieten* der Mensch in die Zusammensetzung der Pflanzenwelt ein.
● In zunehmendem Maße geht der Mensch dazu über, *erwünschte Pflanzen*, vor allem widerstandsfähige und nahrhafte Gräser, auszusäen. Der Weidebetrieb wird so geregelt, daß die Pflanzendecke *viel Futter* hervorbringt.

1.3 Die Wiese

1.3.1 Wiesenwirtschaft

Bei der *Wiesenwirtschaft* entnimmt der Mensch dem Grasland durch regelmäßigen Schnitt große Pflanzenmengen. Damit speichert er organische Stoffe, um auch in ungünstigen Zeiten möglichst viele Tiere damit ernähren zu können.
● In unserer Heimat spielt die *Wiese als Nährstoffproduzent* für die Viehhaltung eine große Rolle.

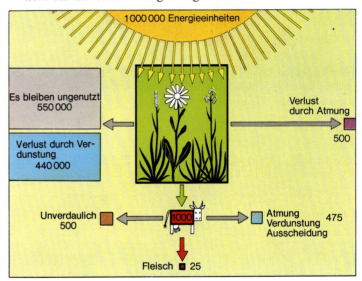

1.3.2 Die Wiese im Jahreslauf

Die Wiese zeigt zu jeder Jahreszeit ein anderes Gesicht. Eine wichtige Rolle für ihr Gedeihen spielen *Bodenfeuchtigkeit*, *Licht* und *Düngung*.

Schon im Vorfrühling bilden die *Gänseblümchen*, noch eng an den Boden geschmiegt, erste weiße Tupfen im Braungrün der Wiese. Bald darauf zeigen sich die gelben Glocken der *Schlüsselblume*, und an geschützten Stellen blühen die blauen, duftenden *Märzveilchen*. Das erste Grün der austreibenden Gräser wird auf den nährstoffreichen Wiesen vom hellen Violett des *Wiesenschaumkrauts* überdeckt.

Zum Wiesenschaumkraut gesellt sich bald der *Löwenzahn*. In den ersten Maiwochen färben seine Blüten viele Wiesen goldgelb.

Dann wechseln die Farben rasch. Der *Wiesenkerbel* überzieht weite Flächen mit seinen weißen Dolden, oft nur vom Gelb des *Scharfen Hahnenfußes* unterbrochen. Auf feuchten Wiesen bildet die *Lichtnelke* rote, auf schattigen der *Waldstorchschnabel* violette Tupfen. An sonnigen, trockenen Stellen leuchten die blauen Blüten des *Wiesenstorchschnabels* und des *Salbei. Roter Klee* wächst neben blauen *Glockenblumen* und weißen *Margeriten.* Dazwischen finden sich immer häufiger blühende *Gräser.*

● Anfang Juni ist die Zeit der Heuernte, der *Heumahd,* gekommen.

Die Heuernte erfolgt heute voll mechanisiert. Der Mähbalken am Traktor ersetzt die Sense. Andere Maschinen streuen und wenden das Gras, rechen zusammen und beladen die Heuwagen. Sense, Gabel, Rechen und Zugpferd sind nur noch an den steilen Matten der Berghöfe üblich.

Die kahlen Wiesen begrünen sich nach der Heumahd rasch, aber richtig bunt werden sie nicht mehr. Hier und da fallen die riesigen Dolden des *Bärenklau* auf. Der *Salbei* blüht noch einmal und die feinblätterige *Bibernelle* wächst neben dem rostbraunen *Sauerampfer,* dem *Wiesenknopf* und den blauen *Knautien.*

● Im August mäht der Landwirt noch einmal: Die *Öhmdernte,* auch Grummet genannt, wird eingebracht.

Bald danach kündigen die blaßvioletten *Herbstzeitlosen* das Ende des Sommers an.

Abseits der Dörfer liegen gelegentlich auf schlechten Böden ungedüngte *Magerwiesen.* Sie können nur einmal geerntet werden. Aber sie beherbergen noch seltene und deshalb geschützte Pflanzen wie die *Echte Schlüsselblume* und verschiedene *Orchideenarten.*

1.3.3 Wiesenpflanzen, Heu und Silage

Wie überstehen die Wiesenpflanzen die Mahd? Einige liegen mit ihren *Blättern flach dem Boden an.* Zu ihnen gehören Löwenzahn und Breitwegerich. Bei anderen Pflanzen, so beim Scharbockskraut und Wiesenschaumkraut, sind die *Blätter schon vorher wieder abgestorben.* Viele Wiesenpflanzen können *immer wieder austreiben.* Besonders gut gelingt dies den Wiesengräsern und einigen Kleearten.

Manche Wiesenpflanzen schätzt der Landwirt gar nicht, so die *giftige* Herbstzeitlose, den *harten* Kerbel und den *scharfen* Hahnenfuß, den die Kühe auch im Heu nicht fressen mögen. Am liebsten hat er die feinen, *eiweißreichen* Untergräser und die *ergiebigen* Obergräser.

Viele Landwirte bringen Gräser und Kräuter schon Ende Mai in *Silos,* in denen sie zu wertvollem Winterfutter vergären. Da für dieses Futter bestimmte Pflanzen bevorzugt werden, pflügen die Landwirte heute ihre Wiesen um und säen besonders geeignete Gräser, Klee oder Getreide-Luzerne-Mischungen an. In den Silos *bleiben die wertvollen Nährstoffe und Vitamine erhalten.*

13.1 bis 13.2   *Wiese mit Wiesenschaumkraut im April (oben), Löwenzahnwiese im Mai.*

Obergräser: Hochwüchsige Gräser.
Untergräser: Gräser mit niederem Wuchs.
Auf guten Wiesen machen Ober- und Untergräser je etwa 50% aus.

13.3   *Kerbelwiese im Mai–Juli.*

Wiesenschaumkraut

Familie Kreuzblütler;

grundständige Rosette mit unpaarig gefiederten Blättchen, häufig Larven der Schaumzikade in den Blütenständen;

4 blaßviolette Blütenblätter, 4 lange und 2 kurze Staubblätter, Frucht eine Schote;

Verwandte: Hederich, Ackersenf, Hirtentäschel, Hungerblümchen.

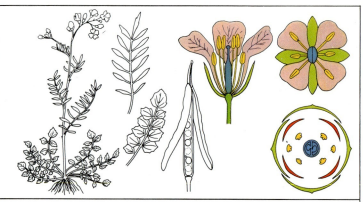

Löwenzahn

Familie Korbblütler;

tiefreichende Pfahlwurzel, Blattrosette mit grobgezähnten Blättern, weißer Milchsaft;

„Korbförmiger" Blütenstand mit Zungenblüten, Früchte mit schirmförmigem Haarkranz;

Verwandte: Habichtskraut, Wegwarte, Margerite, Gänseblümchen.

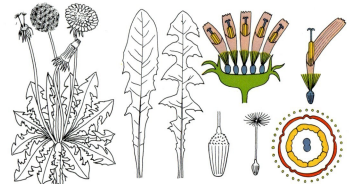

Wiesenkerbel

Familie Doldenblütler;

auf gutgedüngten Wiesen; feingefiederte Blätter an meterhohen Stengeln, kleine, weiße Blüten in Dolden und Döldchen;

Spaltfrüchte mit duftendem Öl;

Verwandte: Kümmel, Bibernelle, Geißfuß, Bärenklau.

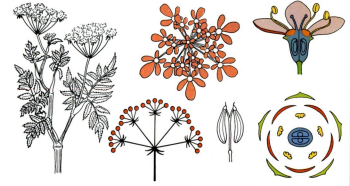

Rundblättrige Glockenblume

Familie Glockenblumengewächse;

grundständige Blätter rundlich, Stengelblätter lanzettförmig; schlanke Stengel mit nickenden, blauen Blüten;

Narbe öffnet sich nach der Leerung der Staubbeutel, dadurch wird Selbstbestäubung vermieden;

Verwandte: Wiesenglockenblume und Pfirsichblättrige Glockenblume.

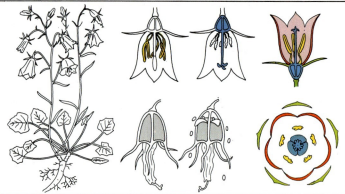

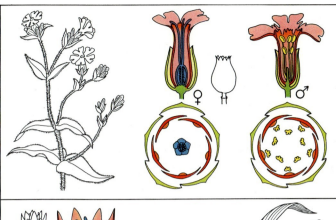

Taglichtnelke
Familie Nelkengewächse;
auf feuchten Wiesen; rote, seltener
weiße Blüten;
zweihäusig: weibliche Blüten mit
5 Griffeln am Stempel, männliche
Blüten mit 10 Staubblättern, Frucht-
kapseln mit vielen Samen; Tagfal-
terblume;
Verwandte: Nachtlichtnelke, Kuk-
kucksnelke, Karthäusernelke, Hornkraut, Miere.

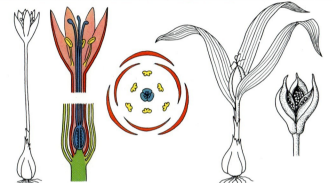

Herbstzeitlose
Familie Liliengewächse;
auf nährstoffreichen Wiesen; im
Herbst blaßviolette Blüte, Fruchtknoten sitzt wie die Vorratsknolle
tief im Boden;
im folgenden Frühjahr Blätter und
dreiteilige Fruchtkapsel; alle Pflanzenteile mit gefährlichem Gift;
Verwandte: Blaustern, Traubenhya-
zinthe, sehr selten Schachblume.

1.4 Grasblüte und Grasfrucht

Nach dem Bau des Blütenstandes kann man die *Familie der Gräser*, zu der in Mitteleuropa etwa 220 Arten gehören, in 3 Gruppen aufteilen: *Ährengräser, Ährenrispengräser* und *Rispengräser*. Bei den Ährengräsern sitzen die Ährchen an den Spindeln der Ähren, bei den Ährenrispengräsern und bei den Rispengräsern auf verzweigten Stielchen. Die Ährchen enthalten je nach Art 1–10 Blüten. Die Blütenhülle wird von Spelzen gebildet: Ganz außen am Ährchen sitzen die beiden *Hüllspelzen*. Jede Einzelblüte hat eine *Deckspelze* und eine *Vorspelze*. Sie schützen Blüte und Frucht. Bei schönem Wetter drücken *Schwellkörper* die Spelzen auseinander. Die 3 *Staubbeutel* jeder Blüte hängen weit heraus. Sie öffnen sich bei der Reife. Der Wind treibt den trockenen Blütenstaub oft in Schwaden über die Wiese. Die federförmigen Narben der *Stempel* fangen den Blütenstaub auf.

● Gräser sind *Windblütler*.

Nach der Befruchtung entwickelt sich der Fruchtknoten zur einsamigen *Grasfrucht*. Fruchtschale und Samenschale verwachsen miteinander, oft verbinden sie sich auch mit der Deck- und Vorspelze. Die Grannen der Deckspelzen besitzen Widerhaken. Diese haften im Gefieder von Vögeln oder im Fell von Säugern. So werden die Grasfrüchte verbreitet.

Der *Keimling*, auch Embryo genannt, sitzt seitlich in der Frucht. Stärke und Eiweiß versorgen ihn bei der Keimung.

Gräser öffnen ihre Blüten nur bei schönem Wetter. Welchen Vorteil hat dies?

15.1   Das Knäuelgras ist sehr häufig. Du kannst es auf der Wiese leicht wiedererkennen.

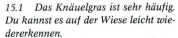

15

16.1 *Gräser sind Windblütler, ihre Blüten sind klein und unscheinbar. Auffällig sind die gefiederten Narben und die heraushängenden Staubblätter.*

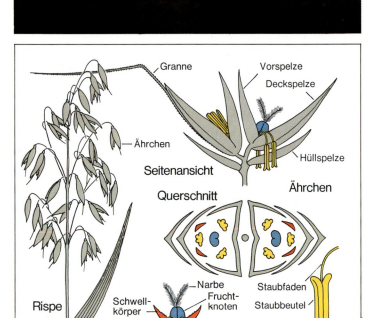

Stecke auf einem Rasenstück 1 m² ab! Wieviele Graspflanzen wachsen darauf und wieviele andere Pflanzen? Bestimme die Namen dieser Rasenunkräuter! Wie sind sie an ihren Standort angepaßt?

16.2. *Aufbau einer Grasblüte. Als Beispiel wurde der Hafer gewählt.*

Granne
Vorspelze
Deckspelze
Ährchen
Seitenansicht
Hüllspelze
Ährchen
Querschnitt
Rispe
Narbe
Fruchtknoten
Schwellkörper
Staubfaden
Staubbeutel
Löffelchen
Staubblatt
Einzelblüte
Pollen

Welche der Gräser in Bild 16.4 sind Ährengräser, welche Ährenrispengräser, welche Rispengräser?

16.3 *Ähre, Ährenrispe und Rispe.*

16.4 *Häufige Gräser unserer Wiesen.*

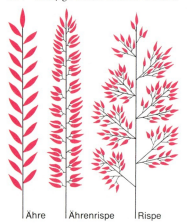

Ähre | Ährenrispe | Rispe

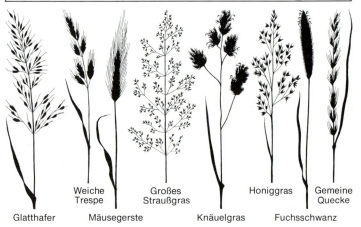

Glatthafer | Weiche Trespe | Großes Straußgras | Knäuelgras | Honiggras | Fuchsschwanz | Gemeine Quecke

16

1.5 Der Rasen

Sein Vorbild ist der gepflegte, trittfeste, zu allen Jahreszeiten grüne, *englische Parkrasen*. In ihm sind *nur Gräser* zugelassen. Wer einen Rasen anlegt, muß sorgfältig vorgehen. Zuerst wird der Boden tiefgründig umgegraben und mit Dünger und Humus versorgt. Auf die fein gekrümelte Erde werden die „Grassamen" ausgestreut und angewalzt. Je nach Nutzung und Lage wählt man Mischungen wie „Sportplatzrasen" mit harten Gräsern oder „Zierrasen" und „Schattenrasen" mit feineren Grasarten. Immer sind es *niedrigbleibende* Grasarten. Sprengt man täglich, erscheinen nach einer Woche die ersten Grasspitzen. Ist der Rasen handhoch gewachsen, wird er vorsichtig zum erstenmal gemäht. Wöchentlich mähen, in Trockenzeiten täglich beregnen und stets nur die richtigen Düngemittel anwenden, das gehört zur Pflege eines Rasens. Anfangs ist noch viel Platz für *Rasenunkräuter* wie Löwenzahn, Gänseblümchen, Wegerich und Gundermann. Ihnen rückt man mit Unkrautvertilgern, die den Gräsern kaum schaden, zu Leibe. Von Jahr zu Jahr wird der Rasen dichter. Viele Gräser bilden Seitenhalme, sie *bestocken* sich. Andere treiben nach allen Seiten *unterirdische Ausläufer*, die eine dichte Grasnarbe flechten.

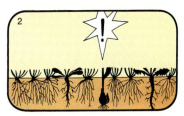

17.2 Im jungen Rasen ist noch viel Platz für Unkräuter (1). Aber nur die Unkräuter, deren Blätter dicht am Boden sind, überstehen das Mähen (2). Der Rasen bestockt sich, bildet Ausläufer und wird dadurch dichter (3).

17.3 Die Blätter der Gänseblümchen liegen dicht am Boden und überstehen daher den wöchentlichen Schnitt fast ohne Schaden. Wenn Moose einen dichten Filz bilden, gedeihen die Gräser nur kümmerlich.

18.1 Was heute ein einzelner Mann mit dem Mähdrescher in wenigen Stunden erledigt, beschäftigte noch vor wenigen Jahrzehnten eine Landwirtsfamilie über Wochen hinweg. Hinter dem Schnitter wurde das Getreide aufgenommen und in lange Reihen gelegt. Nach dem Trocknen wurden die Garben zusammengetragen, gebunden, aufgeladen, mit dem Fuhrwerk abgefahren und in der Scheune gelagert.

18.2 Wildformen (links) und Kulturgräser im Vergleich.

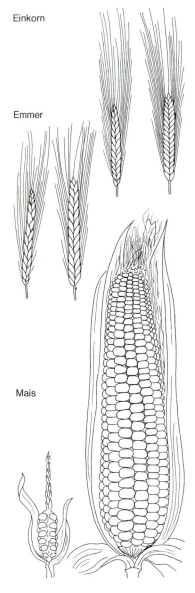

Einkorn

Emmer

Mais

1.6 Der Acker

Während sich auf der Wiese der Einfluß des Menschen auf die Auswahl geeigneter Pflanzen, vor allem der Gräser, deren Düngung und Schnitt beschränkt, erfaßt er beim Ackerbau den *Wurzelgrund* der Pflanzen, den Boden, mit. Viel mehr noch als bei der Wiese bestimmt der Mensch, was auf dem Acker wachsen soll. Aus der Fülle der Gräser *wählt er* meist nur noch *eine einzige Art aus*, beispielsweise Hafer, Weizen, Roggen oder Mais. Diese *Kulturgräser* stammen von weniger ertragreichen *Wildformen* ab.

● In der Reihenfolge Steppe – Weide – Wiese – Acker nimmt der Einfluß des Menschen zu.

Im Verlauf dieser Entwicklung hat der Mensch die ursprünglichen Grasländer in artenarme „Kulturgrasländer" umgewandelt. In Mitteleuropa gab es früher nur am Meeresstrand und an sonnigen, trockenen Felsvorsprüngen „Grasgesellschaften". Wo heute bei uns Wiesen und Äcker sind, waren früher Wälder oder Moore.

Wo man das *Land sich selbst überläßt*, stellt sich nach erstaunlich kurzer Zeit der *Wald* wieder ein. So beobachtete man nach dem letzten Weltkrieg in Stadtgebieten, die von Bomben zerstört wurden, schon nach wenigen Jahren meterhohe Waldbäume: Zuerst Pappeln und Weiden, deren *Flugfrüchte* als erste anflogen, später auch die anderen Waldbaumarten. In 30 Jahren hätte der Wald das Land wieder vollständig erobert.

1.7 Unsere Getreidearten

1.7.1 Vom Wildgras zum Getreide

Die Vorfahren unserer Getreidearten wuchsen als Wildgräser in Steppengebieten. *Wildweizen* und *Wildroggen* sind in Vorderasien zu Hause, die *Wildgerste* in Asien und Äthiopien. Der wilde *Flughafer* ist heute noch als lästiges Unkraut in unseren Getreidefeldern zu sehen. Kannst du dir denken, wie aus einem Wildgras ein Getreide wird?

Die Menschen der *Steinzeit* haben die kleinen Grasfrüchte

18

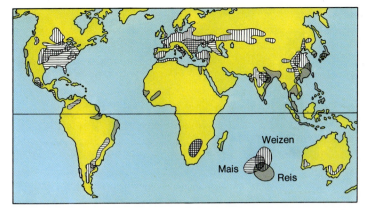

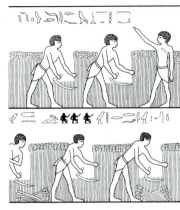

gesammelt und verzehrt. Später begannen sie, die begehrten Wildgräser *auszusäen*. Dazu suchten sie die Früchte der *ertragreichsten Pflanzen* aus.

● Die Jäger und Sammler wurden mehr und mehr zu *seßhaften Ackerbauern*, die wertvolle Kulturpflanzen züchteten.

Durch *jahrtausendelange*, geduldige *Auslese* konnten dem Wildgetreide einige „Untugenden" abgewöhnt werden:

– Beim Wildgetreide ist die Ährenspindel brüchig. Das führt bei der Ernte zu Verlusten.
– Früchte von Wildgetreide keimen erst im Verlauf mehrerer Jahre.

In der jüngeren Steinzeit, vor mehr als 4000 Jahren, baute der Mensch schon das *Einkorn* an. Es trug in jedem Ährchen seiner schmächtigen Ähren nur ein einziges Korn. Aus dem Einkorn entstand das Getreide des Altertums, der Pharaonenweizen oder *Emmer*. Seine Ährchen trugen schon 2–3 Körner. Mit ihm verwandt ist der kleberreiche, wertvolle *Hartweizen*, der heute in fast allen wärmeren Gebieten der Erde angebaut wird. Vom Emmer stammen auch der vierzeilige *Dinkel* und der in England gezüchtete, in ganz Europa angebaute *Saatweizen* ab. Der Saatweizen liefert mit über 60 dz/ha die höchsten Erträge. Seine beiden wichtigsten Rassen sind der *Kolbenweizen* und der *Grannenweizen*. Heute versucht man durch Einkreuzen von Wildgetreiden in die Kultursorten vor allem eine *größere Widerstandsfähigkeit* unserer Getreidearten gegen Pilzerkrankungen zu erzielen.

● Die heutigen Kulturgräser, die als Früchte Körner ausbilden, nennt man Getreide. Sie stammen von Wildgetreide ab.

1.7.2 Der Roggen

Wahrscheinlich kam der *Roggen* als „Unkraut" im Weizen nach Europa. Weil er aber im Gegensatz zum Weizen auch mit *kargen und sandigen Böden* auskommt und *in kürzerer Zeit reift*, ist er zum wichtigsten Getreide Norddeutschlands, Polens und Rußlands geworden.

Der Roggen gehört zu den Ährengräsern. Er wird fast immer

19.1 *Hauptanbaugebiete von Weizen, Mais und Reis.*

19.2 *Getreideernte im alten Ägypten.*

Welche Getreidearten werden in deiner Heimat am häufigsten angebaut? Wie werden sie genutzt?

Kleber: Eiweißstoffe in den Körnern. Sie finden sich vor allem in der Eiweißschicht. Siehe dazu Bild 24.3.

19.3 *Roggenähren.*

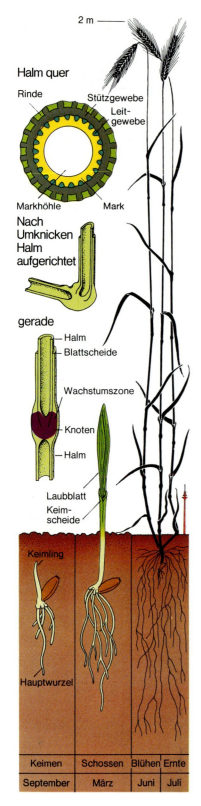

2 m

Halm quer

Rinde
Stützgewebe
Leitgewebe
Markhöhle
Mark

Nach Umknicken Halm aufgerichtet

gerade

Halm
Blattscheide
Wachstumszone
Knoten
Halm
Laubblatt
Keimscheide

Keimling
Hauptwurzel

Keimen	Schossen	Blühen	Ernte
September	März	Juni	Juli

als *Wintergetreide* im Herbst ausgesät. Vor dem ersten Frost treiben die Keimlinge aus. Dabei durchbricht ein besonderes Hüllblatt, die *Keimscheide*, den Boden. Bei starkem Frost sind die jungen Pflänzchen gefährdet, sie „wintern" aus. Im Frühjahr bestocken sich die Triebe: Aus den untersten *Knoten* sprießen Seitentriebe und neue Wurzeln. Der *Sommerroggen* wird erst im März ausgesät und bestockt sich nicht.

● Da beim *Winterroggen* mehr Halme mit Ähren ausgebildet werden, liefert er höhere Erträge als der Sommerroggen. Die *Roggenhalme* ragen bis 2 m in die Höhe. Sie sind so *elastisch* gebaut, daß sie der Wind nur selten umknickt. Fällt der Halm dennoch, richtet er sich an seinen Knoten wieder auf. Die *Blattscheiden* umschließen und schützen die Wachstumszonen des Stengels über den Knoten. Da der Roggen über jedem Knoten wächst, „schießt" er im Mai geradezu in die Höhe. Die langen, schmalen *Blattspreiten* bieten dem Wind kaum Widerstand. Sie haben *parallellaufende Blattadern*.

● Nicht nur der Roggen, alle Vertreter der Familie der Gräser haben einen runden, dünnen Stengel oder Halm mit Knoten. Meist ist er hohl. Ausnahmen machen Mais und Zuckerrohr. Gräser tragen in Ährchen unscheinbare Blüten, die vom Wind bestäubt werden. Die Blattadern der Gräser verlaufen parallel.

Mit zunehmender *Reife* der Körner wird die Roggenpflanze gelb und trocken, sie steht ab. *Erntezeit* ist im Juli. Mähdrescher räumen die Felder heute in kurzer Zeit ab. Der größte Teil der graugrünen, schmalen Körner wird zu *Schwarzmehl* vermahlen und zum Brotbacken verwendet. Ein großer Teil des Roggens wird an die Haustiere verfüttert.

20.1 Entwicklung und Aufbau einer Roggenpflanze.

20.2 Versuch zur Stabilität einer dünnwandigen Röhre.

Schreibpapier DIN A 4 zu Röhre rollen und zusammenheften!

Styropor

Gewichte

Welche Last trägt die Papierröhre?

Vergleiche mit dem Aufbau eines Roggenhalmes!

Was wiegt die Röhre?

20

1.7.3 Weizen, Gerste und Hafer

Weizen ist bei uns das *wichtigste Getreide*. Er hat seinen Namen vom Weiß des Mehlkörpers. Da er gute, nährstoffreiche Böden verlangt, gedeiht er bei uns am besten auf den Lößböden am Rande der Mittelgebirge und in Südwestdeutschland. Die Magdeburger Börde ist so zur „Kornkammer" geworden. Wichtige Weizenanbau- und Weizenexportländer sind Kanada, die USA, Australien und Argentinien. In der UdSSR ist die Ukraine das wichtigste Anbaugebiet. Aus Weizenmehl werden helles Brot, Gebäck, Teigwaren, Grieß und Stärkepulver hergestellt. Trotz hoher Hektarerträge muß die Bundesrepublik Deutschland *Weizen importieren*. Weizen und Gerste gehören zu den *Ährengräsern*.

Gerste ist das *anspruchsloseste Getreide* der Erde. Eine kurze Vegetationszeit gestattet den Anbau in nördlichen Ländern und im Gebirge ebenso wie in trockenen Gebieten. Dort wird die Gerste für Nomadenvölker zum wichtigsten Getreide. Die langen, begrannten Ähren tragen die Körner in 2, 4 oder 6 Zeilen. Großfruchtige und eiweißarme Sorten dienen als Braugerste für die Bierherstellung. Eiweißreiche Gerstensorten bilden das Futter für Mastschweine, Rinder, Mastgeflügel und Legehühner. Als Brotgetreide ist Gerste wenig geeignet. Früher wurden die Körner zu Graupen geschrotet und als Brei gegessen.

Hafer erträgt im Gegensatz zu den anderen Getreidearten *reichliche Niederschläge*. Deshalb wird er bevorzugt in England und Irland angebaut. Hafergrütze ist dort unter dem Namen „Porridge" Nationalgericht. Bei uns sind die Haferflocken besser bekannt. Seitdem bei uns das Pferd in der Landwirtschaft durch den Traktor ersetzt wurde, ist der Haferanbau zurückgegangen. Der Hafer gehört zu den *Rispengräsern*. Bei den Ährchen sind die Spelzen mit den Körnern verwachsen.

21.1 *Getreidefrüchte.*
oben links: Weizen
oben rechts: Roggen
unten links: Hafer
unten rechts: Gerste

„Wenn der 331 m hohe und am Fuß 20 m breite Frankfurter Fernmeldeturm so dick wäre wie ein Roggenhalm, könnte er nur 8 cm hoch sein."
Siehe dazu Bild 20.1.
Welche Schwierigkeiten ergeben sich bei jedem Vergleich von Turmbauten mit Grashalmen?

21.2 *Getreideähren und Rispe des Hafers im Vergleich.*

Grannenweizen   Kolbenweizen   Dinkel   Gerste   Roggen   Hafer

21

22.1   Weizenfeld und Trockenrasen im Juni.

Acker und Wiese sind Lebensraum vieler Pflanzen- und Tierarten. Bei sonnigen Wiesen auf magerem, trockenem Boden spricht man von Trockenrasen.

Zwischen den Weizenhalmen stehen Getreideunkräuter: Kornblume (1), Klatschmohn (2), Ackerwinde (3) und der Windhalm (4), ein Gras. Die Zwergmaus (5) baut ein Kugelnest. Der Feldhamster (6) hat im Boden seinen Bau. Dort gräbt auch die Maulwurfsgrille (7). Die Feldmaus (8) lebt am Rand des Ackers.

Im Trockenrasen: Zittergras (9), Weiche Trespe (10), Klappertopf (11), Echtes Labkraut (12), Esparsette (13), Salbei (14) und Zwergschneckenklee (15). Am Boden baut die Feldlerche (16) ihr Nest. Hier leben Rebhühner (17), aber auch viele Insekten: Schnarrschrecken (18) gehören zu den Feldheuschrekken, das Grüne Heupferd (19) ist eine Laubheuschrecke. Grillen (20) graben im Boden ihre Röhren. Heufalter (21) und Widderchen (22) sind Schmetterlinge. Die ausschlüpfenden Larven der Schaumzikade, einer Wanzenart, umgeben sich mit Schaum (23) und sind so gegen Austrocknung und vor Feinden geschützt.

1.8 Ausländische Nutzgräser

Reis trägt wie der Hafer seine Ährchen an vielfach verzweigten *Rispen.* Als „Bergreis" wurde er vor bald 4000 Jahren in Südostasien gezüchtet. Inzwischen *ernährt sich mehr als die Hälfte der Menschheit vom „Wasserreis",* der in tropischen Bewässerungskulturen bis zu 3 Ernten liefert. Die jungen Pflanzen werden dabei in Saatbeeten herangezogen und auf Felder ausgepflanzt, die unter Wasser stehen. Deshalb verlangt der Reisanbau viel Handarbeit. Meist wird die Körnerfrucht gekocht verzehrt, aber auch Reisstärke und Reisbrot dienen der menschlichen Ernährung.

Mais ist das *Getreide der Indianer Amerikas.* Viele männliche Blüten stehen in einer *Rispe* an der Spitze der oft über 2 m hohen Pflanze. Die Stempel sitzen dicht gepackt in den Kolben, aus denen die fadenförmigen Griffel herausragen. Maisblüten sind *getrenntgeschlechtlich.* Durch die hohen Erträge neugezüchteter Sorten wurde Mais zum *wichtigsten Futtergetreide der Erde.* In allen warmen Gebieten der Erde ist Mais verbreitet. In Mitteleuropa erreicht er seine nördliche Verbreitungsgrenze. In vielen Ländern sind Maisbrei und Maisfladen wichtige Nahrungsmittel. Mais liefert Stärke für Puddingpulver. In Süddeutschland wird neben *Körnermais* viel *Grünfuttermais* angebaut. Die Pflanzen werden jung geerntet, gehäckselt und so gefüttert oder im Silo gelagert.

Zuckerrohr ist ein *Rispengras.* Es stammt aus Indonesien und wurde zuerst in Indien gezüchtet. Heute ist das Zuckerrohr über die ganzen Tropen verbreitet. Aus einem ausdauernden Wurzelstock schieben sich nach jeder Ernte bis 5 m hohe Halme. Halmstücke mit Knoten, die in den Boden gelegt werden, treiben aus. So läßt sich das Zuckerrohr leicht pflanzen. Die *Halme* werden geerntet und ausgepreßt. Der Zuckersaft wird gereinigt und eingekocht. Er liefert den *Rohrzucker.* Kuba, Mexiko, Brasilien, Peru, die Philippinen und Australien sind die bedeutendsten Exportländer. *Zuckerrohr* und *Bambus* sind *keine Getreide.*

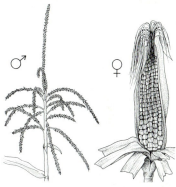

23.1 und 23.2 Die männlichen Blüten sitzen in Rispen an der Spitze der Maispflanzen. Die Stempel, aus denen sich die Körner entwickeln, sitzen im Kolben.

23.3 Reisterrassen auf den Philippinen.

23.4 Zuckerrohrfeld in Afrika.

23

24.1 *Bambus ist ein Rispengras.*

24.2 *Bäcker.*

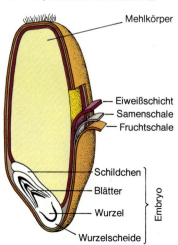
24.3 *Aufbau eines Getreidekorns.*

Mehlkörper

Eiweißschicht
Samenschale
Fruchtschale

Schildchen ⎤
Blätter ⎟ Embryo
Wurzel ⎥
Wurzelscheide ⎦

Bambus ist die *kennzeichnende Pflanze des indischen* Dschungels, kommt aber in den heißen Ländern aller Erdteile und selbst im Gebirge vor. Die Halme dieser *Rispengräser* werden bis 40 m hoch. Unten sind sie verholzt. Bambus verwendet man zum Hausbau und für Wasserleitungsrohre. Aus den Blättern lassen sich Matten und Körbe flechten. Die jungen Schößlinge geben ein wohlschmeckendes Gemüse.

1.9 Vom Korn zum Brot

In der Mühle wird das Korn zunächst *gereinigt.* Luft, Rüttelsiebe und Magnete entfernen Sand, Steinchen, Metallteile, Strohreste, Unkrautsamen und den Staub. Eine gründliche Wäsche schließt sich an. Dann zerkleinern rauhe *Mühlsteine* oder *Stahlwalzen* die Körner. Der Keimling wird als erstes abgetrennt.

● Wird das Korn nur *wenig ausgemahlen*, erhält man aus dem Korninnern helles, eiweißarmes *Weißmehl.* Die Außenteile geben *Kleie*, die als Futter dient.

● Werden die Körner *fast vollständig ausgemahlen*, erhält man dunkles, vollwertiges *Schwarzmehl.*

Zum Brotbacken rührt man aus Mehl, Wasser und einem Treibmittel den *Teig* an. Das Treibmittel, man nimmt Backpulver, Sauerteig oder Hefe, läßt den Teig „gehen". Im Backofen wird er noch weiter aufgetrieben. Beim *Backen gerinnt das Eiweiß, die Stärke verkleistert.* In der Backhitze bildet sich zudem eine duftende, knusprige Kruste.
Brot besteht durchschnittlich aus:

Wasser	35–43%	Faserstoffe	0,1–1,2%
Eiweiß	6–10%	Kochsalz	1,0–1,5%
Kohlenhydrate	45–58%	Mineralstoffe	0,4–1,1%
Fett	0,5–1,4%		

Das Wichtigste in Kürze
In den natürlichen Grasländern hängt der Pflanzenbewuchs vor allem vom Klima ab. Mehr und mehr werden die natürlichen Grasflächen, aber auch Wälder und Moore in artenarme Kulturgrasländer umgewandelt.
Wiesen spielen als Nährstoffproduzenten für das Vieh eine große Rolle. Meist wird zweimal gemäht. Kennzeichnende Wiesenpflanzen sind Wiesenschaumkraut, Löwenzahn, Wiesensalbei, Kerbel, Wiesenglockenblume, Taglichtnelke, Herbstzeitlose und viele Grasarten.
Aus Wildgräsern hat der Mensch durch jahrtausendelange Auslese Kulturgräser gezüchtet. Die wichtigsten Kulturgräser sind Roggen, Weizen, Gerste, Hafer, Reis, Mais und Zuckerrohr.
Kennzeichen der Gräser sind: Stengel oder Halm mit Knoten, unscheinbare Blüten in Ährchen, Windblütler, parallel verlaufende Blattadern.

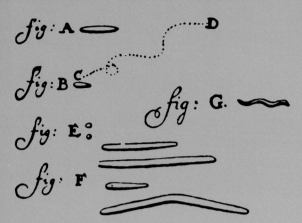

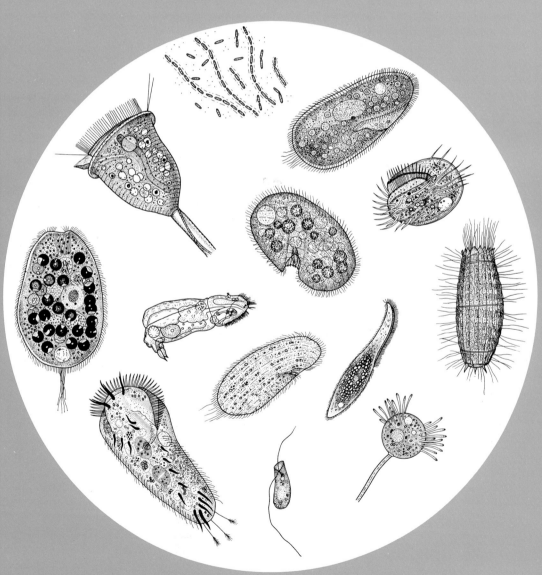

2 Die Welt der kleinsten Lebewesen

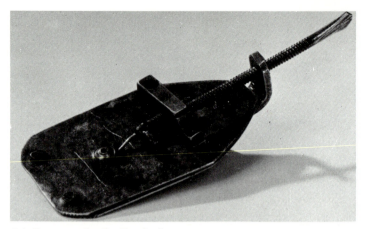

26.1 *Antoni van Leeuwenhoek (1632 bis 1723) war einer der Begründer der Mikrobiologie.*

26.2 *Eine Linse zwischen 2 Messingplatten, ein spitzer Stab, mit dem das Objekt nahe an die Linse herangebracht wird, so sieht das von Leeuwenhoek gebaute Mikroskop aus. Er erreichte damit Vergrößerungen bis 280fach.*

◁ 25.1 und 25.2
Oben: Bakterien, wie sie Leeuwenhoek in einem Brief vom 17. September 1683 zeichnete.
Unten: Kleinstlebewesen im Wassertropfen. Auf S. 28 findest du ihre Namen. Vergrößerung 200fach.

26.3 *Ausschnitt aus dem Brief Leeuwenhoeks.*

2.1 Leeuwenhoeks Entdeckung

„. . . Ich erblickte dann fast immer mit großer Verwunderung, daß sich in besagtem Stoff viele sehr kleine, lebende Tierchen befanden, die sich niedlich bewegten. Die größte Sorte hatte die Gestalt von A. Diese bewegten sich sehr kräftig und flink und schossen durch das Wasser oder den Speichel wie ein Hecht durchs Wasser. Sie waren zumeist wenige an der Zahl. Die zweite Sorte hatte die Gestalt von B. Sie wirbelten oftmals herum wie ein Kreisel, und ab und zu einmal nahmen sie einen Weg, wie zwischen C und D gezeigt. Diese waren weit mehr an der Zahl. Von der dritten Sorte konnte ich keine Form angeben, denn manchmal schienen sie länglich zu sein, während sie alsbald wieder vollkommen rund aussahen. Sie waren so klein, daß ich sie nicht größer als in E sehen konnte, und überdies eilten sie so behende voran und schwebten so zusammen, daß man sich hätte einbilden können, sie seien ein großer Schwarm Mücken oder Fliegen, die aus und ein und umeinander schwirrten . . .“

Dies schrieb der Holländer Antoni van Leeuwenhoek im Jahre 1683 in sein Tagebuch. Er hatte eine neue Welt entdeckt, einen Mikrokosmos, die Welt der *kleinsten Lebewesen*. Niemals vor ihm hatte ein Mensch so kleine „Tierchen" gesehen. Warum? Mit bloßem Auge entdeckt man sie nicht, und vor Leeuwenhoek war niemand auf den Gedanken gekommen, alle möglichen Dinge mit *Vergrößerungslinsen* zu untersuchen. Mikroskope, wie du sie kennst, gab es damals noch nicht. Leeuwenhoek baute sich seine Vergrößerungsgeräte selbst. Aus Bergkristall und sogar aus Diamanten schliff der holländische Kaufmann Hunderte von Linsen. Damit gelang ihm der Vorstoß ins Unsichtbare. Durch Zusammensetzung mehrerer Linsen erhielt man später leistungsfähigere *Mikroskope*.

2.2 Die Wunderwelt im Wassertropfen

Gib 1–2 g Heu in ein Einmachglas! Übergieße es mit 1 l Leitungswasser! Gieße ein wenig Wasser aus einem Tümpel zu, und decke das Gefäß mit einer Glasplatte ab! Lasse den Heu-

26

27.1 So wird ein Heuaufguß angesetzt.

aufguß bei Zimmertemperatur stehen! Nimm nicht mehr als 2 g Heu, da sonst Sauerstoffmangel und Fäulnis auftreten! Untersuche diesen *Heuaufguß* alle 2–3 Tage!

Auf der Oberfläche des Aufgusses bildet sich bald ein feines Häutchen, die *Kahmhaut*. Bringe einen Tropfen aus diesem Bereich auf einen Objektträger, und decke ihn mit einem Deckgläschen ab! Zunächst findest du vor allem *Bakterien*. Sie ähneln den Lebewesen, wie sie Leeuwenhoek gezeichnet hat. Nach 2–3 Tagen tauchen *immer wieder andere Lebewesen* auf. Bilder von häufigen Arten findest du auf S. 28–32.

Wo kommen diese *Mikroben* plötzlich her? Wovon leben sie? Wie zahlreich können sie werden? Treten sie immer in derselben Reihenfolge nacheinander auf? Einige dieser Fragen kannst du beantworten, wenn du einen Aufguß regelmäßig untersuchst. Schreibe bei jeder Untersuchung auf, wann du welche Formen entdeckst und wieviele es jeweils sind! Du kannst für jede gefundene Form ihre Häufigkeit einer Ziffer zuordnen, so wie das auch in Bild 28.6 zu sehen ist.

Warum wird zum Heuaufguß Tümpelwasser gegeben? Können sich auch ohne diese Zugabe Kleinstlebewesen im Aufguß entwickeln? Begründe deine Meinung!

Vergleiche Leeuwenhoeks Mikroskop mit dem Aufbau eines modernen Mikroskops in Bild 27.2! Welche Unterschiede stellst du fest?

27.2 *Aufbau eines leistungsfähigen Lichtmikroskopes.*

Das Mikroskop. Die Lampe liefert das Licht, um die dünnen, durchsichtigen Präparate zu durchleuchten. Der Kondensor hilft die Objekte voll auszuleuchten. Der richtige Kontrast wird mit der Blende eingestellt. Das Objektiv erzeugt ein vergrößertes Bild vom Objekt. Mit dem Okular wird dieses Zwischenbild nochmals vergrößert. Will man die Gesamtvergrößerung eines Mikroskopes wissen, multipliziert man die Vergrößerung des Objektivs mit der des Okulars. Diese Werte sind auf Objektiv und Okular eingraviert. Je leistungsfähiger ein Mikroskop ist, um so feinere Einzelheiten lassen sich mit ihm noch unterscheiden. Um dies zu erreichen, sind die Objektive moderner Mikroskope aus mehreren hintereinanderliegenden Linsen zusammengesetzt. Auch das Okular besteht nicht aus einer einteiligen Sammellinse, sondern mindestens aus 2 Linsen.

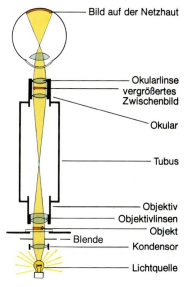

Bild auf der Netzhaut

Okularlinse
vergrößertes Zwischenbild

Okular

Tubus

Objektiv
Objektivlinsen
Objekt
Blende
Kondensor
Lichtquelle

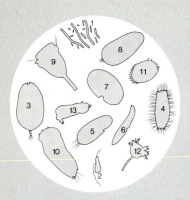

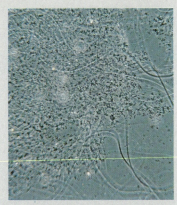

28.1 Welche der auf S. 25 abgebildeten Kleinstlebewesen findest du im Heuaufguß?

1 Fäulnisbakterium Proteus
2 Geißeltier Bodo
3 Grüne Zahnwalze Prorodon
4 Tonnentier Coleps
5 Nierentier Colpidium
6 Zuckrüsseltier Lionotus
7 Heutier Colpoda
8 Pantoffeltier Paramaecium
9 Glockentier Vorticella
10 Waffentier Stylonychia
11 Lauftier Euplotes
12 Saugwimpertier Tokophrya

28.6 Die Höhe der Säulen zeigt an, zu welcher Zeit welche Tiere ihre Höchstzahl erreicht haben. Über die tatsächliche Anzahl gibt die Grafik jedoch keine Auskunft. Dazu müßte man die Tiere auszählen.

28.2 Der Heuaufguß nach 2 Tagen. Bakterienketten wachsen. Vergrößerung 210fach.

28.3 Nach 3 Wochen ist das Rädertier Philodina im Heuaufguß am häufigsten. Vergrößerung 210fach.

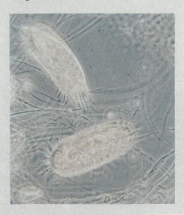

28.4 Nach 3½ Wochen. Das Waffentier Stylonychia lebt räuberisch. Vergrößerung 210fach.

28.5 Nach 6 Wochen. Pantoffeltiere strudeln Bakterien zum Zellmund. Vergrößerung 210fach.

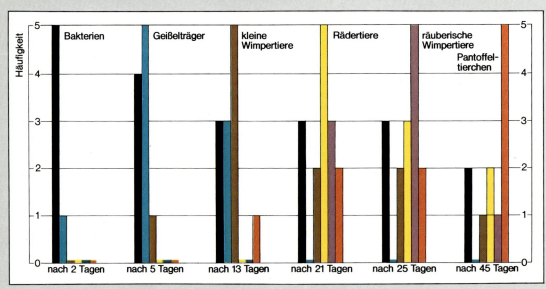

28

Dort ist über einen Zeitraum von 45 Tagen aufgezeichnet, wie häufig welche Art auftrat. Die Ziffern, mit denen die Häufigkeit angegeben wird, bedeuten:

0 = fehlend   3 = viele
1 = vereinzeltes Auftreten   4 = sehr viele
2 = wenige   5 = höchste Dichte

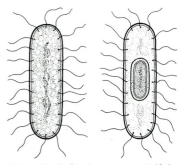

2.2.1 Heubazillen

In großer Menge bilden sich in der Kahmhaut *Heubazillen*. Sie gehören zu den *Bakterien*. Man kennt stäbchen-, kugel-, komma- und korkenzieherförmige Bakterienarten. Viele sind unbeweglich, andere tragen Geißeln und bewegen sich. Alle bestehen aus einer *einzigen, kernlosen Zelle*. Die meisten Bakterien leben vom Abbau organischer Stoffe. Heubazillen zersetzen feuchtes Heu. Bei Austrocknung bilden sie *Sporen*.

● Sporen können jahrelang überdauern. Unter günstigen Bedingungen keimen sie aus.

29.1 *Heubakterien tragen Geißeln. Rechts ist zu sehen, wie sich in einer Bakterienzelle eine Spore bildet.*

2.2.2 Geißelträger

Geißelträger sind schon nach 5 Tagen im Aufguß sehr zahlreich. Sie bewegen sich durch den propellerartigen Schlag ihrer Geißel vorwärts. Geißelträger sind *Einzeller* und haben wie alle Einzeller einen *Zellkern*. Sie kommen in vielen Gewässern vor. Manche leben sogar im Körper von Tieren und Menschen. Einige Arten besitzen Blattgrünträger. Sie sind also *Pflanzen*. Geißelträger ohne Blattgrün sind *Tiere*. Sie ernähren sich von Bakterien und verwesenden Stoffen.

● Viele Arten können *Zysten* bilden und darin ungünstige Lebensbedingungen überstehen.

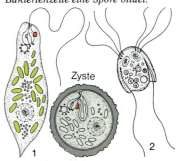

29.2 *Der Geißelträger Euglena (1) ist eine einzellige Pflanze. Der Achtgeißelträger Hexamita (2) ist fast in jedem Heuaufguß zu finden.*

2.2.3 Wimpertiere

Heutier. Ist der Heuaufguß etwa eine Woche alt, findest du das *Heutier Colpoda* unter dem Mikroskop. Das sind kleine, kugelförmige Tierchen, die umherwirbeln, plötzlich anhalten und dann ruckartig weiterschwimmen. Viele Plasmafortsätze, *Wimpern*, bedecken den ganzen Zellkörper. Deshalb nennt man solche Einzeller *Wimpertiere*. Der Wimpernschlag treibt die Tierchen voran. In den Pfützen, die Colpoda besiedelt, ändern sich die Lebensbedingungen rasch. Ungünstige Bedingungen überwindet Colpoda in einer *Zyste*.

Sicher kannst du jetzt erklären, woher die Kleinstlebewesen im Heuaufguß kommen: Sie waren als *Sporen* oder *Zysten im Heu* vorhanden. Andere stammen *aus dem Tümpelwasser*.

Waffentier. Das *Waffentier Stylonychia* gehört zu einer Gruppe von Wimpertieren, bei denen viele Wimpern zu langen „*Schreitfortsätzen*" verschmolzen sind. Die Tiere bewegen sich an der Oberfläche von Wasserpflanzen, schwimmen aber auch elegant. Sie fressen Algen, Bakterien und vor allem kleine Wimpertiere. Treten kleine Wimpertiere in Massen auf, kann sich auch das Waffentier stark vermehren.

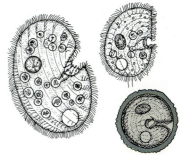

29.3 *Zwei verschiedene Arten des bewimperten Heutiers Colpoda. Rechts unten eine Zyste.*

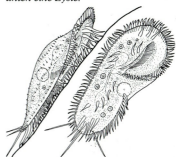

29.4 *Das Waffentier Stylonychia gehört zu den Wimpertieren.*

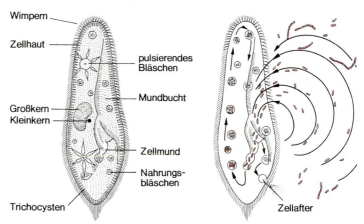

Labels for figure 30.1 (left diagram):
Wimpern — Zellhaut — pulsierendes Bläschen — Mundbucht — Großkern — Kleinkern — Zellmund — Nahrungsbläschen — Trichocysten

Labels for right diagram: Zellafter

30.1 Färbt man Bakterien oder auch Hefezellen an, kann man beobachten, wie die Wimpern um den Mund des Pantoffeltiers Paramaecium die Nahrung herbeistrudeln. Nahrungsbläschen bilden sich und wandern durch die Zelle. Das Unverdauliche wird durch den Zellafter nach außen abgegeben.

30.2 Pantoffeltier. Man sieht die Wimpern, die beiden pulsierenden Vakuolen und dazwischen den Zellkern. Mikrofoto, Vergrößerung 700fach.

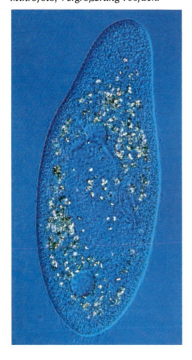

Um Pantoffeltiere beobachten zu können, braucht man nicht unbedingt ein Mikroskop. Auch Diaprojektoren vergrößern. Ein schmales Glasgefäß wird anstelle eines Dias in den Lichtstrahl des Projektors gestellt. Projiziere die Pantoffeltiere auf die Wandtafel und markiere dort ihre Länge! Zeichne die Bahn eines Pantoffeltieres nach! Wie kannst du herausfinden, wie lang und wie schnell Pantoffeltiere wirklich sind?

Pantoffeltier. Das *Pantoffeltier Paramaecium* ist eines der größten Wimpertiere. Es läßt sich gut mit bloßem Auge erkennen. Im Heuaufguß kommt es erst nach Wochen häufiger vor. Mit dem Auftreten der Pantoffeltiere wird das Wasser klarer, da sie vor allem unter den Heubazillen aufräumen.
Wie fressen die Pantoffeltiere? Die schnell umherschwimmenden Tiere sind schwer zu untersuchen. Deshalb muß man ihre Geschwindigkeit verlangsamen. Mit Gelatine kann man die Schwimmbewegung erschweren. Bringt man zerzupftes Fließpapier auf den Objektträger, legen sich die Tiere an die Papierfasern. Jetzt siehst du, daß vom schmalen Vorderende des Pantoffeltieres eine Rinne zur Körpermitte zieht. Dort liegt der *Zellmund*. An ihm stehen besonders viele und lange Wimpern, die Bakterien herbeistrudeln. Durch den Zellschlund gelangt die Nahrung ins Zellplasma. Auf einem ganz bestimmten Weg wird sie in *Nahrungsbläschen* durch die Zelle geschleust und *verdaut*. Die unverdaulichen Nahrungsreste werden am *Zellafter* ausgeschieden. Wie du in Bild 30.1 siehst, kann man den Weg der Nahrung durch das Pantoffeltier in einem Versuch mit einem Farbstoff verfolgen.
Neben den Nahrungsbläschen erkennst du 2 größere, *pulsierende Bläschen*, zu denen strahlenförmige Kanäle hinführen. Sie schaffen eingedrungenes Wasser nach außen.
Die Körperoberfläche ist von über 10 000 *Wimpern* bedeckt. Diese schlagen bis zu 10mal in der Sekunde und treiben das Tierchen dabei vorwärts. Die Schlagfolge jeder Wimper ist auf die Nachbarwimpern abgestimmt. Die Wimpern schlagen gestreckt und schnell nach hinten. Langsam und abgebogen werden sie wieder nach vorne geholt.
In der Zellhaut, der *Pellicula*, sitzen spitze *Eiweißnadeln*, die bei Gefahr nach allen Seiten „abgeschossen" werden. Trichocysten nennt man sie.
Im Wasser schwimmen Pantoffeltiere selbst im Dunkeln nach oben. Starke Säure meiden sie ebenso wie hohe Temperatur. Hindernissen weichen sie aus. Pantoffeltiere können also *auf Umweltreize reagieren.*

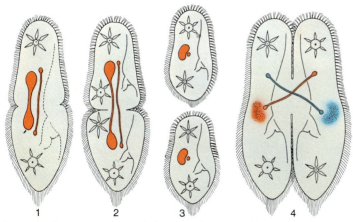

1 2 3 4

Pantoffeltiere können sich schnell vermehren. Dazu *verdoppeln* sich zuerst die beiden *Zellkerne*, danach der ganze *Zellkörper*. Die beiden Tochtertiere können innerhalb weniger Stunden zur vollen Größe heranwachsen und sich erneut teilen. Manchmal legen sich auch zwei Tiere aneinander. Dabei kommt es zum Austausch von Kleinkernsubstanz. Dieser Vorgang, *Konjugation* genannt, entspricht einer *wechselseitigen Befruchtung*.

2.2.4 Wurzelfüßer

Ihren Namen hat diese einzellige Tiergruppe von den wurzelähnlichen Körperfortsätzen, die der Fortbewegung dienen. Manche Arten bilden *Gehäuse* und *Schalen*. Gehäuselose Wurzelfüßer, die *Wechseltiere* oder *Amöben*, kommen im Heuaufguß vor, sind aber schwer zu erkennen. Deshalb sind sie in der Zusammenstellung auf S. 25 weggelassen. Man kann sie aber mit etwas Geduld finden, indem man entweder ein Deckglas auf die Kahmhaut legt und dieses nach einigen Stunden unter dem Mikroskop untersucht, oder den schleimigen Überzug der abgesunkenen Grashalme betrachtet.

Amöbe. Zuerst sieht man im Mikroskop nur ein kugeliges Schleimklümpchen, aber nach einigen Minuten erscheinen

31.1 und 31.2
1–3 Ungeschlechtliche Vermehrung beim Pantoffeltier. Querteilung der Zelle, Verdoppelung der Kerne. Pulsierende Bläschen und andere Zellbestandteile werden neu gebildet.
4   Konjugation. Die beiden Kleinkerne teilen sich. Je ein Tochterkern wird ausgetauscht.
Das Mikrofoto zeigt eine Querteilung. Das Präparat wurde mit Farbstoff angefärbt. Vergrößerung 500fach.

Stelle in einer Tabelle die einzelnen Zellbestandteile von Pantoffeltier und Amöbe zusammen! Schreibe dazu, welche Aufgabe sie haben!

31.3 und 31.4 Wechseltier Amöbe. Die Zeichnung zeigt den Aufbau und die Zellverdopplung. Im Mikrofoto erkennt man den Zellkern, das pulsierende Bläschen und Nahrungsbläschen. Vergrößerung 450fach.

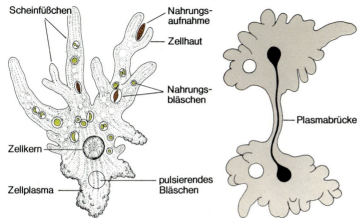

Scheinfüßchen
Nahrungsaufnahme
Zellhaut
Nahrungsbläschen
Zellkern
Zellplasma
pulsierendes Bläschen
Plasmabrücke

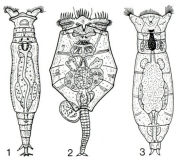

32.1 *Rädertiere sind 0,04–3 mm lange Vielzeller.*
1 Rüsselrädchen, 2 Wappenrädertier mit Ei, 3 Wimperohren-Rädertier.

32.2 *Versuch zur Urzeugung. In zwei Gefäßen wird Nährlösung durch Kochen steril gemacht. Ein Gefäß bleibt offen, das andere wird mit einem keimfreien Wattebausch verschlossen. Nach 8 Tagen ist im unverschlossenen Gefäß die Nährlösung durch Bakterien getrübt. Der sterile Wattebausch im anderen Gefäß verhindert, daß Bakterien in die Nährlösung gelangen.*

Nährlösung wird durch Kochen steril.

Bleibt offen!

Verschluß mit abgeflammtem Wattebausch...

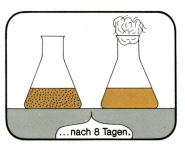

...nach 8 Tagen.

wurzelförmige *Scheinfüßchen*, die allerdings bei der kleinsten Erschütterung eingezogen werden. An anderer Stelle der Amöbe treten danach neue Scheinfüßchen aus. Die *Zellhaut* wölbt sich vor, Zellplasma strömt nach, der *Zellkern* und das *pulsierende Bläschen* folgen. Ständig ändert sich die Gestalt der Amöbe. Sie überfließt Sandkörner, Pflanzenreste, Bakterien und Geißeltiere. Beute wird völlig umflossen, ein *Nahrungsbläschen* entsteht. Die verdauten Stoffe gelangen ins Zellplasma, der unverdauliche Rest bleibt beim Weiterfließen liegen. Selbst Pantoffeltiere fängt die langsame Amöbe. Wie ist das möglich? So wie an Fasern oder anderen Gegenständen legen sich die Pantoffeltiere auch an die Oberfläche der Amöben an. Erst wenn sie völlig umschlossen sind, beginnen sie heftig herumzuschwimmen.

Amöben vermehren sich durch *Zellverdoppelung*.

● Verglichen mit dem Pantoffeltier ist die Amöbe einfach gebaut. Sie besitzt keine feste Gestalt, keine besonderen Einrichtungen zur Nahrungsaufnahme und Fortbewegung, auch keine Schutzeinrichtungen gegen Feinde. Dennoch ist das Wechseltier auf seine Weise genauso lebenstüchtig wie das Pantoffeltier.

2.2.4 Rädertiere

Nach etwa 3 Wochen treten im Heuaufguß in großen Mengen *Rädertiere* auf. Obwohl sie kaum größer sind als Pantoffeltiere, bestehen sie aus vielen Zellen. Sie sind also keine Einzeller. Sie besitzen wie die meisten vielzelligen Tiere Augen, ein Gehirn und Verdauungsorgane. Der Wimpernkranz am Kopf, das *Räderorgan*, ist ständig in Bewegung. Es strudelt Heubazillen, Geißelträger, Wimpertiere und Amöben herbei. Mit dem Räderorgan können sich die Rädertiere auch fortbewegen.

● Rädertiere sind Vielzeller.

2.3 Der Streit um die Urzeugung

Jeder, der einen Heuaufguß über einige Wochen hinweg untersucht, ist von der Fülle der Lebewesen überrascht. Du weißt, daß mit Heu und Tümpelwasser Sporen und Zysten hineinkamen. Daraus entwickelten sich Bakterien, Einzeller und Rädertiere. Unter den günstigen Ernährungsbedingungen vermehrten sie sich rasch.

Vor 150 Jahren wußte man noch nichts von Sporen und Zysten. Kannst du dir denken, welchen Schluß man damals daraus zog, daß sich in einer Mischung von Heu und Wasser Lebewesen entwickeln? Man meinte, Lebewesen könnten im Wasser aus faulenden, leblosen Stoffen entstehen. Diesen Vorgang nannte man *Urzeugung*.

● Erst 1860 konnte der junge französische Chemiker Louis Pasteur mit Versuchen zeigen, daß *Lebewesen immer nur aus Lebewesen* entstehen.

2.4 Versuche mit Bakterien

Viele *Bakterien* brauchen *Wasser, Mineralstoffe und organische Stoffe* zum Leben. Sie gedeihen gut auf dem Pflanzenstoff *Agar-Agar*. Dazu gibt man 2 g Agar-Agar, 1 g Pepton, 1 g gekörnte Fleischbrühe und eine Prise Kochsalz zu 100 ml Wasser. Das Ganze füllt man in einen Kochkolben, verschließt diesen mit einem Wattebausch und erhitzt ihn eine halbe Stunde lang in einem Topf, dessen Boden etwa 5 cm hoch mit kochendem Wasser bedeckt ist. Einen Tag später wird der Kolben noch einmal 30 Minuten lang erhitzt. Aus den Sporen, die das erste Erhitzen überstanden, keimten in der Zwischenzeit Bakterien. Beim zweiten Erhitzen werden sie abgetötet. Jetzt ist die Gelatine *steril*. Noch warm wird sie in 5 sterile *Petrischalen* gegossen. Nach dem Abkühlen werden folgende Versuche durchgeführt:

V_1: Der Deckel einer Schale wird 10 Sekunden abgehoben.

V_2: Der Deckel einer Schale wird 10 Minuten abgehoben.

V_3: Die Fingerspitzen einer ungewaschenen Hand werden leicht auf den Nährboden gedrückt.

V_4: Die Fingerspitzen einer frisch gewaschenen Hand werden auf den Nährboden gedrückt.

V_5: Auf dem Nährboden werden Geldstücke, ein Geldschein oder eine Türklinke abgedrückt.

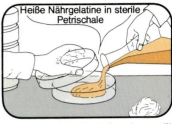

33.1 Vor dem Eingießen der sterilisierten Nährgelatine in die Petrischalen muß der Rand des Gefäßes ebenfalls sterilisiert werden.

33.2 bis 33.7 Bakterienversuche. Obere Reihe: Versuchsanordnung. Untere Reihe: Ergebnis nach 3 Tagen.

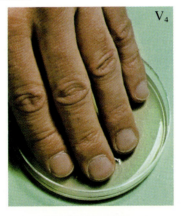

Es ist nicht auszuschließen, daß eine der Bakterienkolonien in den Fotos 33.5 bis 33.7 aus krankheitserregenden Bakterien besteht. Deshalb dürfen Schüler keine Versuche mit Bakterien durchführen!

Warum können gerade bei solchen Versuchen krankheitserregende Bakterien gefährlich werden?

Alle Petrischalen werden beschriftet, verklebt und anschließend in einen 30 °C warmen *Brutschrank* gestellt. Zwischen 25 und 38 °C gedeihen die meisten Bakterien gut.

Nach 3 Tagen werden die Versuchsergebnisse verglichen. Einige Schalen zeigen deutlich sichtbare Pünktchen und Flecken. Unter dem Mikroskop zeigt sich, daß es sich dabei um *Bakterienkolonien* handelt.

● Jede Kolonie ist durch Zellvermehrung aus einer Spore oder einem Bakterium hervorgegangen und besteht aus Milliarden Bakterien.

Unter günstigen Bedingungen können sich Bakterien alle 20−30 Minuten verdoppeln. Eine Bakterienzelle kann an einem Tag also mehr als 250 000 000 Nachkommen haben.

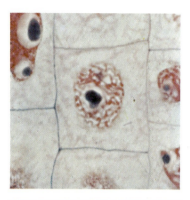

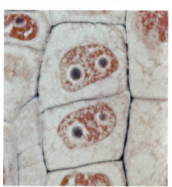
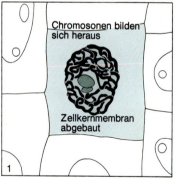
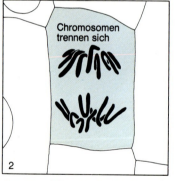
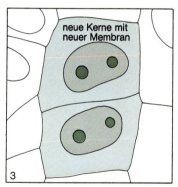

34.1 bis 34.6 Zellteilung bei der Hyazinthe. Die Mikrofotos sind etwa 1000-fach vergrößert. Die Zellen wurden angefärbt.

2.5 Der Plan in der Zelle

Warum entstehen bei der Teilung eines Bakteriums immer nur Bakterien, warum aus Erbsenzellen immer nur Erbsenzellen? Wo liegt in den Zellen der Plan dafür?

● Der Speicher für diesen Lebensplan ist der *Zellkern*.

Färbt man Zellkerne an, erkennt man in ihnen fadenförmige Gebilde. Diese gibt es in den Zellen aller Lebewesen. Wenn sich die Zellen teilen, werden aus den Kernfäden dickere Kernschleifen. Man nennt sie *Chromosomen*. Der Mensch hat in den Zellkernen der *Körperzellen* 46 Chromosomen, die Erbse 14, der Pferdespulwurm 2. Die Natternzunge, ein Farn, besitzt sogar über 500 Chromosomen. Bei der Befruchtung der Eizelle kommen beim Menschen die 23

Chromosomen der Spermazelle und die 23 Chromosomen der Eizelle zusammen. Die befruchtete Eizelle, die Zygote, hat also wie die Körperzellen 46 Chromosomen. Auch für die anderen Lebewesen gilt, daß in den Keimzellen von jeder Sorte 1 Chromosom, in den Körperzellen dagegen von jeder Sorte 2 Chromosomen vorhanden sind.

Wenn sich Körperzellen teilen, läßt sich beobachten, daß beide Tochterzellen nachher wieder den vollständigen Chromosomensatz haben. Die Zahl der Chromosomen muß sich also *vor der Teilung verdoppeln*. Dann werden die Chromosomen so verteilt, daß in jeder Tochterzelle von jeder Sorte wieder 2 vorhanden sind. Kommen bei der Verteilung Fehler vor, zeigen die davon betroffenen Zellen häufig *Miß-*

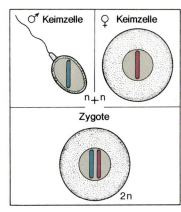

35.1 Spermazelle und Eizelle besitzen von jeder Chromosomensorte nur je 1 Chromosom. Die Zygote hat den doppelten Chromosomensatz.

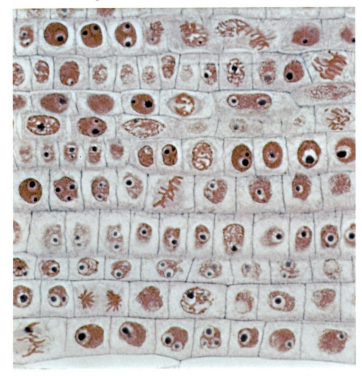

Keimzellen haben von jeder Sorte ein Chromosom: einfacher Chromosomensatz.
Körperzellen haben von jeder Sorte zwei Chromosomen: doppelter Chromosomensatz.

35.2 *Angefärbter Längsschnitt durch die Wurzelspitze einer Zwiebel. Welche Zellen teilen sich? Erkläre das unterschiedliche Aussehen der Zellkerne! Mikrofoto, Vergrößerung 250-fach.*

bildungen. Durch diese und weitere Beobachtungen kam man zu dem Ergebnis:
● Die Chromosomen enthalten den Plan für alle Zellen und damit auch für alle Lebewesen.
Das gilt selbst für die kernlosen Bakterien. Auch sie besitzen in ihren Zellen ein Chromosom.

2.6 Schimmel gegen Bakterien

Herbst 1928. In seinem Labor ärgert sich der Bakterienforscher Alexander Fleming. Wieder ist eine seiner Agarplatten, auf denen er Bakterien züchtet, von Schimmel befallen. Die Platte ist für weitere Untersuchungen unbrauchbar. Doch da stutzt er. Sonderbar! Die Bakterienkolonien in der Nähe des

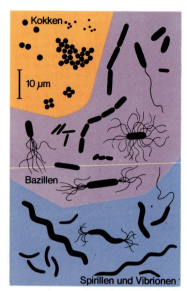

36.1 *Bakterientypen.*

36.2 *Auf eine Agarplatte, die dicht mit Bakterienkolonien bedeckt ist, wurden Sporen von Penicillium gebracht. Nach wenigen Tagen bildet sich um den Schimmelpilz ein bakterienfreier Ring.*

Schimmels sind viel kleiner. Außerdem ist um den Schimmel herum ein bakterienfreier Ring entstanden. Hemmt der Schimmel das Bakterienwachstum? Gibt er vielleicht einen Stoff ab, der die Bakterien tötet? Wenn dies zutrifft, kann man dann nicht aus Schimmel ein Mittel gegen krankheitserregende Bakterien gewinnen? Daß es Stoffe gibt, die Bakterien abtöten, wußte man längst. Nur war ebenso bekannt, daß sie für den Menschen meist giftig und deshalb für Heilzwecke unbrauchbar sind.

Das Schimmelgift heißt heute nach dem Schimmelpilz *Penicillium* Penicillin. Seine Wirkung zeigte sich rasch in einer Reihe von Versuchen mit Tieren: Eitererregende Bakterien und Bakterien, die Scharlach, Lungenentzündung, Tuberkulose und Diphtherie hervorrufen, ließen sich wirkungsvoll bekämpfen. Um Menschen behandeln zu können, mußte das Penicillin in *reiner* Form gewonnen werden. Daran arbeitete eine Forschergruppe in Oxford 6 Jahre lang. Weitere 6 Jahre später, 1941, wurde erstmals einem todkranken Polizisten Penicillin eingespritzt. Er erholte sich, sein Fieber sank, doch dann war der winzige Penicillinvorrat verbraucht. Heute wird Penicillin als Heilmittel *in großen Mengen industriell gewonnen.* Das ist allerdings nicht einfach, denn Schimmelpilze sind Lebewesen. Wichtig für das Gedeihen der Pilzkulturen in riesigen Behältern sind eine geeignete Nährflüssigkeit, gute Durchlüftung und ständige Beseitigung aller schädlichen Stoffwechselprodukte.

2.7 Schimmelpilze und Hefe
Schimmelpilze. Ist von Pilzen die Rede, denkst du wahrscheinlich zunächst an die Hutpilze im Wald. Die meisten Pilze werden kaum beachtet, zumal sie oft nur unter dem Mikroskop zu entdecken sind. Zwei davon sind der *Pinsel-*

schimmel *Penicillium* und der *Gießkannenschimmel As-pergillus.* Unter dem Mikroskop kann man sehen, daß sie aus vielen verzweigten Fäden bestehen. Man nennt diese Fäden *Hyphen.* Das Fadengeflecht heißt *Mycel.* Die Hyphen sind *in Zellen gegliedert.* Penicillium und Aspergillus bilden wie alle Pilze *Sporen.* Beim Pinselschimmel und Gießkannen-schimmel entstehen sie durch Abschnürung von Faden-enden. Wie du in den Bildern 37.1 und 37.2 siehst, gleichen bei Penicillium die verzweigten, sporenbildenden Fäden zusammen mit den Sporen einem Pinselchen. Bild 37.3 zeigt, daß bei Aspergillus die sporenbildenden Fäden am Ende ver-dickt sind. Darauf sitzen Zellen, die Sporen abschnüren.

Die reifen Sporen nimmt der Luftzug mit. Deshalb beginnt jeder Stoff, der geeignete Wachstumsbedingungen bietet, bald zu schimmeln. Mit den angegebenen Versuchen kannst du prüfen, unter welchen Bedingungen Schimmelpilze ge-deihen. Du brauchst dazu 10 Gläser oder Petrischalen. In 5 gibst du je ein Stück trockenes Brot, in die anderen 5 je ein wenig Sand. Dann führst du die Versuche wie nebenan ange-geben, einmal mit Brot und einmal mit dem Sand durch.

In 5 Petrischalen gibst du je ein Stück trockenes Roggenbrot, in 5 andere je etwas sauberen Sand.

Bei den Versuchen 1, 2 und 3 wird je-weils eine der Wachstumsbedingungen Wasser, Licht oder Wärme nicht gege-ben. In Versuch 4 sind alle Bedingun-gen erfüllt. In Versuch 5 fehlen sie. Für die Versuchsdauer bleiben die Petri-schalen geschlossen. Übernimm die Tabelle in dein Heft und trage die Ver-suchsergebnisse ein!

	Wasser	Licht	Wärme	Ergebnis	
				Brot	Sand
V1					
V2					
V3					
V4					
V5					

Schaue nach 3–4 Tagen nach und stelle die Ergebnisse zusam-men! Was hältst du von den folgenden Aussagen?
– Pilze gedeihen wie alle anderen Pflanzen nur im Licht.
– Pilze brauchen kein Licht, um zu gedeihen.
– Pilze brauchen kein Wasser.
– Pilze brauchen organische Stoffe.

37.1 und 37.2 Pinselschimmel Peni-cillium. Links: Aufnahme mit dem Raster-Elektronenmikroskop, Vergrö-ßerung 2000fach.

37.3 Gießkannenschimmel Aspergil-lus.

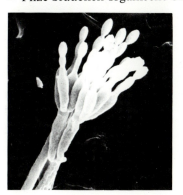
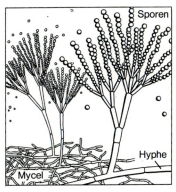

38.1 *Der Schimmelpilz Pilobolus wächst bevorzugt auf Pferdemist. Die sporentragende Hyphe schwillt nach der Sporenreife stark an. Platzt sie, wird die Sporenkapsel weggeschleudert. Vergrößerung etwa 5fach.*

38.2 *Pilobolus „schießt" seine reifen Sporen zum Licht. Der Versuch mit dem Dunkelkasten beweist dies.*

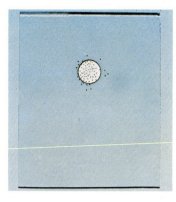

38.3 *Foto der Glasscheibe im Kasten. Wo die Kastenöffnung war, hängen die Sporenkapseln.*

Ihre Nahrung beziehen die Pilze aus den *organischen Stoffen*, auf denen sie wachsen. Außerdem brauchen sie *Wasser*.

Hefe. Hast du gewußt, daß Bäckerhefe ausschließlich aus *einzelligen Pilzen* besteht? Diese Hefepilze zerlegen Zucker in Alkohol und Kohlendioxid. Gibt man Hefe in den Teig, bildet das Kohlendioxid Blasen, der Teig treibt. Hefegebäck und Brot werden davon locker. Beim Backen entweichen das Kohlendioxid und der Alkohol. Bei der Bier- und Weinherstellung legt man Wert auf den Alkohol, den die Hefezellen aus Zucker herstellen. Die Hefezellen vermehren sich durch Sprossung: Tochterzellen werden abgeschnürt.

2.8 Kein Leben ohne Zersetzer

In Europa liefert jeder Mensch täglich bis zu 1 kg Haushaltsmüll. Unübersehbar ist die Masse von Laub, Nadeln und Holz, die in unseren Wäldern Jahr für Jahr zu Boden fällt. Wie würde die Welt wohl aussehen, wenn Pflanzenreste nicht verfaulen, Leichen nicht verwesen und Abfälle und Ausscheidungen einfach liegenbleiben würden? Wie kommt es, daß wir dennoch nicht knietief in all dem Abfall waten?

38.4 *Der Köpfchenschimmel Mucor bevorzugt Pferdemist, siedelt sich aber auch auf feuchtem Brot an. Dieses durchzieht er allmählich mit einem weißen bis hellgrauen Mycel.*

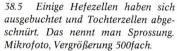

38.5 *Einige Hefezellen haben sich ausgebuchtet und Tochterzellen abgeschnürt. Das nennt man Sprossung. Mikrofoto, Vergrößerung 500fach.*

38.6 *Hefe läßt den Teig „gehen". Wie stark er treibt, hängt von der Temperatur ab.*

38.7 *Kohlendioxidblasen lockern das Brot auf. Beim Backen entweicht das Kohlendioxid.*

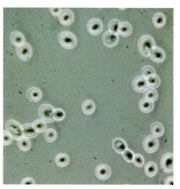

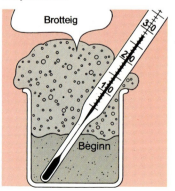

Die „unsichtbaren Müllwerker" kennst du schon: Es sind vor allem *Bakterien* und *Pilze*. Diese Lebewesen bauen nicht nur Abfälle ab, sie sorgen auch dafür, daß ihre Grundbaustoffe in den *Kreislauf der Stoffe* in der Natur zurückkehren. Man hat ausgerechnet, daß der *Kohlendioxidvorrat* der Luft nur 35 Jahre reichen würde, um den Bedarf der Pflanzenwelt zu decken. Die Pflanzen benötigen dieses Kohlendioxid für den Aufbau organischer Stoffe. Pilze und Bakterien setzen beim Abbau organischer Stoffe aber Kohlendioxid frei. Auf jeden Hektar Wald und Ackerboden kommen dabei pro Jahr im Durchschnitt 8 t. Ebenso wichtig ist die Arbeit der Bakterien und Pilze für andere Stoffkreisläufe. So werden auch die Mineralstoffe der organischen Überreste freigesetzt und stehen für neues Wachstum zur Verfügung.

Häufig entstehen bei den Abbauvorgängen *Stoffwechselprodukte*, die für uns *giftig* sind. Das ist vor allem dann der Fall, wenn eiweißreiche Stoffe zersetzt werden, zum Beispiel Nahrungsmittel. In schlimmen Fällen kann der Genuß von Lebensmitteln, die von Bakterien und Pilzen befallen sind, zu Vergiftungen führen. Um dies zu verhindern, werden Nahrungsmittel durch Konservieren haltbar gemacht. In Bild 39.2 findest du die wichtigsten *Konservierungsmethoden*.

2.9 Nützliche Bakterien

Bakterien zerstören nicht nur Nahrungsmittel, einige Arten sind auch an ihrer Herstellung beteiligt. *Milchsäurebakterien* ermöglichen die Quark- und Joghurterzeugung. Bei der Käseherstellung bauen sie Milchzucker zu Milchsäure und anderen Stoffen ab. Andere Bakterien verändern das Eiweiß. So entstehen viele verschiedene Käsesorten. Wird frischer Kohl unter Luftabschluß gehalten, verwandeln Milchsäurebakterien dieses Gemüse in Sauerkraut. *Essigbakterien* benötigen dagegen Luft, um aus Alkohol Essigsäure herzustellen. Auch viele Genußmittel wie Tee, Kaffee und Kakao erhalten erst durch bakterielle Abbauvorgänge, *Fermentierung* genannt, den gewünschten Geschmack.

Erstaunlich ist, daß einige Bakterienarten Lebensgemeinschaften mit Blütenpflanzen eingehen. Viele Schmetterlingsblütler wie Erbse, Bohne, Klee und Luzerne, aber auch die Erle, besitzen Wurzeln mit knöllchenartigen Verdickungen. Die mikroskopische Untersuchung zeigt, daß in diesen Wurzelknöllchen Bakterien leben. Ihre Bedeutung für die Pflanzen erweist ein Versuch:

In Blumentöpfe, die mitsamt der Erde sterilisiert wurden, steckt man *Erbsensamen*. Die eine Hälfte der Töpfe wird mit abgekochtem, reinem Wasser gegossen. Die andere Hälfte erhält Wasser, in dem Erde mit *Knöllchenbakterien* verrührt wurde. Die Pflanzen in den Töpfen mit Knöllchenbakterien wachsen besser. Die Knöllchenbakterien binden nämlich *Stickstoff*, der in der Luft enthalten ist, und stellen einen

39.1 *Die Zellen eines Blattes sind von Bodenorganismen fast bis auf die Blattadern abgebaut. Ohne Mikroben würde ein abgefallenes Blatt bald von der Sonne ausgetrocknet, zur Mumie werden und in Jahrhunderten noch daliegen.*

Erkläre die keimtötende oder hemmende Wirkung der unten angeführten Konservierungsmethoden! Welche Lebensgrundlage wird den Mikroben jeweils entzogen?

39.2 *Alle Konservierungsverfahren entziehen den Bakterien die Lebensgrundlage oder hemmen zumindest ihre Entwicklung.*

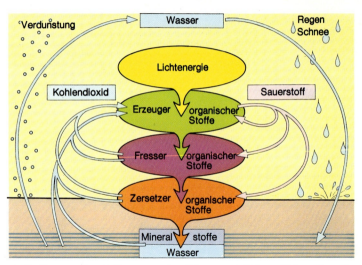

40.1 und 40.2   Der Kreislauf der Stoffe in der Natur.

Pilze und Bakterien als Nährstoffzersetzer stellen den grünen Pflanzen Mineralstoffe und Kohlendioxid zur Verfügung. Ohne sie wäre die Produktion organischer Stoffe bald unterbrochen.

Mikroben sind wichtige Partner des Menschen im Kampf gegen die Umweltverschmutzung. Wo greifen sie ein?
Denke an Fluß- und Seeverschmutzung, an Müllhalden, aber auch an Kläranlagen!

Welche Stoffe brauchen grüne Pflanzen zum Leben? Welche Stoffe werden durch die Zersetzung wieder frei?

Teil davon der Erbse zur Verfügung. Stickstoff ist für alle Pflanzen ein lebenswichtiger Mineralstoff.
Andererseits entnehmen die Bakterien den Wurzeln der Wirtspflanze organische Stoffe. Beide Partner ziehen also aus dem Zusammenleben Nutzen.
● Eine Lebensgemeinschaft zu gegenseitigem Nutzen nennt man *Symbiose.*
Durch den Anbau von Luzerne können dem Boden in einem Jahr über 200 kg Stickstoff pro Hektar zugeführt werden. Auf diese Weise wird durch Schmetterlingsblütler mit ihren Knöllchenbakterien sogar karger *Sandboden verbessert.*

Das Wichtigste in Kürze
Kleinstlebewesen findet man fast überall. Als Sporen oder Zysten überdauern sie ungünstige Lebensbedingungen. Die Einzeller, zu denen Geißelträger, Wimpertiere und Wurzelfüßer gehören, haben einen Zellkern. Bakterien sind kernlos. Im Heuaufguß lassen sich Bakterien und Einzeller gut beobachten.
Bakterien kann man auf Agarplatten züchten.
Für den Abbau von Abfällen sind Bakterien und Pilze unentbehrlich. Konservierungsmittel entziehen ihnen die Lebensgrundlage oder hemmen ihre Entwicklung. Bakterien sind an der Herstellung wichtiger Nahrungsmittel beteiligt. Einige Bodenbakterien binden Stickstoff aus der Luft.
Der Schimmelpilz Penicillium liefert ein wichtiges Heilmittel gegen Krankheiten, die von Bakterien hervorgerufen werden, das Penicillin. Auch die Hefen sind Pilze.
Im Zellkern liegen die Chromosomen. In den Keimzellen findet man von jeder Chromosomensorte 1 Chromosom, in den Körperzellen 2 Chromosomen. Vor der Zellteilung werden die Chromosomen verdoppelt. Jede Tochterzelle hat wieder einen vollständigen Satz von Chromosomen. Chromosomen sind die Träger des Plans für alle Zellen.

Es enthalten Bakterien

1 g Ackerboden	bis 1 000 000 000
1 g Straßenstaub	2 000 000
1 ml Schmutzwasser	1 000 000
1 ml Trinkwasser	bis 100
1 m³ Großstadtluft	400–1500
1 m³ Zimmerluft	100–1000
1 m³ Waldluft	20–300

Kannst du erklären, weshalb die Bakterienzahlen so unterschiedlich sind? Welche Anforderungen sollte man an einen Luftkurort stellen?

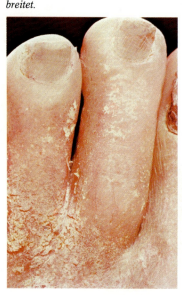

42.1 Starker Fußpilzbefall. Vom Zwischenraum der Zehen hat sich der Fußpilz auf den Fußrücken ausgebreitet.

3.1 Bakterien und Pilze

3.1.1 Bakterien auf der Haut

Eine Fliege auf der Haut. Sie ist lästig. Du verjagst sie. Wahrscheinlich ohne daran zu denken, daß sie Krankheitserreger übertragen kann. Millionen von *Bakterien* und *Pilzzellen* auf der Haut bemerkst du nicht. Unter ihnen befinden sich zahlreiche Krankheitserreger. Auch jedes Staubkorn, jeder Wassertropfen, jedes Bodenteilchen und selbst die Luft enthält Bakterien und Pilzzellen. Man spricht von *Keimen*.

3.1.2 Die Haut als Schmutzfabrik

Die Haut sondert Schweiß, Duftstoffe und Talg ab. Von der Oberhaut lösen sich Hornschüppchen. Für angewehte Keime bildet diese feuchte, fette und eiweißreiche Mischung einen hervorragenden *Nährboden*. Bei seiner Zersetzung entsteht der unangenehme „säuerliche Schweißgeruch". Durch kurzes *Duschen* werden die Hautabsonderungen am sichersten abgewaschen. Ein *Bad* in der Wanne dient mehr der Entspannung als der Sauberkeit. Wer solange im Wasser bleibt, bis die Haut quillt und runzelig wird, erreicht das Gegenteil: Das schützende Fett, die keimtötende Säure und die Abwehrstoffe werden ausgewaschen; der Schmutz aber bleibt beim Verlassen des Wassers als dünner Film am Körper. Auf der gequollenen, feuchten Haut wachsen die hängengebliebenen Keime besonders gut. Deshalb:
● Vor dem Bad unter der Dusche waschen oder nach dem Bad duschen.

Im feuchtwarmen Klima der Waschräume sind *Gemeinschaftshandtücher* gefährliche *Brutstätten für Bakterien*. Bedenklich sind die Ergebnisse der Untersuchung eines Gesundheitsamtes: Auf 7 von 70 untersuchten Handtüchern aus Gaststättentoiletten wimmelte es derart von Keimen, daß sie nicht gezählt werden konnten. Bei den restlichen 63 fanden sich pro cm² Handtuchfläche im Durchschnitt 16 527 Keime.
● Auch zu Hause sollte jeder ein eigenes Handtuch haben und dieses oft wechseln.

3.1.3 Hautpilze breiten sich aus

Der häufigste Hautpilz in Europa ist der *Fußpilz*. Nach Schätzungen sind in Deutschland mindestens 15% der Bevölkerung von ihm befallen. Juckreiz zwischen den Zehen, kleine Bläschen und Risse zeigen ihn an. Übertragen wird der Fußpilz vor allem durch nasse Holzroste und feuchte Fußmatten in Bädern. Er entwickelt sich, wenn die Füße nach dem Baden lange feucht bleiben. Deshalb:
● Die Sprühanlage gegen Pilze benutzen. Anschließend die Füße gut abtrocknen, besonders zwischen den Zehen.
Der *Säurefilm* auf der Haut schützt normalerweise auch gegen Pilze. Wer die Hände aber so häufig waschen muß wie

Zahnärzte oder Chirurgen, kann nur durch sorgfältige Pflege den Schutzfilm der Haut erhalten.

3.1.4 Bakterien gelangen ins Blut

Einige Stunden nach einer Hautverletzung rötet sich die Umgebung der Wunde und beginnt heftig zu schmerzen: Bakterien sind in das verletzte Gewebe eingedrungen. Wenn Bakterien oder andere Krankheitserreger eindringen, spricht man von einer *Infektion*. Besonders infektionsgefährdet sind verschmutzte Riß- und Schürfwunden. Glatte Schnittwunden reinigen sich meist selbst durch das austretende Blut. Wundinfektionen können für den ganzen Körper gefährlich werden, weil sich die eingedrungenen Bakterien rasch vermehren. Von den Wundrändern aus wandern sie in die Nachbarzellen der Haut ein. Dort zerstören sie das Gewebe und führen meist zu einer schmerzhaften Entzündung. Bläulichrote Streifen auf der Haut und schmerzende Anschwellungen in den Achselhöhlen und Leistenbeugen sind Alarmzeichen: Aus der örtlichen Infektion ist durch Verbreitung über die Blutbahn eine allgemeine Entzündung, eine *Blutvergiftung*, geworden. Sie beginnt mit Schüttelfrost, Fieber, Übelkeit und Kopfschmerzen. Diese Krankheitszeichen werden durch die giftigen Abfallprodukte der Bakterien hervorgerufen. Man nennt sie *Toxine*. Durch richtige Behandlung ist eine Ausweitung der Infektion vermeidbar.

- Kleinere Verletzungen lassen sich mit *Heftpflaster, Wundpuder* oder *Wundspray* behandeln.
- Etwas größere Verletzungen erfordern einen *Verband*. Vorher sollte aber die Wunde desinfiziert werden.
- Wunden nicht mit Wasser auswaschen!
- Große und stark verschmutzte Wunden sollte der Arzt versorgen.

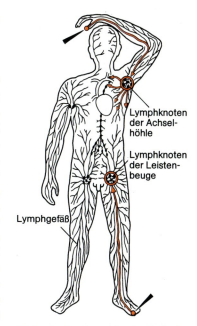

43.1   In den Lymphknoten befinden sich besonders viele Weiße Blutkörperchen. Vor allem hier werden Eitererreger unschädlich gemacht.

43.2   Ein Weißes Blutkörperchen greift Bakterien an. Rasterelektronenmikroskopische Aufnahme, Vergrößerung etwa 4000fach.

43.3   Blutvergiftung. Rote Streifen ziehen von der Infektionsstelle zu den Lymphknoten. Die Lymphgefäße sind entzündet.

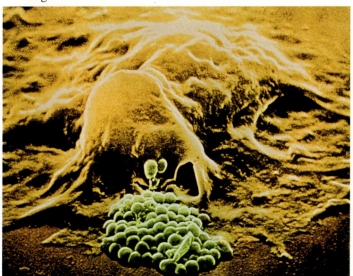

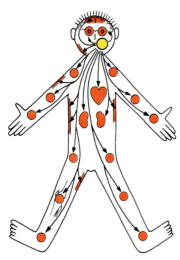

Die Bakterien schädigen den Körper doppelt. Zum einen werden Blut und Gewebe als Nahrung benutzt, zum anderen vergiften die Toxine den Körper und schwächen ihn. Zum Glück ist der Körper gegen eingedrungene Krankheitserreger nicht völlig wehrlos. Die Toxine locken *Weiße Blutkörperchen* an. Diese greifen die Bakterien an und verdauen sie.

3.1.5 Herzschäden durch schlechte Zähne

Auch im Mund leben zahllose Bakterien. Aus den Nahrungsresten, vor allem aus Zucker, bilden sie Säuren und geben Verdauungsenzyme ab. Diese können bei schlechter Zahnpflege den Zahnschmelz angreifen. Zahnfäule, *Karies* genannt, ist die Folge. Wenn die Bakterien bis in die Zahnhöhle vordringen, geben sie auch dort ihre Toxine ab. Weiße Blutkörperchen bilden eine Abwehrfront, ein „*Eiterherd*" entsteht. Gelangen die Toxine über das Blut in den Körper, können sie

44.1 *Bakteriengifte rufen im ganzen Körper Folgeerkrankungen hervor. Die durch einen Eiterzahn gefährdeten Körperteile und Organe sind eingezeichnet. Wenn die Ursache, der Eiterzahn, nicht rasch beseitigt wird, können bleibende Schäden entstehen.*

44.2 *Passive Immunisierung wird durchgeführt, wenn sich der Patient bereits infiziert hat. Eine Erkrankung wird oft erst bemerkt, wenn sich die Erreger schon stark vermehrt haben.*

44.3 *Die Wurzelspitze dieses Zahnes ist völlig vereitert. Die Entzündung der Wurzelhaut geht meist von der Zahnhöhle aus. Rechtzeitige Behandlung hätte den Zahn retten können.*

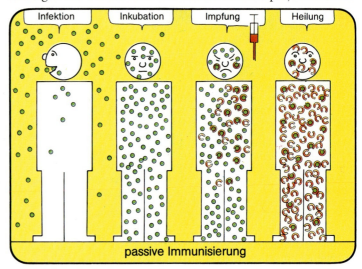

erheblichen Schaden anrichten. Besonders Herzmuskel, Herzklappen, Nieren und Gelenke werden in Mitleidenschaft gezogen.

3.1.6 Wundstarrkrampf – Toxine

Bei einem Wettkampf geht es oft heiß her. Wenn du stürzt, achtest du kaum auf kleine Wunden, die dabei entstehen. Trotzdem können sie zu einer schweren Erkrankung, ja zum Tod führen. Das gilt vor allem, wenn eine Wunde tief ist und sich rasch schließt. Stäbchenförmige Bodenbakterien sind die Ursache. Als Sporen sind sie jahrelang lebensfähig. In der Wunde keimen sie und vermehren sich rasch. Unter *Luftabschluß* gedeihen sie besonders gut, während Sauerstoff ihre Entwicklung hemmt. In schlecht durchbluteten, verschmutzten Wunden vermehren sie sich deshalb rasch. An der Wunde selbst machen sich die Erreger kaum bemerkbar. Nach 1–3 Wochen haben sie sich aber so stark vermehrt, daß ihr

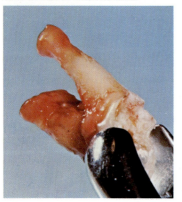

Gift, *eines der stärksten Toxine*, den ganzen Körper überschwemmt. Mit dem Blut gelangt es zum Nervensystem und stört dort die Befehlsübertragung auf die Muskeln. Die Muskeln verkrampfen sich. Die Krankheit heißt deshalb *Wundstarrkrampf* oder *Tetanus*. Ist die Atem- oder Herzmuskulatur davon betroffen, führt dies zum Tod. Nur durch rasche ärztliche Behandlung kann dem Betroffenen geholfen werden. Es genügt nicht, ein Gegengift gegen das Toxin, das *Antitoxin*, in die Blutbahn zu spritzen. Auch das Blut muß vollständig ausgetauscht werden.

Wirkungsvoller ist die *vorbeugende Impfung*. Dabei wird dem gesunden Körper das abgeschwächte Toxin eingeimpft. Es regt die Bildung von Abwehrstoffen oder *Antikörpern* gegen die Bakterien an. Nach einer solchen Behandlung vermag der Körper eingedrungene Wundstarrkrampferreger jahrelang unschädlich zu machen. Er ist *immun* gegen sie.

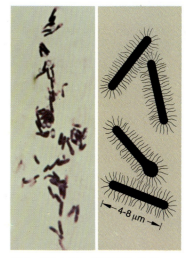

45.1 *Tetanusbazillen sind die Erreger des Wundstarrkrampfes. Sie sind über die gesamte Zelloberfläche begeißelt. In der Zeichnung bildet einer der Bazillen gerade eine widerstandsfähige Spore.*
1 μm = 1/1000 mm.

Wann ist es für eine aktive Immunisierung zu spät?

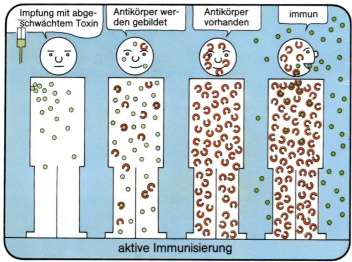

Impfung mit abgeschwächtem Toxin — Antikörper werden gebildet — Antikörper vorhanden — immun

aktive Immunisierung

45.2 *Aktive Immunisierung wirkt vorbeugend. Sie wird gegen besonders gefährliche Erreger angewendet. An Antikörper gebundene Krankheitserreger sind wirkungslos. Sie können den Körper nicht mehr schädigen.*

● Nach vorbeugender Impfung mit abgeschwächtem Toxin bildet der Körper gegen Bakterien Antikörper. Es kommt zu *aktiver Immunisierung.*

● Das Einspritzen von Antikörpern und Antitoxinen wird als *passive Immunisierung* bezeichnet.

3.1.7 Seuchenerreger unter den Bakterien

Cholera. Am 16. August 1892 erkrankten mehrere Arbeiter im Hamburger Hafen an Fieber, Erbrechen, Bauchschmerzen und Durchfall. Wenige Tage später stieg die Zahl der Erkrankten sprunghaft an, die ersten Todesfälle wurden gemeldet. Nach wenigen Wochen waren mehr als 10 000 Menschen tot. Eine ansteckende Krankheit hatte sich als *Seuche* über die ganze Stadt ausgebreitet. Noch gegen Ende des letzten Jahrhunderts wurde in Hamburg ungereinigtes Elbwasser getrunken. Es enthielt Cholerabazillen. Heute ist bei uns die *Cholera* so gut wie ausgerottet.

Robert Koch leitete die Bekämpfungsaktion gegen die Cholera in Hamburg. Er ordnete an: Trinkt nur abgekochtes Wasser! Trinkt keine rohe Milch! Eßt keinen frischen Käse und keine frische Butter! Jede Wohnung eines Erkrankten muß desinfiziert werden! Warum führten diese Maßnahmen zum Rückgang der Cholera?

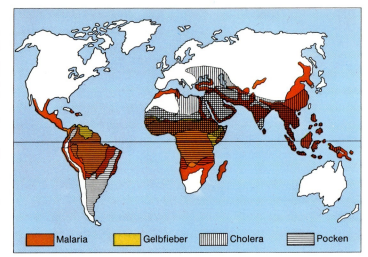

| Malaria | Gelbfieber | Cholera | Pocken |

46.1 Rattenfloh. Die Pest ist eigentlich eine Rattenseuche. Die Bakterien werden durch den Stich von Flöhen übertragen. Wenn die Ratten aussterben, gehen die Flöhe auch auf den Menschen über. Vergrößerung 12fach.

46.2 Die Karte zeigt die Hauptverbreitungsgebiete einiger gefährlicher Seuchen. Bei Reisen in solche Gebiete ist eine vorbeugende Impfung unbedingt erforderlich. Gegen Malaria wird durch Medikamente vorgebeugt.

46.3 Diese Pestkreuze bei Engen im Hegau erinnern an die Zeit, als der Schwarze Tod ganze Landstriche in Europa entvölkerte.

Typhus. Selten, aber noch längst nicht völlig verschwunden ist *Typhus*, eine andere Infektionskrankheit, die zu Fieber, Durchfall und Bewußtseinsstörungen führt. Sie wird von Typhusbakterien, auch *Salmonellen* genannt, hervorgerufen. Typhus wird wie Cholera hauptsächlich durch Wasser und Nahrungsmittel übertragen, die mit diesen Bakterien verunreinigt sind. Oft werden Cholera und Typhus aus den Tropen und Subtropen eingeschleppt.

Tuberkulose. Noch vor 100 Jahren starb bei uns ein Siebtel aller Erwachsenen an *Tuberkulose*. 1975 litt noch knapp 1% der Bevölkerung der Bundesrepublik Deutschland an dieser Krankheit. Ihre Erreger, Bakterien, befallen vor allem die Lunge. Die erfolgreiche Bekämpfung der Tuberkulose ist der planmäßigen wissenschaftlichen Forschung und gezielten staatlichen Maßnahmen zu verdanken: Die hygienischen Verhältnisse wurden verbessert und die Milcherzeugung überwacht. Die Rindertuberkulose ist heute bei uns fast ganz ausgerottet.

Am wichtigsten ist die gesetzmäßige *Röntgenreihenuntersuchung* zur Früherkennung erkrankter Menschen. Tuberkulose wird wie Cholera und Typhus dem *Gesundheitsamt* gemeldet.

Diphtherie. Ebenfalls meldepflichtig ist die *Diphtherie*. Bei dieser Krankheit treten 2–6 Tage nach der Ansteckung gerötete und geschwollene Mandeln auf. Die stäbchenförmigen Bazillen werden durch Niesen und Husten von Mensch zu Mensch übertragen. Sie siedeln sich auf den Schleimhäuten von Mund und Rachen an und scheiden ein Toxin aus, das auf Muskeln lähmend wirkt. Erwachsene, die als Kinder diphtheriekrank waren, werden nicht mehr angesteckt. Kannst du erklären, weshalb das so ist?

Pest. Die furchtbarste Geißel der Menschheit war in früheren Jahrhunderten der Schwarze Tod, die *Pest*. Allein 1347–52 und 1518 fielen ihr viele Millionen Menschen zum Opfer. Heute ist die Pest weitgehend zurückgedrängt.

46

47.1 Aus „Das Buch Weinsberg. Kölner Denkwürdigkeiten aus dem 16. Jahrhundert."

Erkrankungen an Kinderlähmung

Jahr	Bundes-republik Deutschland	DDR
1951–1955	3722	1187
1961–1965	1063	1
1967	54	0
1968	59	0
1969	25	0
1970	15	0
1971	17	0
1972	15	0
1973	29	0
1974	18	0

3.2 Viren

Kinderlähmung. Vergeblich suchten Mediziner und Biologen lange Zeit nach dem Erreger der Kinderlähmung. Bei dieser Krankheit werden die Nervenzellen des Rückenmarks zerstört. Schließlich fand man winzige Erreger. *Viren* nennt man sie. Sie sind 10- bis 100mal kleiner als Bakterien und damit zu klein, um für alle Zellbestandteile Platz zu haben. Viren sind keine Lebewesen. Trotzdem sind sie für lebende Zellen äußerst gefährlich:

● Dringt ein Virus in eine Zelle ein, werden von der Zelle in kurzer Zeit viele neue Viren hergestellt. Die Zelle jedoch geht dabei zugrunde. Die gebildeten Viren können neue Zellen befallen.

Die meisten chemischen Antitoxine können den Viren nichts anhaben. Nur unser Körper vermag bei leichten Virusinfektionen Antikörper zu bilden. Zur Bekämpfung der Kinderlähmung werden deshalb bei der *Schluckimpfung* abgeschwächte Viren „geimpft".

Vergleiche das Impfverhalten der Bürger der Bundesrepublik Deutschland und der DDR!
Wer in außereuropäischen Ländern Ferien machen will, muß bei der Einreise bestimmte Impfungen vorweisen. Warum muß die Impfung einige Wochen vor dem Urlaubsantritt erfolgen?

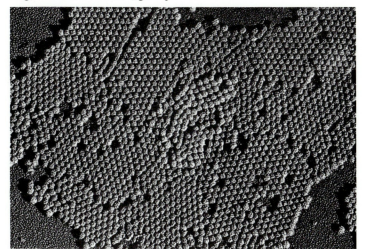

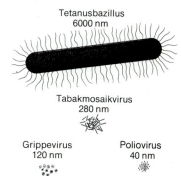

47.2 *Polioviren. Elektronenmikroskopische Aufnahme, Vergrößerung 40 000fach.*

Tetanusbazillus
6000 nm

Tabakmosaikvirus
280 nm

Grippevirus
120 nm

Poliovirus
40 nm

47.3 *Größenvergleich einiger Viren mit dem Tetanusbazillus. Die Kleinheit der Viren macht verständlich, warum sie so spät entdeckt wurden. 1 nm = 1/1 000 000 mm.*

47

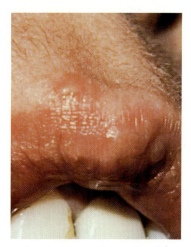

Immer wieder tauchen bisher unbekannte Grippeviren auf. Warum sind diese Viren bei den Gesundheitsbehörden mehr gefürchtet als schon bekannte Viren?

48.2 Eine Werbeaufnahme für Vogelfutter. Welche Gefahr übersah der Fotograf? Beachte: Der Hauptansteckungsweg der Papageienkrankheit führt über die Atmungsorgane.

Pocken. Gegen das gefürchtete *Pockenvirus* wurde bei uns bis vor wenigen Jahren die gesamte Bevölkerung geimpft. Seither ist die Pockenimpfung freiwillig. Die Krankheit zeichnet sich durch Fieber, eiternde Hautausschläge und oft auch Erblindung aus. Von den Hautausschlägen bleiben Narben zurück. Nicht selten führen die Pocken zum Tod.

Grippe. Pocken haben wie die Kinderlähmung heute ihren Schrecken verloren. Aber eine Viruserkrankung fordert jährlich Tausende von Opfern: die *Grippe*. Im Winter 1969/70 starben in der Bundesrepublik Deutschland allein 50 000 Menschen an Grippe. Das entspricht der Einwohnerzahl einer mittleren Stadt. Dabei ist die *Grippeschutzimpfung* sehr wirksam. Leider sind die meisten Menschen zu bequem, um sich impfen zu lassen.

Weitere Viruserkrankungen. Viren verursachen auch *Mumps*, *Masern*, *Röteln* und *Windpocken*. Am *Schnupfen* sind ebenfalls Viren beteiligt.

Gefährliche Viruserkrankungen bei Tieren sind die *Maul- und Klauenseuche* und die *Tollwut*. An Nutzpflanzen wie Kartoffeln, Tabak und Getreide verursachen Viren große Schäden. Selbst Bakterien können an Viren erkranken.

3.3 Hygiene im Umgang mit Tieren

In den Haushalten der Bundesrepublik Deutschland leben gegenwärtig 3 Millionen Hunde, 2,5 Millionen Katzen, 2 Millionen Wellensittiche, über 2 Millionen Goldhamster und Meerschweinchen. Einige Millionen Mäuse und Schildkröten kommen dazu.

Jeder Tierfreund wird sich bemühen, seine Lieblinge richtig zu füttern und in einem sauberen Stall oder Käfig zu halten. Dauernde *Körperpflege* ist notwendig, damit sie vor *Krankheiten* geschützt sind. Das ist nicht nur wegen der Tiere wichtig:

● Heimtiere können Krankheiten auf den Menschen übertragen.

Infektionskrankheiten, die durch Tiere übertragen werden

Krankheit	Überträger	Krankheitserscheinungen beim Menschen
Tollwut	vor allem Fuchs, aber auch Reh, Ratte, Eichhörnchen, Marder; Hund, Katze, Rind	Brennen und Kribbeln an der Bißwunde, Fieber, Schluckbeschwerden, Atemnot, Muskelkrämpfe, Lähmungen; oft tödlich
Papageienkrankheit	Taube; Papagei, Wellensittich	Kopf- und Gliederschmerzen, Lungenentzündung, Kreislaufschwäche, Durchfall, Hirnhautreizung
Toxoplasmose	viele Säugetiere und Vögel; Heimtiere selten	Gefährlich für schwangere Frauen; Totgeburten und Schädigungen des Embryo sind möglich
Gehirnhautentzündung	Mäuse; Goldhamster; Meerschweinchen	Fieber, Kopfschmerzen, Nackenstarre

3.3.1 Tollwut

Die *Tollwut* ist eine Viruserkrankung des Gehirns und des Rückenmarks. Erst 1–3 Monate nach der Infektion treten bei einem Menschen, der von Tollwuterregern infiziert wurde, die ersten Krankheitszeichen auf. Die Zeit zwischen Ansteckung und Ausbruch einer Krankheit wird *Inkubationszeit* genannt. Die Tollwut beginnt mit Fieber. Es kommt zu Atem- und Schluckbeschwerden. Sehr schnell folgt der Tod durch Ersticken. Heilung ist bis heute kaum möglich. Durch die lange Inkubationszeit ist aber eine *aktive Impfung* unmittelbar nach der Infektion erfolgversprechend.

3.3.2 Der Hundebandwurm

Manche Hunde leiden unter einem 3–6 mm langen *Hundebandwurm*. Er besteht aus einem Kopf und 3–4 Gliedern. Der Kopf trägt 4 Saugnäpfe und einen Kranz aus 30–40 Haken. Damit verankert sich der Wurm an der Darmwand. Hier haftet er zeitlebens. Seine Nahrung entnimmt er dem Nahrungsbrei im Darm. Da der Hundebandwurm weder Mund noch Verdauungsorgane hat, nimmt er die Nährstoffe mit seiner gesamten Körperoberfläche auf.

Der Hundebandwurm ist ein *Zwitter*. In seinem vorletzten Glied liegen männliche und weibliche Geschlechtsorgane. Da die Eizellen von den Spermazellen desselben Tieres befruchtet werden, spricht man von *Selbstbefruchtung*. In den befruchteten Eiern entwickeln sich *Larven*. Die Eier mit den Larven gelangen mit dem Kot nach außen. Wenn sich der befallene Hund ableckt, können sie ins Fell gelangen.

● Wer Hunde, die Bandwürmer haben, streichelt und danach seine Hände nicht wäscht, kann sich infizieren.

Aus den Eiern schlüpfen im Darm des Menschen die Larven aus. Mit dem Blut gelangen sie in alle Körperteile. Dort können sie sich zu großen Blasen entwickeln, die man *Finnen* nennt. Am häufigsten wird die Leber befallen und schwer

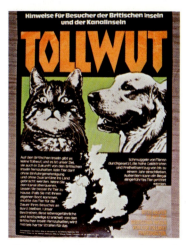

49.1   In Großbritannien gibt es die Tollwut noch nicht. Mit solchen Plakaten versuchen die Behörden, die Seuche von der Insel fernzuhalten.

Weshalb gibt es in England bisher keine Tollwut, wohl aber Grippe?

49.2 und 49.3   Entwicklungsgang des Hundebandwurmes.
Der Hundebandwurm ist deshalb besonders gefährlich, weil sich im menschlichen Körper die ungewöhnlich großen Finnenblasen entwickeln können.

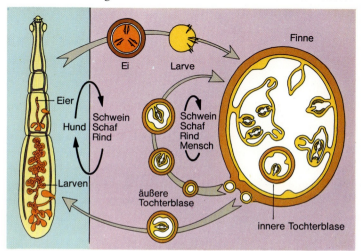

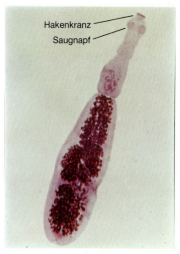

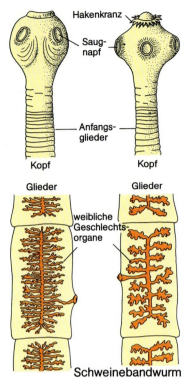

Hakenkranz

Saugnapf

Anfangsglieder

Kopf Kopf

Glieder Glieder

weibliche Geschlechtsorgane

Schweinebandwurm

Rinderbandwurm

50.1 Rinderbandwurm und Schweinebandwurm. Die Zeichnung zeigt jeweils den Kopf und ein Glied aus dem hinteren Körperbereich. Der Rinderbandwurm wächst täglich bis zu 7 cm.

8 fach

50.2 Die Zeichnung veranschaulicht, wie lang ein Rinderbandwurm wird. Wer nachmißt, kommt auf über 5 m. 10 m lange Rinderbandwürmer haben etwa 2000, 10 m lange Schweinebandwürmer etwa 4000 Glieder.

geschädigt. Nur eine Operation kann dann noch helfen. Im Inneren einer Finne entstehen viele *Tochterblasen.* In jeder Tochterblase entwickeln sich zahlreiche neue *Bandwurmköpfe.* Aus einem einzigen Ei können sich Tausende ansteckungsfähiger Köpfe bilden.

Die Eier im Kot können von zahlreichen Säugetieren aufgenommen werden. Die Entwicklung zur Finne verläuft in ihnen genauso wie im Menschen. Meist sterben die Tiere. Frißt dann ein Hund das Stück Fleisch, das Finnen enthält, entwickeln sich aus den Köpfen neue Hundebandwürmer.

Weitere Bandwürmer. Häufiger als der Hundebandwurm ist der *Rinderbandwurm.* Er entwickelt sich im Dünndarm des Menschen zum geschlechtsreifen Tier. Rinderbandwürmer werden 4–10 m lang. Die Finne bildet sich im Muskelfleisch des Rindes. Beim *Schweinebandwurm* entwickelt sich die Finne im Schwein.

● Tiere, die auf Kosten anderer leben, nennt man *Schmarotzer* oder *Parasiten.* Alle Bandwürmer sind Schmarotzer.

3.3.3 Parasiten unter den Fadenwürmern

Trichinen. 8.00 Uhr morgens. Im Städtischen Schlachthof herrscht Hochbetrieb. Fachgerecht zerlegen Schlachter die Rinder. Zwei Tierärzte schneiden von jedem Rind einige Fleischproben ab und stecken sie in die Hülse einer Rohrpost. Im Labor wird die flachgequetschte Fleischprobe mikroskopisch untersucht und das Ergebnis in einem Buch festgehalten. Kein Fleisch darf ohne diese *Fleischbeschau* auf den Markt kommen. Die Fleischstücke ohne Befund, die gesunden also, erhalten einen *Stempel.*

Die Untersuchung gilt kleinen, abgekapselten Würmern, den *Trichinen.* Früher forderten Trichinen viele Todesopfer. Doch nachdem im Jahre 1877 die Preußische Regierung eine strenge gesetzliche Fleischbeschau eingeführt hatte, gingen die Trichinenerkrankungen immer mehr zurück. Dagegen sind sie in Nordamerika, wo keine Fleischbeschau durchgeführt wird, immer noch sehr häufig. Man schätzt, daß 21 Millionen Menschen in den USA von diesem Schmarotzer befallen sind!

Die Trichinen leben als *geschlechtsreife Würmer* im Darm vieler Säugetiere, insbesondere bei Ratten und Schweinen. Hier paaren sie sich auch. Die Weibchen dringen danach in die Darmwand ein und bringen dort je 1000–2000 bewegliche Larven zur Welt. Die Jungwürmer werden mit dem Blutstrom in alle Teile des Körpers geschwemmt. In stark durchbluteten *Muskeln*, besonders in der Kau- und Atemmuskulatur, wachsen sie heran und zerstören die Muskelfasern. Schließlich rollen sich diese Muskeltrichinen ein und *kapseln sich ab.* Wird das trichinöse Fleisch von einem anderen Tier gefressen, lösen seine Verdauungsenzyme die Kapseln auf. Die Entwicklung nimmt ihren Fortgang. Gegen Muskeltrichinen gibt es bis heute nur ein wirksames Mittel:

● Kein rohes Fleisch essen! Erst beim Kochen und Braten werden die Muskeltrichinen abgetötet.

Madenwürmer und Spulwürmer. Im Dickdarm leben die kleinen *Madenwürmer.* Sie wandern nachts aus dem After und legen ihre Eier außen auf der Haut ab. Die Bewegungen der Weibchen erzeugen einen heftigen Juckreiz. Kratzt man, gelangen die Eier an die Finger und schließlich in den Mund. Viele Kleinkinder leiden unter diesen Schmarotzern.

Ungefähr ein Viertel der Menschheit ist vom *Spulwurm,* einem weiteren Darmparasiten, befallen. Die Infektion erfolgt fast immer durch Gemüse, das *mit Jauche gedüngt* wurde. Die Spulwürmer haften fest an den Pflanzenteilen und werden durch einfaches Waschen nicht restlos entfernt. Die Würmer geben im Dünndarm giftige Abfallstoffe ab. Vor der Verdauung durch die Enzyme des Wirts schützen sie sich durch Abwehrstoffe, die die Verdauungsenzyme angreifen und unschädlich machen.

3.4 Gesundheit und Ernährung

In Guatemala wurden über Jahre hinweg die Lebensgewohnheiten der Bewohner ländlicher Bezirke untersucht. Dabei stellte sich heraus, daß mit einer Verbesserung der Eiweißversorgung die *Widerstandsfähigkeit* der Bevölkerung gegen Darmparasiten und Infektionskrankheiten *erhöht* werden kann. Dies gilt ganz besonders für Kinder.

Auch bei uns hängt der Gesundheitszustand ganz wesentlich von der Ernährung ab.

51.1 *Im Schlachthof stempelt der Tierarzt die gesunden Tierhälften.*

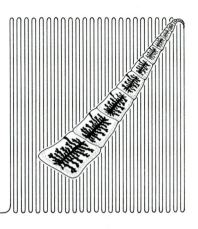

51.2 *Oben der normale Entwicklungsgang bei der Trichine. Beim Menschen gerät der Entwicklungszyklus in eine Sackgasse. Rot: Muskeltrichinen.*

51.3 *Eingekapselte Trichinen. Mikrofoto, Vergrößerung 50fach.*

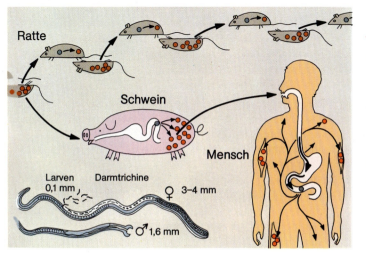

Ratte

Schwein

Mensch

Larven
0,1 mm

Darmtrichine

♀ 3–4 mm

♂ 1,6 mm

Eiweiß- und Energiegehalt einiger
Nahrungsmittel
(bezogen auf 100 g)

Nahrungs-mittel	Eiweiß (g)	Energie-gehalt (kJ)
Brötchen	7	1172
Vollkornbrot	7	1005
Kornflakes	8	1824
Kartoffel	2	356
Teigwaren	13	1633
Ei	13	699
Braten	19	528
Leber	22	603
Kotelett	15	1499
Wurst	16	1047
Käse	26	1679
Butter	1	3161
Marmelade	1	1076
Kekse	15	1938
Salat	1	59
Bohnen	2	158
Apfelsine	1	226
Milch	3	268
Limonade	0	201

1000 Joule (J) = 1 Kilojoule (kJ)

Größe und wünschenswertes Gewicht
bei Jugendlichen

Alter	Jungen Größe	Gewicht	Mädchen Größe	Gewicht
9	135	30	135	29
10	140	32	140	32
11	145	36	147	36
12	150	39	153	41
13	156	44	158	46
14	163	50	162	52
15	166	52	163	53
16	169	55	164	54
17	172	59	165	55

3.4.1 Mangel und Überfluß

Nach dem 2. Weltkrieg gab es in Deutschland zu wenig Nahrung. Die Anfälligkeit für Infektionskrankheiten war besonders hoch. Inzwischen leben wir im Überfluß. Die Anfälligkeit für Infektionskrankheiten ist zwar nicht mehr so hoch, Fettsucht, Zuckerkrankheit, Gicht und Erkrankungen der Verdauungsorgane, Erkrankungen des Herzens und der Blutgefäße haben aber zugenommen. Daraus läßt sich schließen, daß auch *Überernährung schädlich* ist.

3.4.2 Veränderung der Eßgewohnheiten

Während der Pubertät ändern sich die Eßgewohnheiten. Auch die Verwertung der Nährstoffe im Körper unterliegt Veränderungen. Die hormonale Umstellung wirkt sich aus. Das Wachstumshormon der Hypophyse bewirkt ein verstärktes Knochenwachstum und eine Zunahme von Muskelzellen. In dieser Zeit sollte deshalb die Nahrung einen höheren Anteil an Mineralstoffen, vor allem aber mehr Eiweiß enthalten. Für den Eiweißbedarf gilt die Faustregel:

Mädchen   1,4 g Eiweiß pro kg Körpergewicht und Tag
Jungen   1,5 g Eiweiß pro kg Körpergewicht und Tag

Du kannst leicht ausrechnen, wieviel Eiweiß du selbst brauchst. Wieviel du dazu von welchem Nahrungsmittel essen mußt, kannst du der Tabelle entnehmen.

Daß durch falsche Ernährungsgewohnheiten gerade während der Pubertät Gefahren drohen, zeigen zwei Beispiele:

Magersucht. Das Bedürfnis, schlank zu sein, kann vor allem bei Mädchen zu einer krankhaften Abneigung gegen jede Art von Nahrung führen. Der Körper wird geschwächt. Dies wiederum verstärkt die Abneigung noch mehr. Manchmal ist nur noch mit ärztlicher Unterstützung Hilfe möglich.

Fettsucht. Manche essen zuviel. Das kann daran liegen, daß sie ihre Probleme in sich „hineinfressen". Vielleicht sind sie aber auch schon von Kindheit an Vielesserei gewöhnt und ihr Körper hat zuviele Fettzellen gebildet. Dann ist eine über längere Zeit verordnete Sparkost unter ärztlicher Aufsicht der richtige Weg, Gewicht abzubauen. Nur in seltenen Fällen sind Veränderungen im Gehirn die Ursache für die Fettsucht.

Wer sich während der Pubertät richtig ernähren will, sollte 4 bewährte Grundsätze beachten:

- Zuviele Kohlenhydrate führen zu Übergewicht. Bremse deine Lust auf Süßigkeiten und Knabberzeug! Bedenke, daß sich Zucker in Getränken „verstecken" läßt!
- Iß öfter, aber weniger! Warte nicht, bis du einen Bärenhunger hast!
- Achte darauf, daß deine Nahrung genügend Eiweiß enthält!
- Gemüse und Obst enthalten Vitamine, Milch liefert Kalk! Vitamine und Mineralstoffe sind sehr wichtig.

52

53.1 *Beim Volleyball wird der Körper gleichmäßig beansprucht. Sportliche Höchstleistungen kann nur ein durchtrainierter und gesunder Körper erbringen.*

Gymnastikübung	beanspruchte Muskulatur
Nackenziehkampf	Halsmuskulatur
Wiegemesser	Rückenmuskulatur
Klappmesser	gerade Bauchmuskulatur
Rumpfseitbeugen	schräge Bauchmuskulatur
Liegestütz mit Handklatsch	Armmuskulatur
Klimmzug	Armmuskulatur
Kniebeuge	Beinmuskulatur
Entengang	Beinmuskulatur

3.4.3 Auf den Energiegehalt kommt es an

Ob zu dünn oder zu dick, die Waage ist unerläßlich, wenn das richtige Gewicht gehalten werden soll. Welches Gewicht für dich richtig ist, zeigt die Tabelle. Eines solltest du dir aber merken: Ohne körperliche Arbeit oder sportliche Betätigung nützt die beste Ernährung nichts. Entscheidend ist der Unterschied zwischen Zufuhr und Verbrauch der Nährstoffe im Körper.

- Was nicht verbraucht wird, gibt Fett.
- Überprüfe regelmäßig dein Gewicht! Wiegen ist besser als schätzen!

Wie du weißt, läßt sich die Energie, die in der Nahrung steckt, messen. Früher gab man die Energie in *Kalorien* an, seit 1977 in *Joule* (sprich: Tschuhl). 1 Kalorie entspricht 4,186 Joule.

Ein erwachsener Mann, der 70 kg wiegt, verbraucht bei leichter körperlicher Arbeit pro Tag etwa 10900 kJ, eine erwachsene Frau bei gleicher Tätigkeit 9200 kJ.

Ein 13jähriger Junge, der etwa 40 kg wiegt, verbraucht pro Tag etwa 11300 kJ, ein 13jähriges Mädchen 10000 kJ. Wie man diesen Bedarf sinnvoll decken kann, zeigen 3 Vorschläge:

1. Vorschlag:	2. Vorschlag:	3. Vorschlag:
7.00 Kaffee, Milch, Vollkornbrot, Marmelade, Butter	7.00 Milch, Kornflakes, Honig	7.00 Milch, Kaffee, Brötchen, Wurst, Butter
10.30 Weißbrot, Wurst, Apfel	10.30 Vollkornbrot, Wurst, Mandarine	10.30 Zwieback, Apfelsine
13.00 Rinderbraten, Eierteigwaren, Salat	13.00 Leber, Kartoffelpüree, Tomaten	13.00 Kotelett, Kartoffel, Bohnen
16.00 Schokolade, Limonade	16.00 Zwieback, Sprudel	16.00 Fruchtjoghurt, Kekse
18.30 Pumpernickel, Eier, Wurst, Rettich, Tee	18.30 Knäckebrot, Käse, Wurst, Radieschen	18.30 Brathering, Eierteigwaren, Gurken

Pubertät – Zeit der Entscheidung

Die Entwicklung des Menschen ist von vielen Bedingungen abhängig. Eine „Grundausstattung" bekommt jeder mit den Anlagen, die er von seinen Vorfahren geerbt hat. Diese wird er kaum verändert an die nächste Generation weitergeben. Was bei jedem aus den Anlagen wird, hängt zum einen von den Bedingungen ab, unter denen er heranwächst. Zum anderen aber auch davon, was man selbst aus seinem Leben macht. Je älter man ist, um so mehr hat man dazu die Möglichkeit.

Kindheit. In den beiden ersten Jahren lernt das Kleinkind wichtige Fertigkeiten: Essen, Gehen und Sprechen. Das Milchgebiß bildet sich. Die erste Wachstumsphase ist beendet.
Im 3. und 4. Lebensjahr entfalten sich vor allem die geistigen Fähigkeiten. Das Kind entwickelt in diesem Trotzalter seinen eigenen Willen. Einschränkungen sind für die Entwicklung ebenso wichtig wie Zuwendung und Anerkennung. Im Kindergarten lernt es, sich in eine Gemeinschaft einzuordnen.
Zwischen 5 und 6 Jahren setzt erneut stärkeres Wachstum ein. Ausgelöst wird es durch ein Wachstumshormon der Hypophyse. Vor allem Beine und Arme strecken sich. Das Milchgebiß wird nach und nach durch das kräftigere Erwachsenengebiß ersetzt. In den ersten Schuljahren sind die Kinder meist ausgeglichen, stetig und zielstrebig. Die Jungen schließen sich oft zu größeren Gruppen zusammen, die Mädchen bevorzugen wenige Freundinnen.

Jugendalter. In der Reifezeit, der Pubertät, setzt unter der Wirkung von Hormonen erneut kräftiges Wachstum ein. Bei den Mädchen beginnt es fast 2 Jahre früher als bei den Jungen. Ein weiteres Hormon wirkt besonders auf die Geschlechtsorgane. Hoden und Eierstöcke bilden daraufhin verstärkt eigene Geschlechtshormone. Sie bewirken, daß Mädchen zu Frauen und Jungen zu Männern heranwachsen. Auch das Verhalten ändert sich. Der eine kapselt sich ab, der andere sucht in der Gruppe Sicherheit. Unzufriedenheit mit sich selbst und mit der Umgebung, vor allem unvermittelte Stimmungsschwankungen, kennzeichnen diesen Entwicklungsabschnitt. Ärger und Enttäuschungen lassen sich durch „Problemlöser" wie Alkohol und Drogen nicht überwinden. Auch eine andere, bessere Welt vermitteln sie nicht. Besser ist es, mit anderen Menschen im Gespräch zu bleiben, ihre Nöte und Sorgen zu teilen und mit ihnen gemeinsam erreichbare Ziele anzustreben.
Zwischen 17 und 19 Jahren wird dieser Entwicklungsabschnitt abgeschlossen. Gestalt und Organe des Jugendlichen sind jetzt voll entwickelt, er ist körperlich erwachsen. Aber erst nach Abschluß seiner Ausbildung ist er den Erwachsenen ebenbürtig.

Thommy: Los hier! Noch einen für alle! Damit endlich mal Schwung in die Bude kommt!

Thommy muß mal wieder den ganzen Laden unterhalten.

Aber in einer Stunde hängt er wieder in den Seilen und ist zu nichts mehr zu gebrauchen.

Viele rauchen, weil ihnen nichts besseres einfällt. Wer blauen Dunst erzeugt, braucht nicht zu reden.
Mit 15 denkt man nicht an Raucherbeine. Lungenkrebs bekommen immer nur die anderen. Dabei gilt:
● Je früher mit dem Rauchen begonnen, umso früher gestorben.
● Je mehr geraucht, umso sicherer Krebs.
Leider gilt auch, daß den Schaden alle zusammen bezahlen müssen. Das sind immerhin für die Bundesrepublik Deutschland runde 30 Mrd. DM pro Jahr.
1956 wurden in der Bundesrepublik Deutschland 50 764 000 000 Zigaretten geraucht, 1976 waren es dagegen 129 359 000 000 Zigaretten.

Alkohol ist eine Droge wie Haschisch, LSD und Heroin. Er beeinflußt die Tätigkeit des Nervensystems und führt so zum Rausch. Bei jedem Rausch werden 20 000–30 000 Gehirnzellen erledigt. Kein Wunder, daß das Gedächtnis nachläßt und die Hände zittern. Auch Leber, Magen und Bauchspeicheldrüse werden angegriffen. Noch schlimmer ist die Abhängigkeit, die sich einstellt. Wer an der Droge Alkohol hängt, braucht immer mehr. Ohne sie fühlt man sich krank und elend. Deshalb trinkt man immer wieder und immer mehr – bis man sich ruiniert hat.

Protokoll der Entwicklung des Jürgen A.

Elternhaus

Jürgen wurde am 16.7.1957 in einer Stadt mit 65.000 Einwohnern geboren. Er ist das zweite Kind einer Kleinfamilie mit zwei Kindern. Sein Vater ist Amtmann, seine Mutter geht einer Teilzeitbeschäftigung nach.
In seiner Kindheit ist Jürgen ein stiller, verhaltener Junge, ganz im Gegensatz zu seinem äußerst lebhaften, älteren Bruder. Die Beziehungen zu seinen Eltern sind herzlich, ganz besonders zum Vater, dessen Lieblingskind Jürgen ist.

Schule

In der Grundschule ist Jürgen ein guter, wenn auch sehr zurückhaltender Schüler. Nach einem Umzug der Familie in einen anderen Stadtteil treten bei Jürgen Schulschwierigkeiten auf. Er muß eine Klasse wiederholen. In der 6. Klasse, Jürgen ist jetzt 12 Jahre alt, tritt in Zusammenhang mit der Vorpubertät eine deutliche Leistungsschwäche ein. Von seinem Klassenlehrer wird ihm dieser Leistungsabfall mehrfach vorgehalten. Auch der Vater ist enttäuscht. Es kommt zu Spannungen zwischen Vater und Sohn.
In dieser Situation erfolgt der erste Drogenkontakt. Ältere Freunde verführen ihn dazu. Die Konflikte mit dem Vater steigern sich. Dauerthema dieser Auseinandersetzungen sind die langen Haare, das ungepflegte Äußere und die "schlampige" Kleidung des Jungen. Als Folge dieser schulischen Mißerfolge und der Konflikte im Elternhaus treten bei Jürgen Depressionen und manchmal auch Angstzustände mit Verfolgungswahn auf. Jürgen läuft mehrmals weg, nimmt Haschisch und beginnt zu trinken. Die Drogenberatungsstelle wird erstmals auf ihn aufmerksam. Jürgen hält von sich aus losen Kontakt zu dieser Stelle.

Arbeitsplatz

Nach dem Schulabschluß beginnt Jürgen eine Malerlehre. Schon bald hat er große Schwierigkeiten mit den Arbeitskollegen und dem Meister. In dieser Zeit kommt er eines Tages in betrunkenem Zustand nach Hause und verwickelt den Vater in ein Streitgespräch. Schließlich schlagen der Vater und der dazugekommene Bruder auf Jürgen ein. Wenig später bricht der die Lehre ab.
Die Drogenberatungsstelle vermittelt Jürgen auf seinen Wunsch hin ein freiwilliges soziales Jahr in einem Heim mit behinderten Kindern. Dieses Jahr verläuft für Jürgen sehr erfolgreich. Er lebt selbständig in einer Nachbarstadt. Gegen·Ende dieser Zeit wird er auf einem Pop-Konzert mit Haschisch rückfällig. Trotz dieses Rückschlages versucht er eine Ausbildung zum Altenpflegehelfer. Während der Vorbereitung auf seine Zwischenprüfung trinkt er immer häufiger größere Mengen Alkohol. Unmittelbar vor der Prüfung bricht er die Ausbildung ab. Damit ist er arbeitslos und ohne Einkommen.
Mit Gelegenheitsarbeiten versucht er sich durchzuschlagen. Meist ist er niedergeschlagen und unzufrieden mit sich selbst. Sein Alkoholverbrauch nimmt zu. Fragt man Jürgen heute, so meint er, daß es seit dieser Zeit mit ihm bergab gegangen sei.
Im April 1977 scheint sich ein hoffnungsvoller Neubeginn anzubahnen. Jürgen gelingt es, einen Arbeitsplatz zu bekommen. Längere Zeit trinkt er nun nicht mehr. Sein Verhältnis zu den Arbeitskollegen wird als gut, ja freundschaftlich beschrieben.
14 Tage vor den Betriebsferien wird Jürgen wegen einer Handverletzung krankgeschrieben. Nach den Betriebsferien läßt er sich noch einmal für zwei Wochen krank schreiben. 6 Wochen lang ist Jürgen auf sich selbst angewiesen. Was in dieser Zeit geschieht, ist nicht bekannt. Dazu äußert er sich auch nicht. Anschließend arbeitet er wieder. Trotz vielseitiger Hilfestellung im Betrieb lassen seine Leistungen nach. Jürgen verliert seinen Arbeitsplatz. Seine Niedergeschlagenheit nimmt weiter zu. Jürgen redet von Selbstmord und nimmt Schlaftabletten. Er kommt ins Krankenhaus und wird danach in eine psychiatrische Klinik eingewiesen.

Drogenberatungsstelle: Einrichtung in größeren Städten, die sich um die Betreuung und die Versorgung von drogengefährdeten und drogenabhängigen Menschen bemüht.

Psychiatrische Klinik: Krankenhaus, in dem seelische Störungen und Krankheiten behandelt werden.

3.4.4 Frei oder abhängig

Die Pubertät ist eine schwierige Zeit. Es gibt viele Probleme für Mädchen und Jungen, mit Freunden, Eltern und Lehrern. Manche straucheln und suchen ihre Zuflucht bei Nikotin und Alkohol, ja sogar bei Drogen.

Was ist schuld an der Entwicklung von Jürgen? Der Psychologe meint dazu:

Das Verhältnis zwischen Jürgen und seinem Vater ist gestört. Die Erwartungen des Vaters werden von Jürgen nicht in der gewünschten Weise erfüllt. Der Sohn ist zunehmend weniger bereit, den Forderungen des Vaters nachzukommen. Er vernachlässigt sein Äußeres und protestiert damit gegen den Vater. Nach dem Schulwechsel ist er dazu auch nicht mehr in der Lage. Verständnis von seiten des Lehrers hätte Jürgen helfen können. Sein Tadel aber verschärft den Konflikt. Nachdem sich auch der Bruder auf die Seite des Vaters stellt, wird die Situation für Jürgen aussichtslos. Er fühlt sich ausgestoßen. Nachdem er die Erfahrung gemacht hat, daß ihn Alkohol und Drogen seine Probleme für kurze Zeit vergessen lassen, wendet er sich diesen gefährlichen „Problemlösern" zu.

Was Verständnis und Geborgenheit einerseits und eine sinnvolle Lebensaufgabe andererseits bewirken können, zeigt sich während des sozialen Jahres. Sein bevorstehendes Ende ist ähnlich wie vorher schon die Malerlehre von Angst und Unsicherheit begleitet. In solchen Situationen nimmt die Anfälligkeit zu. Ob nur der dumme Zufall oder die Begegnung mit alten Freunden zum entscheidenden Rückfall führt, ist schwer zu entscheiden. Fest steht, daß die Unsicherheit vor der Prüfung Jürgen in die nächste Krise treibt. Jetzt zeigt sich, daß es Jürgen nicht gelernt hat, allein oder in vertrauensvoller Aussprache mit anderen seine Probleme zu lösen.

Was eine vertrauensvolle Zusammenarbeit mit Kollegen für Jürgen bedeutet, zeigt der hoffnungsvolle Neubeginn 1977. Das Alleinsein wirft ihn aber wieder zurück. Jürgen weiß nicht mehr weiter.

Das Wichtigste in Kürze
Unser Körper kommt ständig mit Bakterien und Pilzzellen in Berührung. Nach einer Infektion mit Keimen kann es zu Entzündungen, Blutvergiftung und anderen Krankheiten kommen.
Der Körper baut gegen Bakterientoxine Antikörper auf. Aktive oder passive Immunisierung unterstützt ihn beim Kampf gegen Krankheitserreger. Seuchen sind in großer Zahl auftretende, ansteckende Erkrankungen. Auch Viren können Krankheiten hervorrufen. Einige Krankheiten werden durch Heimtiere übertragen.
Gesunde Ernährung macht den Körper widerstandsfähig. Dabei ist es vor allem wichtig, genügend Eiweiß aufzunehmen und auf den Energiegehalt der Nahrung zu achten.

58.1 und 58.2 Hausbienenzucht gibt es in Europa seit etwa 400 n.Chr. Bienenkörbe werden aus Ruten oder Stroh geflochten und mit Lehm abgedichtet. Heute benutzt man bei uns überwiegend Bienenkästen aus Holz oder Metall.

◁ 57.1 Die Bienenkönigin ist von ihrem „Hofstaat" umgeben. Das sind Arbeiterinnen, die sie füttern, putzen und die gelegten Eier versorgen. Die Königin ist markiert.

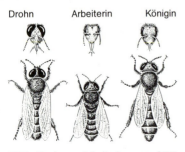

58.3 Drohnen, Arbeiterinnen und Königinnen bilden das Bienenvolk.

Welche Unterschiede erkennst du zwischen Drohn, Arbeiterin und Königin?

4.1 Die Honigbiene

Wilde Honigbienen bauen ihre Nester in hohlen Bäumen. Früher fällte man solche Bäume und stellte das Stück mit dem Bienennest als „Klotzbeute" vors Haus. Später setzte man die Bienenvölker in geflochtene Körbe, heute hält man sie in Bienenkästen. Die Bienen eines Volkes sehen nicht alle gleich aus. Am häufigsten sind die *Arbeiterinnen*. Sie sind etwa 15 mm lang. Dazwischen entdeckt man vereinzelt auch plumpere, etwa 17 mm lange Tiere mit größeren Augen, die Männchen oder *Drohnen*. In jedem Bienenvolk gibt es eine *Königin*. Sie ist etwa 20 mm lang und schlanker als ein Drohn. Ein Bienenvolk besteht aus etwa 30 000 Arbeiterinnen, einigen hundert Drohnen und einer Königin. Nur die Königin legt Eier. Die Arbeiterinnen sind verkümmerte Weibchen. Aus befruchteten Eiern entstehen Arbeiterinnen und Königinnen, aus unbefruchteten Eiern Drohnen.

4.1.1 Die Biene ist ein Insekt

Deutlich erkennst du bei den Bienen
● *Kopf*, *Brust* und *Hinterleib*, dazu
● am Kopf *2 Fühler* und
● am Brustabschnitt *Vorder- und Hinterflügel* sowie *3 Beinpaare*.

Tiere, deren Körper zwischen Kopf und Brust, vor allem aber zwischen Brust und Hinterleib so stark „eingeschnitten" ist, nennt man *Insekten*. Das kommt vom lateinischen Wort in-secare = einschneiden.

Wenn du eine tote Biene, einen Käfer oder ein anderes Insekt in die Hand nimmst, fühlst du den *Außenpanzer*. Er besteht aus *Chitin*. Chitin ist zäh und oft hart, aber dennoch elastisch. Der Hinterleib einer Biene setzt sich aus mehreren Chitinringen zusammen, die wie die Glieder einer Ritterrüstung ineinanderstecken. Sie heißen Segmente und machen den Hinterleib der Insekten beweglich, obwohl die einzelnen Ringe ziemlich starr sind. Auch die Beine sind aus einzelnen Ringen zusammengesetzt. Die Muskeln bewegen die einzelnen Glieder von innen her.

58

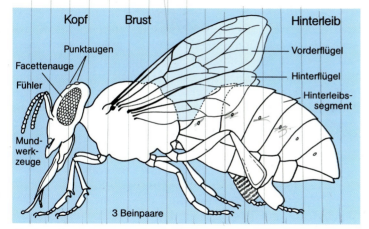

Kopf | Brust | Hinterleib

Punktaugen
Facettenauge
Fühler
Mundwerkzeuge
Vorderflügel
Hinterflügel
Hinterleibssegment
3 Beinpaare

59.1 Gliederung des Bienenkörpers.

● Das Skelett der Bienen und auch der anderen Insekten besteht aus einem Chitin-Außenpanzer. Knochen haben die Insekten nicht.

Auch die Flügel der Insekten bestehen aus Chitin. Ihre „Adern" sind dünne Röhrchen und dienen zur Verstärkung. Bei den Bienen sind die Vorderflügel kräftiger und größer als die Hinterflügel. Mit dem Mikroskop siehst du am Vorderrand der Hinterflügel eine Häkchenreihe, die in eine Leiste am Hinterrand der Vorderflügel einschnappt, sobald die Biene ihre Flügel ausbreitet. Die kräftigen *Vorderflügel sorgen für den Antrieb.* Die *Hinterflügel* schwingen mit und *vergrößern auf diese Weise die Tragfläche.*

Wenn du Bienen beim Blütenbesuch beobachtest, fällt dir etwas Merkwürdiges auf: Obwohl die Biene in einer Blüte herumkrabbelt, hörst du sie deutlich summen. Wie ist das möglich, sie fliegt doch nicht? Die Biene hält beim Blütenbesuch ihren „Flugmotor" dauernd in Betrieb, aber die Flügel sind durch Zurückschwenken ausgekuppelt. Will die Biene weiterfliegen, zieht sie die Flügel durch einen kleinen Muskel nach vorn. Dabei rasten sie ein und schlagen sofort auf und ab; der Motor läuft ja noch. Blütenbesuch mit laufendem Motor spart Zeit. Und „time is honey" bei den Bienen.

59.2 Häkchen am Vorderrand der Hinterflügel schnappen in eine Leiste der Vorderflügel ein. Eine einheitliche Tragfläche entsteht. Mikrofoto, Vergrößerung 17fach.

Frage einen Imker um Erlaubnis und sammle dann vor seinem Bienenstock tote Bienen auf!
1. Ordne sie in Arbeiterinnen und Drohnen!
2. Zerlege eine Biene mit Pinzette und Nadel in Kopf, Brust, Hinterleib, Flügel und Beine! Klebe die Teile auf und beschrifte sie!
3. Betrachte mit der Lupe eines der aufgeklebten Beine! Vergleiche mit Bild 59.3 und beschrifte die einzelnen Abschnitte!

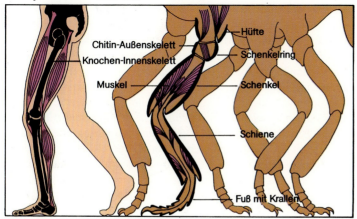

Chitin-Außenskelett
Knochen-Innenskelett
Muskel
Hüfte
Schenkelring
Schenkel
Schiene
Fuß mit Krallen

59.3 Innenskelett und Außenskelett im Vergleich. Die Beine eines Menschen und eines Insekts wurden auf die gleiche Länge gebracht.

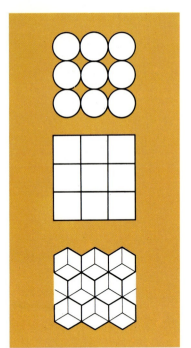

60.1 Bei Waben mit rundem Zellen-grundriß gibt es toten Raum. Süd-amerikanische Bienen bauen so. Ein quadratischer Grundriß ist denkbar, doch werden solche Zellen von Bienen nicht gebaut. Sie wären auch nicht so stabil wie sechseckige Zellen.

60.2 Wabenbau. Die Wachsklümp-chen werden geknetet und an der rich-tigen Stelle angesetzt. Obwohl die Bie-nen an verschiedenen Stellen der Wa-ben gleichzeitig bauen, geht das Sechseckmuster immer auf. Die als „Baukette" hintereinanderhängenden Bienen stellen die Verbindung zum Rahmen der Wabe her.

4.1.2 Die Waben

Der Imker hängt rechteckige Holzrahmen mit einer Mittel-wand aus Wachs in die Bienenkästen. Von dieser Mittelwand aus bauen die Bienen Wachszellen nach beiden Seiten. Die einzelnen Zellen passen mit ihrer Sechseckform genau anein-ander. Es gibt Bienenarten, die runde Zellen anfertigen. Ein Vergleich beider Baumuster zeigt, daß unsere Honigbiene die bessere Lösung gefunden hat: Bei ihren Waben gibt es keinen toten Raum. Wenn du eine Wabe gegen das Licht hältst, er-kennst du außerdem, daß die Zellen links und rechts der Mit-telwand gegeneinander versetzt sind. Das schafft zusätzlich Stabilität. Das *Wachs* für den Wabenbau *stellen die Bienen selbst her.* Wenn eine Biene 10 Tage alt ist, beginnen ihre Wachsdrüsen auf der Unterseite des Hinterleibs kleine Wachs-plättchen zwischen den Segmenten „auszuschwitzen". Mit den Hinterbeinen ziehen sie diese Schüppchen aus den Wachs-taschen hervor. Mit den Oberkiefern werden sie geknetet und zum Zellenbau verwendet. Während der Arbeit nimmt die Biene mit den Fühlern immer wieder Maß. Die Fühler haben viele Tasthärchen, die empfindlich für Berührung sind.

● Die Waben dienen zur *Aufzucht der Brut* und zur *Speiche-rung von Nahrungsvorräten.*

4.1.3 Aufzucht der Brut

Vom Frühjahr bis zum Herbst produziert die Königin täglich mehrere hundert Eier. Auf den Boden jeder Brutzelle der Waben legt sie ein 1–1,5 mm langes, stiftchenförmiges Ei. Nach 3 Tagen kriecht eine winzige, weiße *Larve* aus. Sie ist fuß- und augenlos. Eine solche Larve nennt man *Made.* 3 Tage lang wird sie von den Arbeiterinnen mit einer besonderen Kraftnahrung gefüttert. Diese „Bienenmilch" bildet sich in der Futtersaftdrüse. Vom 4. bis zum 6. Tag wird diese Nahrung mit Honig und Pollen verdünnt. Die Made wächst rasch, ihr Gewicht nimmt in 6 Tagen um das 1400fache zu.

Die Chitinhaut wächst nicht mit. Immer dann, *wenn das Chitinkleid zu eng geworden ist, muß sich die Larve häuten.* Insgesamt geschieht dies viermal. Unter der alten Haut hat sich vorher jedesmal eine neue, weiche und größere Haut ge-bildet. Nach der Häutung strafft und dehnt sie sich.

Am 6. Larventag verschließen die Arbeiterinnen die Zellen mit einem Deckel. Mit einem Seidenfaden, den die Speichel-drüsen bilden, spinnen sich die Larven ein. In diesem Kokon verpuppen sie sich. 12 Tage dauert die „Puppenruhe". In die-ser Zeit *verwandelt sich die Puppe in der Puppenhülle in die fertige Biene.* Insgesamt 21 Tage dauert die Entwicklung einer Arbeiterin von der Eiablage bis zum fertigen Insekt. Ein Drohn braucht 24 Tage, eine Königin ist schon nach 16 Tagen fertig. Allerdings bekommt sie von den Arbeiterinnen während der gesamten Larvenzeit die eiweißreiche „Bienenmilch"; die Kö-niginnen werden auch zehnmal häufiger gefüttert. Zudem ent-

61.1 (links)   Brutwabe mit Rundmaden im Futterbrei.

61.2 (rechts)   Brutwabe mit schlüpfenden Arbeiterinnen.

61.4   Bienen benutzen die Zellen der Honigwaben als „Konservendosen". Hier wird Pollen und Honig für den Winter aufbewahrt.

61.5   Fütterung. Eine Arbeiterin übergibt Nektar an einen Drohn. Auch die Drohnen beteiligen sich an der Honigherstellung.

61.3   Die birnenförmigen, 2–3 cm langen Weiselzellen werden fast immer am Rand der Wabe gebaut. In ihnen wachsen Königinnen heran.

61.6   Bienenentwicklung. Aus den Eiern schlüpfen Rundmaden, die im Futterbrei liegen. In „gedeckelten" Zellen strecken und verpuppen sie sich.

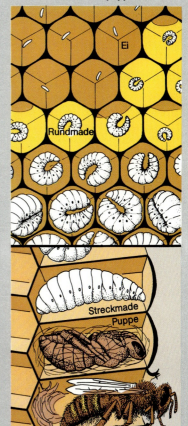

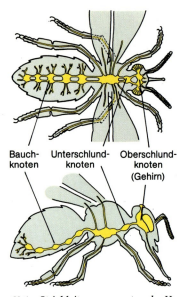

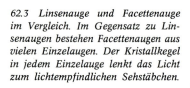

Bauch-   Unterschlund-   Oberschlundknoten   knoten   knoten
                             (Gehirn)

62.1   *Strickleiternervensystem der Honigbiene.*

wickeln sich Königinnen in einer besonders großen Kammer.
Sie ist birnenförmig und heißt Weiselzelle.

Kein Insekt kriecht in seiner endgültigen Gestalt aus dem Ei.
Immer erfolgt die Entwicklung über Larvenstadien. Man spricht
daher von einer *Verwandlung* oder *Metamorphose.*

● Wird wie bei der Biene am Ende der Larvenentwicklung
eine Puppe gebildet, nennt man das *vollkommene Verwandlung* oder *vollkommene Metamorphose.*

4.1.4 Nervensystem und Sinne

Das Nervensystem der Honigbiene verläuft zum größten Teil
auf der Bauchseite. Es besteht aus hintereinanderliegenden,
paarigen Nervenknoten, die durch zwei Längsstränge miteinander verbunden sind. Da dieses System an eine Strickleiter
erinnert, nennt man es *Strickleiternervensystem.*

● Alle Insekten haben ein Strickleiternervensystem.

Die Nervenknoten im Kopf sind besonders groß. Über der
Speiseröhre liegen die Oberschlundknoten, das Gehirn. Durch

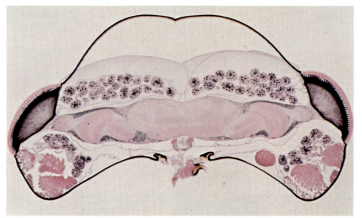

62.2   *Schnitt durch den Kopf einer Honigbiene. Links und rechts liegen die
beiden Facettenaugen. Von ihnen führt jeweils ein kurzer Sehnerv zum Gehirn. Im Kopf liegen außerdem Drüsen und Muskeln. Mikrofoto, Vergrößerung etwa 30fach.*

Welche Teile im Linsenauge und Facettenauge entsprechen einander?

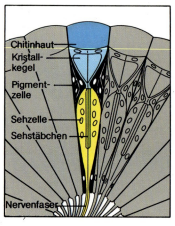

Chitinhaut
Kristall-
kegel
Pigment-
zelle
Sehzelle
Sehstäbchen
Nervenfaser

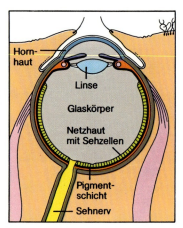

Horn-
haut
Linse
Glaskörper
Netzhaut
mit Sehzellen
Pigment-
schicht
Sehnerv

62.3   *Linsenauge und Facettenauge
im Vergleich. Im Gegensatz zu Linsenaugen bestehen Facettenaugen aus
vielen Einzelaugen. Der Kristallkegel
in jedem Einzelauge lenkt das Licht
zum lichtempfindlichen Sehstäbchen.*

62

je einen Nervenstrang rechts und links am Schlund vorbei sind die Oberschlundknoten mit den Unterschlundknoten verbunden. Die Nervenknoten im Brustabschnitt und im Hinterleib heißen Bauchknoten.

Der wichtigste Sinn der Bienen ist ihr *Sehsinn*. Am Kopf der Biene sitzen zwei große Augen. Mit einer Lupe erkennst du auf ihrer Oberfläche ein regelmäßiges Sechseckmuster. Zu jedem Sechseck gehört ein Einzelauge. 5000 von ihnen bilden das Auge einer Bienenarbeiterin, 3200 das Auge der Stubenfliege und über 20 000 das Auge einer großen Libelle. Solche aus vielen Einzelaugen zusammengesetzten Augen nennt man *Komplexaugen* oder *Facettenaugen*.

● Alle Insekten haben Facettenaugen.

Außer den Facettenaugen haben die Bienen auf der Stirn noch 3 kleine Punktaugen.

Durch die Anordnung der Einzelaugen im kugeligen Facettenauge weist jedes von ihnen in eine andere Richtung und nimmt vor allem Licht aus dieser Richtung auf. Ein Gegen-

Betrachte mit der Lupe den Kopf einer toten Biene! Wo liegen die Punktaugen?

63.1 Ist das Facettenauge aus wenigen Einzelaugen zusammengesetzt, erzeugt es ein grobes Bild. Einzelheiten verschwinden.

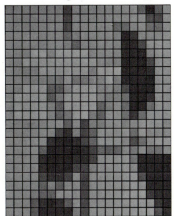

63.2 So sieht wahrscheinlich das Bild aus, das ein Insektenauge liefert, wenn es aus vielen Einzelaugen zusammengesetzt ist.

63.3 Schwarzweiß-Foto einer Waldrebe. So scharf sehen wir die Blüten, den Stengel und die Blätter mit unserem Linsenauge.

stand, den das Auge erblickt, wird daher in viele einzelne Lichtpünktchen aufgeteilt. Vermutlich sieht er so aus wie auf einem Illustriertenbild unter der Lupe. Erst im Gehirn werden die vielen Lichtpunkte zu einem Gesamtbild zusammengesetzt.

Insekten können mit ihren Facettenaugen Gegenstände nicht so scharf sehen wie ein Wirbeltier oder der Mensch mit seinen Linsenaugen. Facettenaugen bieten aber andere Vorteile. Viele Insekten, so auch die Bienen, orientieren sich beim Flug am Stand der Sonne: Das hellste Einzelauge gibt diese Richtung genau an, denn es wird ja direkt vom Sonnenlicht getroffen. Die Biene kann sogar den Winkel messen, unter dem das Sonnenlicht einfällt. Betrachte das Mikrofoto 62.2 und die Zeichnung 62.3, die Schnitte durch Facettenaugen zeigen. Siehst du, daß die Facettenaugen regelrechte Winkelmesser sind?

In den Bildern 63.1 und 63.2 sind die sechseckigen Facetten zu Vierecken vereinfacht.

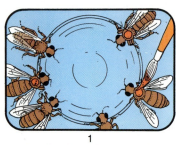

1

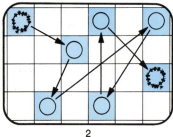

2

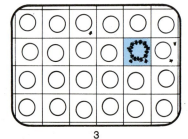

3

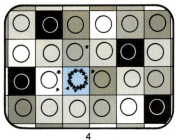

4

64.1 Mit einer ähnlichen Versuchsanordnung wurde entdeckt, daß Bienen die Farbe Blau von allen Grauabstufungen unterscheiden können.

64.2 In der Nähe eines Bienenstandes läßt sich der Versuch zum Farbensehen der Bienen gut durchführen.

Ob Bienen Farben sehen, untersuchte der Biologe Karl v. Frisch. Er legte auf einem Tisch unter ein Schälchen mit geruchlosem Zuckerwasser ein Blatt blaues Papier. Jede Biene, die das Schälchen anflog, bekam einen Punkt auf den Rücken. Bald hatten sich die markierten Bienen den ergiebigen Futterplatz gemerkt und kamen ständig wieder (1).

Um herauszufinden, ob sich die Tiere die Stelle auf dem Tisch, das Schälchen oder die blaue Farbe gemerkt hatten, verschob v. Frisch mehrfach das leere Futterschälchen samt Unterlage. Die Bienen kamen immer zum blauen Futterplatz. Sie hatten sich die Stelle auf dem Tisch also nicht gemerkt (2).

Auch wenn er viele gleiche, leere Schälchen aufstellte, die Bienen flogen immer nur zum blau unterlegten. An der Schälchenform konnte es also auch nicht liegen (3).

Um sicher zu sein, daß es die blaue Farbe war, nach der sich die Bienen richteten, legte v. Frisch die anderen Schälchen auf unterschiedlich dunkles, graues Papier. Wieder flogen die Bienen nur das Schälchen auf dem blauen Papier an. Bienen können also Blau von allen Grauabstufungen unterscheiden, sie können Farben sehen (4).

Ähnliche Versuche führte v. Frisch auch mit andersfarbigem Papier durch. Dabei zeigte sich, daß Bienen Rot nicht von Grau unterscheiden können, andererseits aber eine Farbe sehen, die wir nicht empfinden: Ultraviolett. Für Bienen leuchten viele Blüten in verschieden starker, ultravioletter Farbe.

Wichtig ist für die Bienen auch der *Geruchssinn*. Mit den Fühlern unterscheiden sie duftende Blüten aus der Nähe. In der Blüte erschnüffeln sie sich den Weg zum Nektar. Im Bienenstock erkennen sich die Tiere am Nestgeruch. Fremdlinge werden vertrieben. Auch die Königin macht sich durch einen besonderen Duft bemerkbar. Er bedeutet: Ich bin da! Der Duft hindert die Arbeiterinnen daran, Weiselzellen zu bauen und neue Königinnen aufzuziehen.

● Man nennt solche Duftstoffe, die für Artgenossen eine Bedeutung haben, *soziale Duftstoffe* oder *Pheromone*.

4.1.5 Futter für das Volk

Bienen sammeln Nektar und Pollen. Nektar ist süßer Blüten-saft. Pollen enthält Eiweiß, etwas Fett und Vitamine.

Der 6–9 mm lange Rüssel einer Arbeiterin besteht aus einem Saugrohr, in dem sich die rinnenförmige Zunge auf und ab bewegt. Da aber Nektar in den Blüten meist nicht so reichlich vorkommt, daß ihn die Bienen einfach aufsaugen können, sammeln sie ihn zunächst mit dem „Löffelchen" am Ende ihrer Zunge und saugen dann die ganze Portion hoch. Im letzten Abschnitt der Speiseröhre, dem Honigmagen, wird der Nektar gespeichert. Nur soviel, wie die Biene zum Leben braucht, gelangt zur Verdauung in den Darm. Den restlichen Inhalt des Honigmagens würgt die Biene wieder aus, sobald sie im Stock angelangt ist. Sie übergibt ihn einer Stockbiene, die ihn ihrerseits einige Zeit speichert. Dabei werden die Zuk-kerstoffe des Nektars in leicht verdaulichen Zucker umgewandelt. Immer wieder verteilen die Bienen den Nektar an andere Genossinnen. 30–40 Honigmägen können beteiligt sein, bis *aus Nektar Bienenhonig entstanden ist.* Der Honig wird zur Fütterung verwendet oder in der Wabe als Vorrat aufbewahrt.

Pollen fängt sich im dichten Haarkleid der Arbeiterin von selbst. Im Flug bürstet sie ihn mit den Beinen aus dem Pelz. Durch Kamm, Bürste und Preßeinrichtung an den Hinter-

65.1 (links) Im Flug fährt die Biene mit der Pollenbürste durch ihren „Pelz". Dann streift sie mit dem Kamm wechselseitig durch die Bürsten und sammelt den Pollen. Mit dem Pollen-schieber drückt sie ihn nach außen. Schub für Schub entsteht so ein Pol-lenklumpen. Die Biene „höselt".

65.2 Biene mit „Höschen" auf Hele-nium.

65.4 Klatschmohnblüten. Wer kein Rot sieht, kann die Blüten kaum vom Hintergrund unterscheiden.

65.5 Wer wie die Bienen Ultravio-lett sieht, erkennt die Blüten deut-lich vor dem grünen Hintergrund.

65.3 Ausschnitt aus dem Sammelbein einer Arbeiterin. Man sieht die Innen-seite mit dem Pollenkamm am Ende der Schiene, den Pollenschieber und die Bürste am ersten Fußglied. Mikro-foto, Vergrößerung 25fach.

66.1 *So stellt sich Max eine Biene vor. Was hat er richtig gezeichnet und wo hat er sich geirrt?*

Eine Biene muß auf einem Flug 1500 Blüten besuchen, um ihren „Honigmagen" zu füllen. Er faßt insgesamt 50 mg Nektar. Aus 1 g Nektar werden 0,15 g Honig gewonnen.
1. Wie viele mg Nektar leckt die Biene in jeder Einzelblüte auf?
2. Wie viele Flüge muß die Biene unternehmen, um genügend Nektar für 1 g Honig zu beschaffen?

beinen formt sie ihn zu einem Ballen. In einer Vertiefung der Schiene wird das Pollenklümpchen festgehalten und im Stock abgeliefert. Der Pollen wird von den Stockbienen mit dem Kopf als Vorrat in die Zellen gestampft oder mit Honig zusammen geknetet und zu „Bienenbrot" verarbeitet.

Bienen liefern Honig und Wachs. Viel höher ist aber der Nutzen, den sie durch die Bestäubung zahlreicher Pflanzen erbringen. Sie besuchen bei ihren Ausflügen in der Regel immer nur eine Pflanzenart. Erst wenn sie alle Blüten dieser Art „abgeerntet" haben, gehen sie auf andere Pflanzen über. *Bienen sind blütenstet.* Für die Pflanzen hat das den Vorteil, daß sie mit dem richtigen Pollen bestäubt werden.

4.1.6 Der Lebenslauf einer Bienenarbeiterin

Wenn man in einen Stock hineinsieht, scheint das ganze Bienenvolk aus einem Durcheinander von hastig übereinanderkrabbelnden Tieren zu bestehen. Trotzdem geht es beim Wabenbau, bei der Aufzucht der Brut und bei der Nahrungsbeschaffung sehr planvoll zu. Woher weiß man das?

Bienenforscher kennzeichneten Arbeiterinnen aus dem Volk mit einem Farbklecks auf dem Rücken und verfolgten ihren Tagesablauf. Das Ergebnis: Sie arbeiten nicht pausenlos. Im Gegenteil, Arbeiterinnen haben viel „Freizeit", sind aber stets einsatzbereit, zum Beispiel zur *Temperaturregelung* im Stock. Normalerweise beträgt die Temperatur 34,5 – 35,5 °C. Wird es zu kalt, klammern sich die Bienen in mehreren Schichten aneinander fest und erzeugen durch Zittern Wärme für die Brutzellen. Gefährdet im Sommer Hitze die Waben, stellen sich mehrere Bienen hintereinander auf und schlagen als lebende Ventilatoren mit den Flügeln, so daß ein kühlender Luftstrom durch den ganzen Stock weht. Reicht das nicht aus, kommen „Wassersprenger" und verteilen winzige Wassertröpfchen auf den Waben. Bei der Verdunstung entsteht Kälte.

Die erste Hälfte ihres Lebens, etwa 3 Wochen, verbringen die Arbeiterinnen als *Stockbienen mit häuslichen Arbeiten*, die andere Hälfte als *Sammelbienen mit der Futterbeschaffung.*

66.2 *Längsschnitt durch eine Bienenkönigin mit inneren Organen.*

Vergleiche die Längsschnitte durch eine Königin und eine Arbeiterin! Stelle die Unterschiede in einer Tabelle zusammen!

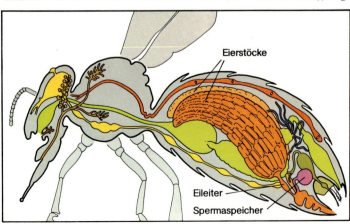

Eierstöcke

Eileiter

Spermaspeicher

Lebensalter	„Beruf"	Tätigkeit
1. und 2. Tag	Raumpflegerin	Reinigen und Desinfizieren der Zellen
3.–5. Tag	Babysitter	Pflegen und Füttern der älteren Larven, hauptsächlich mit Honig und Pollen
6.–10. Tag	Amme und Diätschwester	Die Futtersaftdrüsen liefern Futtersaft. Junge Larven, Königinmade und Königin werden mit „Bienenmilch" gefüttert
11.–16. Tag	Baubiene	Die Futtersaftdrüsen versiegen, dafür beginnen die Wachsdrüsen zu produzieren: Wabenbau, Verdeckeln von Zellen
17.–19. Tag	Honigmacher und Pollenstampfer Ventilator und Wassersprenger Müllbiene und Leichenträger	Futterempfang und Futterverarbeitung Bei Bedarf: frische Luft und Kühlung Entfernen von Abfällen, auch von toten Bienen
um den 20. Tag	Wehr- und Wachtbiene	Wächterdienst am Flugloch Prüfung der landenden Bienen auf Nestgeruch
ab 4.–6. Woche	Sammelbiene	Beschaffung von Futter und Wasser

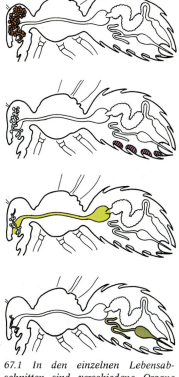

67.1 *In den einzelnen Lebensabschnitten sind verschiedene Organe von besonderer Bedeutung.*

67.2 *Längsschnitt durch eine Bienenarbeiterin mit inneren Organen.*

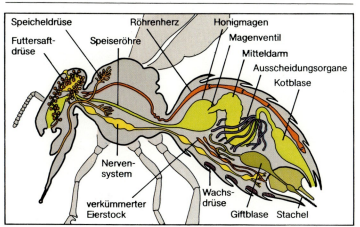

Speicheldrüse
Futtersaftdrüse
Speiseröhre
Röhrenherz
Honigmagen
Magenventil
Mitteldarm
Ausscheidungsorgane
Kotblase
Nervensystem
verkümmerter Eierstock
Wachsdrüse
Giftblase
Stachel

68.1 *Ein Bienenschwarm hat sich an einem Ast festgesetzt. „Kundschafter" schwärmen aus und suchen eine geeignete Behausung. Ist sie gefunden, benachrichtigen sie den Schwarm.*

Wenn sich irgendwo ein Bienenschwarm niedergelassen hat, solltest du einen Imker oder die Feuerwehr benachrichtigen.

Im Frühjahr fliegen viele Bienen, aber nur wenige Wespen und Hummeln. Warum?

68.2 bis 68.4 Von links nach rechts: Erdhummel, Wespe, Arbeiterin der Roten Waldameise.

4.1.7 Wehrhafte Bienen

Bienen können stechen. In einer Drüse im Hinterleib der Arbeiterinnen wird eine giftige Flüssigkeit gebildet und in der *Giftblase* gespeichert. Beim Stich wird das Gift durch den *Stachel*, der aus zwei Stechborsten besteht, nach außen gedrückt. Bei Gefahr geben die Arbeiterinnen Duftstoffe ab, die andere Bienen alarmieren und in Angriffsstimmung versetzen. ·Auch diese Stoffe sind Pheromone.

4.1.8 Gründung eines neuen Volkes

Bienen überwintern. Dazu legen sie Nahrungsvorräte an. „Winterbienen" leben im Gegensatz zu den „Sommerbienen" etwa ein halbes Jahr. Im Frühjahr beginnen sie wieder mit der *Futtersuche*, und die *Königin legt Eier*. Bis zum Juni ist das Volk so groß geworden, daß das Anwesenheitspheromon der Königin nicht mehr für alle Arbeiterinnen ausreicht. Einige bauen nun Weiselzellen und *füttern neue Königinnen heran*. Ist die erste Königin geschlüpft, ersticht sie die anderen Jungköniginnen. Kurz zuvor hat die alte Königin mit einem Teil des Volkes den Stock verlassen: *Die Bienen schwärmen*.

Für wenige Stunden fliegt auch die junge Königin aus. Mit einem Pheromon lockt sie Drohnen an und paart sich mit ihnen. In der Spermatasche hat sie jetzt so viele Spermazellen, daß sie alle Eier in ihrem 3–5 Jahre dauernden Leben befruchten kann. Nach dem Hochzeitsflug werden die Drohnen nicht mehr gefüttert. Halb verhungert verlassen sie ihr Volk und sterben. Oft werden sie auch einfach „vor die Tür gesetzt". *Das Volk überwintert ohne Drohnen.*

4.2 Hautflügler

Die Honigbiene gehört zur *Ordnung der Hautflügler* unter den Insekten. Zu den Hautflüglern gehören auch die Hummeln, Wespen und Ameisen.

Hummeln. Sie bilden ähnlich wie die Honigbiene Völker, die allerdings nur aus 200–500 Einzeltieren bestehen. Hummeln nehmen in Erdlöchern oder Mausgängen Quartier. Im Herbst stirbt der größte Teil des Volkes. Nur einige Weibchen überwintern und gründen im Frühjahr als Königinnen neue Völker.

Hummeln sind vor allem für die Bestäubung von Blüten mit tiefen Kronröhren wichtig.

Wespen. Sie bilden größere Völker von 3000–4000 Tieren. Ihre Nester bestehen aus einer papierähnlichen Masse, die sie durch Einspeicheln und Zerkauen kleiner Holzteilchen herstellen. Sie besitzen starke Kiefer, aber keinen Rüssel, sondern eine Zunge zum Lecken. Sie ernähren sich von Früchten und süßen Säften. Für ihre Brut jagen sie auch Insekten, meist Fliegen und Raupen. Die Beute wird zerkaut und als eiweißreiche Fleischklümpchen an die Larven verfüttert. Wespen überwintern nicht. Im Herbst sterben alle Tiere bis auf einige befruchtete Weibchen, die im folgenden Jahr neue Völker gründen. Die Hornisse ist die größte einheimische Wespe.

Ameisen. Die Rote Waldameise lebt in Bauten, die über der Erde aus Kiefern- oder Fichtennadeln bestehen. In der Erde durchziehen Gänge und Kammern den Boden oft bis in 2 m Tiefe. 500 000–1 000 000 Tiere bilden ein Volk. Vielleicht erstaunt dich, daß die flügellosen Ameisen zu den Hautflüglern gehören. Wenn sich aber im Sommer geflügelte Männchen und geflügelte Jungköniginnen entwickeln, wird die Verwandtschaft mit den anderen Hautflüglern deutlich. Die begatteten Königinnen gründen neue „Staaten". Ihre Flügel brechen dann ab. Eine Arbeiterin kann 6 Jahre, eine Königin 15 Jahre alt werden.

„Einzelgänger". Neben den staatenbildenden Tieren gibt es unter den Hautflüglern viele Arten einzeln lebender Tiere. *Schlupfwespen* legen ihre Eier mit einem Legebohrer in andere Insekten, die von den heranwachsenden Larven dann ausgefressen werden. *Sandwespen* graben Brutröhren in den Boden, die sie mit Raupen füllen. Mit Stichen ins Nervensystem lähmen sie ihre Opfer. Auf diese Weise bleiben sie als „lebende Konserven" frisch. Bevor die Sandwespe das unterirdische Vorratslager schließt, legt sie Eier an die Raupen, von denen sich die Larven bis zur Verpuppung ernähren.

69.1 (links) Die Sandwespe hat eine Raupe erbeutet und zum Eingang ihrer Brutröhre geschleppt.

69.2 Die Holzschlupfwespe sticht ihren Legebohrer durch das Holz eines Baumstammes bis zu einer Larve. Dort legt sie ihr Ei ab.

Hautflügler:
Insekten mit vollkommener Verwandlung.
Larven mit weichem, erwachsene Tiere mit hartem Chitinskelett. 2 Paar häutige Flügel, die miteinander verhakt sind und eine gemeinsame Tragfläche bilden; meist gute Flieger.
Vorderflügel größer als der Hinterflügel.
Mundwerkzeuge zum Kauen, Lecken oder Saugen.
Legestachel oder Giftstachel.

70.1 *Seidenspinnerraupen sind Nahrungsspezialisten. Sie leben ausschließlich von Maulbeerblättern.*

70.2 *Aufgeschnittener Kokon mit der Seidenspinnerpuppe. Unten die letzte Larvenhaut.*

70.3 *Ein Seidenspinnerweibchen ist geschlüpft. Mit den Duftdrüsen am Hinterende lockt es Männchen an.*

Schlage im Lexikon unter den Stichwörtern „Seide", „Seidenspinner" und „Seidenstraße" nach!

4.3 Der Seidenspinner

Der Seidenspinner gehört zur *Ordnung der Schmetterlinge* unter den Insekten. Jahrtausendelange Zucht hat ihn vom Menschen abhängig gemacht: Die Raupe frißt nur Maulbeerblätter, doch können die frisch aus dem Ei gekrochenen, kleinen Raupen die kräftigen Blätter mit ihren winzigen Kiefern noch nicht selbst zerteilen. Der Züchter muß daher das Futter vorher in feine Streifen schneiden. Viermal häutet sich die Raupe, und jedesmal ist die neue Chitinhülle ein Stückchen größer. In wenigen Wochen entwickelt sich aus dem 2–3 mm langen „Eiräupchen" eine 8–9 cm große, gelbweiße Raupe.

4.3.1 Die Raupe

Raupen sind die Larven der Schmetterlinge: weiche, wurmförmige Tiere mit deutlicher Gliederung. Nur die Kopfkapsel ist hart. An ihr sitzen die kräftigen Kiefer. Facettenaugen fehlen. Statt dessen erkennt man mit der Lupe mehrere *Punktaugen.* Hast du die winzigen *Fühler* entdeckt? Wie bei allen Insekten besteht der Brustabschnitt aus drei Segmenten. An jedem entspringt ein Paar kurzer *Brustbeine,* die an der Spitze eine Klaue tragen. Am Hinterleib sitzen 4 Paar breite, kurze

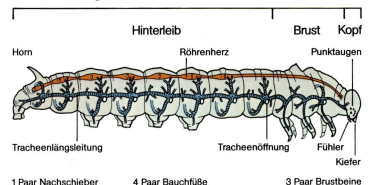

70.4 *Gliederung, Röhrenherz und Tracheensystem einer Seidenspinnerraupe im Längsschnitt.*

Hinterleib   Brust   Kopf

Horn   Röhrenherz   Punktaugen

Tracheenlängsleitung   Tracheenöffnung   Fühler

Kiefer

1 Paar Nachschieber   4 Paar Bauchfüße   3 Paar Brustbeine

Bauchfüße, am letzten Hinterleibssegment zwei weitere kurze Beine, die man *Nachschieber* nennt. Der vorletzte Chitinring der Seidenspinnerraupe trägt auf dem Rücken ein kleines Horn. Wenn du eine Raupe mit der Lupe von der Seite betrachtest, erkennst du fast an jedem Ring von Brust und Hinterleib eine winzige Öffnung. Von ihnen ziehen dünne Röhrchen aus Chitin, *Tracheen* genannt, ins Körperinnere. Sie münden dort in eine rechte und in eine linke Längsleitung. Aus diesen Längsleitungen entspringen noch dünnere Röhrchen. Sie verzweigen sich und umspinnen die inneren Organe. Die Tracheenöffnungen sind verschließbar. Das ganze Röhrensystem dient der Luftversorgung des Körpers, der *Atmung* also. Wenn die Raupe kriecht und ihren Körper wie eine Ziehharmonika bewegt, werden die elastischen Chitinröhrchen verengt und gedehnt. Auf diese Weise wird Luft ausgepreßt und angesaugt.

● Nicht nur der Seidenspinner, auch die Biene und die übrigen Insekten besitzen ein *Tracheensystem*.

Fällt dir der wesentliche Unterschied zur Sauerstoff-Versorgung der Wirbeltiere auf? Beim Hund holt sich das Blut den Sauerstoff an den Lungenbläschen ab und transportiert ihn zu den Zellen. *Bei einem Insekt wird der Sauerstoff durch Luftleitungen bis zu den Organen geführt.* Dennoch ist das Blut auch bei den Insekten nicht überflüssig. Es füllt den Raum zwischen den Organen und transportiert Nährstoffbausteine aus dem Darm in die Gewebe. Zudem verteilt es den Sauerstoff aus den Tracheen im Körper, denn die feinen Tracheen erreichen nicht alle Zellen. Das Blut strömt frei durch den Körper. Man spricht daher von einem *offenen Blutkreislauf*. Den Antrieb besorgt ein langes *Röhrenherz* auf der Rückenseite. Es ist hinten geschlossen. Das Blut wird durch seitliche Poren eingesaugt und vorn wieder herausgepumpt. Auch der Seidenspinner hat ein *Strickleiternervensystem*.

4.3.2 Die Puppe

Den ausgewachsenen Seidenspinnerraupen gibt der Züchter Holzgitter oder Reisigbüschel in den Käfig. Dann beginnen sie, einen *Kokon* zu spinnen. 1–3 km lang ist der Seidenfaden, den die Raupe produziert. Die beiden Spinndrüsen

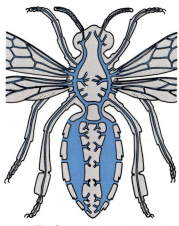

71.1 *Tracheensystem einer Honigbiene. Die beiden Längsstämme im Hinterleib sind zu Luftsäcken verbreitert. Die Tracheen in den Flügeln dienen nicht zur Atmung, sondern zur Versteifung.*

Suche die Tracheenöffnungen der Seidenspinnerraupe in Bild 70.1!

71.2 (links) *Tracheensystem der Seidenspinnerraupe. Aufsicht von oben.*

71.3 *Die Tracheenöffnungen der Insekten sind oft durch Haare gegen eindringende Schmutzteilchen und Parasiten geschützt.*

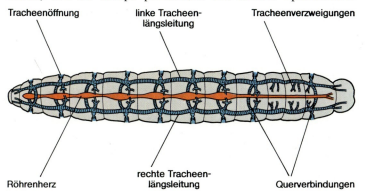

Tracheenöffnung   linke Tracheenlängsleitung   Tracheenverzweigungen

Röhrenherz   rechte Tracheenlängsleitung   Querverbindungen

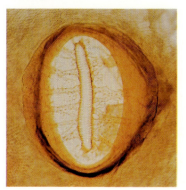

Auf der Unterseite von Kohlblättern kann man im Frühsommer die gelben Gelege von Kohlweißlingen finden. Stelle Blätter mit Eiern in ein Gefäß mit Wasser und bringe sie in einen Kasten, der mit Fliegendraht verschlossen ist! Die geschlüpften Raupen brauchen regelmäßig frische Kohlblätter als Futter.
Wie groß sind die Räupchen, wenn sie schlüpfen? Wie fressen sie? Wie oft häuten sie sich bis zur Verpuppung und wie groß sind sie dann? Wie lange dauert es, bis die Schmetterlinge schlüpfen?

Oberlippe
Oberkiefertaster
Unterkiefer
= Saugrüssel
Unterlippe
Unterlippentaster

72.1 *Mundwerkzeuge eines Schmetterlings. Der Saugrüssel wird von den beiden Unterkiefern gebildet.*

72.2 *und* 72.3 *Stürzpuppe des Tagpfauenauges und schlüpfender Schmetterling. Die Puppenhülle springt am Kopfende auf, der Falter zwängt sich hervor. Erst allmählich wird das Chitin hart. Die Tracheen füllen sich mit Luft, die Flügel entfalten und spannen sich.*

münden mit einer gemeinsamen Öffnung in der Nähe des Mundes nach außen. Der Seidenfaden ist 0,01–0,02 mm dick. Im Kokon häutet sich die Raupe zum letzten Mal und *verpuppt sich* dann. Nach 2–3 Wochen schlüpfen die Falter. Dazu bilden sie einen Speichel, der ein Loch in den Kokon frißt. Der Seidenspinner durchläuft wie die anderen Schmetterlinge eine vollkommene Verwandlung.

4.3.3 Der Schmetterling
Die dickbäuchigen, schwerfälligen Seidenspinnerfalter nehmen keine Nahrung auf. Sie haben bräunlichweiße Flügel, können aber nicht fliegen. Die Männchen tragen kammförmige Fühler mit empfindlichen Geruchssinnesorganen. Die Weibchen geben aus zwei Hinterleibsdrüsen ein Pheromon ab, das die Männchen anlockt. Nach der Begattung sterben die Spinner. Die Weibchen legen vorher noch 200–500 Eier.

4.4 Das Tagpfauenauge
Einer unserer bekanntesten Schmetterlinge ist das Tagpfauenauge. Ober- und Unterseite der *Flügel* sind wie bei allen Schmetterlingen *mit dachziegelig angeordneten Schuppen bedeckt.* Das Tagpfauenauge fliegt schon im zeitigen Frühjahr. Den Winter hat es in Verstecken geschützt verbracht. Mit seinem *langen Rüssel*, den es eingerollt unter dem Kopf trägt, *saugt der Falter Nektar aus Blüten.* Der Rüssel besteht aus zwei Chitinrinnen, die zusammen ein Rohr bilden. Jede Rinne enthält zudem einen „Hohlraum", in den der Schmetterling Blut hineinpressen kann. Dadurch streckt sich der Rüssel. Muskeln helfen dabei mit. Wenn der Blutdruck nachläßt, rollt sich der Rüssel wieder ein. An der Rüsselspitze sitzen Geschmackssinnesorgane. Im Mai suchen die Weibchen Brennesseln auf und legen viele Eier nebeneinander ab. Schon wenige Tage später findet man ganze „Nester" von Raupen. Nach etwa 5 Wochen sind die Raupen, die Brennesselblätter fressen, fast 5 cm lang. Jetzt verpuppen sie sich. Dazu spinnen sie ein kleines Seidenkissen, in das sie die Nachschieber einhaken, so daß die Puppen später kopfabwärts hängen: *Stürzpuppen.*

Bei anderen Faltern, wie beim Kohlweißling, spinnen die Raupen, wenn sie am Seidenkissen hängen, einen Seidengürtel als Halteseil. Sobald die Raupenhaut abgestreift ist, hängen die Puppen im Gürtel. Daher spricht man bei ihnen von *Gürtelpuppen*. Die Gürtelpuppe des Kohlweißlings bleibt den ganzen Winter über hängen. Erst im Frühjahr schlüpft der Falter.

Das Tagpfauenauge ist wie der Kohlweißling ein *Tagfalter*. Der Seidenspinner dagegen gehört zu den *Nachtfaltern*. Außer den Spinnern sind auch Schwärmer, Spanner und Eulen Nachtfalter. Tagfalter und Nachtfalter bilden die Gruppe *Großschmetterlinge*. Zur Gruppe *Kleinschmetterlinge* zählen Motten und Wickler. An welchen Kennzeichen man Tagfalter und Nachtfalter unterscheiden kann, zeigt die Tabelle:

74.1 Tagfalter und Nachtfalter

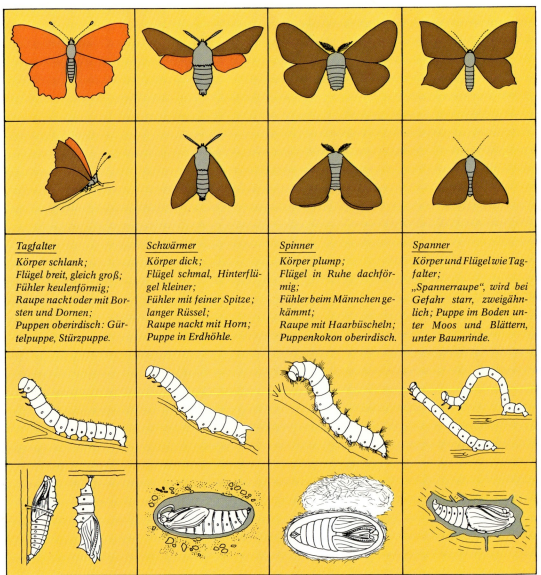

Tagfalter
Körper schlank;
Flügel breit, gleich groß;
Fühler keulenförmig;
Raupe nackt oder mit Borsten und Dornen;
Puppen oberirdisch: Gürtelpuppe, Stürzpuppe.

Schwärmer
Körper dick;
Flügel schmal, Hinterflügel kleiner;
Fühler mit feiner Spitze;
langer Rüssel;
Raupe nackt mit Horn;
Puppe in Erdhöhle.

Spinner
Körper plump;
Flügel in Ruhe dachförmig;
Fühler beim Männchen gekämmt;
Raupe mit Haarbüscheln;
Puppenkokon oberirdisch.

Spanner
Körper und Flügel wie Tagfalter;
„Spannerraupe", wird bei Gefahr starr, zweigähnlich; Puppe im Boden unter Moos und Blättern, unter Baumrinde.

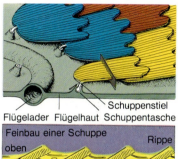

Flügelader Flügelhaut Schuppenstiel

Feinbau einer Schuppe
oben
Rippe
unten
Pfeiler

75.1 und 75.2 Aufbau des Schmetter-lingsflügels.
Das Foto zeigt die Flügelschuppen eines Tagpfauenauges unter dem Mikroskop; Vergrößerung etwa 35fach. Man sieht, daß die Schuppen dachziegelartig ange-ordnet sind. Sie wachsen aus einer Schuppentasche und sind hier mit dem Schuppenstiel verankert. Die untere Grafik zeigt einen Schnitt durch eine Schuppe bei sehr starker Vergrößerung. Die Schuppen bestehen aus Chitin. Sie sind leicht und dennoch stabil gebaut.

Ist die Bezeichnung „Flügelader" kor-rekt?

4.5 Käfer

350 000 verschiedene Arten der *Ordnung Käfer* sind bisher entdeckt worden. Einige davon sind auf S. 77 abgebildet. Den kleinsten Käfer kannst du mit bloßem Auge kaum noch sehen: Er mißt nur 0,25 mm. Vor dem größten würdest du wahrscheinlich erschrecken, wenn er plötzlich auf dich zu-liefe: 15 cm lang ist der *Herkuleskäfer* und 30 g schwer. Ein Zaun-könig wiegt 8 g, eine Spitzmaus 10 g.

Du findest bei den Käfern alle *Insektenmerkmale* wieder. Wenn du einen Käfer in der Hand hältst, merkst du aber, daß er härter und stabiler ist als viele andere Insekten. Das gilt besonders für die Vorderflügel. *Deckflügel* nennt man sie bei den Käfern. Beim Flug werden sie seitlich ausgestreckt und dienen als Tragflächen. Die *häutigen Hinterflügel* sorgen für den Antrieb. In der Ruhelage bilden die dicht an den Körper gelegten Vorderflügel einen Schutzpanzer für die zarten, zu-sammengefalteten Hinterflügel. Die meisten Käfer haben *kräftige Mundwerkzeuge*, die sich gut zum Beißen eignen.

4.5.1 Der Mehlkäfer

Mit Mehlwürmern aus dem Zoogeschäft füttert man Eidech-sen, Vögel und viele andere Tiere. Du kannst dir eine kleine „Mehlwurmfarm" einrichten: In einem Steinguttopf mit Mehl, Kleie, Vollkornbrotstücken, Karottenscheiben und locker gestrickten Wollappen sind die Tiere leicht zu halten.

Nach kurzer Zeit schon entdeckst du 1,5−2 cm lange, braun-schwarze Käfer darin. Deine Mehlwurmfarm ist eine Käfer-farm! Mehlwürmer sind die *Larven* der Mehlkäfer. Mehrmals häuten sie sich. Wenn sie 2,5 cm Länge erreicht haben, erfolgt die *Verpuppung*: Wie alle Käfer hat auch der Mehlkäfer eine *vollkommene Verwandlung*. Insgesamt dauert die Entwick-lung vom Ei bis zum fertigen Käfer knapp ein Jahr.

Wenn man die Zucht im selben Gefäß längere Zeit hindurch fortsetzt, nimmt die Zahl der Käfer nach einiger Zeit nicht mehr zu, denn der Mehlkäfer betreibt eine Art *Familien-planung*: Der Kot der Tiere enthält ein Pheromon. Wenn viele Tiere zusammenleben und Nahrungsmangel herrscht, wird

Untersuche einen Mehlwurm! Welche Form hat er? Wie viele Körpersegmente und Beinpaare hat er? Betrachte eine leere Larvenhaut unter dem Mikro-skop oder mit der Lupe! Untersuche die Mundgliedmaßen eines Mehlkä-fers mit der Lupe!

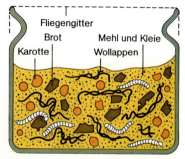

Fliegengitter
Brot
Mehl und Kleie
Karotte
Wollappen

75.3 So legt man eine Mehlwurmzucht an. Mehlwürmer sind die Larven des Mehlkäfers.

76.1 Mehlkäfer: Larve, Puppe und fertiges Tier.

76.2 Maikäfer beim Abflug. Die häutigen Hinterflügel werden gerade entfaltet. Die starren Vorderflügel dienen beim Flug vor allem als Tragflächen, schlagen aber auch ein wenig auf und ab.

Beobachte einen Maikäfer beim Abflug! Was geschieht der Reihe nach?

76.3 Entwicklung des Maikäfers.

viel Pheromon abgegeben. Dies bewirkt, daß die Weibchen ihre frisch gelegten Eier sofort wieder auffressen. Vermehrungsstopp ist die Folge. Für die Larven reicht die Nahrung jetzt bis zur Verpuppung. Hätten sich zu viele Larven in die Nahrung teilen müssen, wären sie alle verhungert.

Der Mehlkäfer gehört zu den *Schwarzkäfern.* Käfer und Larven sind als *Vorratsschädlinge* gefürchtet.

4.5.2 Der Maikäfer

Er gehört zu den *Blatthornkäfern,* so genannt nach den blattförmigen Fühlerenden. Vor einigen Jahren noch waren die Maikäfer häufige und berüchtigte *Schädlinge.* Sie fressen Blätter von Laubbäumen, am liebsten von Eichen. Ende Mai ist *Schwärmzeit.* Nach der Begattung legen die Weibchen im Boden 60–80 Eier ab. 4–6 Wochen darauf schlüpfen die Larven. In den nächsten 3–4 Jahren wachsen sie zu 5–6 cm langen *Engerlingen* heran. Diese zernagen mit ihren starken Mundwerkzeugen die Wurzeln von Löwenzahn und anderen Kräutern, aber auch von Nutzpflanzen. Im Herbst des 3. oder 4. Jahres verpuppen sie sich. In 1–2 Monaten entwickelt sich aus der Puppe der Käfer. Dieser kommt erst im darauffolgenden Frühjahr aus dem Boden. Die Entwicklungszeit dauert 4–5 Jahre.

Schädlingsbekämpfung. Bekämpft man Schädlinge mit *Gift,* können andere Tiere und der Mensch davon betroffen sein. Selbst wenn ein Gift nur auf Insekten wirkt, können auch nützliche Insekten, wie *Honigbienen,* vernichtet werden.

Am besten ist die *biologische Schädlingsbekämpfung.* Sie wurde erstmals im Jahre 1872 in Kalifornien praktiziert. *Schildläuse,* die aus Australien eingeschleppt worden waren, vermehrten sich massenhaft und zerstörten die Obstplantagen. Denn ihr natürlicher Feind, ein australischer *Marienkäfer,* fehlte. Ihn züchtete man nun in großer Zahl. Dann ließ man diese Marienkäfer in den Obstplantagen frei. Nach kurzer Zeit war die Plage zu Ende.

Unsere Forstleute schützen die *Rote Waldameise,* weil sie eine Massenvermehrung vieler Forstschädlinge verhindert.

Oft ist allerdings biologische Schädlingsbekämpfung mit Insekten, die Schädlinge fressen, nicht möglich. Dann versucht

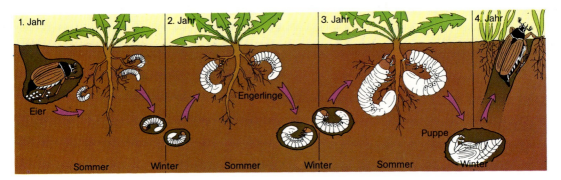

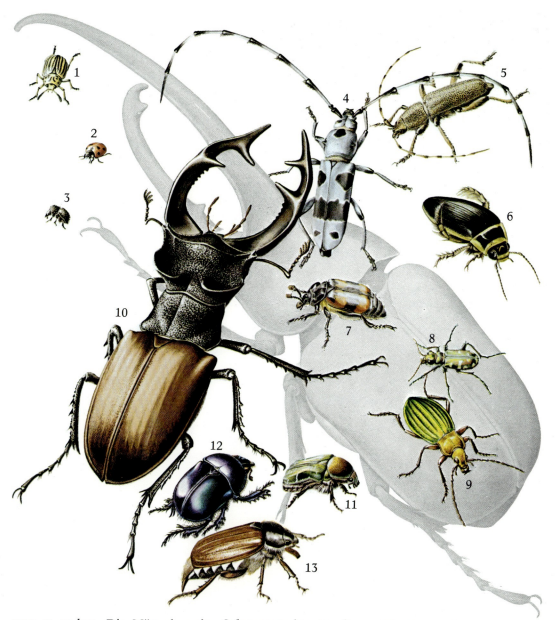

man es anders. Die Männchen des *Schwammspinners* oder der *Nonne* werden mit einem künstlichen *Weibchenpheromon* in Fallen gelockt und dort durch Gift getötet. Wo es keine Männchen gibt, werden die Eier nicht befruchtet.

4.5.3 Der Goldlaufkäfer

Laufkäfer können nicht fliegen, ihre *Hautflügel sind verkümmert*. Der Goldlaufkäfer jagt daher im Lauf Würmer, Schnecken und Insekten. Mit den Kieferzangen packt und verwundet er sie. Dann würgt er Verdauungssäfte über die Beute. Der entstehende Nahrungsbrei wird aufgesaugt.

77.1 „Käferparade".
1   Kartoffelkäfer; 2 Marienkäfer;
3   „Spitzmäuschen", 2 mm, Rüssler;
4   Alpenbock, 3 cm, geschützt;
5   Großer Pappelbock, 2,5 cm;
6   Gelbrandkäfer, 3,5 cm;
7   Totengräber, 1,5–2 cm;
8   Sandlaufkäfer, 1,5–2 cm;
9   Goldlaufkäfer, 2,5 cm;
10 Hirschkäfer, 6–7 cm, geschützt;
11 Rosenkäfer, 1,5–2 cm;
12 Roßkäfer, 2,5 cm; 13 Maikäfer;
    Herkuleskäfer zum Vergleich.

78.1 und 78.2 Laubheuschrecke und Feldheuschrecke.
Links: Weibchen des Grünen Heupferds bei der Eiablage. Die Legeröhre wird dazu in den Boden gestoßen. Das Grüne Heupferd ist eine Laubheuschrecke.
Rechts: Feldheuschrecken haben kurze Fühler.

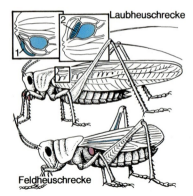

78.3 Lauterzeugung bei Heuschrecken. Bei den Laubheuschrecken wird die Schrilleiste (2) auf der Unterseite des linken Flügels über die Schrillkante (1) auf der Oberseite des rechten Flügels bewegt.
Feldheuschrecken streichen eine Leiste mit Zähnchen auf den Hinterschenkeln über eine Schrillkante der Vorderflügel.
Bei den Laubheuschrecken zirpen meist nur die Männchen, bei den Feldheuschrecken oft auch die Weibchen.

78.4 Entwicklung einer Laubheuschrecke.

4.6 Schrecken

4.6.1 Laubheuschrecken

Farbe, Kopfform und Sprungvermögen haben dem *Grünen Heupferd* den Namen gegeben. Es ernährt sich von kleinen Insekten, aber auch von Blütenteilen. Die kräftigen Hinterbeine ermöglichen Sprünge bis zu 3 m. Wenn Gefahr droht, schlägt die Heuschrecke nach dem Absprung mit den Flügeln und bringt sich mit einem weiten *Flugsprung* in Sicherheit. Wie alle Heuschrecken *zirpen* auch die *Laubheuschrecken*. Auf der Unterseite des linken Deckflügels verläuft bei ihnen eine mit Zähnchen besetzte Ader. Mit dieser Schrilleiste streicht das Heupferd über eine Kante des rechten Vorderflügels. So erzeugt es die Zirptöne. Die *Hörorgane* liegen in den Schienen der Vorderbeine.

Im Herbst versenkt das Weibchen mit einer Legeröhre bis zu 100 Eier im Boden. Nur diese überwintern. Im Frühjahr schlüpfen kleine Heupferde aus. Ihnen fehlen noch die Flügel. Sie fressen, häuten sich und wachsen. Nach der 3. Häutung werden Flügelstummel sichtbar. Musizieren können sie noch

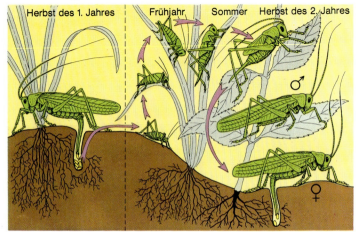

78

nicht. Erst nach der letzten, der 6. Häutung sind die Tiere zu fortpflanzungsfähigen, geflügelten Heupferden herangewachsen. Ein *Puppenstadium fehlt* allen Schrecken.

● Bei einer Entwicklung ohne Puppenstadium spricht man von *unvollkommener Verwandlung* oder *unvollkommener Metamorphose*.

4.6.2 Feldheuschrecken

Außer den grünen Laubheuschrecken mit ihren langen Fühlern findest du auf den Wiesen meist kleinere Heuschrecken mit kurzen Fühlern. Das sind *Feldheuschrecken*. Sie reiben beim Zirpen die Hinterbeinschenkel an den Vorderflügeln. Die Hörorgane liegen bei ihnen an den Seiten des 1. Hinterleibssegments. Feldheuschrecken leben von Pflanzen. Die *Wanderheuschrecken*, die in riesigen Schwärmen ganze Landstriche kahlfressen können, sind Feldheuschrecken.

4.6.3 Grillen

Grillen gehören als *Grabheuschrecken* ebenfalls zur *Ordnung Schrecken*. Die rundköpfige *Feldgrille* baut sich eine Erdröhre als Unterschlupf. An jedem Vorderflügel befinden sich bei den Männchen eine Schrillkante und eine Schrilleiste. Wenn sie die Flügel aneinanderreiben, entsteht der bekannte Schrillton. Die Grillen überwintern als Larven. Nur die *Hausgrille* hat sich vom Jahreslauf unabhängig gemacht. Vielleicht hast du schon einmal ein solches „Heimchen" den Winter hindurch im warmen Keller zirpen gehört.

Die *Maulwurfsgrille* oder *Werre* ist ein 4–5 cm großes, flugfähiges Insekt, das mit seinen kräftigen Vorderbeinen wie ein Maulwurf unterirdische Gänge gräbt. Die *Grabbeine* der Werre und des Maulwurfs sind einander äußerlich ähnlich. Im Boden sucht die Werre nach saftigen Wurzeln, Insektenlarven und Würmern. Springen kann sie nicht, aber schnell laufen, sogar schwimmen und tauchen. Da sie viele Wurzeln zerstört, kann sie zur Plage werden.

Welche Bedeutung hat die grüne Farbe der Laubheuschrecken für diese Tiere?

Welche in diesem Kapitel beschriebenen Insekten haben eine vollkommene, welche eine unvollkommene Metamorphose?

79.1 *Wenn man das Zirpen männlicher Grillen auf Band aufnimmt, kann man damit beim Abspielen Weibchen anlocken. Dieser Versuch beweist, daß sich die Grillen mit ihren Zirplauten verständigen.*

79.2 *Zwei Feldgrillenmännchen betasten sich.*

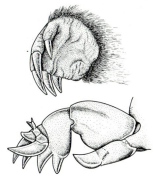

79.3 *Grabbeine des Maulwurfs (oben) und der Werre.*

79

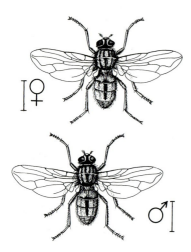

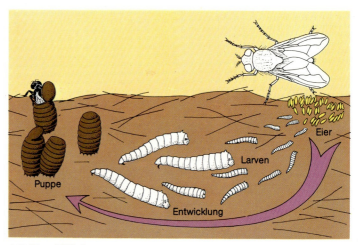

80.1 und 80.2 Überall, wo Menschen wohnen, kommt die 8mm große Stubenfliege vor. Männchen und Weibchen unterscheiden sich kaum.
Die Weibchen legen bis zu 2000 Eier. In einem Sommerhalbjahr folgen etwa 8 Fliegengenerationen aufeinander.

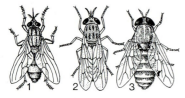

80.3 Stechfliegen.
1 Wadenstecher, 1 cm;
2 Regenbremse, 1,5 cm;
3 Rinderbremse, 2–2,5 cm; sie sticht Rinder und Pferde.

4.7 Zweiflügler

4.7.1 Fliegen

Du kennst die wachsame, flinke *Stubenfliege*. Wie alle Fliegen und Mücken hat auch sie nur 2 Flügel. Deshalb faßt man diese Insekten in der *Ordnung Zweiflügler* zusammen.

Wenn eine Fliege auf deinem Arm sitzt, kannst du ihren feuchten, stempelförmigen Tupf- und Saugrüssel spüren. Sobald sie in ein süßes Tröpfchen oder auf ein Zuckerstückchen tritt, klappt sie den Rüssel aus: Mit ihren Geschmackssinnesorganen in den Vorderfüßen hat die Fliege die süße Nahrung bemerkt. Mit Speichel verflüssigt sie den Zucker und saugt die Lösung ein.

Das Weibchen legt seine Eier meist in Mist. Die Larven sind weiße, beinlose Maden. Nach 6 Tagen wiegt die Made achthundertmal mehr als das Ei und verwandelt sich in eine *Tönnchenpuppe*. Daraus schlüpft eine Woche später die fertige Fliege. Durch die *Übertragung von Krankheitserregern* kann die Stubenfliege gefährlich werden.

Noch unangenehmer sind ihre Verwandten, die *Stechfliegen*, deren Weibchen Blut saugen. Bei den Stechfliegen ist der Rüssel zu einem spitzen Dolch geworden, mit dem die Tiere die Haut durchstoßen. Deutlich spürst du den Schmerz beim Stich des *Wadenstechers* oder der *Regenbremse*. Die ebenfalls blutsaugende afrikanische *Tsetsefliege* überträgt die gefährliche *Schlafkrankheit*.

4.7.2 Mücken

In der Nähe stehender Gewässer treten die langbeinigen, schlanken *Gemeinen Stechmücken* oft zu Millionen auf. 200–300 Eier legt jedes Weibchen als schwimmendes Eischiffchen an der Wasseroberfläche von Seen, Tümpeln und Regentonnen ab. Nach wenigen Tagen schlüpfen die Larven aus. Sie hängen kopfunter an der Wasseroberfläche und strudeln mit den Mundgliedmaßen kleine Lebewesen und

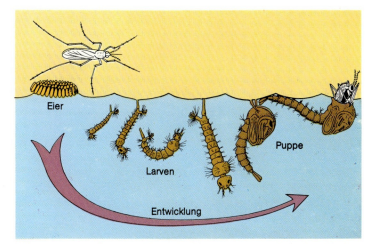

Eier

Larven

Puppe

Entwicklung

Pflanzenreste heran. Ihr Tracheensystem wird durch das schnorchelartige *Atemrohr* am Hinterleib mit Luft versorgt. Die Puppe hat 2 kleine „Schnorchel" am vorderen Brustabschnitt. Wenn die Mücke geschlüpft ist, dient die leere Puppenhülle so lange als Floß, bis die Flügel hart sind.

Um Eier ablegen zu können, müssen die Weibchen nach der Begattung an warmblütigen Tieren oder am Menschen Blut saugen. Wie ein langes, dünnes Stilett führen sie dazu ihren *Stechrüssel* langsam durch die Haut. Sobald sie ihren giftigen Speichel abgeben, schmerzt es. Die Männchen nehmen nur pflanzliche Säfte auf.

Mücken zu *bekämpfen* ist schwierig. Um sich der Mückenplage zu erwehren, wurden schon viele Bekämpfungsmethoden empfohlen. Aber alle schädigten auch andere Lebewesen, so die Nahrungstiere der Fische. In die Altwasser des Rheins, in deren Nähe die Mückenplage schon manchen zum Umzug in mückenfreie Gebiete zwang, gießt man neuerdings eine fettartige Flüssigkeit. Nach wenigen Stunden löst sich der Fettfilm wieder auf. Da die Larven und Puppen diesen Film mit ihren Atemöffnungen nicht durchdringen können, ertrinken sie. Andere Tiere werden nicht geschädigt.

Eine besonders gefährliche Verwandte der Gemeinen Stechmücke ist die *Malariamücke*, die die *Malaria* überträgt.

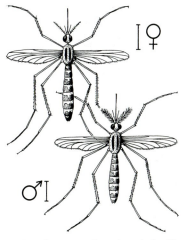

81.1 und 81.2 Stechmücken sind 5 bis 6 mm lang. Die Männchen haben behaarte Fühler.
Die Stechmücke entwickelt sich im Wasser. Die Larven hängen mit einem, die Puppen mit zwei Atemröhren an der Wasseroberfläche.

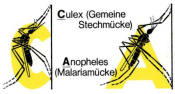

Culex (Gemeine Stechmücke)

Anopheles (Malariamücke)

81.3 Typische Körperhaltung der Gemeinen Stechmücke Culex und der Malariamücke Anopheles.

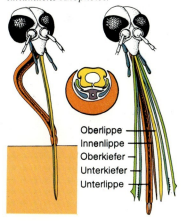

Oberlippe
Innenlippe
Oberkiefer
Unterkiefer
Unterlippe

81.4 und 81.5 Eine Stechmücke sticht. Ihr Rüssel ist ein kompliziertes Organ. Die Unterlippe dient zur Führung. Ober- und Unterkiefer sind Stechborsten, die Oberlippe bildet das Saugrohr für Blut. Über die Innenlippe fließt Speichel in die Wunde.

Betrachte die Bilder auf dieser Seite und beschreibe, wie Bettwanze, Menschenfloh und Kopflaus an ihre Lebensweise angepaßt sind!

4.8 Blutsaugende Schmarotzer: Wanzen, Flöhe und Läuse

Wanzen. Nur eine der 800 einheimischen Wanzenarten befällt den Menschen, um Blut zu saugen: die 5 mm große, flügellose *Bettwanze*. Sie war bei uns nahezu ausgerottet. Nachts kommen die flachen Insekten aus ihren Verstecken in Ritzen und hinter Tapeten hervor. Oft lassen sie sich von der Decke auf ihr Opfer fallen. Mit den Stechborsten ihres Saugrüssels durchbohren sie die Haut.

Flöhe. Die nur 2–3 mm großen, flügellosen Flöhe sind seitlich abgeplattet und schieben sich mit ihrem gekielten Kopf zwischen Haaren, Stacheln und Federn ihrer *Wirte* hindurch. Die verschiedenen Floharten bevorzugen bestimmte Vogel- und Säugetierarten. Der *Hundefloh* und der *Katzenfloh* gehen gelegentlich auch auf den Menschen über. Der *Menschenfloh* selbst ist bei uns selten geworden. Flohweibchen lassen ihre Eier einfach fallen. In Ritzen des Zimmerbodens leben die Larven von Abfällen. Sie machen eine vollkommene Ver-

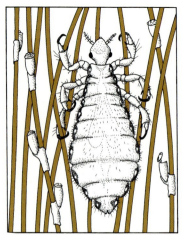

82.1 *Kopflaus und Nissen. In den letzten Jahren hat sich der Parasit bei uns wieder ausgebreitet.*

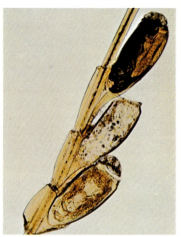

82.2 *Nissen einer Kopflaus. Mit wasserfestem Kitt werden sie angeklebt. Mikrofoto, Vergrößerung 32fach.*

82.3 *Die Greifkrallen an den Füßen der Kopflaus umklammern die Haare. Mikrofoto, Vergrößerung 13fach.*

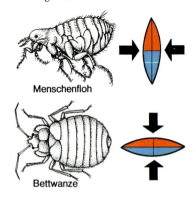

Menschenfloh

Bettwanze

82.4 *Der Floh ist seitlich zusammengedrückt. Die Bettwanze hat einen flachen Körper.*

wandlung durch. Der fertige Floh sucht einen neuen Wirt und lebt von dessen Blut. Flöhe können die Beulenpest übertragen.

Läuse sind ebenfalls flügellose, wirtstreue Schmarotzer: Es gibt eine *Hundelaus*, eine *Schweinelaus*, eine *Eichhörnchenlaus* und viele andere. Drei Arten befallen Haare, Haut und Kleidung des Menschen: *Kopflaus*, *Kleiderlaus* und *Filzlaus*. Läuse verbringen das ganze Leben auf ihrem Wirt. Jedes ihrer Beine endet mit einer *Greifkralle*, die einzelne Haare oder Fasern der Kleidung fest umklammert. Die Kopflaus und die Kleiderlaus sind 3–4 mm lang, die Filzlaus etwa 1 mm. Eine erwachsene Kopflaus kann in den 30–40 Tagen ihres Lebens 100–300 Eier ablegen. Man nennt sie *Nissen*. Mit wasserfestem Kitt werden sie an die Haare geklebt. Die blutsaugenden Larven entwickeln sich ohne Puppenstadium. Kleiderläuse können *Flecktyphus* und *Rückfallfieber* übertragen.

82

4.9 Pflanzenläuse

Pflanzenläuse kennst du unter dem Namen *Blattläuse*. Zu Hunderten sitzen sie oft auf Blättern und Stengeln. Sie leben von Pflanzensäften, die sie mit ihrem Stechsaugrüssel aufnehmen. Der flüssige Kot der Läuse enthält viel Zucker. Als „Honigtau" wird er von Bienen, Fliegen und Ameisen begierig aufgeleckt. Blattläuse werden von vielen Tieren gefressen, obwohl sie sich mit einem klebrigen Saft aus 2 Rückenröhrchen zu schützen versuchen. Besonders *Marienkäfer, Florfliege* und ihre Larven sowie die Larven vieler *Schwebfliegen* sind natürliche Feinde der Blattläuse. Oft vermehren sich die Blattläuse dennoch massenhaft.

Die Frühjahrsläuse sind flügellos und gehen aus Wintereiern hervor. Nur solange Pflanzen Blätter austreiben, enthalten ihre Säfte alle Stoffe, die die Läuse zur Entwicklung brauchen. Die Blattläuse wechseln daher mehrmals ihren Wirt. Geflügelte Läuse suchen neue Nährpflanzen auf. Pflanzenläuse

Erkundige dich bei einem Gärtner, welche wichtigen Pflanzenkrankheiten von Blattläusen übertragen werden!

83.1 *Ein Blattlausweibchen bringt ein Junges zur Welt. Blattläuse legen nicht nur Eier.*

83.2 *Marienkäfer auf Beutefang. Gerade hat er eine Blattlaus gepackt und verzehrt sie.*

83.3 *Auch die Larven der Marienkäfer vertilgen Blattläuse. Bis zu 30 Blattläuse fressen sie pro Tag.*

legen nicht nur Eier: Den Sommer hindurch bringen sie in mehreren Generationen nacheinander Larven zur Welt, die selbst schon wieder Embryonen in sich tragen. Diese „ineinandergeschachtelten Generationen" ermöglichen eine *rasche Vermehrung.*

● Die Pflanzenläuse können Eier und Larven ohne Befruchtung bilden. Diese Art der Fortpflanzung nennt man *Jungfernzeugung.*

Geflügelte Männchen treten erst im Herbst auf. Begattete Weibchen legen befruchtete Wintereier. Die Entwicklung der Blattläuse ist eine unvollkommene Verwandlung.

Pflanzenläuse sind, wenn sie an Kulturpflanzen in Massen auftreten, schlimme *Schädlinge*. Einige von ihnen übertragen auch *Pflanzenkrankheiten*. Allein die Pfirsichblattlaus kann 85 verschiedene Krankheiten übertragen.

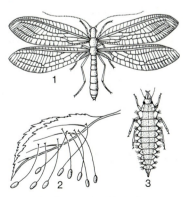

83.4 *Florfliege (1) und ihre Larve (3). Die Larven schlüpfen aus Eiern, die an langen Stielen hängen (2).*

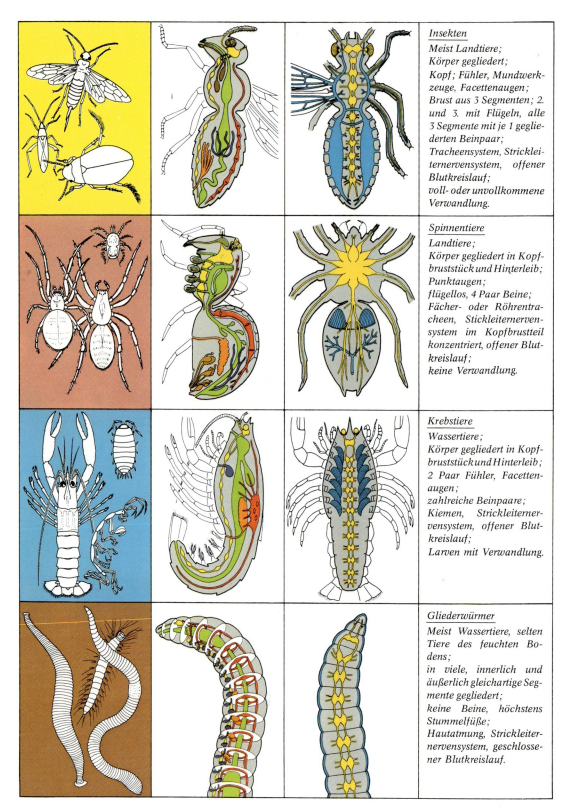

Insekten
Meist Landtiere;
Körper gegliedert;
Kopf; Fühler, Mundwerkzeuge, Facettenaugen;
Brust aus 3 Segmenten; 2. und 3. mit Flügeln, alle 3 Segmente mit je 1 gegliederten Beinpaar;
Tracheensystem, Strickleiternervensystem, offener Blutkreislauf;
voll- oder unvollkommene Verwandlung.

Spinnentiere
Landtiere;
Körper gegliedert in Kopfbruststück und Hinterleib;
Punktaugen;
flügellos, 4 Paar Beine;
Fächer- oder Röhrentracheen, Strickleiternervensystem im Kopfbrustteil konzentriert, offener Blutkreislauf;
keine Verwandlung.

Krebstiere
Wassertiere;
Körper gegliedert in Kopfbruststück und Hinterleib;
2 Paar Fühler, Facettenaugen;
zahlreiche Beinpaare;
Kiemen, Strickleiternervensystem, offener Blutkreislauf;
Larven mit Verwandlung.

Gliederwürmer
Meist Wassertiere, selten Tiere des feuchten Bodens;
in viele, innerlich und äußerlich gleichartige Segmente gegliedert;
keine Beine, höchstens Stummelfüße;
Hautatmung, Strickleiternervensystem, geschlossener Blutkreislauf.

84

4.10 Gliederfüßler und Gliedertiere

Bienen, Hummeln, Wespen und Ameisen sind nahe miteinander verwandt und daher einander sehr ähnlich. Sie gehören alle der *Ordnung Hautflügler* an. Zur *Ordnung Schmetterlinge* gehören Tagfalter, Schwärmer, Spinner, Spanner und andere. Erinnerst du dich, welche Tiere zur *Ordnung Zweiflügler*, welche zur *Ordnung Schrecken* gehören? Zusammen mit vielen anderen Ordnungen gehören sie alle zur *Klasse Insekten*. In Bild 85.1 sind unter den abgebildeten Tieren einige Insekten. Welche sind das? Sicher fällt dir auch auf, daß die Nichtinsekten in der Zeichnung mit den Insekten viele Merkmale gemeinsam haben. Welche? Worin unterscheiden sich die Nichtinsekten von den Insekten? Die Baupläne auf S. 84 helfen dir bei der Beantwortung.

Sicher hast du bemerkt, daß die abgebildeten Tiere bis auf den *Regenwurm* ein auffälliges Merkmal gemeinsam haben: Sie besitzen gegliederte Beine. Deshalb faßt man die *Klasse Insekten*, die *Klasse Spinnentiere* und die *Klasse Krebstiere* im *Stamm Gliederfüßler* zusammen. Der Regenwurm gehört nicht zu diesem Stamm, da er keine Beine hat. Weil sein Körper aber deutlich segmentiert ist, faßt man ihn und seine Verwandten im *Stamm Gliederwürmer* zusammen.

● Den Stamm Gliederfüßler (Insekten, Spinnentiere, Krebstiere) und den Stamm Gliederwürmer faßt man als *Gliedertiere* zusammen.

So viele Arten kennt man:

Insekten	850000
Spinnentiere	40000
Krebstiere	25000
Ringelwürmer	8700

70% aller Tierarten sind Insekten.

85.1 Gliedertiere
 1 *Nordseegarnele (Granat), 5 cm*
 2 *Seeringelwurm, 10 cm*
 3 *Languste, 30 cm*
 4 *Weberknecht, 0,6 cm (Körper)*
 5 *Libelle (Blaue Mosaikjungfer), 7 cm*
 6 *Krätzmilbe, 0,45 mm*
 7 *Wolfsspinne, 1 cm (Körper)*
 8 *Ohrwurm, 1,4 cm*
 9 *Schnurfüßler, 4 cm*
10 *Taschenkrebs, 10 cm*
11 *Rüsselkäfer, 1,2 cm*
12 *Skorpion, 5 cm*
13 *Regenwurm, 25–30 cm*
14 *Apollofalter, 2 cm (Körper)*
15 *Steinläufer, 3 cm*
16 *Bockkäfer (Alpenbock), 3 cm*
17 *Schlupfwespe, 1,5 cm*

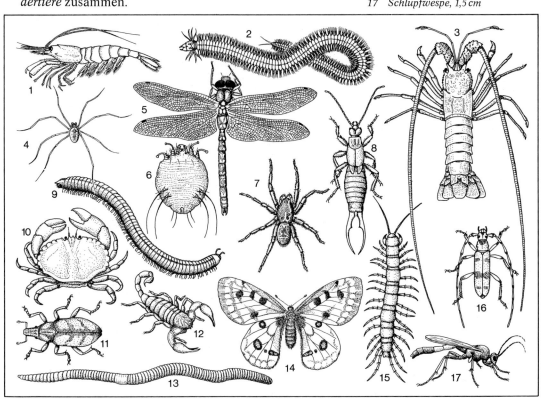

86.1 und 86.2 Die Kreuzspinne kann „trockene" und klebrige Fäden spinnen. Sie bestehen aus mehreren ganz feinen Fädchen, die aus den Spinnwarzen am Hinterleibsende austreten. In den klebrigen Fäden, den Fangfäden, bleiben Beutetiere hängen. Die Kreuzspinne (rechts) hat eine Schwebfliege gefangen.

86.3 Netzbau der Kreuzspinne.

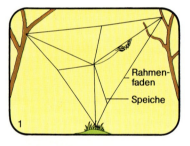

Rahmen-
faden

Speiche

1

Hilfs-
spirale

2

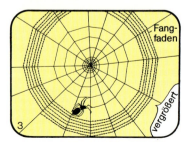

Fang-
faden

vergrößert

3

4.11 Die Kreuzspinne

Eine Kreuzspinne baut ihr *Netz*. Von einem Zweig aus streckt sie ihren Hinterleib in die Luft, aus den Spinnwarzen treten dünne Seidenfäden heraus und verkleben miteinander. Ein Lufthauch erfaßt diesen Spinnfaden. Sobald dessen Ende irgendwo hängen bleibt, kann der Bau des Netzes beginnen. Die Spinne klebt das Ende auf ihrer Seite an einem Zweig fest, klettert dann bis zur Mitte der Brücke und seilt sich an einem Faden ab. Sobald sie auch diesen Faden befestigt hat, ist das Y-förmige *Grundgerüst* des Netzes fertig. Dann werden *Rahmenfäden* gespannt und *Speichen* eingezogen. Von der Mitte aus verbindet die Spinne alle Speichen mit einer *Hilfsspirale*. Um Beute festhalten zu können, spannt sie jetzt *Fangfäden* mit klebrigen Tropfen aus. Gleichzeitig wird die Hilfsspirale aufgefressen. Zuletzt zieht die Spinne einen *Signalfaden* zu ihrer Warte. Der Grundbauplan und der sinnvolle Ablauf des Netzbaues brauchen von der Spinne nicht erlernt zu werden, diese Fähigkeiten sind ihr *angeboren*.

Zappelt ein Beutetier im Netz, wird die Spinne alarmiert. Sie eilt herbei, schlägt ihre giftigen Kieferklauen in das Opfer und fesselt es. Hat sie Hunger, spritzt sie Verdauungssaft in die Beute und saugt sie danach aus. Ist die Spinne satt, spinnt sie ihre Beute als Vorrat ein.

Mit ihren *8 Einzelaugen* kann die Spinne Bewegungen in ihrer Umgebung wahrnehmen. Wichtiger für sie sind die hochempfindlichen *Tasthärchen*, die über den ganzen Körper verteilt sind. Auch die *Verständigung* zwischen Männchen und Weibchen erfolgt über den Tastsinn. Vorsichtig spinnt das Männchen einen kurzen Faden vom Netzrand eines Weibchens nach außen und zupft an dieser „Klingelschnur". Das Weibchen versteht das „Läuten". Jetzt kann sich das Männchen gefahrlos nähern. Manchmal wird es allerdings nach der Begattung vom Weibchen als Beute betrachtet und gefressen. 50–100 gelbe Eier packt die Kreuzspinne im Herbst in einen kleinen Kokon aus Seidenfäden, dann stirbt sie. Im

Frühjahr kriechen winzige Spinnen aus, die sich mehrfach häuten und zu voller Größe heranwachsen.

Klasse Spinnentiere: Die Kreuzspinne gehört zu den *Netzspinnen. Springspinnen* und *Jagdspinnen* bauen keine Netze, sondern jagen ihre Beute oder stürzen sich auf sie. *Weberknechte* sind Spinnentiere ohne Spinnwarzen. Sie fressen Abfall oder tote, weiche Insekten. *Milben, Zecken* und *Skorpione* gehören ebenfalls zu den Spinnentieren.

87.1 *Die kräftigen Scheren machen den Flußkrebs zu einem wehrhaften Tier.*

4.12 Der Flußkrebs

Gut getarnt durch seinen graugrünen Panzer hält sich der Flußkrebs tagsüber am Grund des Bachufers zwischen Steinen, Pflanzen und Wurzeln versteckt. Auf beweglichen Stielen ragen die beiden Facettenaugen aus dem Panzer hervor. Kopf und Brust sind zum *Kopfbruststück* verwachsen. Der segmentierte Hinterleib trägt *5 Paar kleine Spaltfüße* und endet mit einem breiten *Schwanzfächer*.

Nachts geht der Krebs auf Beutefang. Mit den *5 Paar Laufbeinen am Kopfbruststück* stelzt er über den Grund. Die 2 langen, roten *Fühler* betasten die Umgebung. Die kurzen *Doppelfühler* davor tragen die Geruchssinnesorgane. Das erste der 5 Laufbeinpaare hat kräftige Scheren, mit denen der Krebs Asseln und Würmer packt, aber auch kranke Fische fängt und die Gehäuse von Schnecken knackt. Auch faulende Stengel und Blätter verschmäht der *Allesfresser* nicht. Die kleinen Scheren des zweiten Laufbeinpaares bilden das „Besteck" des Krebses: Sie zerzupfen die Nahrung und reichen sie nach vorn an *3 Paar Kieferfüße* weiter. Von da gelangen die Bissen zu *3 Paar Kiefern*, die sie zerkleinern, und dann zum Schlund. Vom Rückenschild des Krebses wölbt sich an jeder Seite eine Chitinfalte herab. So entstehen *2 Atemhöhlen*, in denen die *Kiemen* geschützt untergebracht sind. Die Kiemen sitzen als büschelförmige Auswüchse an den 2. und 3. Kieferfüßen und an den ersten 4 Laufbeinpaaren.

Zweimal im Jahr häutet sich der Flußkrebs. Dazu sucht er einen sicheren Schlupfwinkel auf. Der neue Panzer benötigt nämlich 1–2 Wochen zur Härtung. Vom Herbst bis zum Frühjahr schleppt das Weibchen an den Spaltfüßen seines Hinterleibs etwa 200–300 dunkelrote Eier mit sich herum, denen winzige Jungkrebse entschlüpfen.

Flußkrebse galten beim Menschen schon immer als Leckerbissen. Aber durch Krankheit und Wasserverschmutzung sind die einheimischen Flußkrebse bei uns *fast ausgerottet*.

Klasse Krebstiere: Zusammen mit den anderen *Zehnfüßigen Krebsen*, so dem *Hummer* und der *Languste*, zählt man den *Flußkrebs* zur *Unterklasse Höhere Krebse*. Zu ihr gehören auch die *Flohkrebse* und *Asseln*. Eigene *Unterklassen* bilden die *Blattfußkrebse* (*Wasserfloh*), *Ruderfußkrebse* (*Hüpferling*) und die *Rankenfüßer* (*Seepocke*).

87.2 *Gliederung des Flußkrebses.*

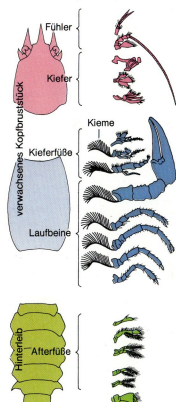

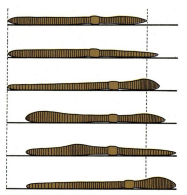

88.1 *Durch Zusammenziehen der Ringmuskeln wird das Vorderteil des Regenwurms weit vorgestreckt, und seine Borsten verhaken sich im Boden. Jetzt kann der hintere Körperteil mit den Längsmuskeln nachgezogen werden. Wenn er im Boden verhakt ist, streckt sich das Vorderteil wieder. In dieser Reihenfolge geht es weiter.*

88.2 *Das Foto zeigt einen geschlechtsreifen Regenwurm. Woran erkennt man dies?*

88.3 und 88.4 *Bau des Regenwurms. Oben in Durchsicht von der Seite, unten im Querschnitt.*

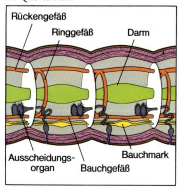

Rückengefäß
Ringgefäß   Darm
Ausscheidungs-   Bauchmark
organ   Bauchgefäß

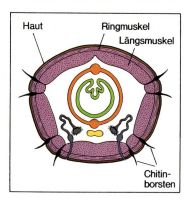

Haut   Ringmuskel
                   Längsmuskel
                   Chitin-
                   borsten

4.13 Der Regenwurm

Die größten Regenwürmer werden bis zu 30 cm lang und haben 180 *Segmente.* Jedes Segment bildet eine Kammer mit fast gleicher Ausstattung. Dazu gehören immer ein Stück Darm, ein Abschnitt des Nervensystems, aber auch zwei Blutadern, die das Rückengefäß und das Bauchgefäß miteinander verbinden. Der Regenwurm hat einen *geschlossenen Blutkreislauf.* Auch Ausscheidungsorgane kannst du in jedem Segment erkennen. Lungen, Kiemen oder Tracheen suchst du allerdings vergeblich. Die feuchte Haut des Regenwurms genügt als Atmungsorgan. Man nennt diese Art der Atmung *Hautatmung.* Regenwürmer sind *Feuchtlufttiere.* Eier und Spermazellen werden nur in einigen Segmenten des vorderen Körperteils gebildet.

Der Regenwurm frißt sich regelrecht durch den Boden. Wenn der Boden sehr hart ist, spuckt er einen Saft aus, der das Erdreich aufweicht. Als Kot gibt er die Erde mit den unverdaulichen Resten hinter sich ab. Auf diese Weise *lockert er den Boden,* durchmischt und durchlüftet ihn.

Wenn sich der Regenwurm ins Erdreich einbohrt, zieht er die Ringmuskeln am Vorderende zusammen, bis er dünn wird wie ein Nagel. Zieht er darauf die Längsmuskeln zusammen, wird der Körper dick und weitet die Röhre. Haut und Muskulatur bilden zusammen einen *Hautmuskelschlauch.* Jedes Segment besitzt seitlich und bauchwärts kurze Chitinborsten. Mit ihnen stemmt sich der Wurm in die Erde, so daß er nicht zurückrutscht. Regenwürmer sind *Zwitter,* die sich wechselseitig begatten. Während der Paarungszeit gibt der „Sattel" des Wurms eine schleimige, zähe Masse ab. Sie bildet einen breiten Gürtel, der nach der Paarung zum Kopf hin geschoben wird. Wenn er an der Geschlechtsöffnung vorbeigleitet, wird ein Ei ausgestoßen, das am Gürtel hängen bleibt. Der Gürtel wird abgestreift. Danach schließt er sich vorn und hinten. So entsteht ein kleiner Kokon mit einem Ei, aus dem später der junge Wurm kriecht.

Stamm Gliederwürmer: Zu diesem Stamm gehören die *Klasse Vielborster (Pierwurm, Seeringelwurm, Bäumchenröhrenwurm)* und die *Klasse Gürtelwürmer (Regenwurm, Blutegel).*

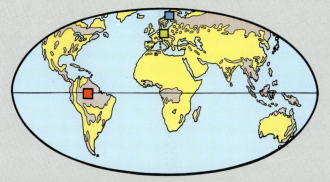

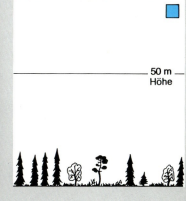

50 m
Höhe

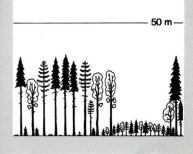

50 m

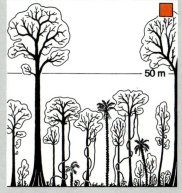

50 m

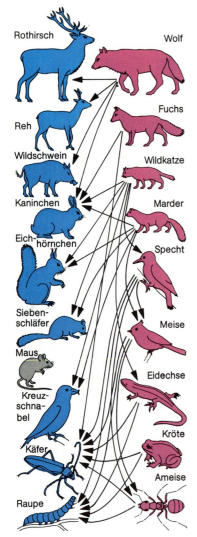

Rothirsch — Wolf — Fuchs — Reh — Wildschwein — Wildkatze — Kaninchen — Marder — Eichhörnchen — Specht — Siebenschläfer — Meise — Maus — Eidechse — Kreuzschnabel — Kröte — Käfer — Ameise — Raupe

5.1 Im Wald gibt es nicht nur Bäume

Sicher kennst du die Redensart: „Er sieht den Wald vor lauter Bäumen nicht." In der Tat ist ein Wald mehr als eine Ansammlung von Bäumen. Unzählige Sträucher, Kräuter, Moose und Pilze sind ebenfalls *Pflanzen* des Waldes.

Zu einem Wald gehören auch *Tiere*. Aus der Tabelle auf S. 93 kannst du ersehen, welche Arten man zu den jagdbaren Säugetieren zählt, wie groß ihre Zahl in der Bundesrepublik Deutschland ist und wie viele jährlich davon abgeschossen werden. Die aufgeführten Arten machen allerdings nur einen kleinen Teil der Tiere aus, die im Wald leben. Von Eichhörnchen, Siebenschläfern, Haselmäusen, Wühlmäusen, Fledermäusen und Spitzmäusen nimmt diese Liste genauso wenig Notiz wie von Uhu, Waldkauz, Specht, Kreuzschnabel, Drossel, Meise, Laubsänger, Zaunkönig oder Goldhähnchen. Auch Kriechtiere wie Kreuzotter, Blindschleiche oder Bergeidechse wurden nicht berücksichtigt, ebensowenig Lurche wie Feuersalamander, Molche, Kröten, Frösche und Unken, die besonders in feuchten Wäldern häufig sind. Millionen von Insekten und anderen Kleinlebewesen haben im Wald ihren Lebensraum, der größte Teil davon im Boden:

Zahl der Tiere unter 1 m² Oberfläche im Laubwald

Insekten, vor allem Fliegenlarven,	400 – 15 000
Käferlarven und	500 – 1500
flügellose Insekten	30 000 – 100 000
Tausendfüßler	40 – 150
Spinnentiere, vor allem Milben	100 000 – 700 000
Gürtelwürmer, vor allem Regenwürmer	50 000 – 100 000

Wer aufmerksam durch den Wald geht, bemerkt Sträucher, deren Knospen und junge Triebe abgebissen sind. Er sieht Bäume mit angefressenen Blättern, benagte Fichtenzapfen in der Nadelstreu und abgerissene Wurzeln im aufgewühlten Boden. Den Boden haben Wildschweine durchpflügt, die Zapfen werden vom Kreuzschnabel angenagt. Rehe, aber auch Eichhörnchen und Siebenschläfer fressen die Knospen und jungen Triebe. Eichhörnchen nagen ebenfalls Fichtenzapfen an und holen sich die fetten Samen heraus. Gelegentlich plündern sie auch Vogelnester. Viele Vögel ernähren sich von Käfern und Raupen. Von Raupen lebt aber auch die Rote Waldameise. Der Marder jagt Eichhörnchen und räumt Vogelnester aus. Uhu, Wildkatze und Habicht wiederum jagen den Marder.

● Im Wald bestehen zwischen Tieren und Pflanzen *vielfältige, wechselseitige Beziehungen*.

90

5.2 Vom Urwald zum Nutzwald

Während der Eiszeit war Mitteleuropa fast waldlos. Erst nach der Eiszeit, vor etwas mehr als 10 000 Jahren, breiteten sich wieder Wälder aus. Nur die höchsten Berge, die Moore, Sümpfe und die Gezeitenzone an den Meeresküsten blieben ohne Wald. Zunächst herrschten Birke und Kiefer vor, später Hasel, Eiche und Buche. Die Buche konnte sich in der folgenden Zeit unter diesen Bäumen durchsetzen. Rotbuchenwälder waren lange Zeit vorherrschend. Zu den größeren Tieren in diesen Wäldern gehörten Wisent, Auerochse, Rothirsch, Elch, Braunbär, Wolf, Luchs und Fuchs.

Jahrtausendelang blieben diese *Urwälder* nahezu unberührt. Erst im Mittelalter begann der Mensch, den Wald immer stärker zu nutzen und zu verändern: Etwa 70% der Wälder wurden *gerodet*, um Siedlungen, Wiesen und Äcker anzulegen. In den restlichen Waldgebieten wurde gejagt und Holz gefällt. Holz war damals für den Hausbau, für viele Geräte, zur Herstellung von Holzkohle und zum Heizen unentbehrlich. Wo man die Laubbäume alle 10–20 Jahre fällte, und die Baumstümpfe wieder ausschlugen, entstanden *Niederwälder*. Wo man einige Bäume, vor allem Eichen, als Bauholz bis zur vollen Größe heranwachsen ließ, bildeten sich *Mittelwälder*.

Bei der Zerstörung der zusammenhängenden Waldgebiete wurde *vielen Waldtieren der natürliche Lebensraum genommen:* Wildpferd und Auerochse wurden ausgerottet. Der Elch kommt heute nur noch in Skandinavien und Osteuropa vor. Der Wisent ist aus der freien Wildbahn ganz verschwunden. Die großen Raubtiere wie Braunbär, Wolf und Luchs sind in Europa vom Aussterben bedroht. Jahrhundertelang wurden sie gnadenlos verfolgt, weil sie dem im Wald weidenden Vieh und den jagdbaren Tieren nachstellten.

Um 1800 begann man in Mitteleuropa den Schaden zu erkennen, der dem Land durch die Waldvernichtung zugefügt

91.1   Niederwald

91.2   Mittelwald

91.3 *Den Wisent gibt es heute nur noch in Wildgehegen.*

91.4 *Auch der Auerhahn ist sehr selten geworden.*

91.5 *Der Luchs ist in Mitteleuropa so gut wie ausgerottet.*

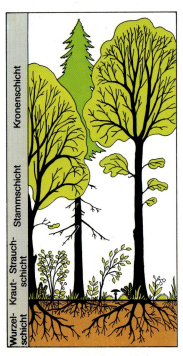

92.1 und 92.2 Mitteleuropäischer Plenterwald mit „Stockwerken".

Wo gibt es in deiner Heimat Kunstforste, wo Plenterwälder? Welche Waldform überwiegt? Wie hoch ist der Anteil des Waldes auf eurer Gemarkung?

92.3 Anteil von Wald, landwirtschaftlicher Nutzfläche, Gewässer und Siedlungen an der Bodennutzung in der Bundesrepublik Deutschland.

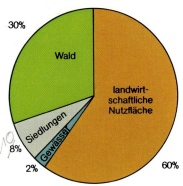

worden war. Aus dem *Jagdhüter* wurde der *Förster*. Er forstete die Ödflächen mit Nutzhölzern wie Kiefer und Fichte auf. Die Bäume in diesen *Kunstforsten* wuchsen gleich schnell heran und wurden als *Hochwald* gleichzeitig schlagreif. Das war für die Bewirtschaftung günstig. Breitete sich aber in einem solchen Wald, in dem eine Baumart vorherrschte, ein Schädling aus, war rasch der ganze Wald befallen. Deshalb vermeidet man heute solche *Monokulturen. Mischwälder,* die Nadel- und Laubbäume enthalten, nehmen wieder zu. Die älteren Bäume werden nach Bedarf gefällt. In der Zwischenzeit sind jüngere Bäume herangewachsen und schließen die entstandene Lücke. Solche Wälder verjüngen sich weitgehend von selbst. Man nennt sie *Dauerwälder* oder *Plenterwälder*. Sie zeigen ähnlich wie natürliche Wälder einen „Stockwerkbau". Von unten nach oben folgen *Krautschicht, Strauchschicht, Stammschicht* und *Kronenschicht der Bäume* aufeinander.

Hand in Hand mit der Ausrottung der Tiere, die man im Wald für unnütz hielt, ging die *Hege der „nützlichen" Tiere*. Schonzeiten wurden eingeführt, im Winter wurde gefüttert. Die erwünschten Reh- und Rotwildbestände nahmen stark zu. Da die Zahl der natürlichen Feinde dieser Tiere zurückging, mußte der Jäger immer mehr ihre Rolle übernehmen und dafür sorgen, daß diese großen Pflanzenfresser sich nicht zu stark vermehrten.

● Seit der Eiszeit haben sich bei uns die Wälder in ihrem Pflanzen- und Tierbestand grundlegend verändert. Die Wälder werden heute forstwirtschaftlich genutzt und unter genauer Kontrolle gehalten.

Jagdbare Säugetiere			
Tierart	Vorkommen in Europa	Bundesrepublik Deutschland: Jagdsaison 1973/4	
		Bestand	Abschuß
Rothirsch	Waldreiche Gebiete; Mittelgebirge, Hochgebirge, Norddeutsche Tiefebene	95 000	30 000
Damhirsch	Laub- und Mischwälder; Mittelmeergebiet, in Mitteleuropa eingebürgert	35 000	8 100
Reh	Wälder, gebüschreiche Felder und Wiesen; Mitteleuropa	2 000 000	577 000
Gemse	Bergwälder, Steilhänge; Südeuropäische Hochgebirge, Schwarzwald, Schwäbische Alb	9 000	1 700
Mufflon	Bergwälder, Laub- und Mischwälder; Korsika, Sardinien, in Mitteleuropa eingebürgert	6 000	900
Wildschwein	ausgedehnte Wälder; in ganz Europa	60 000	41 000
Feldhase	Wälder, Felder, Wiesen; in ganz Europa	2 000 000	1 200 000
Wildkaninchen	Sandige, trockene, warme Gebiete; in ganz Europa	2 000 000	1 130 000
Waschbär	Erd- und Baumhöhlen, in Laub- und Mischwäldern; in Europa eingebürgert	50 000	2 100
Dachs	Wälder; in ganz Europa	?	2 900
Fuchs	Wälder mit angrenzenden Feldern und Wiesen; in ganz Europa	200 000	129 000
Steinmarder	Scheunen, Schutt- und Steinhalden; in fast ganz Europa	?	12 600
Iltis	Erdbaue, hohle Bäume in Wäldern; in ganz Europa	?	11 000
Hermelin	Wiesen, Felder, Wälder; in ganz Europa	?	150 000

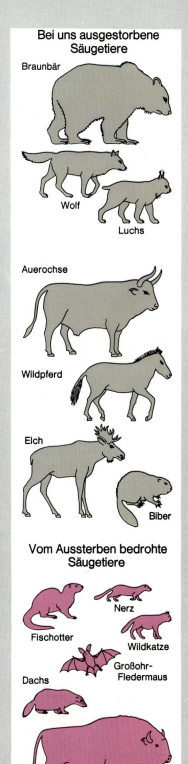

Bei uns ausgestorbene Säugetiere

Braunbär

Wolf

Luchs

Auerochse

Wildpferd

Elch

Biber

Vom Aussterben bedrohte Säugetiere

Nerz

Fischotter

Wildkatze

Großohr-Fledermaus

Dachs

Wisent

5.3 Wald ist nicht gleich Wald

Auf S. 89 findest du Luftaufnahmen und erklärende Zeichnungen von Wäldern aus verschiedenen Gebieten der Erde. Ein Bild stammt aus Nordskandinavien, das andere aus Mitteleuropa, das dritte aus den Tropen.

Nordischer Wald. Im Wald, der in Nordschweden aufgenommen wurde, gibt es nur *wenige Baumarten: Fichten, Birken* und *Kiefern*. Wollte dort ein Förster einen Wald mit mehr und ertragreicheren Baumarten anlegen, hätte er kein Glück. Nur wenige Baumarten sind überhaupt in der Lage, die harten Klimabedingungen am Rande der Arktis durchzustehen.

Tropischer Regenwald. Ganz anders dagegen ist die Zusammensetzung der tropischen Regenwälder in Afrika oder Südamerika. Sie sind *reich an Baumarten:* In den Wäldern am Amazonas kennt man mehr als 3000 Arten. Im Gegensatz zu unseren Wäldern, wo Bäume derselben Art meist nahe zusammenstehen, ist in den tropischen Urwäldern der *Abstand zwischen gleichartigen Bäumen groß*, manchmal beträgt er einige Kilometer. Viele tropische Bäume haben leuchtende Blüten, die blütenbestäubende Insekten und Vögel von weitem anlocken.

Mitteleuropäischer Mischwald. Während das obere und das untere Luftbild Urwälder zeigen, sind auf dem mittleren Waldfoto die Eingriffe des Menschen zu erkennen. Er hat unter den *Baumarten diejenigen ausgewählt, von denen er sich den größten Nutzen verspricht.* Unter den in Deutschland vorkommenden etwa 50 verschiedenen Arten von Waldbäumen sind das vor allem *Kiefer, Tanne, Fichte, Buche* und *Eiche*. In unseren Wäldern sind *auffällige Blütenbäume selten*. Eberesche, Spitzahorn, Vogelkirsche und Holzbirne gehören zu den Ausnahmen. Die meisten Waldbäume haben unscheinbare Blüten, die fast immer vom Wind bestäubt werden. Fast alle Sträucher im Wald und am Waldrand, wie Brombeere, Himbeere oder Traubenholunder, haben dagegen leuchtende, weithin sichtbare Blüten. Sie werden von Insekten bestäubt.

94.1 Viele Bäume des tropischen Regenwaldes haben so auffällig gefärbte Blüten wie dieser Tecomabaum. Sie werden von Tieren bestäubt.

Was läßt sich daraus schließen, daß Birnbaum und Apfelbaum weiße Blüten haben?

94.2 Wie das Wohlriechende Geißblatt haben fast alle Sträucher am Waldrand farbige Blüten.

94.3 Auffällige Blütenbäume wie die Vogelkirsche sind in unseren Wäldern selten.

94.4 Die Hainbuche gehört zu den Bäumen mit unauffälligen Blüten, die vom Wind bestäubt werden.

94

Nicht in allen Wäldern wachsen genau dieselben Bäume, Sträucher und Kräuter. Kannst du dir vorstellen, weshalb dies so ist? Manche Pflanzen gedeihen auf kalkreichem Boden besonders gut, andere bevorzugen einen trockenen Standort, wieder andere können auch Schatten ertragen. So sind *Sommerlinden* in feuchten, schattigen Wäldern mit tiefem, mineralstoffreichem Boden zu finden. Die *Eichen* dagegen brauchen vor allem Licht und sommerliche Wärme. Auch die *Birke* ist ein Lichtbaum. Sie stellt jedoch an Boden und Klima viel geringere Ansprüche als die Eiche.

Am Abhang der Teck, einem Berg der Schwäbischen Alb, kann man den Einfluß von Gesteinsuntergrund, Boden und Klima auf den Pflanzenwuchs gut erkennen:

Am Westhang stehen am Fuß des Berges entlang eines Fahrwegs Linden.

Obwohl mit dem Wind viele Lindenfrüchte in den Wald hinaufgetragen werden, haben dort kaum Linden Fuß gefaßt. Am durchschnittlich kühleren Berghang kommen vor allem Bergahorn und Rotbuche vor. Auf der Hochfläche finden sich auf den feuchten Lehmböden hauptsächlich Eschen. Die warmen, trockenen Felsen hingegen sind von anspruchslosen Kiefern bewachsen.

● Die Zusammensetzung der Wälder ist von den Bedingungen am Standort abhängig.

95.1 Luftaufnahme vom Teckberg, von Nordosten aus gesehen. Der Steilanstieg wird vor allem von Rotbuche und Bergahorn besiedelt.

Betrachte auch die Umgebung! Welchen Zusammenhang zwischen Besiedlung und Waldverteilung kannst du erkennen? Wo liegen Wiesen und Weiden?

95.2 Linden am Fuß des Teckberges. Blick auf den Westhang.

96.1 Eine 700jährige Sommerlinde. Linden haben steil ansteigende, fein verzweigte Äste. Ihre Krone ist halbkugelig.

Verfolge die Entwicklung einer Linde über 1 Jahr hinweg! Wann entfalten sich die Blätter, wann die Blüten? Wie viele Blätter bildet die Linde? Wann sind die Früchte reif?

96.2 Linden haben fünfzählige Blüten.

96.3 (unten) Blütenstände der Winterlinde.

96.4 Fruchtstände der Sommer- und Winterlinde. Linden bilden Trugdolden.

5.4 Laubbäume

5.4.1 Sommerlinde und Winterlinde

Zu den schönsten Bäumen unserer Heimat zählen die Linden. Kaum ein Baum spielt in der Sage und im Volksglauben eine so große Rolle. Im Schatten der Linde wurde Recht gesprochen, um die Linde tanzte das junge Volk an den Festtagen, am Abend saßen dort die Alten. In manchem Burg- und Klosterhof steht eine Linde, ebenso neben vielen Kirchen und Schulen. Zwei Lindenarten kommen bei uns vor: die *Sommerlinde* und die *Winterlinde*.

Eine ausgewachsene Sommerlinde wird *bis zu 33 m hoch* und hat eine regelmäßige, weit ausladende *Krone*. Vom mächtigen *Stamm* gehen dicke Äste ab, die sich nach außen fein verzweigen und für eine dichte Belaubung sorgen. Die Blätter sind *herzförmig, fein gesägt* und auf beiden Seiten *behaart*. Auf der Blattunterseite stehen in den Achseln der Blattadern kleine,

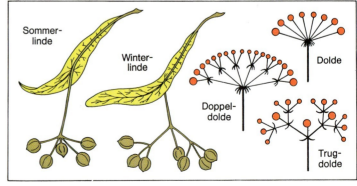

96

weißliche Haarbärtchen. Hier leben räuberische Milben, die das Blatt nach Pflanzensaft saugenden Milben und winzigen Pilzen absuchen. Die Sommerlinde blüht erst Ende Juni, weil ihre *Blüten* nicht wie bei vielen anderen Bäumen schon in den Winterknospen angelegt sind, sondern an den jungen, im Frühjahr entstandenen Trieben gebildet werden. An einem flügelförmigen Hochblatt stehen 2–5 Blüten. Sie bilden einen Blütenstand, eine *Trugdolde.* Jede Blüte ist fünfzählig: 5 Kelchblätter, 5 Kronblätter, zahlreiche Staubblätter in Fünferzahl und ein aus 5 Fruchtblättern verwachsener Fruchtknoten sind in 5 Strahlen symmetrisch angeordnet. *Die Bestäubung erfolgt durch Bienen.* Nach der Befruchtung entwickelt sich in dem 5fächrigen Fruchtknoten nur eine einzige *Nuß.* Die anderen Anlagen gehen zugrunde. Sobald die kleinen, kugeligen Früchte reif sind, fallen sie zusammen mit dem Hochblatt vom Baum, werden wie ein Schraubenflieger vom Wind davongetragen und so verbreitet.

Die Winterlinde wird mit 30 m *nicht ganz so hoch* wie die Sommerlinde. Auch ihre *Blätter sind kleiner.* Sie sind *herzförmig* wie bei der Sommerlinde, *aber nur wenig behaart.* In den Achseln der Blattadern stehen auf der Blattunterseite *rostrote Haarbärtchen.* Die Winterlinde blüht erst Anfang Juli, ihre Trugdolden werden aus 5–11 Blüten gebildet. Während die Sommerlinde in niederschlagsreichen Gebirgslagen bis in eine Höhe von 1000 m vorkommt, steigt die Winterlinde auch in trockeneren Gebieten bis über 1300 m auf.

Linden sind in unseren Wäldern heute selten geworden. Ihr *Holz hat wirtschaftlich keine große Bedeutung.* Früher stellte man aus ihm Zeichenkohle her, heute ist das weiche, leichte Holz nur noch bei Holzschnitzern beliebt. Mit getrockneten Lindenblüten kocht man *Lindenblütentee.* Er ist schweißtreibend und wird gegen Erkältungskrankheiten getrunken. Auch in den Dörfern und Städten haben Linden immer mehr mit Schwierigkeiten zu kämpfen. Nicht nur die zunehmende Verschmutzung der Luft macht den Linden zu schaffen. Parkende Autos verdichten den Boden um den Baum, so daß weniger Wasser und Luft eindringen können. Asphaltdecken ersticken das weite Wurzelwerk und lassen es austrocknen.

97.1 *Holzschnitzer schätzen das weiche Lindenholz. Kopf des heiligen Johannes. Creglinger Altar von Tilman Riemenschneider (1460–1531).*

Welche Bäume findest du in der Umgebung deiner Schule? Wo steht die nächste Linde, die nächste Stieleiche, die nächste Rotbuche?

97.2 *Sommerlinde und Winterlinde haben herzförmige Blätter mit fein gesägtem Rand. Die Blätter der Winterlinde sind kleiner.*

97.3 *Verbreitung von Sommerlinde und Winterlinde in Europa.*

Grün: Winterlinde
Gelb: Sommerlinde

Sommerlinde

Winterlinde

98.1 Freistehende Rotbuche. Rotbuchen sind stark verzweigt, ihre Krone ist kuppelförmig.
Westen ist rechts.

Welche Ursachen könnten zur ungewöhnlichen Form der Baumkrone in Bild 98.1 geführt haben? Kreuze an, was deiner Ansicht nach zutrifft!
○ *Ständiger Wind aus einer Richtung,*
○ *zuviel Regen,*
○ *ein danebenstehender Baum wurde gefällt,*
○ *die Mineralstoffe im Boden sind ungleich verteilt.*

98.2 Verbreitung der Rotbuche in Europa.

5.4.2 Die Rotbuche

Der *wichtigste Baum unserer Laubwälder* ist die *Rotbuche.* Sie ist vor allem in den kalkreichen Mittelgebirgen zu Hause. Ein ausgewachsener Baum kann *bis 45 m hoch* und 300 Jahre alt werden. Die schlanken, geraden Stämme liefern ein schweres, haltbares Holz, das zur Herstellung von Sperrholz, Werkzeug oder Schulmöbeln verwendet wird.

Alljährlich im Mai entfalten sich aus den Knospen lange, hängende Triebe. Nur an ihnen stehen die *eiförmigen, glattrandigen Blätter.* In der Jugend sind sie seidig behaart, später glatt und glänzend. Die Rotbuche ist *einhäusig,* männliche und weibliche Blüten sitzen auf dem gleichen Baum. *Die Bestäubung erfolgt durch den Wind.* Die kugeligen Kätzchen der *männlichen Blüten* hängen meist zu zweit am unteren Ende eines langen, behaarten Triebs. Jede Einzelblüte enthält in einer 3–7zipfeligen Hülle nur Staubblätter. Die *weiblichen Blüten* stehen zu zweit am Ende von kurzen Trieben. Sie sind grünlich-gelb und besitzen dreigeteilte Narben. Die Blütenhülle ist stark zurückgebildet. Die beiden weiblichen Blüten sind von

98.3 Buchenblätter haben glatte, fein behaarte Ränder.

98.4 Weibliche und männliche Blüten der Rotbuche.

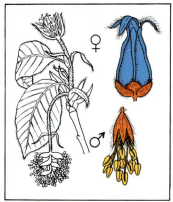

98.5 Im Herbst fallen die Bucheckern aus dem Fruchtbecher.

einer vierteiligen, stacheligen Hülle umgeben, die sich später zu einem gemeinsamen Fruchtbecher entwickelt. Dieser umhüllt die heranreifenden *Nußfrüchte*, die Bucheckern. Wenn im Herbst die Bucheckern reif sind, springt der Fruchtbecher auf, und die fetthaltigen Früchte fallen heraus. Alle 4–10 Jahre bildet die Buche besonders viele Samen. In solchen Mastjahren sammelt auch der Mensch Bucheckern, um daraus Speiseöl zu gewinnen.

5.4.3 Die Stieleiche

Eichen werden *bis zu 50 m hoch* und können einen Stammdurchmesser von mehr als 3 m erreichen. Ähnlich wie die Linden werden auch die Eichen viele hundert Jahre alt. Im Gegensatz zur Buche, die lockere, kalkreiche Böden liebt und auch im Schatten noch zurechtkommt, bevorzugt die *Stieleiche* schwere, feuchte Böden. Sie braucht sehr viel Licht, um gedeihen zu können. *Buchen sind Schattenhölzer, Eichen Lichthölzer.* Wie die Buche ist auch die Stieleiche *einhäusig* und *wird vom Wind bestäubt.* Die männlichen Blüten bilden lockere Kätzchen an den vorjährigen Trieben. Die einzelnen Blüten besitzen eine 5blättrige Blütenhülle und 7 Staubblätter. Die weiblichen Blüten sitzen meist zu zweit oder dritt an einem aufrecht stehenden Stiel. Deshalb wird der Baum Stieleiche genannt. Die weiblichen Blüten bestehen nur aus einem Fruchtknoten, dem die 3teilige Narbe aufsitzt. Der Fruchtknoten ist von einer Hülle umgeben. Aus dieser wird später der Fruchtbecher, der die Eichelfrucht etwa zur Hälfte umhüllt. Die Eicheln sind nährstoffreiche *Nüsse*, die gerne von Vögeln und Säugetieren gefressen werden. Früher ließ man deshalb die Schweineherden in den Eichenwäldern weiden.

Das Holz der Stieleiche ist stark gerbstoffhaltig und aus diesem Grunde sehr dauerhaft. Früher wurden Schiffe und Brücken aus Eichenholz gebaut, heute werden daraus vor allem Furniere geschnitten. Das sind millimeterdünne Platten, die bei der Herstellung von Möbeln Verwendung finden.

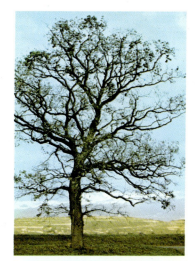

99.1 *Freistehende Stieleiche. Stieleichen haben breite, unregelmäßig gewölbte Kronen.*

99.2 *Verbreitung der Stieleiche in Europa.*

99.3 *Eicheln sind wie die Bucheckern Nußfrüchte.*

99.4 *Weibliche und männliche Blüten der Stieleiche.*

99.5 *Die Blätter der Stieleiche sind unregelmäßig gebuchtet.*

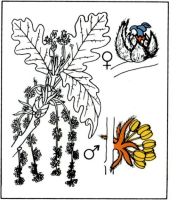

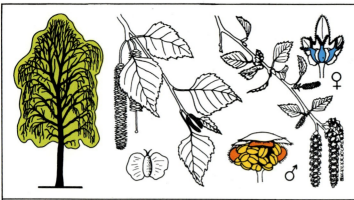

Weißbirke

Familie Birkengewächse;
auf mineralstoffarmen, sauren und
sandigen Böden;
in Laub- und Nadelwäldern, Mooren;
Blüten in kätzchenartigen Blütenständen, getrenntgeschlechtig, einhäusig;
Nußfrüchte mit breiten Flügeln;
rautenförmige, doppelt gesägte
Blätter.

Hainbuche

Familie Birkengewächse;
auf frischen, tiefgründigen und
mineralstoffreichen Böden;
in Laubwäldern;
Blüten in kätzchenartigen Blütenständen, getrenntgeschlechtig, einhäusig;
Nußfrüchte von 3lappigem Hochblatt
umgeben;
Blätter eiförmig, doppelt gesägt,
faltig.

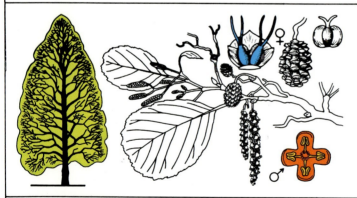

Schwarzerle

Familie Birkengewächse;
auf feuchten, mineralstoffreichen
Böden;
in Erlenbruchwäldern und
Auwäldern;
Blüten in kätzchenartigen Blüten-
ständen, getrenntgeschlechtig, ein-
häusig;
Nußfrüchte in kleinen, holzigen
Zapfen;
Blätter rundlich, ungleich gesägt.

Feldulme

Familie Ulmengewächse;
auf feuchten, mineralstoffreichen
und meist kalkhaltigen Böden;
in Auwäldern;
Blüten zwittrig, in kleinen Knäueln;
ringsum breitgeflügelte Nußfrüchte;
Blätter eiförmig, einfach bis
doppelt gesägt.

Bergahorn

Familie Ahorngewächse;
auf lockeren, mineralstoffreichen
Böden;
in Laubmischwäldern;
Blüten getrenntgeschlechtig oder
zwittrig, einhäusig, in Trauben;
geflügelte Nußfrüchte;
handförmige, fünflappige Blätter.

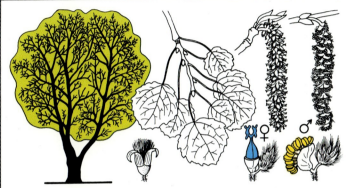

Zitterpappel

Familie Weidengewächse;
auf frischen, mineralstoffarmen
Böden;
in Buchen- und Eichen-Birken-
wäldern;
Blüten in kätzchenförmigen Blütenständen, getrenntgeschlechtig, zweihäusig;
Kapselfrüchte;
Blätter eiförmig oder kreisrund, grob
und unregelmäßig gezähnt.

Eberesche

Familie Rosengewächse;
auf gut durchlüfteten, humusreichen
Böden;
auf Kahlschlägen und Waldrändern;
Blüten in großen Trugdolden;
erbsengroße, rote Beerenäpfel,
„Vogelbeeren";
Fiederblätter mit 9–19 länglichen
Fiederblättchen.

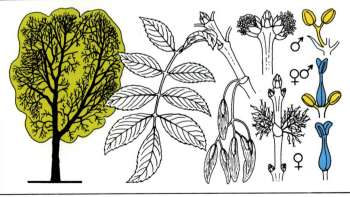

Esche

Familie Ölbaumgewächse;
auf feuchten, mineralstoffreichen
Böden;
in Laubmischwäldern;
Blüten eingeschlechtig oder zwittrig,
in unscheinbaren Rispen;
geflügelte Nußfrüchte;
Fiederblätter mit 9–13 Fiederblättchen.

102.1 *Zu den ältesten und höchsten Bäumen der Welt gehören die Mammutbäume im Sequoia-Nationalpark in Kalifornien (USA). Das Foto zeigt „General Sherman".*

5.4.4 Riesige und uralte Bäume

Wie alt die ältesten Linden und Eichen unserer Heimat sind, kann niemand ganz genau sagen. Daß sie aber älter sind als tausend Jahre, steht fest. Die Reste der ältesten Linde Deutschlands stehen in Staffelstein in Franken. Sie sind 1100–1900 Jahre alt. Etwa 1000 Jahre alt sind die Linden von Effeltrich in Franken, Kasberg im Bayerischen Wald und Ramsau bei Berchtesgaden.

Ältester Baum Deutschlands ist möglicherweise eine Eibe, die bei Balderschwang im Allgäu steht. Ihr Alter wird von einigen Biologen auf über 4000 Jahre geschätzt.

Als dieser Baum keimte, ging in Mitteleuropa die Steinzeit zu Ende. Zu Lebzeiten Abrahams war er 500 Jahre alt, bei Cäsars Tod schon 2000 Jahre. Er überlebte den Aufstieg und den Untergang des Römischen Reiches. Als Karl der Große um 800 n.Chr. gekrönt wurde, näherte sich die Eibe der 3000er Marke. Etwa 3500 Jahre war sie, als Columbus 1492 Amerika entdeckte. Und immer noch wächst der Baum, wird höher und breiter, allerdings nicht mehr in allen seinen Teilen.

In Bild 103.1 siehst du zwei nahe beieinanderstehende Bäume. In Wirklichkeit handelt es sich jedoch, wie Untersuchungen gezeigt haben, um Restteile einer einzigen Eibe. Wundflächen, die sich gegenüberliegen, lassen vermuten, daß der Baum vor langer Zeit gespalten wurde.

Eindrucksvoll sind die riesigen *Mammutbäume*, die in den Bergwäldern an der Westküste Nordamerikas stehen. Die ältesten sind auch etwa 4000 Jahre alt. Sicher bestimmt ist das Alter des „Grizzly-Giant" mit 3800 Jahren. Der etwa 3500 Jahre alte Mammutbaum „General Sherman" im Sequoia-Nationalpark ist 83 m hoch. Sein Durchmesser beträgt bis zu 11 m. Der größte jemals vermessene Baum, „Vater des Waldes" genannt, soll sogar 135 m hoch und 12 m dick gewesen sein. Man kann sich kaum vorstellen, daß diese Bäume aus 6 mm großen Samen entstanden sind.

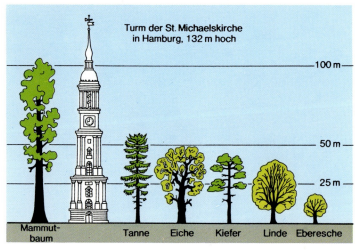

102.2 *Größenvergleich einiger Baumarten.*

102

Lebensdauer verschiedener Baumarten:

Eberesche	80 Jahre	Ulme	500 Jahre
Birke	120 Jahre	Lärche	600 Jahre
Hainbuche	150 Jahre	Spitzahorn	600 Jahre
Salweide	150 Jahre	Edelkastanie	700 Jahre
Zitterpappel	150 Jahre	Rotbuche	900 Jahre
Apfel	200 Jahre	Fichte	1000 Jahre
Bergahorn	200 Jahre	Eiche	1300 Jahre
Kirsche	400 Jahre	Platane	1300 Jahre
Walnuß	400 Jahre	Linde	1900 Jahre
Kiefer	500 Jahre	Mammutbaum	4000 Jahre
Tanne	500 Jahre	Borstenkiefer	4600 Jahre

Sammle Blätter der beschriebenen Laubbäume! Welche Form und welche Farbe haben sie? Presse die Blätter zwischen Zeitungspapier und lege eine Sammlung an!

103.1 Einer der ältesten Bäume steht bei Balderschwang im Allgäu. Nach den neuesten Untersuchungen ist diese Eibe etwa 4000 Jahre alt. Es gibt jedoch auch Biologen, die ihr Alter auf nur wenige hundert Jahre schätzen.

103.2 Mit dem „Försterdreieck" kannst du die Höhe eines Baumes selbst bestimmen. Peile über die Spitze eines senkrecht gehaltenen Stabes, der so lang ist wie dein ausgestreckter Arm, die Spitze eines Baumes an! Wenn die Stabspitze die Baumspitze genau deckt, gilt: Abstand zum Baumstamm + Körperhöhe bis zum Auge = Baumhöhe.

5.5 Wie man das Alter der Bäume bestimmen kann

An gefällten Bäumen hast du schon gesehen, daß der Stamm ringförmige Zonen aufweist. Jedes Jahr wird, solange der Baum lebt, ein solcher Ring gebildet. Bei einem 3500 Jahre alten Mammutbaum findet man etwa 3500 Ringe, bei einer 1000-jährigen Linde etwa 1000. Sie werden deshalb *Jahresringe* genannt.

In Bild 104.3 ist eine Scheibe aus dem Zweig einer jungen Linde abgebildet. Kannst du feststellen, wie alt er ist? Wenn du weißt, wie alt der Zweig ist, weißt du dann auch, wie alt die Linde ist? Schaue dir zur Beantwortung dieser Frage Bild 104.2 an!

Bild 104.1 zeigt in einer Mikroaufnahme einen Ausschnitt aus diesem Lindenzweig. Du siehst, daß das Holz unterschiedlich große Poren hat. Jedes Jahr entsteht zunächst Holz mit großen Poren. Der Beginn des Wachstums in einem Jahr ist als Früh-

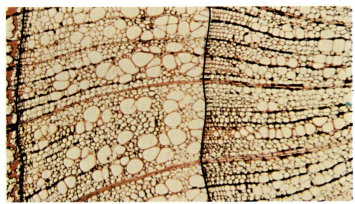

104.1 *Angefärbter Querschnitt durch Lindenholz. Das Holz zwischen den beiden Linien ist in einem Jahr gewachsen. Mikrofoto, Vergrößerung etwa 60fach.*

104.2 *Bäume wachsen nicht nur in die Länge, sondern auch in die Dicke. Der Zuwachs von Jahr zu Jahr ist durch verschiedene Farben gekennzeichnet.*

104.3 *Querschnitt durch einen Lindenzweig.*

jahrslinie eingezeichnet. Die Poren sind Querschnitte durch lange, verholzte *Röhren, durch die im Frühjahr das Wasser in die Zweige gelangt.* Sobald *im Sommer* genügend Röhren für den Wassertransport vorhanden sind, *werden nur noch dünne Röhren gebildet. Sie dienen der Festigung des Gewebes. Im Hochsommer stellen die Bäume ihr Holzwachstum ganz ein.* Erst im nächsten Frühjahr, markiert durch die äußere Linie, werden wieder große Röhren gebildet.

In Jahren mit besonders guten Wachstumsbedingungen werden die Jahresringe breiter. Wird der Baum aber durch einen späten Frost oder Insektenbefall schwer geschädigt, kann es sein, daß er das Wachstum vorübergehend einstellt, um wenig später erneut kräftig zu wachsen. So kann in Ausnahmefällen in einem Jahr auch einmal ein zweiter „Jahresring" angelegt werden. Ganz exakt ist also die *Jahresringzählmethode zur Altersbestimmung der Bäume* nicht.

● Durch das Zählen der Jahresringe kann man das Alter von Bäumen ziemlich genau bestimmen.

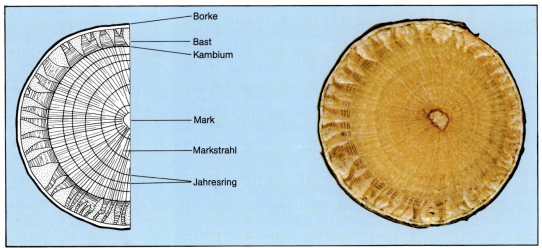

Borke

Bast
Kambium

Mark

Markstrahl

Jahresring

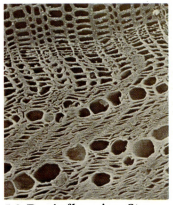

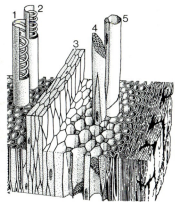

105.1 Ausschnitt aus dem Holz eines Lindenstammes. Im Frühling werden große Gefäße angelegt. Rasterelektronenmikroskopische Aufnahme, Vergrößerung etwa 200fach.

105.2 Holz, Kambium und Rinde eines Stammes.
1 und 2 Gefäße
3 Kambium
4 und 5 Siebröhren

5.6 Der Aufbau eines Stammes

Den äußeren Teil eines Stammes bildet die *Rinde*. In ihr lassen sich Borke und Bast unterscheiden. Der innere Teil des Stammes besteht aus *Holz*. Zwischen Rinde und Holz liegt das *Kambium*.

Holz. Du weißt, daß im Holz zahlreiche Röhren für die Wasserleitung liegen. Man bezeichnet sie als *Gefäße*. Ihre Zellwände sind durch ringförmige, schraubenförmige oder gitterförmige Verdickungen versteift. Zwischen die *Cellulosefasern*, die der Zellwand ihre Zugfestigkeit verleihen, wird bei diesen Gefäßen druckfester *Holzstoff* eingelagert. Ganz innen liegt das *Mark*.

● Im Holz wird Wasser mit Mineralstoffen aus den Wurzeln in die Blätter befördert.

Kambium. Die organischen Stoffe aus der Rinde versorgen auch das Kambium, die *Zellbildungsschicht* zwischen Rinde und Holz. Nach innen gliedert das Kambium Zellen ab, aus denen sich der Holzteil bildet. Zur Rinde hin entstehen Zellen, aus denen Bast und Borke entstehen.

Rinde. Auch im *Bast* kann man unter dem Mikroskop röhrenförmige Zellen erkennen. Man nennt sie *Siebröhren*, weil sie mit siebartig durchbrochenen Zellenden aneinandergrenzen. Im Gegensatz zu den plasmalosen, abgestorbenen Zellen des Holzes besitzen die Siebröhren Plasma. Die rissige *Borke* enthält viele abgestorbene Zellen, in die vor allem Kork eingelagert ist. Sie schützen den Stamm und verhindern, daß zuviel Wasser verdunstet.

● Im Bast werden gelöste, organische Stoffe aus den Blättern bis in die Wurzeln transportiert.
● Die Borke schützt die empfindlichen Teile des Stammes.

5.7 Jahreszuwachs

Um welchen Betrag Laubhölzer und Nadelhölzer *in einem Jahr wachsen*, kannst du an den Zweigen erkennen. Der jüngste Zweigabschnitt ist am dünnsten, seine Rinde am hellsten. Am kahlen Ulmenzweig sieht man die Grenze zwischen zwei Jahresschüben besonders deutlich: Die Schuppenblättchen,

Kann man durch ein trockenes Holzscheit Luft hindurchblasen?
Feuchte ein trockenes Buchenscheit auf einer Seite an und bestreiche es mit Seife. Was ist zu erwarten, wenn du Luft hindurchblasen kannst?

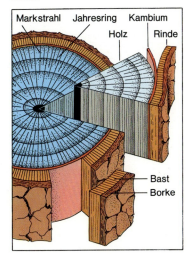

105.3 Aufbau eines Kiefernstämmchens.

105

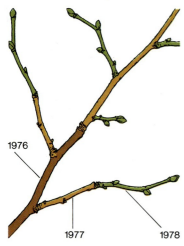

1976

1977   1978

*106.1   Jahreszuwachs bei einem Ul-
menzweig.*

*106.2   Ein Kranz von Blattnarben
läßt erkennen, wo der jeweilige Jahreszuwachs beginnt. Im Foto sind drei
solcher Kränze zu sehen.*

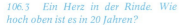

*106.3   Ein Herz in der Rinde. Wie
hoch oben ist es in 20 Jahren?*

*Wo trocknet ein quadratisches Stück
Fließpapier am schnellsten? Mache
dazu einen Versuch! Hänge das Papier möglichst an einer Klammer frei
im Raum auf! Welche Wirkung haben deiner Beobachtung nach unterschiedliche Blattformen auf die Verdunstung? Welche Blätter verdunsten
wahrscheinlich mehr Wasser, stark
zerschlitzte oder kreisrunde?*

die jede Knospe während des Winters umhüllen, hinterlassen im Frühjahr, wenn sie abgefallen sind, einen Kranz von Narben. Der Abschnitt zwischen zwei solchen Narbenkränzen entspricht einem *Jahreszuwachs*. Betrachtet man die *Blattnarben* unter dem Mikroskop, sieht man, daß die Gefäße und Siebröhren in der Mitte der Narben verstopft sind. Die Abdichtungssubstanz ist Kork. Noch bevor die Blattansatzstelle durch Kork luft- und wasserdicht gemacht wird, wandern alle wichtigen organischen Stoffe aus dem Blatt in den Stamm. Eine Trennschicht zwischen dem Blattansatz und dem Blattstengel bildet sich. Erst dann setzt der herbstliche Laubfall ein. Die im Stamm und in den Zweigen gespeicherten Stoffe stehen dem Baum zur Verfügung, wenn er im Frühjahr austreibt.

Beim Tannenzweig kann man die Grenze des Jahreszuwachses noch deutlicher erkennen. Die Knospenschuppen fallen nicht ab, sondern bleiben noch lange Zeit als kleine braune Rosette um den Zweig stehen.

5.8 Die Leistung eines Baumes

Es ist erstaunlich, was ein Baum leistet. Eine 100jährige Buche wiegt etwa 12 t. Sie nimmt an einem sonnigen Tag 50–100 l Wasser und 9400 l Kohlendioxid aus der Luft auf. In ihren 200 000 Blättern erzeugt sie daraus 12 kg Zucker und Stärke. Aus Zucker, Stärke und den aufgenommenen Mineralstoffen stellt sie alle organischen Stoffe her, die sie zum Leben benötigt.

9400 l Sauerstoff und über 90 % des Wassers gibt sie in einem Tag an die Luft ab. Im Herbst gelangen beim Laubfall in den Blättern etwa 20 kg Stoffe zum Boden. Bakterien, Pilze, Insekten und Würmer zersetzen das Laub. Es entsteht Humus.

Der größte Teil des aufgenommenen Wassers wird verdunstet. Eine Fichte verliert an einem Tag 10 l Wasser, eine Kiefer 15, eine Eiche 43 und eine Birke 65 l. Laubblätter geben 5mal mehr Wasser ab als Nadeln.

106

5.9 Nadelbäume

5.9.1 Die Waldkiefer

Der Wind hatte die *geflügelten Samen* der Kiefer auf die Waldlichtung geweht. Bald danach keimten sie. 7 *Keimblätter* stehen jetzt rings um den jungen Trieb. Die ersten echten „Laubblätter" folgen. Sie sind spitz und schmal, deshalb nennt man sie Nadeln. Im Mai des nächsten Jahres treiben die Gipfelknospen und die Seitenknospen aus. Aus der Gipfelknospe entwickelt sich der Gipfeltrieb, aus den Seitenknospen entstehen Seitentriebe. Gipfeltrieb und Seitentriebe bezeichnet man als *Langtriebe*. An ihnen sitzen *Kurztriebe*, die mit 2 Nadeln enden.

Waldkiefern, die in den Mittelgebirgen wachsen, haben fast immer eine schmale Baumkrone. Waldkiefern im Tiefland bilden breite Kronen aus. Die Waldkiefer gedeiht auf tiefgründigem, mineralstoffreichem und nicht zu feuchtem Boden am besten. Hier wird sie bis zu 40 m hoch. Sie wächst aber auch auf ziemlich schlechten Böden recht gut. Deshalb findet man *Kiefernwälder* häufig dort, *wo andere Waldbäume versagen:* auf den mageren Sandböden am Oberrhein, bei Nürnberg, in der Oberpfalz, am Rande des Donaumooses sowie in den norddeutschen Heidegebieten.

Die Stämme der Kiefer sind vielseitig verwendbar. Sie liefern Holz zur *Papierherstellung* und für *Möbel*. Kiefernholz ist elastisch, zäh und reich an Harz. Früher diente es deshalb als Kienspan zur Beleuchtung.

● Sommertrockene Kiefernwälder sind außerordentlich brandgefährdet!

Blüten und Samen. Mitte Mai bis Anfang Juli blühen die

107.1 *Verbreitung der Waldkiefer in Europa.*

Welche Nadelhölzer kommen in den Wäldern deiner Heimat vor? Ist der Boden sandig oder eher lehmig? Kann man den felsigen Untergrund erkennen? Aus welcher Gesteinsart besteht er?

107.2 *Kiefern wachsen auch auf mageren Sandböden noch recht gut.*

108.1 bis 108.3 Die männlichen Staubblüten sitzen am Grunde der jungen Maitriebe (links).
Die weiblichen Blütenzäpfchen stehen an der Spitze anderer Maitriebe (Mitte).
Kiefern haben geflügelte Samen (rechts).

Kiefern. Die *Staubblüten* sind *männliche Blüten*. Sie sitzen in dichten Büscheln am Grunde der jungen Maitriebe. Bei trockenem Wetter öffnen sich die zweifächerigen *Staubblätter* und entlassen gelbe Blütenstaubwolken in den Wind, der sie bis zu 100 km und weiter mit sich fortträgt.

Die *weiblichen Blütenstände* stehen an der Spitze anderer Maitriebe. Es sind rötliche Zäpfchen. Um ihre Achse sind fleischige Schuppen angeordnet. Man nennt sie *Fruchtblätter* oder *Fruchtschuppen*. Jedes Fruchtblatt trägt auf seiner Oberseite 2 *Samenanlagen*. Im Gegensatz zu allen Pflanzen, die du bisher kennengelernt hast, sind bei den Nadelhölzern die Samenanlagen nicht vom Fruchtblatt umhüllt.

● Blütenpflanzen mit freiliegenden Samenanlagen nennt man *Nacktsamer*, Blütenpflanzen, bei denen die Samenanlagen von Fruchtblättern umhüllt sind, *Bedecktsamer*.

An warmen Tagen spreizen sich die Fruchtblätter auseinander. An einem Bestäubungstropfen an der Spitze jeder Samenanlage bleibt der herangewehte, trockene Pollen hängen. Dieser *Bestäubung* folgt aber erst ein Jahr später im Inneren der Samenanlage die *Befruchtung* der Eizelle. Bis dahin ist die Zapfenblüte zu einem grünen, hängenden Zäpfchen herangewachsen. Im zweiten Jahr wächst der Zapfen zur vollen Größe heran und verholzt. Im folgenden Frühjahr öffnet er sich bei trockenem Wetter und gibt die geflügelten Samen frei.

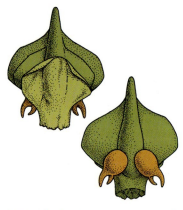

108.4 Fruchtschuppe von unten und von oben gesehen. Auf der Oberseite befinden sich 2 Samenanlagen.

108.5 Bei Nacktsamern (1) liegen die Samenanlagen frei, bei Bedecktsamern (2) sind sie von den Fruchtblättern des Fruchtknotens umhüllt.

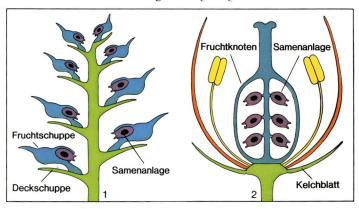

Fruchtschuppe

Samenanlage

Deckschuppe

1

Fruchtknoten   Samenanlage

Kelchblatt

2

108

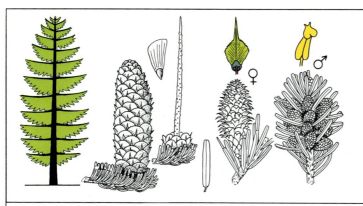

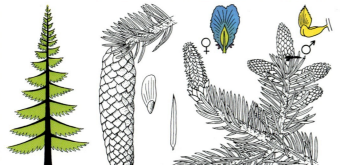

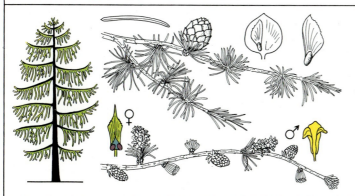

Tanne
Familie Kieferngewächse;
auf tiefgründigen, lockeren, mineralstoffreichen Böden;
in Mischwäldern der Gebirge;
männliche Blüten in Büscheln,
weibliche Blüten in Zäpfchen; einhäusig;
Zapfen aufrecht; zerfällt nach der
Reife, nur die Zapfenspindel bleibt
stehen; Samen breit geflügelt;
Nadeln flach, auf der Unterseite mit
2 weißlichen Längsstreifen, sitzen
kammförmig gescheitelt an den Sei-
tenzweigen.

Fichte
Familie Kieferngewächse;
auf frischen Böden;
bildet Wälder in Gebirgen; oft an-
gepflanzt;
männliche Blüten in kätzchenartigen Blütenständen, weibliche Blüten
in aufrechten Zäpfchen; einhäusig;
Zapfen hängend, fällt als Ganzes
ab; Samen geflügelt;
Nadeln vierkantig, stachelspitzig, sitzen spiralig um die Zweige.

Lärche
Familie Kieferngewächse;
auf frischen, lockeren Böden;
in Mischwäldern der Gebirge;
männliche Blüten in eiförmigen,
hängenden Blütenständen, weibliche
Blüten in aufrechten Zäpfchen, einhäusig;
Zapfen klein, eiförmig; Samen mit
breitem Flügel;
Nadeln weich und dünn, stehen in
Büscheln an Kurztrieben, fallen im
Herbst ab.

Eibe
Familie Eibengewächse;
auf frischen, feuchten, kalkhaltigen
Böden;
in Mischwäldern der Mittel- und
Hochgebirge;
männliche Blüten in kugeligen Blütenständen, weibliche Blüten einzeln, sehr klein; zweihäusig;
Samen ist von einem fleischigen
Fruchtmantel umgeben;
Nadeln flach und weich;
außer dem Fruchtmantel sind Eiben
in allen Teilen giftig.

110.1 *Im Kräuterbuch von Leonard Fuchs aus dem Jahre 1593 findet sich eine der ältesten Abbildungen des Wurmfarns.*

Ist der Wurmfarn deiner Ansicht nach ein schwacher oder ein starker Wasserverbraucher? Begründe!

110.2 *Wurmfarn.*

5.10 Der Wurmfarn

Der größte Teil der etwa 10 000 verschiedenen Farnarten, die es auf der Erde gibt, ist im feuchtwarmen Klima Südostasiens zu Hause. Auch die meisten unserer einheimischen Farne bevorzugen feuchte Standorte.

Ein häufiger Farn unserer Wälder ist der *Wurmfarn*. Sein *Wurzelstock* wächst Jahr für Jahr ein Stück durch den humusreichen Waldboden. An seinem Vorderende bildet sich im Frühling ein Schopf großer, doppelt gefiederter Blätter, die *Farnwedel*. Zunächst sind sie schneckenförmig eingerollt und dicht mit braunen Schuppen besetzt. Sie wachsen an der Spitze und entfalten sich dabei. Selbst am schattigen Waldgrund vermögen sie noch genügend Sonnenlicht einzufangen. Allerdings verdunsten sie auch ziemlich viel Wasser. Nur aus feuchtem Boden können die schwachen *Wurzeln* genügend Wasser beschaffen.

Entwicklung. Beim älteren Wurmfarn entdeckst du auf der Unterseite der Blattfiederchen braune, nierenförmige Höckerchen, Sori genannt. Jeder *Sorus* wird während der Entwicklung von einem dünnen Häutchen, dem *Schleier*, bedeckt. Bei der Reifung reißt der Schleier. Dann kann man sehen, daß in jedem Sorus viele gestielte *Sporenkapseln* beieinander stehen. Im Spätsommer reißen die Sporenkapseln auf und schleudern staubfeine *Sporen* aus.

● Farnsporen sind Zellen, die gegen Trockenheit und Kälte widerstandsfähig sind.

Auf feuchtem Boden keimen die Sporen nach wenigen Tagen mit einem fadenförmigen *Keimschlauch*. Aus ihm bildet sich unter ständiger Zellteilung ein herzförmiger, grüner *Vorkeim*. Er ist fingernagelgroß. Wurzelähnliche Haare verankern ihn im Boden. Ebenfalls auf der Unterseite entwickeln sich männliche und weibliche Geschlechtsorgane. Die kugeligen, männlichen Organe nennt man *Antheridien*, die flaschenförmigen, weiblichen Organe *Archegonien*. Sobald sie von Wasser bedeckt sind, öffnen sich die Antheridien und entlassen korkenzieherförmige, begeißelte männliche Keimzellen, die *Schwärmer*. Auch die Archegonien öffnen sich im Wasser. Mit Äpfelsäure locken sie die Schwärmer bis zur Eizelle. Einer dringt in die Eizelle ein und verschmilzt mit ihrem Zellkern. So wird die Eizelle befruchtet. Aus der befruchteten Eizelle, der Zygote, entwickelt sich eine neue Wurmfarnpflanze.

Generationswechsel. In der Entwicklung der Farne wechseln sich immer die Generation der Farnpflanze und die Generation des Vorkeims ab. Erkennst du den wesentlichen Unterschied zwischen der Generation der Farnpflanze und der des Vorkeims? Die Farnpflanze bildet Sporen. Auf dem Vorkeim kommt es zur Befruchtung einer Eizelle.

● Man unterscheidet deshalb eine ungeschlechtliche, sporenbildende Generation und eine geschlechtliche, keimzellenbildende Generation.

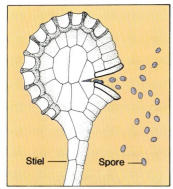

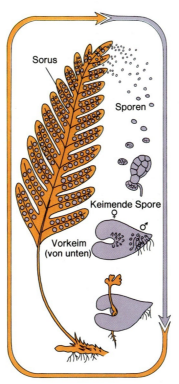

Sorus

Sporen

Keimende Spore

Vorkeim
(von unten)

Stiel — Spore —

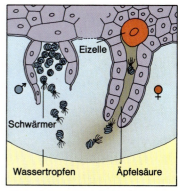

Eizelle

Schwärmer

Wassertropfen — Äpfelsäure

- Bei den Farnen gibt es einen *Generationswechsel.*
Du erinnerst dich, daß durch die Befruchtung die Zahl der
Chromosomen in der Eizelle verdoppelt wird. Aus der befruchteten Eizelle entwickelt sich die Farnpflanze. Alle ihre
Zellen enthalten ebenfalls einen doppelten Chromosomensatz.
Bei der Sporenbildung wird die Zahl der Chromosomen
wieder auf den einfachen Satz reduziert, so daß die Sporen
von jeder Chromosomensorte nur noch eines enthalten. Das
gleiche gilt für die Zellen des Vorkeims.
- Alle Zellen der Farnpflanze enthalten einen doppelten Chromosomensatz. Sporen, Vorkeim und Keimzellen enthalten
einen einfachen Chromosomensatz.

111.1 und 111.2 (links)   Farnsporen-
kapsel und Sori.

111.3   Generationswechsel bei Farnen.

111.4 und 111.5   Antheridium, Arche-
gonium, Vorkeim mit jungem Farn.

111.6   Einige einheimische Farne:
1 Natternzunge, 2 Rollfarn, 3 Haut-
farn, 4 Milzfarn, 5 Streifenfarn, 6 Rip-
penfarn.

111.7   Der Bärlapp ist ein naher Verwandter der Farne.

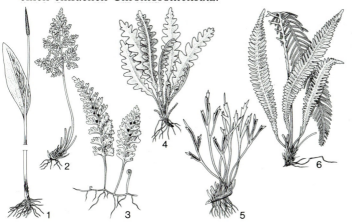

111

5.11 Das Haarmützenmoos

Entwicklung. Die Moosspore keimt wie die Farnspore mit einem fadenförmigen *Keimschlauch.* Durch Zellteilung wächst dieser Faden und bildet auf dem feuchten Waldboden ein grünes Fadengeflecht, den *Vorkeim.* An ihm entstehen Knospen, aus denen Moospflänzchen heranwachsen. Beim *Haarmützenmoos* sind es aufrechte Stengel, an denen ringsum in Schraubenlinie schmale, spitze *Blättchen* stehen. Bei Trockenheit rollen die Moosblättchen ihre Ränder ein und legen sich eng an den Stengel. Regnet es, spreizen sie sich ab. Durch ihre Oberfläche nehmen sie Wasser auf. Die *Wurzeln* dienen lediglich zur Verankerung im Boden. Meist stehen viele Einzelpflänzchen zu einem *Polster* zusammen.

● Im Moospolster hält sich die Feuchtigkeit wie in einem Schwamm. Für die Wasserversorgung des Waldbodens ist dies von großer Bedeutung.

Im Frühsommer trägt ein Teil der Pflänzchen an der Spitze einen Becher aus verbreiterten und manchmal auch rötlich gefärbten Blättchen. In dieser „*Moosblüte*" stehen prall gefüllt die *Antheridien.* Bei anderen Pflänzchen des Polsters bilden die obersten Blättchen eine Art Knospe. Sie umschließt die *Archegonien.* Regnet es, öffnen sich die Antheridien und entlassen Schwärmer. Mit Wasserspritzern gelangen sie auf weibliche Pflänzchen. Angelockt von Zucker, der aus den geöffneten Archegonien austritt, schwimmen sie durch den Halskanal bis zur Eizelle. Es kommt zur Befruchtung.

Aus der befruchteten Eizelle entwickelt sich die *Sporenkapsel.* Der abgerissene, oberste Teil des herangewachsenen Archegoniums bleibt als Kapselhaube auf der Sporenkapsel hängen. Sobald die Kapsel reif ist, fällt diese Haube ab. Bei trockenem Wetter löst sich der *Deckel* der Sporenkapsel. Ein Kranz von Zähnchen, der vom Kapselrand nach innen ragt, krümmt sich bei zunehmender Trockenheit nach außen und hebt dabei ein Häutchen an, das zwischen den Kapselzähnen wie ein Trommelfell ausgespannt ist. Nun können die Sporen, die sich in der Kapsel gebildet haben, durch die Löcher zwischen den Zähnen herausfallen.

Generationswechsel. Auch bei den Moosen gibt es einen *Generationswechsel*:

● Sporen, Vorkeim und das aus ihm hervorgehende Moospflänzchen stellen die Generation mit einfachem Chromosomensatz dar.

● Die Sporenkapsel, die aus der befruchteten Eizelle hervorgeht, stellt die Generation mit doppeltem Chromosomensatz dar.

Bemerkenswert dabei ist, daß die Kapsel für sich allein nicht bestehen kann. Sie wird vom Moospflänzchen versorgt.

Vergleiche jetzt den Generationswechsel von Farnen und Moosen: Bei den Moosen sind die Moospflänzchen die auf-

112.1 Haarmützenmoos.

112.2 Brunnenlebermoos mit Ständern, auf denen Archegonien sitzen.

112

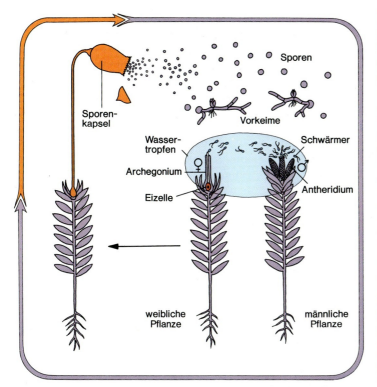

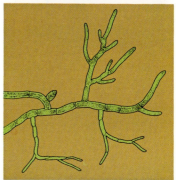

fälligere Generation. Sie besitzen einen einfachen Chromosomensatz. Bei den Farnen sind die Farnwedel die auffälligere Generation. Ihre Zellen besitzen aber einen doppelten Chromosomensatz.

Andere Moose. Das Haarmützenmoos gehört mit 15 000 anderen Laubmoosarten und 300 Torfmoosarten zur Klasse der Laubmoose. Eine zweite Klasse der Moose sind die Lebermoose. Zu ihnen gehört das Brunnenlebermoos. Es ist einfacher gebaut als die Laubmoose. Seine blattartig gelappten Körper liegen dem Boden eng an. Schirmchenartige Ständer tragen die Antheridien und Archegonien. Lebermoose bevorzugen feuchte Standorte.

113.1   Generationswechsel bei Moosen.

113.2   Sporenkapseln des Haarmützenmooses. Auf der linken Kapsel ist die Haube bereits abgefallen.

113.3   Vorkeim eines Laubmooses.

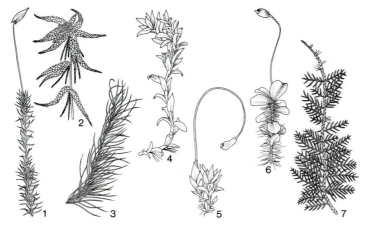

113.4   Einige einheimische Laubmoose:
1 Goldenes Frauenhaar
2 Sumpftorfmoos
3 Bruchblattmoos
4 Bärtchenmoos
5 Drehmoos
6 Sternmoos
7 Tamariskenmoos

113

114.1 Legt man den Hut eines Champignons mit seiner Unterseite auf ein weißes Papier, erhält man ein solches Muster von den abgeschleuderten Sporen. Der Champignon schleudert in einer Stunde etwa 40 Millionen Sporen ab.

In welchen Merkmalen unterscheiden sich Champignon und Knollenblätterpilz?

114.2 Entwicklung und Aufbau eines Ständerpilzes.

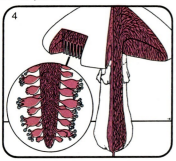

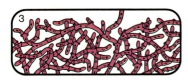

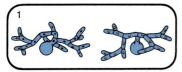

5.12 Der Fliegenpilz

Ob das Zebra dunkle Streifen auf hellem Grund hat oder helle Streifen auf dunklem Grund, magst du selbst entscheiden. Beim Fliegenpilz aber steht fest: er hat einen roten Hut mit weißen Tupfen. Die Tupfen sind Reste einer Hülle, die beim jungen Pilz den ganzen Hut überzog. Ein weiterer Hüllenrest hängt als Ring um den Stiel. Auf der Unterseite des Hutes erkennst du weiße Blättchen. Man nennt sie auch Lamellen. Sie führen vom Stiel aus strahlig nach allen Richtungen. Pilze mit einer solchen Hutunterseite nennt man *Blätterpilze* oder *Lamellenpilze*. Zu ihnen gehören der sehr giftige *Grüne Knollenblätterpilz* und der mit ihm immer wieder verwechselte *Champignon*, unser wichtigster Speisepilz.

Schneidet man den Hut eines Fliegenpilzes oder Champignons ab und legt ihn in einem zugfreien Raum auf weißes Papier, bildet sich nach einigen Tagen auf dem Papier ein braunes Streifenmuster. Beim reifen Pilz entstehen nämlich an den Lamellen zahllose, staubfeine *Sporen*. Sobald sie reif sind, werden sie weggeschleudert. Im Freien nimmt sie dann der Wind mit. Sobald sie auf einen geeigneten Platz fallen, keimen sie. Aus der Spore wächst ein dünner, weißer Pilzfaden, eine *Hyphe*.

Fallen Pilzsporen auf einen feuchten Stein, können sie zwar keimen, die Hyphen gehen aber zugrunde. Auf feuchtem Boden, der Reste von Pflanzen und Tieren enthält, gedeihen die Hyphen. Ein Fadengeflecht, *Mycel* genannt, entsteht.

● Nicht nur die Schimmelpilze, alle Pilze benötigen organische Stoffe. Pilze sind *heterotroph*.

● Pflanzen, die in ihren Zellen Blattgrünträger besitzen, sind von organischen Stoffen unabhängig. Sie sind *autotroph*. Das heißt, daß sie die benötigten organischen Stoffe im Licht selbst aufbauen können. Allerdings brauchen sie dazu *Wasser* und *Kohlendioxid*.

Baumwurzel und Pilz. Zwischen dem Mycel vieler Pilze und den feinen Wurzelenden mancher Waldbäume kommt es zu einer eigentümlichen Lebensgemeinschaft. Die Hyphen des Fliegenpilzes umspinnen die Baumwurzeln der Waldkiefer wie Filz. Damit wird dem Baum die Aufnahme von Wasser und Mineralstoffen erleichtert. Ein Teil der Hyphen, die in die Wurzelzellen des Baumes eingedrungen sind, wird vom Baum verdaut. Die auf der Wurzel sitzenden Pilzfäden aber beziehen Zucker und andere organische Stoffe von der Baumwurzel. Offenbar besteht eine Lebensgemeinschaft zu gegen-

115.1 ▷
Einheimische
Ständerpilze.

Schlauchpilze	Röhrenpilze	
1 Speisemorchel	6 Satanspilz	11 Gelber Knollenblätterpilz
Bauchpilze	7 Steinpilz	12 Pantherpilz
2 Stinkmorchel	8 Birkenpilz	13 Schwefelkopf
3 Kartoffelbovist	Lamellenpilze	14 Pfifferling
4 Flaschenbovist	9 Champignon	15 Hallimasch
5 Erdstern	10 Fliegenpilz	

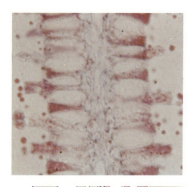

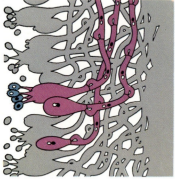

116.1 und 116.2 *Sporen und Ständer-*
zellen eines Ständerpilzes; Mikrofoto
(oben), Vergrößerung etwa 300fach.

116.3 *Bildung der Sporen bei*
Schlauchpilzen.

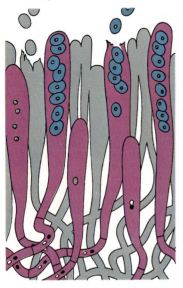

seitigem Nutzen, eine *Symbiose*. Die Lebensgemeinschaft von
Pilzhyphen und Baumwurzel nennt man *Mykorrhiza*.

Ständerpilze. Gelegentlich verschmelzen zwei Zellen verschiedener Hyphen miteinander. Da keine Geschlechtsunter-
schiede zwischen den beiden Hyphen erkennbar sind,
bezeichnet man sie nur mit ⊕ und ⊖. Nach der Verschmelzung entsteht aus der *Verschmelzungszelle* durch fortwähren-
de Zellverdoppelung ein Mycel. Jede Zelle hat 2 Kerne.

Nach einem feuchten, warmen Sommer entwickeln sich aus
einem solchen Mycel im Waldboden die über den Boden
herausragenden Teile, die *Fruchtkörper*. An der Außenseite
ihrer Lamellen bilden die Hyphen des Fruchtkörpers Endzellen aus. Man nennt sie *Ständerzellen*. In den Ständerzellen
verschmelzen die beiden Zellkerne. Dieser Vorgang entspricht
einer Befruchtung. Der Kern teilt sich dann so, daß 4 Kerne
mit einfachem Chromosomensatz entstehen. Zusammen mit
etwas Plasma werden diese Kerne abgeschnürt und als
Sporen mit einer Schutzhülle umgeben.

Alle Pilze mit Ständerzellen faßt man als *Ständerpilze* zusam-
men. Zu ihnen gehören nicht nur die *Lamellenpilze*, sondern
auch die *Röhrenpilze*. Sie haben auf der Hutunterseite zahl-
reiche Röhrchen, an deren Wänden die Ständerzellen sitzen.
Der bekannteste Röhrenpilz ist der Steinpilz. Weitere
Ständerpilze sind die *Stachelpilze* (Habichtspilz), *Leistenpilze*
(Pfifferling), *Keulenpilze* (Herkuleskeule, Ziegenbart) und
Bauchpilze (Bovist, Erdstern, Stinkmorchel).

Schlauchpilze. Bei den Schlauchpilzen, zu denen die *Speise-*
morchel und die *Trüffel* gehören, verläuft die Entwicklung
anders. Aber auch hier entstehen aus Sporen Hyphen, die ein
Mycel bilden. Da keine Verschmelzung stattfindet, sind die
Zellen der *Hyphen einkernig*. Vom Mycel werden auch die
Fruchtkörper gebildet. Im Fruchtkörper bilden die Endzellen
vieler Hyphen mehrere Kerne. Man kann *männliche* und
weibliche Endzellen unterscheiden. Aus den männlichen Endzellen wandern Kerne in die weiblichen Endzellen. Aus diesen
treiben Hyphen mit zweikernigen Zellen. An ihrem Ende entsteht eine *Schlauchzelle* mit 8 einkernigen Sporen. Bei der
Reife öffnet sich ihre Spitze: die Sporen gelangen ins Freie.

5.13 Tiere im Boden

Neben Pilzen und Bakterien, die im Waldboden die organischen Reste zersetzen, leben dort auch zahllose Tiere. Die
wichtigsten sind in der Tabelle auf S. 90 aufgeführt. Abgesehen von den im Boden wühlenden und röhrenbauenden
Säugetieren sind es vor allem *Gliedertiere* wie Insekten,
Tausendfüßler, Milben und Ringelwürmer. Unter den Weichtieren sind viele kleine Schnecken. Dazu kommen *Faden-*
würmer und zahllose *Einzeller*.

Wie man auf einfache Weise herausfinden kann, welche Tiere
im Waldboden leben, zeigt dir Bild 117.2. Der Bestimmungs-

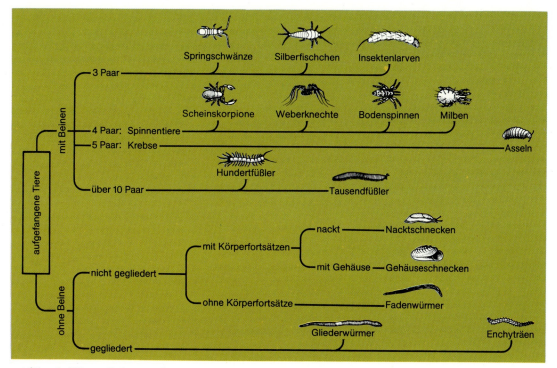

Springschwänze   Silberfischchen   Insektenlarven

3 Paar

Scheinskorpione   Weberknechte   Bodenspinnen   Milben

mit Beinen

4 Paar: Spinnentiere

5 Paar: Krebse ————————————————————— Asseln

Hundertfüßler

über 10 Paar ——————————— Tausendfüßler

aufgefangene Tiere

nackt ——— Nacktschnecken

mit Körperfortsätzen

mit Gehäuse — Gehäuseschnecken

nicht gegliedert

ohne Beine

ohne Körperfortsätze ——————— Fadenwürmer

Gliederwürmer   Enchyträen

gegliedert

schlüssel führt dich zu den wichtigsten Tiergruppen und Arten.

Ein lockerer, mit organischen Stoffen durchmischter Waldboden, wie er durch die Tätigkeit der Bodenlebewesen entsteht, ist *luftdurchlässig*. Für die Sauerstoffversorgung der Wurzeln ist das wichtig. Außerdem nimmt ein lockerer Boden das *Regenwasser* viel besser auf.

● Die Bodenlebewesen zersetzen Blätter, Stengel und Holz. Auch die Überreste der Tiere werden von ihnen abgebaut. Dabei entstehen vor allem Kohlendioxid und Wasser. Die unzersetzbaren Mineralstoffe stehen den Pflanzen erneut zur Verfügung.

5.14 Insekten bedrohen den Wald

5.14.1 Der Buchdrucker

Der 4–6 mm große *Fichtenborkenkäfer* oder *Buchdrucker* befällt Fichten. Betrachtet man die Innenseite der Rinde einer abgestorbenen Fichte, entdeckt man Fraßgänge, die in Faserrichtung des Basts verlaufen. Von ihnen gehen 10–25 kürzere Seitengänge ab. Du weißt, daß der Bast mit den Siebröhren reich an organischen Stoffen ist. Auch das Kambium wird durch die Gänge des Buchdruckers zerstört. Kannst du erklären, warum der Baum nach der Zerstörung von Bast und Kambium abstirbt?

Am Fraßbild läßt sich die *Entwicklung* des Buchdruckers verfolgen: Im Inneren der Rinde liegt eine kleine Höhle, die

117.1 So lassen sich Tiere, die im Waldboden leben, bestimmen.

Welche Lebensbedingungen im Waldboden bevorzugen die Bodentiere?

117.2 Mit dieser Lichtfalle kann man Bodentiere fangen.

Bodenprobe

Einige Tage bei Tageslicht. Lampenlicht nur für Stunden! Temperatur nicht über 35°!

25 Watt
20–30 cm
2,5 cm hoch

Alkohol

117

118.1 *Muttergang, Larvengänge und Puppenwiegen eines Borkenkäfers.*

Worauf ist es zurückzuführen, daß der Anfang der Fraßgänge der Borkenkäferlarven nicht zu erkennen ist?

118.2 *Kiefernspinner.*

118.3 *Rote Waldameise mit der Larve einer Forleule.*

118.4 *Forleule, Puppe und Schmetterling.*

Hochzeitskammer. Dort begattet das Buchdruckermännchen die Weibchen. Jedes der 2–4 Weibchen legt einen Fraßgang in Längsrichtung des Stammes an, den *Muttergang*. An seinen Seiten werden in kleinen Nischen Eier abgelegt. Von hier führen Seitengänge weg, die nach außen breiter werden. Die Larven, die diese Gänge anlegen, werden nämlich von Häutung zu Häutung größer. Am Ende der Seitengänge, man nennt sie auch *Larvengänge*, verpuppen sie sich in einem erweiterten Abschnitt. Das ist die Puppenwiege. Von dort aus bohrt sich der geschlüpfte Käfer ins Freie.

Borkenkäfer haben viele Feinde. Spechte, Kleiber und Baumläufer hacken die Larven aus der Rinde. Schlupfwespen legen ihre Eier in die Larven. Buntkäfer jagen die erwachsenen Borkenkäfer. Ein gesunder Baum vermag sich durch Harzausscheidung selbst zu helfen.

● Am größten ist die Gefahr in einer Monokultur. Dort steht dem Borkenkäfer soviel „Nahrung" zur Verfügung, daß er sich ungehindert vermehren kann.

5.14.2 Kiefernspinner und Forleule

900 Kiefernnadeln für 1 Raupe! Mit dieser Freßleistung richtet der *Kiefernspinner* großen Schaden an. Kiefernspinner schwärmen im Hochsommer. Jedes Weibchen legt etwa 300 Eier an den dünnen Zweigen der Waldkiefer ab. Im August kriechen die Raupen aus und fressen bis zum Beginn des ersten Frostes. Dann lassen sie sich zu Boden fallen und verbringen den Winter in der Nadelstreu. Im Frühjahr kriechen sie wieder nach oben und fressen weiter. Im Juni verpuppen sie sich, schlüpfen bald darauf aus und legen bereits im Hochsommer als fertige Schmetterlinge wieder Eier.

Noch gefährlicher ist die *Forleule* oder *Kieferneule*. Diese Schmetterlinge legen ihre Eier im Frühjahr an den Nadeln ab. Oft sind die Bäume schon im Juni völlig kahlgefressen. Da die Blattknospen für das nächste Jahr zu dieser Zeit noch nicht entwickelt sind, stirbt der Baum.

Die wichtigsten Feinde der beiden Schädlinge sind Schlupfwespen und Raupenfliegen. Auch die Rote Waldameise zählt

dazu. Nach jeder Massenvermehrung der Schmetterlinge schwillt auch das Heer ihrer Feinde an.

Der Kahlfraß der Forleulen führt dazu, daß sie sich selbst die Lebensgrundlage für die nächsten Jahre entziehen. Ihre Zahl nimmt ab. Wenn wieder Kiefern nachwachsen, kann sich die Forleule erneut massenhaft vermehren.

● Eine derart wellenartige Bevölkerungsschwankung nennt man *Massenwechsel*. Monokulturen begünstigen solche extreme Entwicklungen.

5.15 Wald für Generationen

Die Bäume im Wald sind älter als du. Viele keimten schon, als deine Großeltern noch Kinder waren. Was der Förster heute pflanzt, ist als Baum frühestens in der übernächsten Generation schlagreif. Dabei fällt der Mensch die meisten Bäume, lange bevor sie ihr Höchstalter erreicht haben. Weshalb? Der Wald soll sich bezahlt machen! Wäre es da nicht rentabler, den Wald ganz abzuholzen, Wiesen und Äcker anzulegen oder wenigstens raschwüchsige Baumarten zu pflanzen?

In Bild 95.1 hast du gesehen, daß der Wald in unserer Heimat vielerorts auf ungünstige Lagen zurückgedrängt wurde. Wollte man ihn auch dort noch abholzen, könnte man höchstens mageres Weideland gewinnen.

Holz und Forst. Noch im letzten Jahrhundert war Holz der wichtigste *Baustoff* für Häuser, Brücken, Schiffe und Wagen. Ganze Wälder verschwanden als *Grubenholz* in den Bergwerken. Auch als *Heizmaterial* war Holz unersetzbar. Um dem Bedarf nachzukommen, begann man große Waldstücke mit einer einzigen Baumart aufzuforsten. Die *Fichte* wurde bevorzugt, weil sie raschwüchsig ist und Gewinn verspricht: Als Christbaum bringt sie schon in jungen Jahren Geld. Die halbwüchsigen Bäume lassen sich als Stangenholz verkaufen. Nach 70–100 Jahren ist der Fichtenforst schlagreif. Da alle

119.1 Schon im ersten Jahr besiedelt das Weidenröschen in großen Mengen den Kahlschlag.

119.2 „Stangenacker" aus Fichten. Für Krankheiten sind solche Monokulturen besonders anfällig.

Kannst du das Alter einer der Fichten im Bild 119.2 annähernd schätzen?

119.3 Zwei Raummeter Buchenholz. Für den Verkauf wird das Holz raummeterweise gestapelt. Als Raummeter bezeichnet man 1 m³ geschichtetes Holz mit Zwischenräumen.

119

120.1 *Für unsere Umwelt ist der Wald von großer Bedeutung.*

Bäume gleich alt sind, kann man sie auf die einfachste Weise mit einem Kahlschlag abholzen. Pflanzt man aber am gleichen Standort noch einmal Fichten, nimmt der Ertrag ab. Wo auf mageren Böden mehrmals nacheinander Fichten gepflanzt wurden, haben 50jährige Bäume nur armdicke Stämmchen. Gegen Krankheiten sind diese Kümmerfichten auf dem „Stangenacker" besonders anfällig.

Kahlschlag und Plenterschlag. Konnten sich im dunklen Fichtenwald einige wenige, gegenüber Licht besonders anspruchslose Pflanzen halten, werden diese nach einem *Kahlschlag* vom vollen Sonnenlicht getroffen und sterben ab. Der Boden trocknet aus und wird in Hanglagen vom Regen abgeschwemmt. Im Gebirge kann sich der ganze Hang ablösen und als Mure zu Tal gehen. In vielen Gebieten der Erde ist Bodenzerstörung die Folge von Kahlschlag und Abholzung.

Lichtkeimer wie der *Rote Fingerhut*, dessen Samen jahrelang auf starken Sonneneinfall „warten" können, und Windfrüchtler, wie das Weidenröschen, stellen sich auf der kahlen Fläche schon im ersten Jahr in Massen ein. Sie behindern die nachwachsenden Baumsämlinge.

Du weißt, daß man heute Plenterwälder bevorzugt. Ältere Bäume werden darin nach Bedarf geschlagen, junge Bäume schließen die Lücke bald wieder. Der *natürlichen Waldentwicklung* kommt der *Plenterwaldbetrieb* am nächsten.

Wald und Erholungsraum. Abgesehen von seinem Nutzen als Holzlieferant, Bodenbewahrer und Schutzwall gegen Wind und Lawinen, hat der Wald eine Fülle anderer wichtiger Aufgaben: für uns alle ist er eine naturnahe, *vielfältige Lebensgemeinschaft.* Im Wald begegnen wir immer noch einer Fülle verschiedener Pflanzen und Tiere. Wir erleben viel eindringlicher als in der Stadt den Wechsel der Tageszeiten und der Jahreszeiten. Im Wald spüren wir noch, wie sich das Licht, die Geräusche und die Gerüche im Tageslauf und mit der Wetterlage ändern. Wir fühlen uns wohl.

Das Wichtigste in Kürze

Seit der Eiszeit haben sich die Wälder bei uns grundlegend verändert. Sie werden heute forstwirtschaftlich genutzt und unter genauer Kontrolle gehalten. Meist legt man Plenterwälder an. Die wichtigsten Bäume unserer Wälder sind Buche, Eiche, Birke, Erle, Kiefer, Fichte, Tanne und Lärche.

Das Alter eines Baumes läßt sich an den Jahresringen bestimmen. Baumstämme bestehen aus Holz, Kambium und Rinde.

Farne und Moose haben einen Generationswechsel. Bei ihnen wechseln geschlechtliche und ungeschlechtliche Generationen ab. Wie die Farne und Moose vermehren sich auch die Pilze mit Sporen. Pilze sind heterotroph.

Buchdrucker, Kiefernspinner und Forleule sind gefährliche Baumschädlinge.

Wälder haben Einfluß auf das Klima und den Wasserhaushalt einer Landschaft.

Haubentaucher   Stockente   Bläßhuhn   Teichhuhn   Rohrammer   Drosselrohrsänger   Kleine Rohrdommel

122.1 Mit großen Baggern wird der Kies abgebaut. Die Grube füllt sich rasch mit sauerstoffarmem Grundwasser.

◁*121.1 Die verschiedenen Pflanzengürtel eines Sees sind Lebensräume für ganz bestimmte Lebewesen.*

122.2 Aus einer Kiesgrube wird ein See.

Herbst — Kies und Sand werden ausgebaggert.

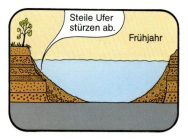

Steile Ufer stürzen ab. — Frühjahr

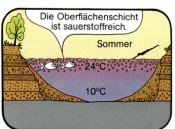

Die Oberflächenschicht ist sauerstoffreich. — Sommer — 24°C — 10°C

Winter — Unter dem Eis ist es dunkel. Sauerstoff nimmt ab. — Der Lärm macht mich nervös!

6.1 Fischsterben im Baggersee

So stand es in einer Zeitung: „Fischsterben im neuen Baggersee! Gestern machte der Gewässerwart die betrübliche Feststellung, daß Hunderte von Karpfen und Schleien tot am Ufer trieben, insgesamt rund 500 kg. Fast alle der im Frühsommer eingesetzten Fische sind im Laufe des Winters eingegangen. In den alten Kiesseen der Umgebung wurde ähnliches nicht beobachtet. Da man sich das Fischsterben nicht erklären kann, wurde ein Fischereisachverständiger hinzugezogen."

Welche Ursachen hatte das *Fischsterben?* Wasser war genug vorhanden. Die Bagger hatten sich mehrere hundert Meter breit, ebenso lang und fast 10 m tief in den Kies hineingefressen. Das *Grundwasser* hatte die Grube genauso gefüllt wie vor Jahren die benachbarten Gruben. In diesen älteren Seen aber starben die Fische nicht, obwohl Kies und Wasser dort die *gleiche Zusammensetzung* haben.

Offenbar ist nicht jeder See „gesund". Spielt das Alter des Sees eine Rolle? Wenn ja, welche? Wie entwickelt sich überhaupt aus einer Kiesgrube ein gesunder See? Das sollte man wissen, wenn man den Ursachen des Fischsterbens nachspüren will.

6.2 Ein See entsteht

Kies ist ein wertvoller Rohstoff. Wo genügend Kies von Flüssen oder Gletschern abgelagert wurde, werden Kiesgruben angelegt: Der Humus wird beiseite geräumt und die Schaufelbagger heben eine tiefe Grube mit steilen, fast senkrechten Wänden aus. Die Grube füllt sich rasch mit Grundwasser. *Grundwasser ist meist sauerstoffarm.* Nur an der Wasseroberfläche und dort, wo der Bagger gerade schaufelt, kommt es mit Luft in Berührung und kann Sauerstoff aufnehmen. Wer einmal in einem Baggersee gebadet hat, weiß, daß sich im Sommer nur die oberste Wasserschicht erwärmt. Schon in 1–2 m Tiefe ist das Wasser erheblich kälter. Manchmal grenzen *warmes Oberflächenwasser* und *kaltes Tiefenwasser* unmittelbar aneinander. Offenbar durchmischt sich das Wasser an dieser Grenze kaum. Daher bleibt das *Tiefenwasser sauerstoffarm*. Auch die anderen im Wasser gelösten Stoffe bleiben im Oberflächenwasser. Nur im Frühjahr und im Herbst, wenn das Wasser im ganzen See etwa die gleiche Temperatur hat, wird es voll durchgemischt. Jetzt kann ein *Stoffaustausch* erfolgen, der See „atmet".

Vielleicht merkst du schon, was mit dem neuen See nicht stimmte: Im Sommer gelangte kaum Sauerstoff von der Oberfläche in die Tiefe. In dieser Zeit lebten die Fische im Oberflächenbereich. Im Winter suchten sie die tieferen Wasserschichten auf. Dort war es zwar wärmer, aber trotz der Durchmischung im Herbst *reichte der Sauerstoff nicht*. Die Fische stiegen wieder nach oben. In der Zwischenzeit war aber auch hier der Sauerstoff knapp geworden, weil eine *Eisdecke* das Wasser von der Luft abschloß.

● Sauerstoffmangel war der Grund des Fischsterbens.

6.2.1 Der braune Überzug

Auch alte Baggerseen frieren im Winter zu. Dennoch überleben die Fische. Offenbar reicht dort der Sauerstoff. Woher kommt dieser Unterschied? Verfolgen wir die *Entwicklung eines Sees*:

Nach dem Baggern ist das Wasser trüb und gelb, weil der feine Ton, der vorher zwischen den Kieseln lag, aufgewirbelt wurde. Im Laufe der Zeit setzen sich die Tonteilchen als Schlamm auf dem Seeboden ab. Das Wasser wird klar und erscheint uns blau. Wo nicht mehr gebaggert wird, böscht sich das Steilufer ab und wird flacher.

Die Steine im Wasser sind bald von einem bräunlichen, glitschigen *Überzug* bedeckt. Unter dem Mikroskop sieht man, daß er aus Gebilden besteht, die an Schiffchen, Fächer, Sterne, Ketten oder an winzige Münzen erinnern. Das sind *Kieselalgen*.

Kieselalgen bestehen nur aus einer einzigen Zelle. Oft sind mehrere Zellen miteinander verklebt. Jede Zelle besitzt ein zierliches, gemustertes Gehäuse aus *Kieselsäure*. Bei jeder Art ist es etwas anders gebaut. Die Gehäuse bestehen wie Schachteln aus Boden und Deckel. Man nennt sie *Schalen*. Im Inneren liegen das Plasma, einige Öltröpfchen und Blattgrünträger, deren grüne Farbe jedoch von einem braunen Farbstoff überdeckt ist. Alle Kieselalgen besitzen einen echten Zellkern. Obwohl die Kieselalgen weder Geißeln noch Wimpern oder Scheinfüßchen besitzen, können sich die schiffchenförmigen Arten unter ihnen *bewegen*: Ein Teil des Plasmas fließt aus dem Längsspalt im Deckel und im Boden nach außen. Wo es den Untergrund berührt, heftet es sich an. Weiteres Plasma schiebt nach und drückt die Zelle weiter. Am Ende des Spaltes tritt das Plasma wieder in die Zelle ein. Die Kieselalgen gleichen *Raupenschleppern*, die sich mit Laufketten fortbewegen.

Eigentümlich ist auch die *Vermehrung* der Kieselalgen. Wie

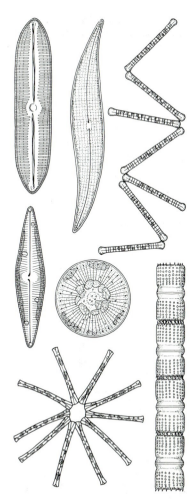

123.1 *Kieselalgen.*

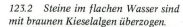

123.2 *Steine im flachen Wasser sind mit braunen Kieselalgen überzogen.*

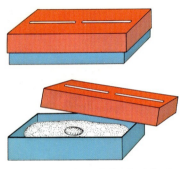

124.1 *Kieselalgen sind wie Schachteln gebaut. Sie haben ein Gehäuse aus „Boden" und „Deckel".*

124.2 *„Deckel" einer Kieselalge. Rasterelektronenmikroskopische Aufnahme; Vergrößerung etwa 800fach.*

124.3 *So vermehren sich Kieselalgen.*

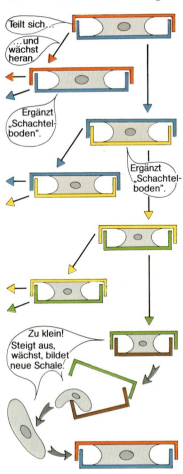

Teilt sich...
...und wächst heran

Ergänzt „Schachtelboden".

Ergänzt „Schachtelboden".

Zu klein! Steigt aus, wächst, bildet neue Schale!

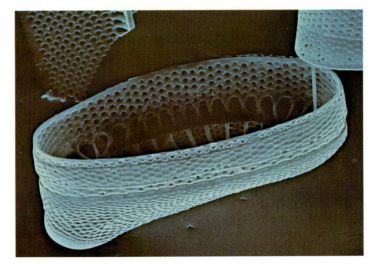

bei allen Einzellern erfolgt sie durch *Zellteilung*. Dabei erhält eine Tochterzelle den Deckel, die andere den Boden. Jede ergänzt immer einen Boden. Folglich werden die Tochterzellen, die aus dem Boden der Mutterzelle entstehen, bei jeder Zellteilung etwas kleiner. Ist aber die *Mindestgröße* erreicht, wirft die Zelle das ganze Gehäuse ab, wächst bis zur Normalgröße heran und bildet dann sowohl einen neuen Boden als auch einen neuen Deckel.

Kieselalgen sind im Meer und in den Binnengewässern häufig. Oft vermehren sie sich rasch. Ihre Schalen können sich am Grunde der Gewässer ansammeln und dann dicke Lagen bilden. In der Lüneburger Heide und bei Berlin gab es während der Eiszeit Seen, in denen sich innerhalb von 10 000 Jahren bis zu 28 m mächtige Ablagerungen von Kieselalgenschalen bildeten. Heute werden diese Schichten als *Kieselgur* abgebaut. Die hohlen, porösen Gehäuse machen Kieselgur leicht und saugfähig. Läßt man das hochexplosive Nitroglycerin von Kieselgur aufsaugen, erhält man *Dynamit*. Auch als *Poliermittel* eignet sich Kieselgur, weil die Gehäuse hart und fein zugleich sind.

Im jungen See spielen Kieselalgen eine wichtige Rolle: Sie besiedeln ihn als *erste Lebewesen* und bereiten ihn als Lebensraum für andere Lebewesen vor.

● Kieselalgen sind die ersten Lebewesen im jungen Baggersee.

6.2.2 Der blaue See wird grün

In vielen Seen trübt sich im Sommer das blaue Wasser und wird grün. Zieht man ein Netz mit feinen Maschen, ein *Planktonnetz*, durch das Wasser, sammeln sich im Metallstutzen des Netzes die Kleinlebewesen. Unter dem Mikroskop sieht man, wie viele verschiedene Lebewesen „im Verborgenen" leben. Im jungen Baggersee ist die Zahl der Kleinlebewesen und der verschiedenen Arten allerdings noch gering.

An der Wasseroberfläche herrschen solche *Kieselalgenarten* vor, bei denen viele Zellen zusammenhängen. Daneben gibt es auch

124

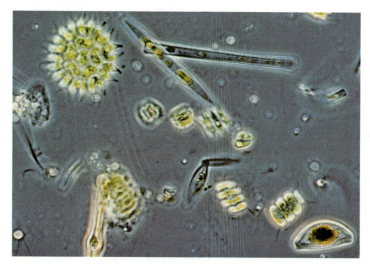

125.1 und 125.2 Grünalgen, Geißel-algen und Kieselalgen gehören zum pflanzlichen Plankton (links); Ver-größerung 400fach.
Viele Kieselalgen, wie die Schwebe-sternchenkieselalge und die Fadenkie-selalge, können im freien Wasser Ko-lonien bilden (rechts); Vergrößerung 200fach.

einzellige Lebewesen, die grün sind. Sie bewegen sich durch Gei-ßeln fort und heißen darum *Geißelalgen*. Manche Geißelalgen bilden merkwürdige, stachelartige Fortsätze. Ferner sehen wir grüne, mehrzellige Bänder oder Kugeln. Das sind *Grünalgen*. Ziemlich häufig sind bläuliche Klumpen oder Fäden, deren Zellen meist von Gallerte überzogen sind. Sie besitzen Blattgrün und daneben meist einen blaugrünen Farbstoff. Deshalb nennt man sie *Blaualgen*. Die Zellen der Blaualgen besitzen wie die Bakterien keinen echten Zellkern.

Solange Algen leben, halten sie sich, soweit sie nicht die Steine und Pflanzen besiedeln, ziemlich dicht unter der Wasseroberfläche auf. Warum sinken sie nicht nach unten? Ein einfacher *Versuch* mit dem Geißelträger *Euglena* gibt erste Auskunft.

In einem wassergefüllten Glaszylinder sind viele Euglenazellen gleichmäßig verteilt. Stellt man das Gefäß unter eine Lampe, bil-det sich nach einiger Zeit an der Wasseroberfläche eine dichte, grüne Schicht. Die Euglenen sind alle nach oben geschwom-men. Wenn man den Glaszylinder mit einer schwarzen Haube zudeckt, seitlich aber ein kleines Fenster läßt, bildet sich schon nach 10–15 Minuten hinter dem Fenster eine dunkel-grüne Wolke. Wieder sind die Euglenen *zum Licht* ge-schwommen. Angetrieben werden sie durch den propellerarti-gen Schlag ihrer *Geißel*. So machen es alle Geißelalgen. Hört der Geißelschlag auf, sinken sie ab.

Wie können aber Algen ohne Geißeln an der Wasseroberflä-che bleiben? Manche Kieselalgen enthalten *Öltröpfchen*. Du weißt, daß Öl leichter ist als Wasser. Zellen mit Öl treiben nach oben oder schweben im Wasser. Einige Blaualgen bilden *Gase* in den Zellen, so daß sie Auftrieb bekommen. Andere Blaualgen vergrößern durch *Gallerthüllen* ihr Volumen, ohne dabei mehr zu wiegen. Manche Algen haben lange *Schwebe-fortsätze*. Ganz ähnlich wie bei Löwenzahnfrüchten, die mit ihren „Fallschirmen" in der Luft nur langsam absinken, ist es

125.3 Planktonnetz.

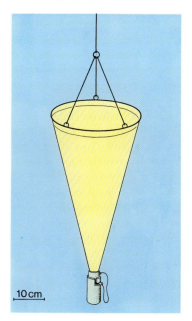

10 cm

Forme zwei Kugeln aus Plastilin, mit einem Durchmesser von etwa 2 cm! Laß die Kugeln in einem hohen, mit Wasser gefüllten Gefäß auf den Boden sinken! Bestimme die Sinkzeit!
Forme die Kugeln nun so um, daß Gebilde mit langen Fortsätzen entstehen! Bestimme für sie die Sinkzeit!

im Wasser bei den Algen mit Schwebefortsätzen. Jetzt kannst du dir auch denken, weshalb viele Kieselalgen im See nicht als Einzelzellen leben, sondern in der Form von Fächern, Sternchen, Zickzackbändern, Bäumchen oder Scheiben aneinandergeheftet vorkommen. Auch die winzige Größe aller dieser Algen ist eine Form der Anpassung an das Schweben im Wasser.

Kleinlebewesen, die sich wie viele Algen schwebend im Wasser halten oder nur ganz kleine Strecken schwimmen können, nennt man *Plankton*. Dieser Name kommt vom griechischen Wort für „das Umhertreibende". Algen sind Pflanzen. Sie gehören daher zum Pflanzenplankton, mit dem Fachausdruck *Phytoplankton* genannt.

● Kieselalgen, Geißelalgen, viele Grünalgen und Blaualgen gehören zum pflanzlichen Plankton, dem Phytoplankton.

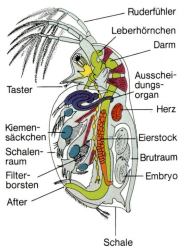

126.1 und 126.2 *Dieser Wasserfloh lebt im Uferbereich pflanzenreicher Seen und Teiche. Links Bauplan, rechts mikroskopische Aufnahme; Vergrößerung 20fach.*

Ruderfühler
Leberhörnchen
Darm
Ausscheidungsorgan
Taster
Herz
Kiemensäckchen
Eierstock
Schalenraum
Brutraum
Filterborsten
Embryo
After
Schale

126.3 *Die Weibchen der Hüpferlinge tragen am Hinterleib Eipakete. Vergrößerung 15fach.*

6.2.3 Wasserfloh und Hüpferling

Meist stellen sich im See schon im ersten Jahr Tiere ein, die vom Phytoplankton leben. Es sind kleine Krebse, vor allem *Wasserflöhe* und *Hüpferlinge*.

● Wasserflöhe und Hüpferlinge gehören zusammen mit anderen Kleintieren zum tierischen Plankton, dem *Zooplankton*.

Wasserflöhe sind 1–3 mm lang. Durch den Schlag ihrer langen *Ruderfühler* am Kopf bewegen sie sich ruckartig vorwärts. Am Rumpf sitzen *5 Paar Beine*. Sie sind kurz und blattartig verbreitert. 400mal in der Minute bewegen sie sich nacheinander von vorn nach hinten und erzeugen dadurch einen ständigen *Wasserstrom*. Das Wasser fließt auf der Brustseite des Wasserflohs zwischen den beiden Klappen seines *Panzers* hindurch. Kleine *Kiemensäcke* an den Füßen entnehmen ihm Sauerstoff. Die 2.–4. Beinpaare besitzen außerdem einen *Borstenkamm*, der als Reuse wirkt und kleine Algen als Nahrung aus dem Wasser herausfiltert. Am Kopf fällt das schwarze, bewegliche *Auge* auf, das von Muskelsträngen bewegt wird.

Vom Mund aus kann man den *Darm* verfolgen. Durch die aufgenommene Nahrung ist er meist bräunlich oder grünlich gefärbt. Im Rücken liegt das *Herz*, das 3–4mal in der Sekunde schlägt. Adern fehlen, das farblose *Blut kreist frei* im Körper und umspült alle Organe. Im Hinterleib liegt der Brutraum mit Eiern oder Embryonen. Sie reifen innerhalb weniger Tage heran. Im *Sommer* gibt es nur *weibliche Wasserflöhe*. Sie entwickeln sich aus unbefruchteten Eiern. Das geht so viele Generationen lang. Im *Herbst* werden Eier erzeugt, aus denen sich *Männchen* entwickeln. Daneben werden Eier gebildet, die von den Männchen befruchtet werden müssen, ehe sie sich im nächsten Jahr zu Weibchen entwickeln können.

Hüpferlinge bewegen sich anders als Wasserflöhe. Meist schweben sie ganz ruhig, wobei die langen *Fühler* wie Schwebefortsätze wirken. Sobald das Tier ein wenig abgesunken ist, „hüpft" es nach oben. Dazu werden zunächst die Fühler an den Körper angelegt. Dann schlagen die *5 Brustbeinpaare* ruckartig nach hinten.

Der Hüpferling *filtert* mit den *Borsten* an den Mundwerkzeugen Phytoplankton, meist Kieselalgen, aus dem Wasser. Dabei schwingen die Mundgliedmaßen rund 1000mal in der Minute hin und her, um *Wasser herbeizustrudeln*. Im Gegensatz zum Wasserfloh entwickeln sich Hüpferlinge *nur aus befruchteten Eiern*. Das Männchen heftet neben die Geschlechtsöffnung des Weibchens ein Paket mit Spermazellen an. Sobald die Eier austreten, werden sie befruchtet. Das Weibchen trägt die Eier solange mit sich herum, bis *Larven* ausschlüpfen. Nach vielen Häutungen entwickeln sich die voll ausgebildeten Tiere.

● Erst wenn genügend Phytoplankton vorhanden ist, kann Zooplankton folgen. Erst wenn sich das Zooplankton stark vermehrt hat, können größere Tiere davon leben.

127.1 *Wer frißt wen? In einem See bestehen vielfältige Nahrungsbeziehungen. Nahrungsketten entstehen.*

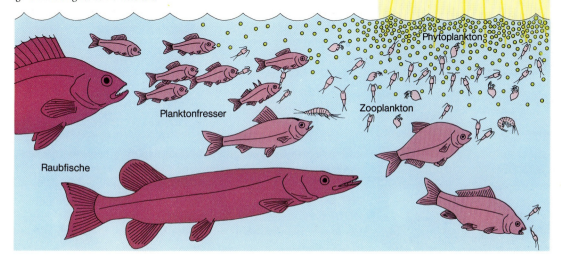

Phytoplankton

Planktonfresser

Zooplankton

Raubfische

128.1 Nach wenigen Wochen hat sich im versiegelten Aquarium ein Gleichgewicht zwischen den Tieren, aber auch zwischen den Tieren und den Pflanzen eingestellt.

Stelle für die in Bild 127.1 dargestellten Lebewesen die Hauptnahrung fest und baue eine Nahrungskette auf! Folgende Fische sind abgebildet: Barsch, Hecht, Karpfen, Brachsen, Plötze, Stichling und junge Weißfische.

128.2 So kann man zeigen, daß grüne Pflanzen im Licht Sauerstoff erzeugen.

Im Licht bilden sich Gasblasen,

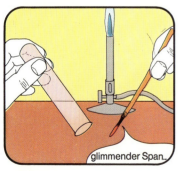

glimmender Span...

... brennt hell auf! Sauerstoff!

6.3 Das Betriebsgeheimnis der grünen Pflanzen

In ein großes Aquarium bringt man aus einem See Bodengrund, Wasser, einige Algenknäuel und im Boden wurzelnde *Wasserpflanzen*. Über dem Wasser bleibt ein Luftraum, der höher sein muß als sonst in Aquarien üblich. Dann werden einige kleine *Wasserschnecken* und 2 junge *Bitterlinge* in das Aquarium gesetzt. Schließlich wird es mit einer Glasplatte luftdicht verschlossen. Du fragst dich sicher, ob die Pflanzen und Tiere in diesem *versiegelten Aquarium* überleben können. Tatsächlich erhält sich diese „kleine Welt" über Monate hinweg selbst, allerdings unter zwei Voraussetzungen: Das Aquarium muß *am Licht* stehen, und es müssen *genug grüne Pflanzen* darin sein. Sonst sterben die Fische, wie jene im jungen Baggersee, an Sauerstoffmangel.

Doch was haben Licht, grüne Pflanzen und Sauerstoff miteinander zu tun? Nur im Licht stellen die Pflanzen *Zucker* her. Der Zucker wird später in *Stärke* umgewandelt. Mit *Jodlösung* kann man *Stärke nachweisen:* Jod färbt Stärke blauschwarz. Versetzt man eine Algenkultur mit Jodlösung, färbt sie sich nicht, wenn sie vorher im Dunkeln stand. Kommt sie aber aus dem Licht, färbt sie sich blauschwarz. Unter dem Mikroskop kann man sogar sehen, daß nur die Blattgrünträger blauschwarz werden. In ihnen wird nämlich die Stärke hergestellt. Man kann noch mehr beobachten: Bekommen Algen genügend Licht, steigen von ihnen Gasblasen auf. Oft wirken die Algenknäuel durch die vielen Gasblasen schaumig. Das Gas läßt sich mit einem Trichter auffangen und in einem Reagenzglas sammeln. Hält man einen glimmenden Holzspan in das aufgefangene Gas, so flammt er auf. Das ist ein Zeichen dafür, daß es sich bei diesem Gas um *Sauerstoff* handelt. Die Erzeugung von Zucker ist mit der Bildung von Sauerstoff verknüpft. Weil dieser Vorgang nur im Licht abläuft, wird er *Photosynthese* genannt. Bei hellem Licht wird mehr Zucker gebildet und mehr Sauerstoff freigesetzt als bei schwachem Licht.

128

Licht enthält Energie. In den Pflanzen wird das Licht vom Blatt-grün aufgenommen. Die *Energie des Lichts* kann in den Pflanzen zum *Aufbau von Zucker und Stärke* eingesetzt werden und steckt dann im Zucker, in der Stärke und all den anderen organischen Stoffen, die in den Pflanzenzellen hergestellt werden. Mit der *Nahrung* gelangen diese energiereichen Pflanzenstoffe *in den Körper der Tiere und des Menschen.* Diese zerlegen in ihren Zellen die Nährstoffe und gewinnen so als Verbraucher die von den Pflanzen eingefangene Energie.

Woher die grünen Pflanzen ihre Energie beziehen, weißt du nun. Welche Stoffe sie brauchen, um Zucker aufzubauen, muß noch geklärt werden. Daß *Wasser* dazu gehört, weißt du. Was sie noch brauchen, zeigt ein weiterer Versuch: Ein Wasserpest- oder Hornkrautstengel bildet mehr Sauerstoffbläschen, wenn man *Kohlendioxidgas* in das Wasser einleitet oder kohlendioxidrei-ches Selterswasser zugibt. Andere Gase und die Mineralstoffe im Wasser bewirken keine Erhöhung der Sauerstoffproduktion. Wasser und Kohlendioxid reichen demnach aus, damit im Licht in den grünen Pflanzen Zucker gebildet und Sauerstoff freigesetzt werden kann. Diese Erkenntnis kann man so zu-sammenfassen:

● Wasser + Kohlendioxid $\xrightarrow[\text{Blattgrün}]{\text{Lichtenergie}}$ Zucker + Sauerstoff
$$\downarrow$$
Stärke

Überlege, auf welche Weise die Zuk-kerbildung verstärkt werden kann!

● Aus Zucker, Stärke und den Mineralstoffen werden von den grünen Pflanzen organische Stoffe wie Eiweiß, Fette und Cellulose hergestellt.
● Außerdem wird bei der Photosynthese Sauerstoff freigesetzt.
● Aus den organischen Stoffen gewinnen andere Lebewesen Energie. Der Sauerstoff wird zur Atmung benötigt.

129.1 Bei der Photosynthese bilden die grünen Pflanzen im Licht Zucker aus Wasser und Kohlendioxid. Dabei wird Sauerstoff frei. Aus dem Zucker wird rasch Stärke aufgebaut.

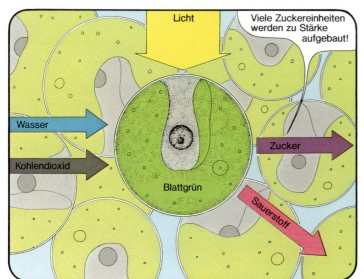

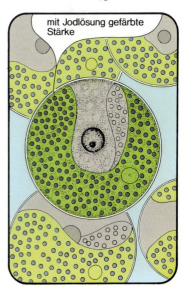

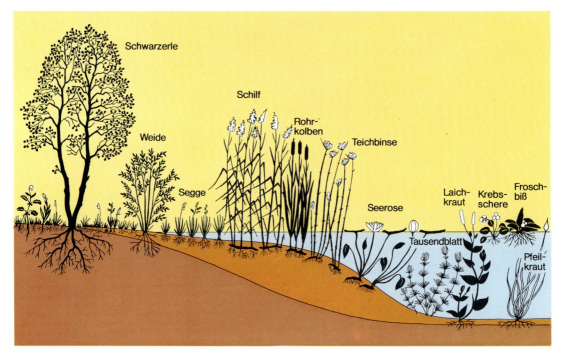

Labels in image: Schwarzerle, Schilf, Rohr-kolben, Weide, Teichbinse, Segge, Seerose, Laich-kraut, Krebs-schere, Frosch-biß, Tausendblatt, Pfeil-kraut

130.1 Im nahrungsreichen See bilden sich in der Uferzone regelrechte Pflanzengürtel aus.

130.2 Auf der Wasseroberfläche schwimmen Wasserlinsen, Teichlinsen und Schwimmfarne.

1 *Dreifurchige Wasserlinse*
2 *Teichlinse*
3 *Kleine Wasserlinse*
4 *Zwerglinse*
5 *Schwimmfarn*

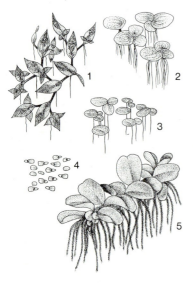

6.4 Der See bekommt Profil

6.4.1 Neue Lebensstätten

Mit dem Einzug des Phytoplanktons beginnt das Leben im See. Das Zooplankton folgt nach, die ersten *Nahrungsbeziehungen* bilden sich. Jetzt können auch Fische im See leben. Freilich, in einen See ohne Zufluß oder Abfluß können sie nicht einwandern. Daher müssen sie in die Baggerseen eingesetzt werden. Wie aber kam das Plankton in den See? Eines Tages fiel ein Trupp Enten ein. An ihren Beinen und in ihrem Gefieder brachten sie *Algen* und *Eier von Kleinkrebsen* mit. Auch *Wasserlinsen, Hornkraut* und *Wasserpest,* selbst *Schnecken* und *Egel* werden so eingeschleppt. An den Algenfäden und Stengeln im Wasser siedelt sich Aufwuchs an: ein ganzes Heer von *Einzellern* wie Amöben, Pantoffeltierchen, Glocken- und Trompetentierchen. Sie alle leben von *Bakterien,* die sich an den Pflanzen im Wasser ansammeln. *Moostierchen* und braune, von Poren durchsetzte *Schwämme* überziehen bald die Stengel.

Im Herbst findet man die ersten *Bläßhühner* und *Haubentaucher.* Ganze Scharen verschiedener Entenarten fallen beim Durchzug auf dem Wasser ein. Manchmal überwintern sie und brüten im nächsten Frühjahr hier. Voraussetzung dafür ist allerdings, daß sich in der Zwischenzeit ein *Uferbewuchs* gebildet hat, der viele Versteckmöglichkeiten bietet.

In den lehmhaltigen Wänden können *Uferschwalben* ihre Röhren graben. Sie brüten meist in Kolonien. In schnellem Flug jagen sie über das Wasser und fangen Insekten. Den Winter verbringen die Uferschwalben im Süden.

131.1 Stockentenerpel.

131.2 Uferschwalben an der Nisthöhle.

131.3 Haubentaucher auf seinem Nest.

131.4 Brütendes Bläßhuhn.

6.4.2 Ufergürtel und freies Wasser

Röhricht

Nach einigen Jahren ist die ehemalige Kiesgrube nicht wiederzuerkennen. Wo früher nacktes Ufer war, säumt jetzt ein dichter *Röhrichtgürtel* den See. Er besteht aus *Rohrkolben*, großen *Seggen, Seesimsen, Schwertlilien* und anderen Arten. Aber keine Pflanze prägt das Gesicht dieser üppigen Pflanzengemeinschaft so sehr wie die bis zu 4 m hohen Halme des *Schilfrohres*, das zur Familie der Gräser gehört.

Schilfrohr. Sein waagerecht liegender, mit Speicherstoffen gefüllter *Wurzelstock* ist durch ein dichtes Wurzelgeflecht fest im Schlamm verankert. Im Mai schieben die Wurzelstöcke fingerdicke *Ausläufer* seewärts vor. Jetzt treiben auch die senkrecht aufstrebenden, harten Rohrspitzen aus den zusammengerollten Blättern. Die Halme schießen geradezu in die Höhe. Sie sind von glatten *Blattscheiden* umhüllt, die in die scharfrandigen, harten *Blattfahnen* übergehen. Diese können vom Wind mitsamt ihren hülsenartigen Scheiden gedreht werden und zerreißen daher nicht. Der elastische Halm ist biegsam und knickt auch im Sturm nur selten. So bildet der dichte Schilfbewuchs einen sehr wirksamen *Windschutz* für die Ufer. Anfang August, am Ende des Wachstums, beginnt das Schilfrohr zu blühen. Die rötlich überlaufenen *Rispen* bilden unzählige, winzige Früchte mit feinen Flughaaren. Vom Wind werden sie kilometerweit weggetragen. Dennoch vermehrt sich das Schilfrohr hauptsächlich durch Ausläufer. Schilfröhricht, dessen Ausläufer zerstört sind, wächst nur schwer wieder nach.

131.5 Im Juni blüht im Röhricht die Sumpfschwertlilie.

Im Röhricht wimmelt es von Tieren. *Hummeln* und *Schwebfliegen* bestäuben die Schwertlilien, *Libellen* jagen oder ruhen an Blättern und Halmen. Am Schilfrohr sitzen Tausende von *Blattläusen. Spinnen* lauern ohne oder mit Netz auf Beute. *Meisen* und *Rohrsänger* jagen Insekten und Spinnen. Zwischen den Halmen brütet der *Teichrohrsänger.* Im Wasser leben *Wasser-* und *Teichfrosch.* Wenn du Glück hast, kannst du die *Ringelnatter* beim Beutefang beobachten.

Schwimmblattpflanzen

Vor dem Röhricht breitet sich ein Gürtel von *Schwimmblattpflanzen* aus. Sie wurzeln im Boden des Sees und entfalten ihre Blätter auf langen Stengeln und Stielen an der Wasseroberfläche. Fehlen die *Gelbe Teichrose* und die *Weiße Seerose,* so sind doch sicher *Laichkräuter* oder der *Wasserknöterich* zu sehen.

Schwimmpflanzen

Im Röhricht und im Gürtel der Schwimmblattpflanzen findet man auch *Schwimmpflanzen.* Dazu gehören *Wasserlinsen, Froschbiß* und *Krebsschere.*

Unterwasserpflanzen

Weiter seewärts folgen *Unterwasserpflanzen.* Sie wurzeln oder haften am Boden. Ihre Blätter stehen meist in Quirlen übereinander am Stengel. Sie sind feinzipfelig oder grasähnlich. *Hornkraut, Wasserpest, Tausendblatt* und *Pfeilkraut* seien genannt. Bei einigen erheben sich nur die Blüten über die Wasserfläche.

In diesem Bereich wachsen auch verschiedene Algen. Im Frühjahr erscheint meist die *Kraushaaralge,* im Sommer folgt die *Schraubenalge. Blaualgen* treten zuletzt auf.

Schraubenalge. Im Frühjahr bildet sich zwischen den Pflanzen des Röhrichts und im Schwimmblattgürtel häufig eine grüne Algenwatte, die schaumig an der Oberfläche treibt. Sie besteht aus haarfeinen, *unverzweigten Algenfäden.* Unter dem Mikroskop erkennt man zylinderförmige Zellen. Der Blattgrünträger liegt den Zellwänden innen als schraubenartig gewundenes Band an. Deshalb heißt diese Alge Schraubenalge. Außerdem sieht man den Zellkern, der vom Zellplasma umgeben ist. Plasmastränge ziehen zu den Zellwänden. Im Inneren der Zellen umschließt das Plasma Hohlräume, die mit wäßrigem Zellsaft erfüllt sind. Man nennt diese Zellsafträume auch *Vakuolen.* Die Algenfäden wachsen durch *Querteilung* der Zellen. Auch abgerissene Fadenstücke wachsen weiter.

Im Sommer findet man oft Fäden, die dicht aneinanderliegen. Die Zellwände wölben sich an einer Stelle vor, so daß sich die Zellen der beiden Fäden berühren. An der Berührungsstelle lösen sich die Zellwände auf, ein Kanal von Zelle zu Zelle entsteht. In beiden Zellen kugelt sich das Plasma zusammen mit dem Kern und dem Blattgrünträger ab. Der gesamte Zellinhalt der einen Zelle wandert durch den Kanal zur anderen Zelle hinüber und verschmilzt mit deren Inhalt. Anschließend bildet sich um das

132.1 Das Schilfrohr bildet hohe Wälder aus Halmen, die Wind und Wellen brechen.

132.2 Rohrkolben in der Röhrichtzone

132.3 Die Rispe ist eine verzweigte Traube.

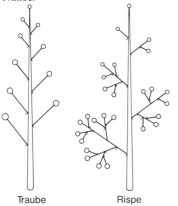

Traube   Rispe

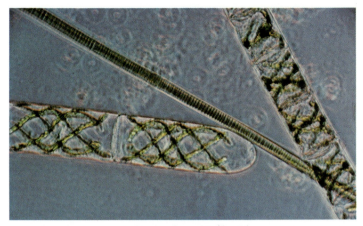

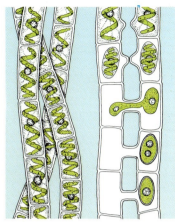

Verschmelzungsprodukt eine feste Hülle. Diesen Vorgang nennt man *Konjugation.* Er entspricht einer *Befruchtung.* Das Verschmelzungsprodukt, die Zygote, löst sich aus den absterbenden Algenfäden. Sie sinkt zu Boden und keimt im Frühjahr zu einem neuen Algenfaden aus.

Kraushaaralge. Sie besteht ebenfalls aus *unverzweigten Fäden.* Jeder Faden *haftet* mit einer wurzelartigen Zelle *am Boden.* Der Blattgrünträger in der Zelle bildet einen breiten, offenen Ring. Die Fäden wachsen durch *Querteilung.*

In einigen Zellen teilen sich Kern und Zellplasma mehrmals, ohne daß sich Zellwände bilden. Statt dessen entstehen spindelförmige, kleine Zellen, die 4 Geißeln besitzen. Sie gelangen ins freie Wasser und keimen dort zu neuen Fäden aus. Man nennt diese beweglichen Zellen *Schwärmsporen.* Ähnlich wie die Sporen von Pilzen, Moosen und Farnen dienen sie der *Fortpflanzung, ohne daß eine Befruchtung notwendig ist.*

Manchmal bilden sich in einigen Zellen anders gebaute *Schwärmer.* Sie sind zahlreicher, kleiner und besitzen nur 2 Geißeln. Auch sie schwärmen aus, keimen aber nur dann zu neuen Fäden aus, wenn sie sich vorher mit einem Schwärmer eines anderen Fadens vereinigt haben. Hier erfolgt also eine *Befruchtung,* die Schwärmer sind *Keimzellen.* Nach der Befruchtung werden die

133.1 und 133.2 Schraubenalgen. Beachte die schraubenförmig gewundenen Blattgrünträger! Diagonal im Foto ein Blaualgenfaden. Vergrößerung 370fach. Zur Konjugation legen sich 2 Schraubenalgenfäden aneinander (rechts).

133.3 und 133.4 Die Kraushaaralge besteht aus unverzweigten Fäden (links); Vergrößerung 1000fach. Sie haftet mit einer wurzelartigen Zelle am Boden.

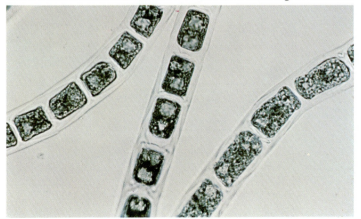

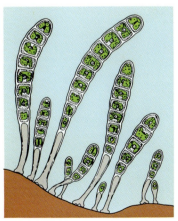

Grenzen für Uferpflanzen zum Wasser hin

Pflanzen	Grenze
Landpflanzen	Frühjahrs-hochwasser
Sumpfpflanzen	Sommer-niedrigwasser
Röhricht-pflanzen	1–2 m Wassertiefe
Schwimmblatt-pflanzen	3–6 m Wassertiefe
Unterwasser-pflanzen	etwa 8 m Wassertiefe
Algen und Wassermoose	bis zu 15 m Wassertiefe

Geißeln abgeworfen. Die Zygote, die mit ihrer festen Hülle Trockenheit und Frost überdauert, keimt im Frühjahr zu einem neuen Algenfaden aus.

Offenes Wasser

Unterwasserpflanzen wachsen nur, wo das Wasser nicht tiefer als 10–15 m ist. Darunter reicht für sie das Licht nicht mehr aus. Im tiefen Wasser gibt es daher keine wurzelnden Pflanzen mehr. Unter der Wasseroberfläche herrscht bis in 15 m Tiefe das schwebende *Phytoplankton* vor. Darunter leben nur noch *Zooplankter* und *schwimmende* sowie *bodenbewohnende Tiere*. Sie leben von dem, was heruntersinkt, herbeikriecht oder vorbeischwimmt.

● An den Seen folgen von außen nach innen die Zonen des Röhrichts, der Schwimmblattpflanzen, der Unterwasserpflanzen und des offenen Wassers ohne wurzelnde Pflanzen aufeinander.

6.5 Seen sind verschieden

Kein See gleicht dem anderen, denn für keinen See sind die Bedingungen genau gleich. Der Untergrund kann arm oder reich an Mineralstoffen sein. Manche Seen sind von steilen Uferhängen eingeschlossen wie in den Alpen und den Mittelgebirgen, andere wiederum liegen in der Ebene. Manche Seen haben gar keine Verbindung mit dem felsigen oder sandigen Untergrund, sondern liegen mitten im Moor. Dennoch kann man alle Seen 3 *Grundtypen* zuordnen.

	nahrungsarme Klarwasserseen	nahrungsreiche Klarwasserseen	nahrungsarme, humusreiche Moorseen
Wasser-farbe	blau bis grün-lich	grün bis grün-braun	gelbbraun bis tief-braun
Sichttiefe	6–10 m	2–5 m	unter 3 m
Ufer	steil	flach	flach, Torfufer
Uferbe-wuchs	spärliches Röh-richt, schmaler Schwimmblatt-gürtel	reichliches Röhricht, dichte Schwimmblatt-gürtel	Seggen oder Torf-moose
Plank-ton	viele Arten in geringen Mengen	wenige Arten in großen Mengen	sehr wenig Phyto-plankton. In der Tiefe sehr wenige Tiere
Fische	Forelle, Felchen, Elritze, Groppe	Brachse, Schleie, Barsch, Aal, Hecht, Karpfen	Elritze
Bei-spiele	Alpenseen, Trinkwassertal-sperren, Boden-see/Obersee, Schaalsee, Wein-felder Maar	Dümmer, Stein-huder Meer, Plöner See, Fe-dersee, Boden-see/Untersee	Wildsee, Ursee (Schwarzwald), Blankes Vlat (Ver-den), Moorkolke, Torfstiche

134

6.6 Leben unter Wasser

Ohne Sauerstoff sterben die Fische. Im neuen Baggersee zeigte sich dies. Auf welche Weise jedoch die Lebewesen im Wasser zu Sauerstoff kommen, ist ganz verschieden.

6.6.1 Die Spinne mit der Taucherglocke

Einen Augenblick lang taucht der Hinterleib einer Spinne aus dem Wasser des Sees auf. Ihr Leib glänzt wie Silber. Das hat ihr den Namen *Argyroneta*, die Silberumflossene, eingetragen. An einem Seil aus Spinnfäden hangelt sie dann nach unten. Etwa 20 cm unter der Wasseroberfläche hängt eine silbrig glänzende *Luftblase* zwischen den Pflanzen. In ihr verschwindet die Wasserspinne wie in einer *Taucherglocke*. Diesen Luftraum hat die Spinne selbst hergestellt. Sie bepinselt dazu mit den *Spinndrüsen* am Hinterleib zunächst alle Pflanzenteile im Umkreis mit kurzen Fäden. Danach spinnt sie eine fast waagerecht hängende Gespinstdecke, die mit Haltefäden fest an den Wasserpflanzen verankert ist. Zwischendurch holt sie *Luft* an der *Wasseroberfläche*: Dazu streift sie zuerst alle Restluft mit den Beinen vom Körper ab, bewegt dann ihre Klauen an den Hinterbeinen zu den Spinndrüsen und umspinnt ihren eigenen Hinterleib. Dann eilt sie hinauf zur Wasseroberfläche und streckt die Hinterleibsspitze und die Hinterbeine in die Luft hinaus. Luft dringt in den Raum zwischen den Hinterleibshaaren und den Spinnfäden ein. Als silberglänzender Luftballon wird sie nach unten in die Taucherglocke befördert. Dort streift die Spinne die Luft aus dem Ballon.

In der Taucherglocke ruht die Spinne und pflegt auf einem gesponnenen Zwischenboden ihre Eier und die Jungen. Hier lauert sie auch auf Beute, Wasserasseln und Insektenlarven. Mit den klauenförmigen Kieferfühlern verwundet sie ihre Opfer und lähmt sie mit dem *Gift* aus den Kieferdrüsen. Wasserspinnen *fesseln ihre Beute nicht*.

● Die Wasserspinne ist ein Lufttier, das unter Wasser in einer Taucherglocke lebt.

135.1 und 135.2 Eine Wasserspinne holt an der Wasseroberfläche Luft (links) und hangelt an ihrem Spinnfaden abwärts (Mitte).

135.3 (oben) Etwa 20 cm unter der Wasseroberfläche hängt die silbrig glänzende Taucherglocke.

136.1 und 136.2 Männchen und Weibchen des Gelbrandkäfers (oben). Ein Gelbrandkäfer hat einen Molch erbeutet (unten).

Welche Unterschiede fallen dir zwischen Männchen und Weibchen des Gelbrandkäfers auf?

6.6.2 Der Käfer mit dem Luftvorrat

Eines Tages werden die Menschen vielleicht ein Unterwasserboot bauen, das sich aus dem Wasser erheben und davonfliegen kann. Der *Gelbrand*, ein *räuberischer Schwimmkäfer* unserer Seen und Tümpel, kann das längst. Sein Körper ist *strömungsgünstig* gebaut. Der harte Chitinpanzer wird durch Drüsen ständig *eingeölt*. Der Käfer gleitet durch das Wasser und kann blitzschnell wegtauchen. Der *Ruderschlag seines hinteren Beinpaares* treibt ihn an. Bewegliche Chitinborsten machen die Hinterbeine zu einer breiten *Ruderfläche*. Hin und wieder verläßt der Gelbrand das Wasser und fliegt kilometerweit auf der Suche nach einem anderen Tümpel.

Im Wasser kann der Gelbrand atmen, weil er *unter seinen Flügeldecken einen Luftvorrat* mitführt, der mit seinem Tracheensystem in Verbindung steht. Um die verbrauchte Luft zu erneuern, kommt er mit dem Hinterleib an die Oberfläche, hebt die Flügel etwas an, zieht gleichzeitig den Rücken ein und saugt so Luft an. Die *Larven* des Gelbrandkäfers nehmen den notwendigen *Luftvorrat* an der Wasseroberfläche *in eine Atemröhre am Hinterleib* auf.

Der Gelbrand und seine Larve sind gefräßige Unterwasserjäger, die sich von Insektenlarven, Kleinkrebsen, Kaulquappen und Teichmolchen ernähren. Die Beute wird jedoch von beiden auf ganz unterschiedliche Weise gefressen: Der *Käfer* zerkleinert sein Opfer mit den kräftigen Mundwerkzeugen und *verschlingt die abgeschnittenen Stücke*. Die *Larve* schlägt ihre spitzen Oberkiefer in den Körper der Beute und spritzt giftige Verdauungssäfte ein. Diese töten das Beutetier sofort und zersetzen seine Weichteile zu einem *Nahrungsbrei*, der dann *aufgesaugt* werden kann. Die Larve reagiert auf alles, was sich bewegt. Der Käfer dagegen riecht seine Beute.

Dies zeigt ein einfacher Versuch: Gibt man Körpersaft eines Regenwurms in ein Aquarium, so werden die Gelbrandkäfer unruhig und suchen die Beute. Hält man dagegen einen Wurm

136.3 Eine Gelbrandkäferlarve saugt eine Kaulquappe aus.

in einem durchsichtigen Glas ins Wasser, bleiben sie ruhig.
- Der Gelbrandkäfer nimmt den notwendigen Luftvorrat unter den Flügeldecken mit ins Wasser, seine Larve sammelt Luft in einer Atemröhre.

6.6.3 Die schnorchelnden Wasserwanzen

Wasserskorpion. Regungslos hängt der *Wasserskorpion* mit dem Kopf nach unten zwischen einem Gewirr von Wasserpflanzen. Nur eine Röhre an seinem Hinterleib führt bis zur Wasseroberfläche. Von dieser *Atemröhre*, die wie ein Stachel eines Skorpions aussieht, hat der Wasserskorpion seinen Namen. Er ist aber kein Spinnentier wie die Skorpione, sondern ein *Insekt*, das zu den Wanzen gehört. Der „Schnorchel" besteht aus 2 langen Rinnen, deren Ränder mit unbenetzbaren Haaren besetzt sind. Durch ihn gelangt, ähnlich wie bei der Gelbrandlarve, Luft in das Tracheensystem. Die Beine sind im Gegensatz zu anderen Wasser-

137.1 und 137.2 Der Wasserskorpion (links) und die Stabwanze (rechts) zählen zu den „Schnorchlern".

137.3 Die Larven der Stechmücken nehmen Luft direkt mit einer Atemröhre am Hinterleib auf. Auch sie sind „Schnorchler".

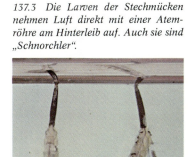

insekten nicht als Schwimmbeine ausgebildet. *Die Vorderbeine sind Fangwerkzeuge.* Hat die Wanze damit ein Beutetier gefaßt, gibt es kein Entrinnen. Aus dem Rüssel spritzt sie dem Tier *giftigen Speichel* ein und *saugt die zersetzten Weichteile auf.* Wegen seiner bräunlichgrauen Farbe und einer Schlammkruste auf den Flügeldecken kann man den Wasserskorpion kaum von seiner Umgebung unterscheiden.
Stabwanze. Noch besser ist die *Tarnung* der *Stabwanze*, einer Verwandten des Wasserskorpions. Sie gilt daher als sehr selten, obwohl sie in Wirklichkeit häufig vorkommt. Die Stabwanze ist spindeldürr und im Wasser schlecht von Schilfstückchen zu unterscheiden. Sie ist an ihre Umwelt auch durch die Form angepaßt. Wie der Wasserskorpion besitzt die Stabwanze einen *Schnorchel*, mit dem sie Luft aufnimmt.
- Wasserwanzen nehmen durch einen Schnorchel Luft in ihr Tracheensystem auf.

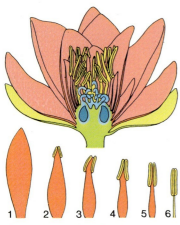

138.1 *Längsschnitt durch eine Seerosenblüte. Zwischen Kronblättern und Staubblättern gibt es viele Übergänge.*

138.2 *Die Blüten der Seerose blühen nur wenige Tage.*

138.3 *Querschnitt durch den Stengel einer Seerose. Beachte die großen Luftgänge (roter Kreis)! Vergrößerung 5fach.*

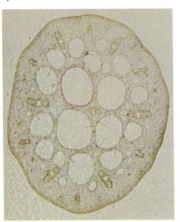

6.6.4 Pflanzen mit Luftgängen

Pflanzen benötigen zur Photosynthese *Kohlendioxid*. Das gilt auch für die Wasserpflanzen. Woher beziehen sie aber das Kohlendioxid, aus dem Wasser oder aus der Luft? Pflanzen brauchen ebenso wie die Tiere *Sauerstoff*, wenn sie in ihren Zellen organische Stoffe abbauen. Nicht alle Zellen haben jedoch Blattgrünträger, in denen sie durch Photosynthese Sauerstoff freisetzen können. Wie kommen solche Zellen im Wasser zu Sauerstoff?

Seerose. Die dicken *Wurzelstöcke* der Seerose sind fest im Schlammgrund verankert. Im Frühjahr treiben diese winterlichen Nahrungsspeicher aus und schicken an langen, biegsamen Stengeln ihre Blattknospen zur Wasseroberfläche. Dort entfalten sich die Knospen zu herzförmigen *Schwimmblättern*. Nacheinander bilden sich mehrere Blütenknospen. Sie öffnen sich morgens und schließen sich abends wieder. Am ersten Tag ihrer kurzen *Blütezeit* können sie von Fliegen und Käfern bestäubt werden. Sobald die *Samen* reif sind, lösen sie sich aus den aufgequollenen Früchten und schwimmen noch einige Zeit. Dann sinken sie ab und keimen im nächsten Frühjahr am Boden aus.

Schneidest du den *Stengel* eines Seerosenblatts durch, siehst du, daß er *von Gängen durchzogen ist*. Wenn du in den Stengel hineinbläst und gleichzeitig das Blatt unter Wasser hältst, perlt auf der Blattoberseite aus vielen Poren Luft heraus.

Unter dem Mikroskop kann man diese Öffnungen gut sehen. Sie sind nichts anderes als die *Spaltöffnungen*, die bei den Landpflanzen meist auf der Blattunterseite liegen.

Es fällt auf, daß die Zahl der *Blattgrünträger* in den Zellen *an der Blattoberseite* besonders groß ist. Photosynthese erfolgt vor allem dort. Das *Kohlendioxid* dazu nehmen die

Schwimmpflanzen *aus der Luft*. Du weißt, daß bei der Photosynthese Sauerstoff frei wird. Daher ist die *Luft in den Blättern sauerstoffreicher* als in der Umgebung. Aus den Lufträumen *wandern Sauerstoffteilchen* durch die Luftgänge im Blattstengel *zu den Pflanzenteilen*, in denen es weniger Sauerstoff gibt. Das gilt besonders für die Zellen der Wurzeln. An dieses Versorgungssystem der Seerose unter Wasser haben sich auch „ungebetene" Gäste angehängt. So beißen die *Larven des Schilfkäfers* Seerosenstengel an und entnehmen den Gängen sauerstoffreiche Luft. *Libellen* legen ihre Eier in Seerosenstengel, wo diese geschützt sind und auch mit Sauerstoff versorgt werden. Im Seerosenblatt lebt die *Larve des Seerosenzünslers*. Sie findet dort neben Nahrung auch Atemluft.

Ähriges Tausendblatt und Hornblatt. Probleme der Sauerstoffversorgung der Wurzeln haben alle wurzelnden Wasserpflanzen. Sie haben meist die gleiche Lösung „gefunden" wie die Seerose. Das gilt auch für das *Tausendblatt*, nur entnimmt es das *Kohlendioxid* wie alle Unterwasserpflanzen dem *Wasser*. Dafür ist die große Oberfläche der Blätter günstig: Sie sind nämlich wie ein Kamm in feinste Fiedern gespalten und stehen zu mehreren in einem Quirl um den Stengel. So entsteht der Eindruck, als habe das Tausendblatt unzählige Blätter. Im Sommer hebt sich die *Blütenähre* aus dem Wasser. Die 4zähligen, unscheinbaren Blüten werden vom Wind bestäubt. Auch kleine Stengelstücke treiben aus und bilden Wurzeln. Auf diese Weise vermehrt sich das Tausendblatt schnell. Unter Wasser kann es dichte Rasen bilden. Das gilt auch für das *Hornblatt*, dessen quirlständige Blätter aber gabelspaltige Blattfiedern besitzen. Hornblatt blüht außerdem unter Wasser und hat keine Wurzeln.

● Schwimmpflanzen nehmen das Kohlendioxid für die Photosynthese aus der Luft, Unterwasserpflanzen aus dem Wasser. Sauerstoff gelangt von den Blättern durch Gänge zu allen Zellen.

6.6.5 Süßwasserpolyp und Algen – Leben auf Gegenseitigkeit
Die Larve des *Seerosenzünslers* bekommt von der Seerose Nahrung und Atemluft. Die Seerose hat davon eigentlich nur Nachteile, für sie ist die Zünslerlarve ein *Parasit*.
Im See gibt es aber auch Pflanzen und Tiere, die sehr eng zusammenleben und sich nicht schädigen. Die Tiere und Pflanzen, die hier gemeint sind, sind viel kleiner als die Seerose und der Zünsler. Man muß schon genau suchen, wenn man sie im See finden will. Am besten nimmt man dazu einige Pflanzenstengel und Schwimmblätter heraus und gibt sie in ein Aquarium. Wenn sich dort das Wasser beruhigt hat, kann man mit etwas Glück ein zunächst recht unscheinbares Tier entdecken, das die Zoologen *Hydra* oder *Süßwasserpolyp* nennen. Es gibt grüne und graubraune Formen. Mit der

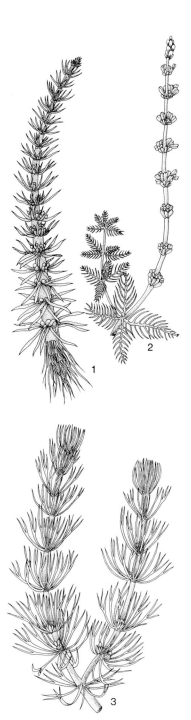

139.1 Tannenwedel (1), Tausendblatt (2) und Hornblatt (3) haben wie die Seerose in ihren Stengeln Luftgänge.

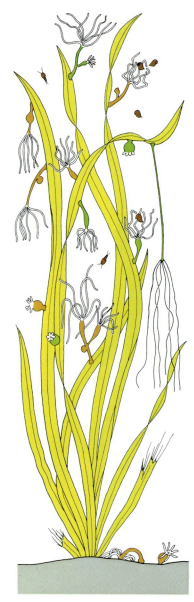

140.1 *Grüne und braune Süßwasser-polypen können ihre Form stark ver-ändern.*

140.4 *Nesselkapseln in der Außen-schicht eines Süßwasserpolypenarms (links). Eine Nesselkapsel entlädt sich.*
1 *Der Deckel springt auf, das Stilett schnellt vor.*
2 *Das Stilett spreizt sich auseinander.*
3 *Der Nesselfaden stülpt sich aus und entleert das Gift aus der Kapsel.*

140.2 *Grüner Süßwasserpolyp. Vergrößerung 4fach.*

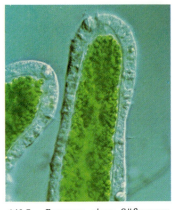

140.3 *Fangarm eines Süßwasser-polypen. Vergrößerung 30fach.*

Lupe sieht man, daß das Tier aus einem schlauchförmigen Sack mit 6 oder 8 Armen besteht, die sich ständig langsam bewegen und ihre Form dabei verändern. Weil der ganze Körper mitsamt den Armen einen einzigen Hohlraum umschließt, nennt man die Tiergruppe, zu der Hydra gehört, *Hohltiere*.

Unter dem Mikroskop erkennt man, daß der Körper des Süßwasserpolypen aus *2 Zellschichten* aufgebaut ist. Bei dem *grünen Polypen* entdeckt man, daß viele Zellen der inneren Zellschicht mit grünen Kugeln vollgestopft sind. Wüßte man nicht, daß es sich um Zellen eines Tieres handelt, könnte man sie für grüne Pflanzenzellen mit Blattgrünträgern halten. Untersucht man die Kugeln genauer, stellt man fest, daß es *grüne, einzellige Algen* sind. Erstaunlicherweise werden diese Algenzellen aber von den Zellen der Hydra nicht verdaut, obwohl es sich gerade bei den Zellen aus der inneren Zellschicht der Hydra um Verdauungs- und Drüsenzellen handelt. Man kann sogar beobachten, wie bei der Teilung der Hydrazellen an jede Tochterzelle Algenzellen weitergegeben werden. Offenbar handelt es sich um ein enges Zusammenleben zweier grundverschiedener Lebewesen, um eine *Symbiose*. Die *grünen Algenzellen liefern* den Polypenzellen den

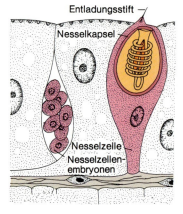

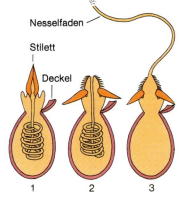

140

Sauerstoff, der bei der Photosynthese entsteht, aber auch *organische Stoffe*, die bei der Photosynthese aufgebaut werden. Der *Polyp liefert* das *Kohlendioxid*, das beim Abbau organischer Stoffe in seinen Zellen gebildet wird. Den Algenzellen kommt es bei der Photosynthese zugute. Der Polyp kann sich fortbewegen und an Plätze wandern, wo es hell ist. Das ist ein Vorteil für die Alge. Aber es gibt auch *freilebende Algen* und *graubraune Polypen ohne Algen*. Beide Lebewesen sind also *auch ohne Symbiose lebensfähig*.

Süßwasserpolypen fangen vor allem Kleinkrebse wie Hüpferlinge und Wasserflöhe. Stößt ein Wasserfloh an einen *Fangarm* an, bleibt er sofort hängen. Er zappelt noch kurze Zeit, dann erlöschen die Bewegungen. Sein Herz ist *gelähmt*. Die anderen Fangarme greifen ebenfalls zu und schieben das Opfer zur Mundöffnung. Der Hohlraum des Körpers, der *Magendarmraum*, nimmt die Beute auf, die *Verdauung* beginnt. Nach etwa 6 Stunden wird das Unverdauliche wieder ausgewürgt.

Die äußere Zellschicht des Polypenkörpers heißt *Ektoderm*, die innere *Entoderm*. Zwischen den beiden Zellschichten liegt eine gallertige *Stützlamelle*. Das Entoderm besteht vor allem aus *Drüsenzellen* und *Verdauungszellen*. Im Ektoderm fallen große Zellen auf, die eine *Nesselkapsel* besitzen. Von jeder Kapsel führt eine Borste nach außen. Sobald ein Krebs an diese *Borste* stößt, öffnet sich die Kapsel, dolchartige Borsten schnellen vor und durchschlagen die Körperwand des Opfers. Aus dem Inneren der Kapsel stülpt sich ein *Schlauch* nach außen, dringt in das Opfer ein und entleert ein *lähmendes Gift* in dessen Körperflüssigkeit. Nach kurzer Zeit steht das Herz still. Wie das Nesselkapselgift auf den Menschen wirkt, weiß jeder, der am Meeresstrand schon einmal mit Quallen Bekanntschaft gemacht hat. Auch die Quallen haben Nesselkapseln mit Gift.

● Süßwasserpolypen, die mit Algenzellen in Symbiose leben, bekommen einen Teil des benötigten Sauerstoffs, aber auch organische Stoffe, von den Algen.

6.6.6 Lungenatmung und Kiemenatmung

Der Mensch saugt den Sauerstoff mit der Atemluft durch die Nase und den Mund in die Lungen. Dort wandert der Sauerstoff durch die dünnen Wände der Lungenbläschen und der Blutadern hindurch in das Blut. Der rote Blutfarbstoff in den Roten Blutkörperchen nimmt den Sauerstoff auf und transportiert ihn zu den Zellen der verschiedenen Organe. Alle Tiere, die auf dem festen Land leben, entnehmen den Sauerstoff ebenfalls der Luft. *Tiere, die im Wasser leben*, haben zwei Möglichkeiten: Entweder *entnehmen* sie *den Sauerstoff der Luft oder dem Wasser*. Im ersten Fall müssen sie dazu auftauchen. So machen es die Wale, Robben, aber auch der Gelbrandkäfer und die Wasserwanzen. Fische nehmen den Sauerstoff aus dem Wasser auf.

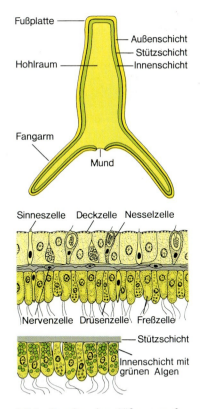

141.1 *Bauplan eines Süßwasserpolypen.*

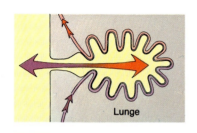

Lunge

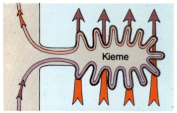

Kieme

142.1 Wirkungsweise von Lunge und Kieme im Vergleich.

Beschreibe, mit welchem Organ die abgebildeten Tiere atmen!

142.2 Im Wasser lebende Tiere atmen auf verschiedene Weise.

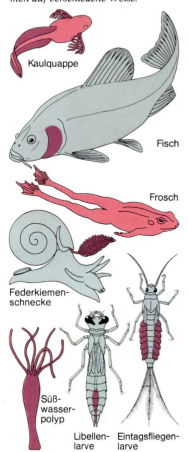

Kaulquappe

Fisch

Frosch

Federkiemenschnecke

Süßwasserpolyp

Libellenlarve   Eintagsfliegenlarve

Luft und damit auch Sauerstoff lösen sich in Wasser. Wenn Wasser in einem Glas längere Zeit stehen bleibt und sich erwärmt, bilden sich Luftbläschen. 1 Liter Luft enthält je nach der Temperatur 270–300 mg Sauerstoff. 1 Liter Wasser kann hingegen bei 5 °C nur etwa 13 mg aufnehmen. Bei 10 °C sind es noch 11 mg, bei 20 °C 9 mg und bei 30 °C 7,5 mg Sauerstoff pro Liter Wasser. Das hat Folgen für die *Wasseratmer*. Du kannst berechnen, daß sie im Vergleich zu den Luftatmern etwa 20–35mal *mehr Wasser verarbeiten müssen*, um die gleiche Menge Sauerstoff zu bekommen. Außerdem ist Wasser viel schwerer zu bewegen als Luft. Das merkt man, wenn man im Wasser laufen will. Darum gibt es kaum ein Lebewesen, das mit einem lungenähnlichen Organ Wasser aufnimmt und ihm genug Sauerstoff entzieht. Fast alle Tiere, die Sauerstoff aus dem Wasser aufnehmen, haben *Kiemen*. Bei der Kiemenatmung kommt es darauf an, daß *viel Wasser* am Atmungsorgan vorbeiströmt und das Atmungsorgan eine *große Oberfläche* hat. Oft sind die Kiemen daher stark verzweigt. Lurche haben baumartig verzweigte Kiemen, die Kiemen der Fische und Muscheln bestehen aus vielen dünnen Blättchen.

6.6.7 Schnecken – Lungenatmer und Kiemenatmer

Bei den Schnecken gibt es Arten, die reine Lungenatmer sind. Andere atmen mit Kiemen. Auch Zwischenformen kommen vor, die den Sauerstoff sowohl aus der Luft als auch aus dem Wasser aufnehmen können.

Weinbergschnecke. Ein Sommerregen hat die *Weinbergschnecke* geweckt. 2–5 m in der Stunde gleitet sie voran. Der Kopf trägt *2 Paar Fühler*. Die längeren Fühler besitzen je ein dunkles *Auge;* die vorderen, kürzeren *Fühler* können *tasten* und *riechen*. Bei plötzlicher Berührung werden die Fühler wie Handschuhfinger eingestülpt. Wenn du eine Schnecke über eine Glasplatte kriechen läßt, siehst du die breite *Kriechsohle* des Fußes, die sich der Unterlage fest anschmiegt. Eine *Drüse* vorne am Fuß erzeugt ständig eine *Schleimbahn*, welche den rauhen Untergrund glättet und gleichmäßiges Gleiten ermöglicht.

Unten am Kopf sieht man den Mund mit seinem braunen *Oberkiefer* aus Chitin. Mit ihm und der *Raspelzunge*, die mit vielen Chitinzähnchen besetzt ist, kann die Schnecke Pflanzenteile abweiden und die Nahrung zerraspeln. Durch die Speiseröhre gelangt diese dann in den *Magen*. Die Hauptverdauung erfolgt nach Zufuhr von Verdauungssäften aus der großen „Leber" im *Darm*, der im *Eingeweidesack* innerhalb des Gehäuses liegt. Der Gehäuserand ist von einem gelben, häutigen Wulst, dem *Mantelsaum*, umgeben. Er scheidet den mit der Nahrung aufgenommenen Kalk aus und läßt so das Gehäuse ständig wachsen. Der *häutige Mantel* kleidet das Gehäuse auch innen aus. Am Mantelrand liegt rechts das sich ständig öffnende und wieder schließende *Atemloch*, der Eingang zur *Mantel-*

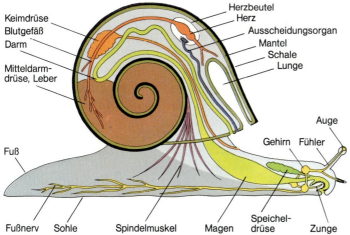

Keimdrüse
Blutgefäß
Darm
Mitteldarm-drüse, Leber
Fuß

Herzbeutel
Herz
Ausscheidungsorgan
Mantel
Schale
Lunge

Auge
Gehirn Fühler

Fußnerv   Sohle   Spindelmuskel   Magen   Speichel-drüse   Zunge

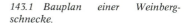

143.1 Bauplan einer Weinberg-schnecke.

höhle. Diese ist von feinen Blutgefäßen umsponnen und dient als *Lunge.* Das *Herz* pumpt das sauerstoffhaltige Blut in den Körper, wo es die inneren Organe frei, also ohne Adern, umspült. Im Eingeweidesack liegen auch *Ausscheidungsorgane* und *Keimdrüse.* Die Keimdrüse bildet Eizellen und Spermazellen, die Weinbergschnecke ist also ein *Zwitter.* Allerdings müssen die Eizellen durch Spermazellen eines anderen Tieres befruchtet werden. Etwa 60 Eier werden in einer Bodengrube, die die Schnecke mit ihrem Fuß gegraben hat, abgesetzt. Die Jungen kriechen nach 2–3 Wochen als fast durchsichtige, winzige, aber *fertige Schnecken* aus, die schon ein Gehäuse mit 4 Windungen haben.

● Die Weinbergschnecke ist eine Landschnecke. Landschnecken atmen immer mit Lungen.

Schlammschnecke und Tellerschnecke. Die *Schlammschnecke* hat ein turmförmiges Gehäuse, das oben eine Spitze bildet. Sie wird deshalb auch Spitzhornschnecke genannt. Im See weidet sie den Algenbewuchs an Steinen ab, frißt aber auch tote Tiere. Das Gehäuse der *Tellerschnecke* ist hornförmig gewunden. Daher wird diese Schnecke auch Posthornschnecke genannt. Sie lebt von den dünnen Algenüber-

143.2 *Das Atemloch am Mantelrand öffnet sich.*

143.3 *Die Weinbergschnecke legt ihre Eier in eine Bodengrube.*

144.1 *Sumpfdeckelschnecken haben Kiemen.*

144.2 *Schlammschnecke (links) und Tellerschnecke sind Lungenschnecken.*

zügen auf Wasserpflanzen und absterbenden Pflanzenteilen. Setzt man gleichgroße Schlammschnecken und Tellerschnecken in ein Aquarium, kann man beobachten, daß die *Schlammschnecken* wesentlich *häufiger auftauchen* als die Tellerschnecken. Bei den Schlammschnecken öffnet sich auf der rechten Seite neben dem Schalenrand eine Atemöffnung, in die Luft einströmt. Sobald die Schnecken untertauchen, schließt sich diese Öffnung. Auch unter Wasser bleibt die Atemhöhle also mit Luft gefüllt. Die Tellerschnecken öffnen ebenfalls nach dem Auftauchen die Atemöffnung, so daß Luft in die Atemhöhle einströmen kann. Auch sie bleibt unter Wasser mit Luft gefüllt. Zusätzlich haben *Tellerschnecken* jedoch einen vorstülpbaren, stark durchbluteten Hautlappen, der als *Kieme* wirkt.

Tellerschnecken besitzen auch einen *roten Blutfarbstoff*, der unserem roten Blutfarbstoff ähnlich ist. Er kann doppelt so viel Sauerstoff binden wie der bläuliche Blutfarbstoff der Schlammschnecken. Darum können die *Tellerschnecken länger tauchen.*

Sumpfdeckelschnecke. Neben Wasserschnecken, die durch Lungen atmen, gibt es auch echte *Kiemenschnecken*. Die *Sumpfdeckelschnecke* ist ein solcher Kiemenatmer. Diese kleine Schnecke sucht ihre Nahrung im Schlamm. Sie kommt nie an die Wasseroberfläche, um Luft zu holen. In ihrer Mantelhöhle liegt eine kammförmige, stark durchblutete *Kieme*. Das Blut der Sumpfdeckelschnecke besitzt den gleichen Farbstoff wie das der Schlammschnecke. Sumpfdeckelschnekken können ihr Gehäuse mit einem Horndeckel verschließen. Im Gegensatz zu den anderen Schnecken, die alle Zwitter sind, gibt es bei dieser Art *Männchen* und *Weibchen*. Die Jungen werden als fertig ausgebildete Schnecken geboren.

● Bei den Wasserschnecken gibt es Lungenatmer, Kiemenatmer und Zwischenformen, die den Sauerstoff sowohl aus der Luft als auch aus dem Wasser aufnehmen können.

144.3 *Die Zunge der Schnecke ist mit zahlreichen Chitinzähnchen besetzt. Mit ihr werden Algen und Pflanzenteile abgeraspelt. Vergrößerung 100fach.*

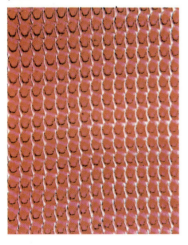

144

145.1 *Zwei Teichmuscheln haben sich in den Grund eingegraben.*

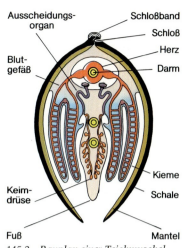

145.2 *Bauplan einer Teichmuschel.*

6.6.8 Die Teichmuschel – Kiemenatmer am Seegrund

Halb in den Schlamm eingegraben lebt die *Teichmuschel* am Grund des Sees. Zwischen ihren *Schalenhälften* zwängt sich ein dicker *Fuß* in den Schlamm. Am spitzeren, hinteren Ende der Muschel erkennt man fransenbesetzte Öffnungen. Durch die untere strömt Wasser ein, durch die obere wieder hinaus. Man nennt sie *Einströmöffnung* und *Ausströmöffnung*.

Die Kalkschalen sind wie bei der Weinbergschnecke von einem *häutigen Mantel* ausgekleidet. In der *Mantelhöhle* hängen beiderseits des Fußes zwei große *Kiemen*, die gitterartig gefächert und reich durchblutet sind. Sie sind mit zahllosen *Flimmerhärchen* besetzt, die einen dauernden Wasserstrom durch die Mantelhöhle hindurch erzeugen.

Mit dem Atemwasser gelangen auch Pflanzen- und Tierreste sowie Plankton in die Mantelhöhle. Flimmerhärchen führen diese Nahrung zum kieferlosen *Mund*, der am oberen vorderen Ende des Fußes liegt. Einen Kopf hat die Muschel nicht. Zwei Lappen am Mund dienen als *Fühler*. Nahe der oberen Ausströmöffnung für das verbrauchte Atemwasser mündet der *Darm*.

Bei Berührung schließt sich die Muschel plötzlich und mit großer Kraft. Dafür sorgen zwei *Schließmuskeln*, die vorn und hinten den Weichkörper von Schalenhälfte zu Schalenhälfte durchziehen. Beim Schließen wird das elastische *Schloßband*, das die Schalenhälften zusammenhält, gespannt. Die Teichmuschel hat große männliche oder weibliche Keimdrüsen. Nach der Befruchtung werden vom weiblichen Tier bis zu 400 000 Eier in den Gitterfächern der äußeren Kiemen etwa 4 Monate lang aufbewahrt. Dann schlüpfen *Muschellarven* aus, die sich mit den scharfen Fortsätzen der Schalen in die Haut von Fischen einhaken. Dort leben sie als Parasiten. Allmählich werden sie den erwachsenen Muscheln ähnlicher und fallen nach etwa 2 Monaten auf den Teichgrund und graben sich ein.

● Teichmuscheln atmen wie viele Wasserschnecken mit Kiemen.

Gehäusehöhe ausgewachsener Tiere:
Sumpfdeckelschnecke	4 cm
Schlammschnecke	6 cm
Tellerschnecke	1 cm

Gehäuselänge ausgewachsener Tiere:
Teichmuschel	8–20 cm

146.1 *Die blaue Mosaikjungfer zählt zu den Großlibellen. Sie wird 7 cm lang.*

146.2 *Der Entwicklungszyklus einer Kleinlibelle: Paarung, Eiablage, meist mehrjährige Entwicklung der Larven im Wasser, Schlüpfen.*

6.6.9 Libellen – Aus dem Wasser in die Luft

Ein warmer Sommermorgen. Die *Larve einer Libelle* klettert an einem Schilfstengel aus dem Wasser. Nun verharrt sie knapp einen halben Meter über der Wasseroberfläche. Plötzlich reißt der Brustabschnitt am Rücken auf, eine *fertige Libelle* zwängt sich aus der Larvenhaut heraus. Nach 2 Stunden hat das Tier soviel Blutflüssigkeit und Luft in die Adern der Flügel gepumpt, daß diese sich voll entfalten. Erst nach einer weiteren Stunde sind sie glasklar und so hart geworden, daß das neugeborene Insekt fliegen kann.

Libellen sind *vorzügliche Flieger*. Sie können in der Luft auf der Stelle fliegen und plötzlich pfeilschnell davonschießen. Nicht umsonst nennt man sie auch Teufelsnadeln. Bis zu 15 m/s, das sind 54 km/h, erreichen manche Libellen. Haben sie mit ihren riesigen Augen ein Insekt entdeckt, gibt es für dieses kein Entrinnen. Die Libelle packt die Beute mit ihren *bedornten Beinen* wie mit einem Fangkorb und *frißt* das Opfer *noch in der Luft*. Die *Männchen* haben meist ein *begrenztes Jagdrevier*. Die *Weibchen* dagegen unternehmen so *weite Jagdflüge*, daß man sie manchmal mitten in der Großstadt antrifft. Libellen atmen wie alle Insekten mit Tracheen.

Die geschlechtsreifen Männchen fangen jedes Weibchen in ihrem Revier und halten es mit den Hinterleibszangen am Kopfende fest. Im Flug findet die *Paarung* statt. Manche Libellenarten legen ihre Eier unter Wasser in Pflanzenstengel, andere werfen ihre Eier einfach über dem Wasser ab. Die Larven schlüpfen oft erst im darauffolgenden Frühjahr aus den Eiern aus.

Die *Libellenlarven* sehen dem fertigen Insekt kaum ähnlich. Aber wie dieses ist auch die Larve ein geschickter Jäger. Unglaublich langsam schleicht sie ihre Beute an. Etwa 1 cm vor dem Opfer, einem Wasserfloh, einer Mückenlarve oder einem kleinen Fisch, verharrt sie ruhig. Plötzlich schnellt die eingeklappte *Unterlippe* nach vorne, und schon wird die Beute von den *Fangklauen* gefaßt. Blitzschnell klappt diese „Fangmaske" nach hinten, die Beute wird gefressen.

Manche Libellenlarven leben 3–4 Jahre im Wasser. Beobachtet man sie, erkennt man 3 Fortsätze am Ende des Hinterleibs, die sich abwechselnd öffnen und schließen. Beim Öff-

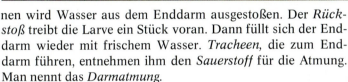

147.1 *Eine Libellenlarve hat eine Beute gefangen.*

147.2 *Libellenlarven können ihre Unterlippe, die Fangmaske, blitzartig vorschnellen.*

nen wird Wasser aus dem Enddarm ausgestoßen. Der *Rückstoß* treibt die Larve ein Stück voran. Dann füllt sich der Enddarm wieder mit frischem Wasser. *Tracheen*, die zum Enddarm führen, entnehmen ihm den *Sauerstoff* für die Atmung. Man nennt das *Darmatmung.*

● Fertige Libellen atmen wie alle Insekten mit Tracheen. Ihre Larven nehmen den Sauerstoff durch die Darmwand hindurch aus dem Wasser ins Tracheensystem auf.

6.7 Seen verlanden

Viele Pflanzen sinken im Herbst auf den Seegrund, ebenso viele Tierleichen. Nur Bakterien können diese Reste zerlegen. Übrig bleiben viele Mineralstoffe und Kohlendioxid. Sie können wiederum von Pflanzen aufgenommen und zum Aufbau organischer Stoffe verwendet werden. Wenn sich jedoch mehr Überreste von Lebewesen ansammeln als Bakterien abbauen können, füllt sich der See langsam auf. Er verlandet allmählich. Ein Flachmoor aus Seggen und Binsen entsteht. Bei kleinen Weihern und Teichen genügen dazu Jahrzehnte, bei großen Seen sind es Jahrtausende. Meist siedeln sich Bruchwälder aus Weiden und Erlen darauf an.

● Wenn mehr organische Stoffe anfallen, als die Bakterien abbauen können, verlanden die Seen.

Manchmal entstehen aus den Flachmooren Hochmoore.

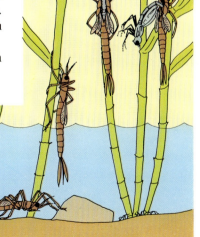

6.8 Das Hochmoor

6.8.1 Torf gibt Auskunft

In ganz Deutschland kann man gepreßte, braunschwarze *Torfballen* für den Garten kaufen. Sie kommen aus dem Emsland, aus dem Gebiet zwischen Osnabrück und Oldenburg sowie aus dem Schwäbisch-Bayerischen Alpenvorland. Was macht sie so begehrt? Das können wir an einem Torfbrocken untersuchen: 1 g trockener Torf kann 12–24 g Wasser aufnehmen, normale Gartenerde nur 0,3–0,4 g. Außerdem enthält Torf etwa 3–4mal mehr Luft als ein gleichgroßer Brocken Gartenerde. Beides ist wichtig für die Wurzeln der Pflanzen. Wenn du getrockneten Torf verbrennst, bleibt nur wenig Asche zurück. Von 100 g Torf bestehen 95–98 g aus brennbaren organischen Stoffen, und nur 2–5 g sind für die Pflanze wichtige Stoffe wie Calcium, Eisen und Schwefel. Torf *verbessert* zwar den Boden, *düngt aber kaum*. Dazu noch ein Experiment: Wir lassen Kressesamen unter sonst gleichen Bedingungen einmal in normaler Erde und einmal in Torf keimen. Schon nach wenigen Tagen sehen wir, daß die Kressekeimlinge im Torf kräftiger aussehen und besser bewurzelt sind als die in Erde gekeimten. Offenbar *begünstigt* Torf die *Wurzelbildung*. Nach einiger Zeit gehen jedoch die Jungpflanzen auf dem Torf an *Mineralstoffmangel* zugrunde. Darum gibt man Torf oft Mineralstoffe zur Düngung bei.

148.1 Torf wird in Form von Ziegeln gestochen. Zum Trocknen werden die Ziegel locker gestapelt.

148.2 Kresse keimt in Torf schneller (oben) als in Gartenerde. In Erde gedeiht sie aber besser, weil genügend Mineralstoffe vorhanden sind.

6.8.2 Torfmoose bauen Hochmoore auf

Woraus besteht Torf denn eigentlich? Wir betrachten einige Krümel unter dem Mikroskop. Meist erkennt man sofort, daß es sich um *Pflanzenreste* handelt. Neben Stengeln der *Besenheide* finden wir die dreieckigen Blättchen der *Moosbeere* und faserige Reste des *Scheiden-Wollgrases*. Vielleicht fallen dir auch einige *Pollen* von Blütenpflanzen auf. Die Hauptmasse aber besteht aus Moospflänzchen. Es handelt sich um *Torfmoose*. Sie sind daran zu erkennen, daß ihre Blätter viele Zellen enthalten, die wie kleine Fässer gebaut sind; sie haben Zellwände mit Spundlöchern. Diese Zellen saugen sich mit Wasser voll. *Wasserzellen* nennt man sie daher. An frischen Moosblättchen sieht man, daß die toten Wasserzellen von schmalen, lebenden Zellen umgeben sind, die Blattgrünkörner besitzen. Beim Moos im Torfballen sind alle Zellen abgestorben.

An der Wand eines *Torfstichs* kann man sehen, daß die lebenden Torfmoose auf einer Masse abgestorbener Torfmoose wachsen. Während die Moose an der Spitze stets weiterwachsen, sterben die älteren, unteren Teile ab. Unter der Last der wachsenden Moospolster werden die *unteren Schichten zusammengepreßt*. Da Torfmoose das Regenwasser wie ein Schwamm aufsaugen, geraten die unteren Schichten bald unter Wasser und werden *von der Luft abgeschlossen*. So kann der Torf

148

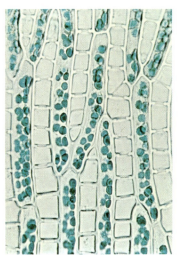

149.1 *Torfmoos hält das Wasser wie ein Schwamm.*

149.2 *Torfmoosblättchen: Große, tote Wasserzellen, schmale, grüne, lebende Zellen. Vergrößerung 600fach.*

Hänge einen feuchten Torfmoosstengel so in ein mit Wasser gefülltes Glas, daß sein unteres Ende in das Wasser eintaucht, das obere Ende über den Glasrand nach außen hängt! Was kannst du beobachten?

nur teilweise zersetzt werden. Dabei bilden sich bräunliche *Humusstoffe*, die den Torf dunkel färben. Sie helfen, den Torf und alles, was sich darin befindet, zu *konservieren*.

6.8.3 Hochmoore sind mineralstoffarm

Du weißt, daß *Flachmoore* durch die Verlandung nährstoffreicher Seen entstehen. Manchmal findet man sie auch an Quellaustritten. Sie bleiben *immer mit dem mineralstoffreichen Wasser des Untergrundes verbunden*. Daher tragen sie einen so üppigen Pflanzenbewuchs.

Aus Flachmooren können bei uns auch *Hochmoore* entstehen. Die meisten Hochmoore sind aber unabhängig von Gewässern in *niederschlagsreichen* Gebieten gewachsen. Das ist vor allem die Leistung der Torfmoose, die die Niederschläge auffangen und nicht bis zum Untergrund vordringen lassen. Deshalb sind Hochmoore sehr *mineralstoffarm*. Die anspruchslosen, langsam wachsenden Torfmoose bilden in der Moormitte besonders üppige Polster. Im Verlauf von Jahrtausenden *wölben* sich die Hochmoore immer mehr auf, wobei die stark zusammengepreßten Torfschichten 4–6 m dick werden können. Viele Flachmoore entstanden vor über 10 000 Jahren, als sich die Gletscher der Eiszeit zurückgezogen hatten. Hochmoore bildeten sich erst vor 6000–8000 Jahren.

● Flachmoore sind immer mit dem mineralstoffreichen Wasser des Untergrundes verbunden. Hochmoore sind vom Untergrund isoliert und daher mineralstoffarm.

Außer den Torfmoosen können im Hochmoor *nur wenige Pflanzenarten* mit dem mineralstoffarmen Wasser auskommen. Dazu gehören *Heidekraut* und *Moosbeere*. Ihre Wurzeln bilden mit bestimmten Pilzen zusammen eine *Mykorrhiza*. Dabei liefern Heidekraut und Moosbeere den Pilzen organische Stoffe, während die Pilze diese Pflanzen mit Mineralstoffen versorgen. Einige andere Pflanzen verschaffen sich ihre Nährstoffe auf noch ungewöhnlichere Weise.

Volumenanteile bei Erde und Torf

Bestandteile	1 l Torf	1 l Erde
feste Teile	100 cm³	500 cm³
Luft	450 cm³	150 cm³
Wasser	450 cm³	350 cm³
	1000 cm³	1000 cm³

150.1 In Flachmooren wachsen seltene Pflanzen, wie die Sibirische Schwertlilie. Sie ist geschützt.

150.2 Flachmoore bilden jedes Jahr hochwüchsige Bestände aus Seggen, Gräsern und Kräutern.

150.3 Moosbeeren findet man fast auf jedem Hochmoor.

150.4 Hochmoore bilden einen Teppich aus Torfmoosen. Die rundlichen Buckel nennt man Bult, dazwischen liegen die nassen Schlenken.

150.5 Rundblättriger Sonnentau.

6.8.4 Insektenfangende Pflanzen im Hochmoor

Sonnentau. Eine dieser Hochmoorpflanzen ist der *Sonnentau*. Seine Wurzeln sind nur schwach entwickelt, um so auffälliger ist die Blattrosette. Jedes Blatt ist dicht besetzt mit haarähnlichen, rötlichen Fortsätzen, die ein glänzendes Köpfchen tragen. Daher der Name Sonnentau. Der Glanz stammt von einer *schleimigen Flüssigkeit*, die von *Drüsen* in den Köpfchen abgegeben wird. Sobald sich ein Insekt auf einem Sonnentaublatt niederläßt, bleibt es am zähen Schleim der Drüsenköpfchen hängen. Unter dem Einfluß chemischer Stoffe, die vom gefangenen Insekt ausgehen, *krümmen sich die haarähnlichen Fortsätze* zur Blattmitte. So wird die Beute auf viele Drüsenköpfchen gedrückt. Diese scheiden jetzt ein *eiweißverdauendes Enzym* aus. Die Verdauungsprodukte, vor allem Stickstoff und lösliche Mineralstoffe, werden vom Sonnentau aufgenommen. Nach wenigen Tagen ist nur der unverdauliche Chitinpanzer übriggeblieben.

Fettkraut. Ähnlich wie die Drüsenköpfchen des Sonnentaus wirken die Fangdrüsen am Rande der eingerollten Blätter des *Fettkrautes*, doch werden von ihnen nur sehr kleine Insekten festgehalten.

Wasserschlauch. In den Moorkolken treibt der Wasserschlauch.

150

Grasfrosch
*meist braun, mit dunklem
Schläfenfleck*

Teichfrosch
*meist grasgrün, ohne
dunklen Schläfenfleck*

Moorfrosch
*hellbraun mit gelblichem
Streifen auf dem Rücken*

Lurche
*Wirbeltiere mit feuchter, nackter,
drüsenreicher Haut.*

Froschlurche
*Körper gedrungen, ohne Schwanz.
Auf dem Land springend, im
Wasser rudernd.*

Schwanzlurche
*Körper langgestreckt, mit
Schwanz. Auf dem Land
kriechend, im Wasser
schlängelndes Schwimmen.*

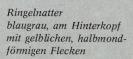

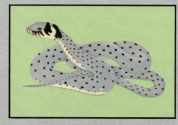

Teichmolch
*gelbbraun mit dunklen Flecken;
mit flachem, welligem Kamm*

Kammolch
*schwärzlich, mit rotem, geflecktem Bauch; mit hohem,
zackigem Kamm*

Kriechtiere
*Wirbeltiere mit Hornschuppen
oder Hornschildern
besetzter Haut.*

Echsen
*Körper langgestreckt mit vier
Beinen (Ausnahme Blind-
schleiche!), mit beweglichen
Augenlidern.*

Schlangen
*Körper langgestreckt, ohne
Gliedmaßen, mit unbeweglichen
Augenlidern.*

Ringelnatter
*blaugrau, am Hinterkopf
mit gelblichen, halbmond-
förmigen Flecken*

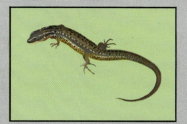

Kreuzotter
*graubraun, mit dunklem Zick-
zackband auf dem Rücken
und x-förmiger Zeichnung
auf dem Kopf*

Zauneidechse
*graubraun, mit dunklen Flecken;
Bauch grün oder weiß*

Bergeidechse
*braun, mit dunklem Längs-
streifen; Bauch braun*

Blindschleiche
*grau bis braun;
Bauch meist schwarz*

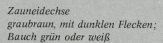

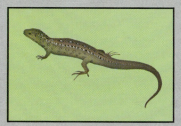

Er besitzt regelrechte *Unterwasserfallen*: An seinen Blattzipfeln sitzen Blasen, die mit einer *Klappe* verschlossen sind. In den *Blasen* herrscht *Unterdruck*. Stößt ein Wasserfloh an eines der Haare am Eingang einer Fangblase, bewegt sich die Klappe nach innen, das Tier wird in die Blase gezogen. Sofort schließt sich die Klappe wieder. Aus Drüsenzellen an der Innenwand der Blase werden *Verdauungsenzyme* abgesondert, die das gefangene Tier verdauen. Die Chitinreste bleiben auch hier erhalten. Unter dem Mikroskop wurden bis zu 20 Panzer von Wasserflöhen in einer Blase gezählt.

6.8.5 Moore sind schutzbedürftige Feuchtgebiete

Manche Tierarten gibt es nur noch in der Abgeschiedenheit der Moore. *Birkhuhn, Bekassine* und *Brachvogel* sind Bodenbrüter, die nur noch hier ungestört leben können. Selbst Greifvögel und Eulen, wie zum Beispiel *Rohrweihe* und *Sumpfohreule*, die sonst selten geworden sind, jagen im Moor. Auch *Kreuzotter, Ringelnatter* und *Bergeidechse* haben sich vor allem im Moor erhalten. Der *Moorfrosch* ist nur hier Zuhause. Überhaupt finden wir die immer stärker zurückgehenden Lurche und Kriechtiere am ehesten noch in den Tümpeln der Nieder- und Hochmoore.

152.1 Birkhähne balzen im Moor. Sie stehen unter Naturschutz.

152.2 Die Sumpfohreule kommt nur noch selten vor.

Das Wichtigste in Kürze

Einzellige Algen sind die ersten Lebewesen in einem neuen See. Sie bilden das Phytoplankton, das wie viele Kieselalgen in Ufernähe die Steine besiedelt oder nahe der Wasseroberfläche schwebt. Das Phytoplankton bildet durch Photosynthese organische Stoffe und setzt Sauerstoff frei.

Meist stellen sich auch schon im ersten Jahr Kleintiere, wie Wasserflöhe und Hüpferlinge, ein, die vom Phytoplankton leben. Man bezeichnet sie als Zooplankton.

Nach einigen Jahren ist der Uferbereich des Sees dicht bewachsen. Von außen nach innen folgen: Die Zone des Röhrichts, der Schwimmblattpflanzen und der Unterwasserpflanzen. Das offene Wasser ohne wurzelnde Pflanzen schließt sich an. Auf welche Weise die Lebewesen im Wasser zu Sauerstoff kommen, ist verschieden: Die Wasserspinne lebt in einer Taucherglocke. Der Gelbrandkäfer nimmt den Sauerstoff mit in die Tiefe. Wasserwanzen stehen durch einen Schnorchel mit der Luft in Verbindung. Manche Schnecken sind Lungenatmer, manche atmen mit Kiemen, wie auch Teichmuscheln und Fische.

Libellenlarven haben eine Darmatmung. Die fertigen Libellen atmen mit Tracheen.

Wenn in einem See mehr organische Stoffe anfallen, als abgebaut werden können, verlandet er. Ein Flachmoor entsteht.

Flachmoore sind immer mit dem mineralstoffreichen Wasser des Untergrunds verbunden.

Hochmoore sind vom Untergrund isoliert und daher mineralstoffarm. Torfmoose fangen die Niederschläge auf und lassen sie nicht bis zum Untergrund vordringen.

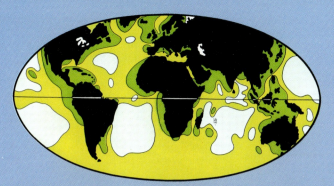

154.1 und 154.2 Heringsfang.
*Rechts: Ein Hecktrawler auf hoher
See.*
*Links: Das Netz wird an Bord ent-
leert. Über Rutschen gelangen die He-
ringe ins Innere des Schiffes.*

◁ 153.1 und 153.2 Lebensraum Meer.
*Foto: Mosaik aus Pompeji in Italien.
Bei einem Ausbruch des Vesuvs wurde
diese Stadt 79 n. Chr. unter vulkani-
scher Asche begraben. Der Künstler
hat vor allem eßbare Meerestiere abgebildet, die damals in der Bucht von
Neapel gefangen wurden.*
*Karte: Alle Tiere im Meer leben letz-
ten Endes von dem, was die grünen
Pflanzen produzieren. Die Karte zeigt,
daß die Pflanzen vor allem in küsten-
nahen Gebieten gut gedeihen und hier
am meisten organische Stoffe bilden.*

*Suche auf einer Meereskarte Tiefsee-
gräben und notiere ihre Tiefen! Vergleiche mit den Meerestiefen an anderen Orten! Welche durchschnittlichen
Tiefen haben die großen Ozeane? Wie
tief ist die Nordsee? Man bezeichnet
sie als Flachmeer.*

Filetieren: Entgräten und in zwei Teile
zerlegen.

*Lege auf die Erdkarte auf S. 153 ein
durchsichtiges Papier und zeichne die
Umrisse der Kontinente nach! Beschrifte die verschiedenen Ozeane!*

Das Meer bedeckt 71% der Erdoberfläche. Die Küstenmeere,
auch *Schelfmeere* genannt, sind nie tiefer als 200 m. Das sich
anschließende offene Meer bis in 200 m Tiefe ist die *Hochsee.*
Von da ab bis zum Meeresgrund spricht man von der *Tiefsee.*
An manchen Stellen reicht sie bis zu einer Tiefe von über
10000 m. Die Ufer der Meere können eine steile *Felsküste*
bilden wie auf Helgoland oder an der Adria, aber auch flach
sein und aus Sand und Schlick bestehen wie das *Wattenmeer*
an der deutschen Nordseeküste.

7.1 Die Hochsee

7.1.1 Nahrung aus dem Meer

Das Echolot hatte einen Fischschwarm aufgespürt. Stunden-
lang zog der Trawler das 50 m lange *Schwimmschleppnetz*
hinter sich her. Dann wurde es über die Heckrampe eingeholt.
Jetzt hängt der prallgefüllte Steert vom Galgen herab. Ein
kräftiger Ruck an der Codleine, und Tausende blinkender,
schuppiger Fischleiber ergießen sich zappelnd über das Deck:
Heringe, Makrelen, Kabeljaus und vereinzelt Schellfische, die
den Heringsschwarm verfolgt hatten. Bei einem Tangbüschel
liegt ein seltsam großkopfiger, dünnleibiger Tiefseefisch. Er
hatte sich aus der Tiefe nach oben verirrt. Weiche Tintenfische und gallertige Quallen werden von den viel festeren
Fischkörpern zerdrückt. Bald schon sind die Fische über
Rutschen und Transportbänder im Inneren des Schiffes verschwunden. Dort werden sie sofort *filetiert* und *eingefroren*
oder zu *Konserven* verarbeitet. Die Reste werden zusammen
mit dem Beifang zu *Fischmehl* zermahlen.
Die *Hochseefischerei* wird nicht nur mit *Schleppnetzen* be-
trieben, sondern auch mit *Treibnetzen.* Sie hängen 10 m tief
und einige Kilometer lang im Wasser. Die *Grundfischerei* zielt
auf Bodenfische wie Scholle und Heilbutt ab. Man fängt diese
Fische mit *Grundschleppnetzen* oder mit der *Angel.*

154

Im Jahr 1948 wurden in allen Meeren der Erde zusammen etwa 17 Mio. t *Fische* gefangen. 1958 waren es 27 Mio. t und 1968, wiederum 10 Jahre später, genau doppelt so viele. In diesen 54 Mio. t sind etwa 6 Mio. t Tintenfische, Muscheln und Krebse mit enthalten. Trotz verbesserter Fangmethoden konnten die *Erträge seither kaum mehr gesteigert* werden. Im Gegenteil, bei einigen Fischarten, wie Kabeljau, Hering, Thunfisch und Scholle, gingen sie sogar zurück. Wie ist das zu erklären? Zum einen schädigt die zunehmende Verschmutzung im flachen Küstenbereich den Laich. Zum anderen wurde über Jahre hinweg versucht, so viele Fische wie möglich zu fangen. Man hielt die Fischbestände der Meere für unerschöpflich. Fängt man aber nicht nur die ausgewachsenen, sondern auch jüngere Fische, können sich diese nicht fortpflanzen. Die Erträge gehen folglich noch mehr zurück. Man spricht daher von *Überfischung.*

● Wie für Acker, Wiese und Wald gilt auch für das Meer, daß die *Zahl der Pflanzen und Tiere,* die hier leben können, *begrenzt* ist.

Wir in Mitteleuropa sind in unserer Ernährung vom Meer weniger abhängig als die Menschen anderer Teile der Erde. Insbesondere die Japaner und Norweger sind in hohem Maße auf den Fischfang angewiesen, da sie über wenig landwirtschaftlich nutzbare Fläche verfügen. Zunehmend decken auch Länder, die fernab von den großen Fischgründen liegen, ihren *Eiweißbedarf* durch Fischfang. Neuerdings versucht man, in Meeresbuchten *Fischgärten* anzulegen, in denen Nutzfische gefüttert und vor Feinden geschützt werden.

155.1 *Ein Tiefseefisch (ganz unten, rechts von der Mitte) hat sich nach oben verirrt und ist mitgefangen worden.*
Heute versucht man oft, durch Fänge von Tiefseefischen die zurückgehenden Fangerträge der Hochseefischerei auszugleichen.

Durch die richtige Wahl der Maschenweite von Fangnetzen läßt sich eine Überfischung vermeiden. Wieso?

Der Fischfang deckt zur Zeit etwa $\frac{1}{10}$ des Bedarfs der Erdbevölkerung an tierischem Eiweiß.

Zusammensetzung des Weltfangs an Seefischen	
Heringsfische (Hering, Sardelle, Sardine u.a.)	35–40 %
Dorschfische (Kabeljau, Schellfisch u.a.)	20 %
Thunfisch, Makrele	9 %
Plattfische (Scholle, Seezunge u.a.)	2–3 %

Fangmengen der bundesdeutschen Hochsee- und Küstenfischerei 1975	
Kabeljau, Dorsch	119 944 t
Köhler	77 027 t
Rotbarsch	54 024 t
Schellfisch	22 781 t
Hering	53 089 t
Krebse	22 799 t
Sonstige	84 372 t
insgesamt	434 036 t

Eiweiß- und Fettgehalt in 100 g Fischfleisch (in g)	Eiweiß	Fett
Heilbutt	15	0,2
Kabeljau	8	0,2
Rotbarsch	11	3,0
Hering	13	13,0
Rindfleisch, mager	22	6,0
mittelfett	20	12,0

Weltfang an Heringen	
1960	2 108 000 t
1965	3 223 000 t
1975	297 000 t

Der Hering ist rar geworden – und teuer: Vor zwei Jahren kostete das Kilo auf Auktionen knapp 80 Pfennig, heute 2 Mark.

Der Hering als Speisefisch:	
Grüner Hering	= frischer Hering
Vollhering	= laichreifer Hering
Matjeshering	= Hering vor Ausbildung der Keimdrüsen
Ihle	= magerer Hering im ausgelaichten Zustand
Marinade	= Hering in gewürztem Essig eingemacht
Bismarck-Hering	= in Essig eingelegter, entgräteter Hering
Salzhering	= in Salz konservierter Hering
Bückling	= geräucherter Hering
Rollmops	= gewürzter und um eine Gurke gerollter Hering

Präparation eines Fisches

*An einem Grünen Hering oder an einer Forelle unter-
suchen wir den Bau eines Fisches.*

*Vor der Präparation betrachten wir den Fisch von außen:
Auf der Oberseite der Schnauze entdeckst du die kleinen
„Nasenlöcher". Man nennt sie Riechgruben. Die meisten
Fische haben 4 „Nasenlöcher".*

*Auf den beiden Flanken des Fisches erkennst du eine
meist dunkle Linie, die sich am Kopf verzweigt. Das
sind die Seitenlinien.*

*Hinter dem Kopf siehst du auf jeder Seite einen Kiemen-
deckel. Klappe ihn mit der Pinzette etwas nach außen!
Du siehst darunter die dunkelrot gefärbten Kiemen.
Löse eine Schuppe ab! Was fällt dir auf?*

*Lege ein durchsichtiges Papier auf das obere Foto und
zeichne den Umriß des Herings nach! Beschrifte die
Flossen!*

*Führe die Präparation mit der Schere so durch, wie an-
gegeben!*

*Wenn du den präparierten Fisch unter Wasser hältst,
drängt die gasgefüllte Schwimmblase nach oben. Auch
der Verlauf des Darms vom Schlund über den Magen
zum After ist leicht zu verfolgen. Dazwischen liegt die in
Lappen zerteilte Leber. Das Herz befindet sich dicht hinter
dem Kopf. Die unteren beiden Zeichnungen helfen dir
beim Auffinden der einzelnen Organe.*

*Das Skelett der Fische siehst du sowohl im Foto als auch
in der Grafik. Was fehlt, sind die Gräten. Gräten sind
dünne Knochen, die zwischen Muskelpaketen liegen.*

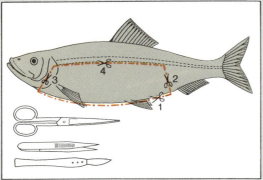

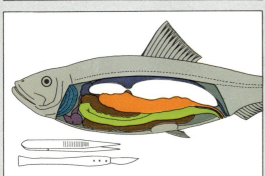

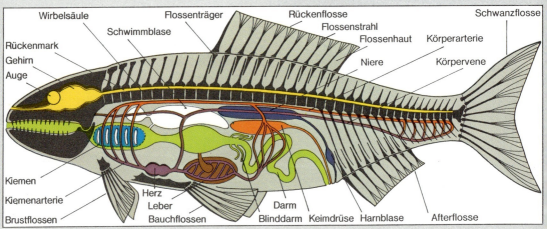

7.1.2 Sinnesorgane der Fische

Setzt man einen Fisch bei völliger Dunkelheit in ein fremdes Aquarium, so stößt er erstaunlicherweise nirgends an. Er bemerkt die Hindernisse mit einem Sinnesorgan, über das unser Körper nicht verfügt: Auf jeder Seite des Fisches verläuft in der Haut eine dünne, wassergefüllte Röhre vom Kopf bis zum Schwanz. Durch kurze Kanäle, die durch die Schuppen nach außen führen, stehen diese *Seitenlinienorgane* mit dem umgebenden Wasser in Verbindung. In die Seitenlinienröhre ragen Gallertscheiben hinein. Bei der geringsten Wasserverschiebung in der Röhre werden die Gallertscheiben umgebogen. *Sinneszellen*, die durch Fortsätze mit den Scheiben verbunden, sind, melden dies an das Gehirn.

Bewegt sich ein Fisch im Wasser, gehen von seinem Körper *Druckwellen* aus. Sie werden von Hindernissen wie ein Echo zurückgeworfen, treffen wieder auf den Fisch und führen zu einer *Wasserverschiebung* in den Seitenlinienorganen. Selbst in trübem Wasser und im Dunkeln erfahren die Fische daher, wie ihre Umgebung beschaffen ist. Männchen und Weibchen bleiben durch die Druckwellen ihres Flossenschlages über den *Ferntastsinn* der Seitenlinienorgane miteinander in Verbindung, ohne daß sie einander berühren. Unterwasserforscher sind immer wieder beeindruckt, wenn ein Fischschwarm wie auf ein Kommando wendet. Blitzschnell können sich die Tiere über ihre Seitenlinienorgane und mit den Augen verständigen.

Über dem Maul der Fische entdeckst du die kleinen Nasenlöcher. Man nennt sie *Riechgruben*. Durch die beiden vorderen Löcher strömt das Wasser ein, durch die hinteren tritt es aus. In der Röhre zwischen Ein- und Ausströmöffnung liegt eine zarte Schleimhaut mit den *Geruchssinneszellen*. Da die Riechschleimhaut gefaltet ist, haben viele Sinneszellen Platz. Dadurch können die Fische bis zu tausendmal besser riechen als Schäferhunde. Wozu brauchen sie diesen überragenden *Geruchssinn*? Um die richtige Nahrung zu finden und um Feinden auszuweichen. *Lachse* fliehen, wenn sie mit Wasser

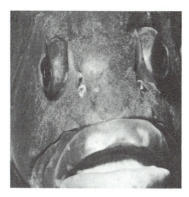

157.1 *Kopf eines Zahnbarsches. Die 4 Riechgruben sind zu sehen.*

Wie muß man vorgehen, um in einem Fluß, aus dem der Lachs verschwunden ist, diese Tiere wieder heimisch zu machen?

157.2 und 157.3 *Das Foto zeigt einen Teil der Seitenlinie einer Makrele. Die Grafik erklärt die Funktion: Druckwellen dringen in die Seitenlinienkanäle ein und verursachen eine Verschiebung der Gallertscheiben mit den Sinneszellen. Daraus ermittelt der Fisch die Richtung, aus der die Druckwelle kommt.*

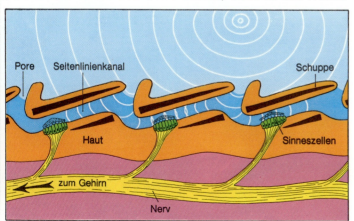

158.1 *Lachse wandern zur Laichzeit flußaufwärts.*

158.2 *und* 158.3 *Tierwanderungen im Meer.*
Die europäischen Aale schwimmen zum Laichen aus den Flüssen ins Meer. In der Sargassosee treffen sie sich. Die Larven brauchen Jahre, um zurückzugelangen. Der Golfstrom unterstützt sie.
Wie die Suppenschildkröten von der Ostküste Mittel- und Südamerikas die kleine Insel Ascension im Atlantik finden, ist noch unklar. Vermutlich orientieren sie sich nach der Sonne. Das Foto zeigt eine Karettschildkröte. Auch sie unternimmt zur Eiablage weite Wanderungen.

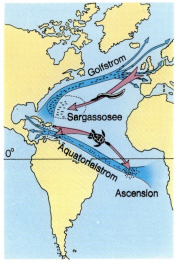

in Berührung kommen, in dem vorher ein Bär gestanden hat. Selbst ihre Laichplätze finden sie mit der Nase: Nach Jahren, die sie im Meer verbracht haben, kehren die laichreifen Lachse in den Quellbach zurück, in dem sie selbst aus dem Ei geschlüpft sind. Man weiß heute, daß sie sich ihren Weg flußaufwärts erschnüffeln. Jedes Quellwasser hat einen nur ihm eigenen Geruch nach dem umgebenden Gestein und seinen Pflanzen. Obwohl dieses Wasser durch Nebenflüsse immer mehr verdünnt wird, *riechen* die Lachse ihre „Kinderstube" stets heraus.

● Die wichtigsten Sinne der Fische sind der Ferntastsinn der Seitenlinienorgane und der Geruchssinn.

7.1.3 Lebewesen im freien Wasser
Die Meere bieten ihren Bewohnern zwei verschiedene Lebensräume: das *freie Wasser* und den *Meeresboden*.

● Viele Tiere des freien Wassers bewegen sich aktiv schwimmend. Diese Tiere nennt man *Nekton*.

Fische und *Wale*, *Robben* und *Tintenfische* gehören zum Nekton. Besonders schnell schwimmende Fische erkennst du an ihrer strömungsgünstigen Form, dem dünnen Schwanzstiel und der zweispitzigen Schwanzflosse. Makrele und Thunfisch, Segelfisch und einige Haie sind Beispiele dafür. Die „fliegenden Fische" der wärmeren Meere schwimmen so schnell, daß sie sich bei Verfolgung durch Räuber zu einem weiten Gleitflug aus dem Wasser herausschnellen können.

● Die meisten Lebewesen des freien Wassers können sich kaum oder gar nicht bewegen. Sie schweben meist und schwimmen nur kurz. Du weißt, daß man solche Lebewesen Plankton nennt.

Die meisten *Plankter* sind sehr klein. Das gilt nicht nur für die gewaltigen Mengen an *Bakterien*, die im Meerwasser enthalten sind. Das pflanzliche Plankton, das *Phytoplankton*,

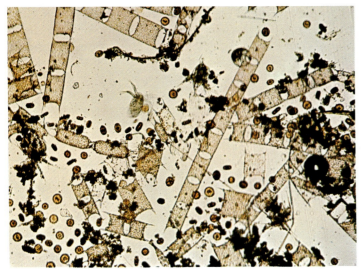

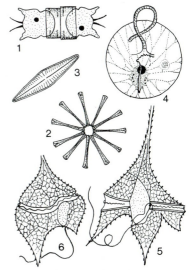

besteht in der Hauptsache aus *einzelligen Algen*. Einige tragen Geißeln, mit deren Bewegung sie eine bestimmte Höhe im Wasser einhalten können. Andere Plankter haben Schwebefortsätze, die ein rasches Absinken verhindern.

Auch das tierische Plankton, das *Zooplankton*, enthält Einzeller. Ihr Zellkörper ist oft von einem festen Gehäuse umgeben. Bei den *Porentierchen* wird es aus Kalk gebildet, bei den *Strahlentierchen* aus Kieselsäure. Nach dem Tod der Tiere sinken die Gehäuse zu Boden. Im Laufe der Zeit können so mächtige Lager entstehen. Besonders in Küstennähe enthält das Zooplankton ungeheure Mengen an *Larven* von Schnecken, Muscheln, Seesternen, Seeigeln, Würmern, Fischen und anderen Lebewesen. Über die Hälfte der tierischen Planktonmasse besteht aus millimeterkleinen bis zentimetergroßen *Krebsen*. Zu den kleineren gehören die Hüpferlinge, zu den größeren die Garnelen. Wesentlicher Bestandteil des Planktons sind auch die etwa 4 cm langen *Pfeilwürmer*. Sie sind Räuber. Durch ruckartiges Auf- und Abschnellen ihres Hinterleibes springen sie Hüpferlinge, Krebs- und Fischlarven an und ergreifen sie. Zum tierischen Plankton gehören neben den vielen kleinen auch größere Lebewesen. Die größten sind die *Quallen*, auch Medusen genannt. Man kann sie zum Plankton rechnen, weil sie trotz Eigenbewegung durch Wasserströmungen weit verdriftet werden.

7.1.4 Die Kompaßqualle

Eine *Kompaßqualle* ist von den Wellen auf den Strand geworfen worden. Nach wenigen Stunden in der Sonne bleibt nur noch ein dünnes Häutchen übrig: Quallen bestehen zu 98% aus Wasser. Sie sind wie die Polypen *Hohltiere*. Wenn dich beim Schwimmen im Meer eine Kompaßqualle streift, spürst du einen brennenden Schmerz. Wie die Polypen besitzen auch die Quallen Tausende von *Nesselzellen*. Beim Schwimmen

159.1 und 159.2 *Phytoplankton, vor allem die Kieselalge Biddulphia. Das Mikrofoto ist etwa 200fach vergrößert.*

1, 2 und 3   *Kieselalgen*
4, 5 und 6   *Feueralgen*

159.3   *Zooplankton.*
1   *Meduse, 2–3 cm*
2   *Pfeilwurm, 3–4 cm*
3   *Ruderfußkrebs, „Hüpferling",*
   3 mm
4   *Rippenqualle, 1 cm*
5   *Seeigellarve, 1–2 mm*
6   *Krill, 2–5 cm*

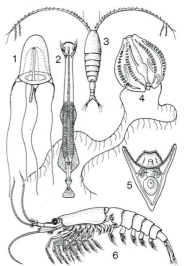

160.1 *Gestrandete Quallen.*

160.2 *Kompaßqualle.*

ziehen sich Ringmuskeln im *Schirm*rand der Qualle ruckartig zusammen. Dadurch wird Wasser aus der Schwimmglocke gepreßt. Der Rückstoß treibt das Tier voran. Vom Schirmrand hängen 24 dicke *Fangfäden* und vom Mundstiel 4 lange, fransenartig gekräuselte *Mundlappen* herab. Sie alle sind mit Nesselzellen versehen und dienen zum Fang von Plankton. Vom *Magenraum* aus ziehen strahlenförmige Kanäle zum Schirmrand und vereinigen sich hier mit einem *Ringkanal.* Durch diese Kanäle wird die Nahrung im ganzen Körper verteilt.

Aus den befruchteten Eizellen entwickeln sich im *Magenraum* der Kompaßqualle bewegliche *Wimperlarven*, die das Muttertier verlassen und davonschwimmen. Sie setzen sich irgendwo fest und wachsen zu Polypen heran. Jeder dieser Polypen bildet dann durch Einschnürungen Medusen, die sich nacheinander ablösen und wegschwimmen. Der *Polyp* sorgt also für die *ungeschlechtliche*, die *Meduse* für die *geschlechtliche Fortpflanzung.*

● Da 2 verschiedene Generationen, nämlich Polyp und Meduse, regelmäßig aufeinander folgen, spricht man auch hier von einem *Generationswechsel.*

Die größten Quallen messen über 2 m im Durchmesser, ihre Fangarme hängen 30 m tief hinab. Eine Berührung mit ihnen ist für den Menschen lebensgefährlich.

7.1.5 Nahrungsketten und Stoffkreislauf

Das Phytoplankton treibt dicht unter der Wasseroberfläche. Nur dort gibt es genügend Licht zur Photosynthese. Wie aber ernährt sich das Zooplankton? Wovon ernähren sich alle anderen Tiere in den Meeren?

160.3 *Generationswechsel der Kompaßqualle. Bei den Hohltieren bilden Medusen die geschlechtliche, Polypen die ungeschlechtliche Generation.*

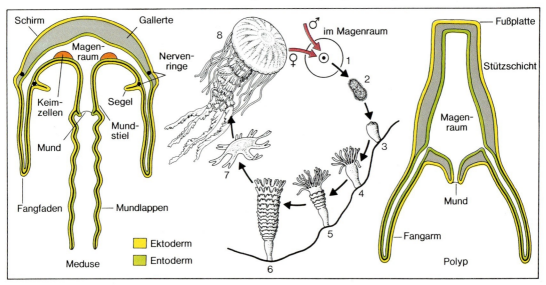

160

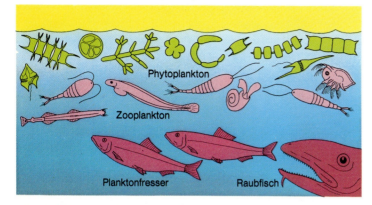

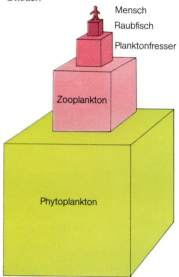

161.1 und 161.2 Nahrungskette und Nahrungspyramide.
Phytoplanktonalgen sind die Produzenten. Von ihnen ernährt sich das Zooplankton. Planktonfresser, Raubfische und Mensch sind die folgenden Glieder.

Mensch
Raubfisch
Planktonfresser

Zooplankton

Phytoplankton

Die gleiche Frage kann man für die Landtiere und den Menschen stellen. Woher beziehen sie ihre Nahrung? Die richtige Antwort heißt: Von den grünen Pflanzen! Sicher, ein Fuchs frißt kein Gemüse. Aber die Mäuse, die Vögel und die Heuschrecken, die er erwischt, sind von Samen, Beeren und Gras groß geworden. Wir trinken Milch, essen Butter, Käse oder Eier. Das Rind und das Huhn, von denen sie stammen, leben von Gras und Körnern.

● Die grünen Pflanzen sind die Erzeuger, die *Produzenten.*
  Mensch und Tier sind die Verbraucher, die *Konsumenten.*
Entsprechend ist es im Meer. Das *Phytoplankton produziert die Nahrung im Sonnenlicht.* Von dieser „grünen Weide" in den obersten Schichten der Ozeane *leben alle Tiere.* Kein Wunder, daß auch das Zooplankton vorzugsweise in der Nähe dieser „Futterkrippe" schwebt. Hier wird es satt.
Hüpferlinge filtern die winzigen Algen aus dem Wasser. Viele von ihnen werden von Pfeilwürmern gefressen. Ein Hering schnappt Pfeilwürmer und endet wenig später im Magen eines Kabeljaus. Wenn dieser später auf deinem Mittagstisch erscheint, bist du das letzte Glied dieser *Nahrungskette.*
Manche Nahrungsketten sind kürzer. Der 10 m lange Riesenhai und der 30 m lange Blauwal sieben *Krill* aus dem Wasser. Das sind 2–5 cm lange, garnelenartige Krebse.
Man kann die *Nahrungsbeziehungen* von Pflanzen und Tieren auch als *Nahrungspyramide* darstellen. Beim Übergang von einer Stufe zur anderen werden *90% der Nahrungsstoffe verbraucht.*
Tiere, die sterben, dienen den anderen zum Fraß. Selbst Kot, leere Häute und letzte Reste von Aas werden von Bakterien noch verwertet und ausgenutzt. Übrig bleiben *Mineralstoffe.*
Dort, wo das ozeanische Tiefenwasser von Wind und Strömung an die Oberfläche gewirbelt wird, können die wichtigen Mineralstoffe erneut vom Phytoplankton aufgenommen und zum Aufbau organischer Stoffe verwendet werden. Auch hier ein *Kreislauf der Stoffe.* Wo Mineralstoffe fehlen, kann kein Phytoplankton wachsen. Dort ist das Wasser klar, blau und leer. Blau ist die *Wüstenfarbe* des Meeres.

161.3 Krill.

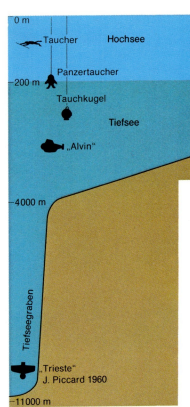

162.1 Gliederung des Meeres in Schelf, Hochsee und Tiefsee.

162.2 Tiefseetiere.

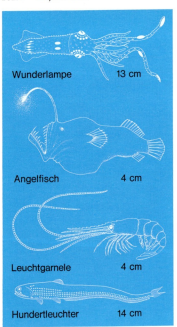

Wunderlampe   13 cm

Angelfisch   4 cm

Leuchtgarnele   4 cm

Hundertleuchter   14 cm

7.2 Die Tiefsee

Die Tiefsee ist der *größte Lebensraum* der Erde. Sie ist aber *sehr dünn besiedelt*, denn hier herrschen harte Lebensbedingungen: *hoher Druck, Kälte, Dunkelheit* und *Nahrungsmangel.* Wie können Fische und andere Tiere dennoch hier leben?

Bringt man einen Luftballon in einige tausend Meter Meerestiefe, wird er auf die Größe einer Mandarine zusammengepreßt. Füllt man ihn aber anstelle von Luft mit Wasser, behält er seine Größe. Flüssigkeiten und feste Körper sind nämlich nicht zusammenpreßbar. Bei vielen Tiefseefischen ist deshalb die *Schwimmblase*, die bei anderen Fischen Gas enthält, ganz mit *Fett* gefüllt. Bei anderen Tiefseefischen *fehlt sie* völlig.

Viele Tiere der Tiefsee haben gut ausgebildete *Augen.* Oft erzeugen sie auch eigenes Licht. An den Mustern und Farben ihrer *Leuchtorgane* erkennen sich Männchen und Weibchen. Räuber entdecken ihre Beute an deren Leuchten oder locken sie sogar mit dem eigenen Licht an. Bei allen Tiefseetieren, die keine Leuchtorgane besitzen, oder deren Beute nicht leuchtet, sind die *Augen zurückgebildet.* Sie wären in der ewigen Dunkelheit auch nutzlos.

Wovon leben die Tiefseetiere, so weit entfernt vom Phytoplankton an der Oberfläche des Meeres? Der *Tiefseeboden* beherbergt große Mengen *Bakterien*, die auch *ohne Licht organische Stoffe produzieren* können. Von diesen Bakterien leben kleine Würmer und andere Kleintiere des Tiefseebodens. Eine ganze Anzahl größerer Tiefseetiere ernährt sich von diesen Kleinlebewesen. Die größeren Tiere wiederum dienen noch größeren Räubern als Nahrung. Alle anderen Tiefseetiere leben von dem, was von den Tieren in den oberen Schichten des Meeres *nach unten sinkt.* Das ist nicht viel: In der Tiefe herrscht bei allen großen Räubern Nahrungsmangel. *Hochempfindliche Seitenlinienorgane, große Mäuler* sowie *dehnungsfähige Mägen* sind Anpassungen der Raubfische an diese Bedingungen. In der Tiefsee wird keine Nahrung verschwendet. Die Beutestücke werden ganz verschlungen. So muß man sie nicht mit anderen teilen. Manche Raubtiere verschlingen Beutetiere, die so groß sind wie sie selbst.

162

7.3 Das Wattenmeer der Nordseeküste

Den Küstenstreifen, der bei Niedrigwasser frei liegt und bei Hochwasser überflutet ist, nennt man *Gezeitenzone* oder einfach *Strand.* Je flacher die Küste, umso breiter ist der Strand. Die deutsche Nordseeküste ist besonders flach. Hier tritt der Meeresboden bei Niedrigwasser in einer Breite von 5–15 km zutage, an einigen Stellen sind es sogar 30 km. Man spricht vom *Watt.* Bei Hochwasser ist es vom *Wattenmeer* bedeckt. Das Watt der deutschen Nordseeküste besteht aus *Sand* und *Schlick.* Schlick setzt sich aus Tonteilchen, totem Plankton, Tierresten und Wasser zusammen.

7.3.1 Die Pflanzenwelt

Wir gehen über die *Düne* einer *Nordseeinsel.* Mit seinem weitverzweigten Wurzel- und Stengelsystem gibt der *Strandhafer* dem lockeren Boden Festigkeit. An langen Ausläufern bilden sich junge Pflanzen. Angewehter Sand wird auf diese Weise schnell vom Strandhafer durchwachsen und festgehalten. Im Laufe der Zeit entsteht eine *dichte Pflanzendecke,* die die Düne gegen Verwehung schützt.

Jetzt nehmen wir den Weg über die Seite der Insel, die dem Festland gegenüber liegt. Zum Watt hin wird der Boden feuchter, salziger und schlickhaltiger. Die Pflanzen sind an diese unterschiedlichen Lebensbedingungen angepaßt. Auf die Düne folgen zunächst *Salzwiesen.* Dort bildet der *Rote Schwingel* eine eigene Zone. Hier wächst auch die rosa blühende *Strandnelke.* Weiter außen folgt die Zone des *Andelgrases.* Trotz salzhaltigen Bodens schmeckt es süß und wird gern vom Vieh gefressen. Weithin leuchten die violetten Blüten des *Strandflieders* im Spätsommer. Im regelmäßig überfluteten Boden wurzelt der *Queller.* Er gilt als *Pionierpflanze,* denn er leitet eine natürliche Landgewinnung ein. Zwischen den Quellerpflanzen kommt das Wasser zur Ruhe,

163.1 und 163.2 Wattenküste an der Nordsee bei Hochwasser (oben) und Niedrigwasser.

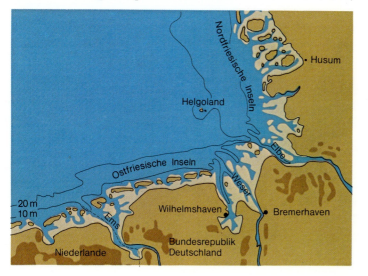

163.3 Deutsche Nordseeküste. Die Karte zeigt, welche Bereiche bei Niedrigwasser trockenfallen. Die 10-m- und 20-m-Linie der Wassertiefe zeigen, wie flach die Nordseeküste ist. An Land sind die Gebiete besonders hervorgehoben, die unter dem Meeresspiegel liegen.

Die unbewohnten Inseln Norderoog, Trischen, Scharhörn, Mellum und Memmert sind Seevogelschutzgebiete. Wo liegen diese Inseln?

163

1

2

3

Seegraszone   Quellerzone

höchstes Hochwasser

mittleres Hochwasser

Blasentang   Meersalat   Seegras   Strand-
aster

Watt   Schlick-
gras   Queller

Vögel am Strand:
1 *Silbermöwe*
2 *Austernfischer*
3 *Ringelgänse*
4 *Säbelschnäbler*
5 *Zwergseeschwalben*
6 *Brandgänse*

Pflanzen am Strand:
 7 *Seegras*
 8 *Schlickgras*
 9 *Queller*
10 *Strandflieder*
11 *Andelgras*
12 *Strandhafer*

und mitgeführter Schlick setzt sich ab. Auch die Horste des *Schlickgrases* wirken als Schlickfänger. Je höher die Schlickschicht wird, desto seltener überflutet das Meer den Boden, und umso weniger Salz enthält er. Jetzt können sich auch andere Pflanzen ansiedeln. Sobald Andelgras dazukommt, kann dort Vieh weiden. Früher hat man das entstehende, fruchtbare *Marschland* durch einen Deich gegen das Meer geschützt.

Wie werden die im Watt wachsenden Pflanzen mit dem hohen Salzgehalt des Bodens fertig? Beim Queller sind die Blätter bis auf kleine, wulstförmige Reste verschwunden, so daß die Verdunstung stark eingeschränkt ist und die Pflanze nur wenig Wasser aufnehmen muß. Das Schlickgras und der Strandflieder scheiden das Salz durch Drüsen auf der Blattunterseite aus. Blütenpflanzen, die auf salzhaltigem Untergrund gedeihen, nennt man *Salzpflanzen*.

7

8

9

164

4

5

6

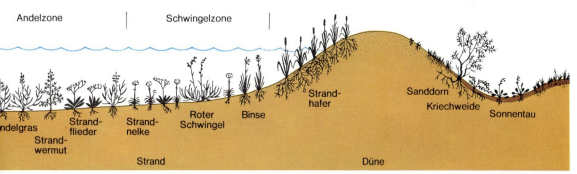

Andelzone | Schwingelzone

Strand-
hafer

Sanddorn

Kriechweide

Sonnentau

Roter
Schwingel

Binse

Strand-
flieder

Strand-
nelke

ndelgras

Strand-
wermut

Strand

Düne

Das *Seegras*, eine Blütenpflanze, erträgt ständige Überflutung. Im Meerwasser findet man in Ufernähe große Algen, die auf Muschelschalen siedeln. Der grüne *Meersalat* und der braune *Blasentang* gehören dazu. *Kieselalgen* können den Wattboden als glitschige, braune Schicht bedecken. Mit ihrer schleimigen Kriechspur verkitten sie die feinsten Schlickteilchen und dienen vielen Bodenbewohnern als Nahrung.

7.3.2 Vögel am Strand
In den Dünen und Salzwiesen brüten *Austernfischer, Regenpfeifer, Rotschenkel, Brachvogel, Uferschnepfe* und *Säbelschnäbler*. Sie alle sind *Watvögel*, die ihre Nahrung bei Ebbe im Watt suchen: Krebse, Fische, Muscheln, Würmer. Sie haben unterschiedliche Fangmethoden. Der Säbelschnäbler ist ein *Tastjäger*. Er zieht seinen Schnabel hin-und-her-

164/165 Schnitt durch das Watt der deutschen Nordseeküste.

10

11

12

165

166.1 *Kotsandhäufchen und Trichter des Pierwurms. An den Kotsandhäufchen vorbei pumpt der Wurm Wasser in die Röhre, am Trichter tritt es wieder aus.*

Mit der Nahrung und beim Trinken nehmen die Meeresvögel viel Salz auf. Aber ein Paar große Drüsen über den Augen scheiden es als konzentrierte Salzlösung schnell wieder aus.

Welche Bedeutung hat die Wohnröhre für den Pierwurm?

166.2 *Schlickbewohner. Die Seemaus ist ein 10 cm langer Vielborster. Der hier abgebildete Röhrenwurm Amphitrite baut sein „Gehäuse" im Wattboden. Bei Flut kommen die Tentakel heraus.*

säbelnd mit der empfindlichen Spitze durch den Schlick und spürt so seine Beute auf. Der Regenpfeifer ist ein *Augenjäger.* Er läuft ein kurzes Stück, hält Ausschau und fängt, was er erspäht hat. Der Brachvogel ist ein *Stöberjäger.* Er dreht Steine, Muscheln und Tang um und schnappt die fliehenden Tiere. Während die Watvögel bei der Futtersuche von den Gezeiten abhängig sind, können die *Seevögel,* wie *Seeschwalben, Eiderenten* und *Brandgänse,* immerzu ihre Beute fangen. Die Seeschwalbe stürzt sich aus der Luft auf Fische im Wasser; Eiderente und Brandgans tauchen von der Wasseroberfläche aus. Bis auf *Ringelgans* und *Pfeifente,* die fast ausschließlich von Seegras leben, sind alle Seevögel Fleischfresser.

Der charakteristischste Vogel an der Nordseeküste ist die **Silbermöwe.** Silbermöwen *stöbern* und *tauchen.* Sie fressen Krebse, Fische, Schnecken, Würmer und Seesterne, auch Mäuse, Eier und Junge anderer Vögel, selbst Aas. Daneben ernähren sie sich auch von Beeren und Früchten. Dickschalige Beute lassen sie aus einiger Höhe fallen, so daß sie zerbricht. Auf den Vogelinseln Mellum und Memmert brüten die Silbermöwen in großen *Kolonien.* Die Eltern scharren eine Mulde in den Sand der Düne und bauen mit Pflanzenteilen ein Nest, in das das Weibchen später 3 Eier legt.

7.3.3 Tiere im Watt

Regelmäßig mit den *Gezeiten* verändert sich das Watt. Mal leben seine Dauerbewohner „auf Tauchstation", mal „sitzen sie auf dem Trockenen". Wie atmen sie hier, mit Kiemen oder mit Lungen? Wie schützen sie sich gegen Überflutung oder Austrocknung? Wie werden sie mit den großen Temperaturunterschieden fertig, wie mit den Feinden, den Vogelschwärmen bei Niedrigwasser und den Schollen und Krebsen bei Hochwasser? Erstaunlicherweise ist das Watt *voller Lebewesen,* denn die Pflanzen produzieren hier *mehr Nahrung* als im offenen Meer. Durch Ebbe und Flut wird das Wasser im flachen Wattenmeer gründlich durchmischt, so daß dauernd

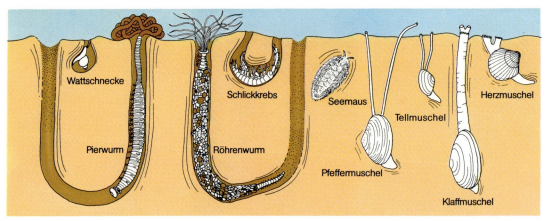

Wattschnecke

Schlickkrebs

Seemaus

Tellmuschel

Herzmuschel

Pierwurm

Röhrenwurm

Pfeffermuschel

Klaffmuschel

Mineralstoffe zur Verfügung stehen. Scheint die Sonne, erreicht sie im flachen Wasser sogar den Boden. Wo viel lebt, stirbt auch viel. Die von den Bakterien aufgearbeiteten Reste ermöglichen eine üppige Planktonentwicklung. Und diese wiederum ist *Nahrungsgrundlage* für die übrigen Tiere.

● Das Wattenmeer ist der *produktivste Lebensraum* der Erde.

Schlickfresser und Sandfresser

Pierwurm. Der 35 cm lange Pierwurm haust etwa 20 cm tief im Sand in einer U-förmigen Röhre. Über seinen Körper laufen von hinten nach vorne Verdickungswellen. Auf diese Weise wird Wasser durch die Röhren gepumpt. Die büschelförmigen Kiemen erhalten dadurch genügend Sauerstoff. Vor dem Mund des Wurms reichert sich der Sand mit Kleinorganismen und organischen Stoffen an und wird gefressen. Die Organismen und organischen Stoffe werden verdaut, der Sand wird als Kot ausgeschieden. Bei Flut lauern Jungschollen an den Wurmröhren. Sobald sich ein Hinterende zeigt, beißen sie es ab. Das fehlende Stück wächst nach.

Schlickkrebs. Der 1 cm große Schlickkrebs, der in großer Zahl das Watt bevölkert, ist zwar ein guter Schwimmer und Läufer, haust aber meist in 4–8 cm tiefen, U-förmigen Röhren. Seine langen Fühler benutzt er als Harke, mit der er nährstoffreichen Schlick von allen Seiten herbeischarrt. Er ist ein Tastfänger. Von Schollen, Flundern und anderen Grundfischen wird er in Massen gefressen.

Wattschnecke. Die 4 mm große, braungrüne Wattschnecke weidet die Kieselalgen von der Oberfläche des Schlicks ab.

Bäumchenröhrenwurm. Der 25 cm lange Bäumchenröhrenwurm steckt in einer biegsamen Schleimröhre, die er außen mit Sandkörnern und Schalenstückchen von Muscheln verstärkt. Am Mund entspringen Tentakel, mit denen er den Boden nach Futter abtupft. Die Nahrungsteilchen bleiben an einer Schleimhaut hängen, die durch den Schlag vieler Wimperhärchen wie ein Förderband mundwärts wandert.

Klaffmuschel und Pfeffermuschel. Muscheln filtrieren das Wasser. Im Watt wühlen sich die meisten Muscheln tief ein. Die größte Muschel des deutschen Wattenmeers ist die über 10 cm lange, weißgelbe *Klaffmuschel*. Sie lebt 15–30 cm tief im Schlick. Die Ein- und Ausströmkanäle bilden bei ihr einen langen Sipho, der bis zur Wattoberfläche reicht und mit dem sie Wasser für die Kiemen und Schlickteilchen als Nahrung einsaugt. Die 5 cm lange *Pfeffermuschel* streckt aus 10 cm Tiefe ihre getrennten Ein- und Ausströmkanäle zur Oberfläche. Während das Ausströmrohr gerade bis nach oben reicht, führt die Muschel das lange Einströmrohr wie einen Staubsauger über die Schlickoberfläche und saugt vor allem Kieselalgen ab. In den Mägen der Schollen findet man regelmäßig Teile der Einströmröhren. Wenn im Winter das Watt

167.1 *Herzmuschel.*

167.2 *Strandkrabbe.*

167.3 *Vorderende eines Bäumchenröhrenwurms. Es ragt 3–4 cm aus dem Boden heraus.*

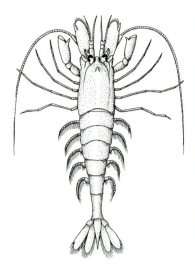

168.1 und 168.2 *Die Nordseegarnele wird an der Küste tonnenweise gefangen. Sie wird gegessen oder zu Tierfutter verarbeitet. Ein Weibchen wird 3 Jahre alt und produziert in dieser Zeit 20000 Eier. Ausgewachsene Tiere haben sich 30mal gehäutet. Beim Kochen färben sich die Tiere rot.*
Die Garnele ist ihrem Untergrund hervorragend angepaßt.

Priel: Rinne im Wattboden. Die Priele liegen auch bei Niedrigwasser nicht trocken.

168.3 *Schwimmkrabbe. Im Wasser bewegt sie sich sehr geschickt.*

bei Ebbe gefriert, bilden sich in den Zellen der Wattmuscheln kleine Eiskristalle. Sie tauen jedoch bei Flut wieder auf, ohne die Tiere geschädigt zu haben.

Räuber

Seeringelwurm. Der 20 cm lange Seeringelwurm durchwühlt Schlick und Sand und packt kleinere Würmer, Krebse und Muscheln mit seinen Kieferzangen. Er frißt auch Aas.

Strandkrabbe. Die 5–6 cm breite Strandkrabbe ist überall in der Gezeitenzone häufig. Mit ihren Scheren greift sie schnell und geschickt nach Würmern, Asseln und Schnecken, verschmäht aber auch Aas nicht.

Nordseegarnele. Gekocht nennt man sie an der Küste „Granat", im Binnenland „Krabbe". Die 5–7 cm langen Tiere bevölkern während des Sommers in Massen das Watt. Mit Flut und Ebbe wandern sie hin und her. Viele bleiben auch in den Prielen. Tagsüber graben sich die Garnelen in den Sand ein, nachts suchen sie Nahrung: Schlickkrebse, Würmer, Muscheln, Schnecken, Larven, Algen, Aas.

● Die Tiere des Watts zeigen eine Vielzahl unterschiedlicher *Anpassungen*, durch die sie vor allem Trockenheit, Überflutung und große Temperaturunterschiede überstehen, sich vor Feinden schützen und genügend Nahrung finden können.

7.4 Das Felswatt vor Helgoland

Um etwa 50 m überragt der rote Buntsandsteinblock der Insel den Felssockel, dessen oberer Teil beim Gezeitenwechsel trockenfällt und das *Felswatt* bildet. Der *Tidenhub*, das ist der Höhenunterschied zwischen Niedrigwasser und Hochwasser, beträgt etwa 2,5 m. Vom schräg abfallenden Gestein fließt das Wasser bei Ebbe fast restlos ab. Auf den ebenen Flächen bleiben in Mulden und Ritzen Pfützen zurück. Hier und unter Steinen überstehen viele Pflanzen und Tiere die Trockenheit.

168

7.4.1 Spritzwasserzone

Das Gebiet unmittelbar über der Hochwasserlinie nennt man *Spritzwasserzone*. Nur bei Hochflut und wenn der Wind von der See her bläst, netzt die Gischt der schäumenden Brandung diesen Bereich. Das genügt den in Schleim gehüllten *Blaualgen* zum Leben. Wind, Sonne und Regen beherrschen diesen Lebensraum. Hier wächst auch der rotviolette *Purpurtang*, wenn er noch genügend Feuchtigkeit findet. Von seinen Resten leben *Meerasseln* und *Strandflöhe*. Beide sind etwa 2 cm groß. Tagsüber verbergen sie sich, nachts gehen sie auf Nahrungssuche.

7.4.2 Gezeitenzone

Auf die Spritzwasserzone folgt die *Gezeitenzone*, das eigentliche Felswatt. An der Niedrigwasserlinie geht sie in die Unterwasserzone über.

Tange. In der oberen Hälfte der Gezeitenzone finden wir den *Blasentang*, dann folgen nach unten vor allem *Sägetang* und *Knorpeltang*. Beim Übergang in die Unterwasserzone verschwinden diese Algenarten. An ihre Stelle treten *Zuckertang*, *Fingertang* und *Palmentang*.

Alle diese Tange zeigen eine Reihe wichtiger Anpassungen an ihren Lebensraum:

169.1 *Felswatt bei Niedrigwasser an der Nordwestseite der Insel Helgoland. Der Felsblock besteht aus Buntsandstein.*

169

Felswatt vor Helgoland.
Die Fotos zeigen:
1 Strandfloh; er lebt in der Spritzwasserzone unter Tangen
2 Seepocken; ihre Gehäuse sind mit
  Kalk verkrustet
3 Gemeine Uferschnecken
4 Meersalat
5 Sägetang
6 Blutroter Seeampfer
7 Wellhornschnecke mit Eikapsel
8 Eßbarer Seeigel

Wie ändern sich die Lebensbedingungen von oben nach unten im Felswatt?

Sägetang
Knorpeltang
Korallenmoos
Fingertang
Zuckerta.

170

- Feste Verankerung auf dem Untergrund mit Hilfe von Haftscheiben und Krallen.
- Aufgliederung des Körpers und damit besserer Schutz gegen die Brandung.
- Abscheidung einer gallertigen, wasserhaltigen Schleimschicht gegen Austrocknung.

Seepocken – Trutzburgen auf dem Fels. Das Felswatt ist übersät mit Seepocken. Sie sind so fest angewachsen, daß sie auch von der stärksten Brandung nicht losgeschlagen werden. Sobald die Pocken überflutet sind, öffnet sich der Krater in der Mitte, und regelrechte „Fangrechen" werden ausgefahren. Mit strudelnden Bewegungen greifen sie nach Plankton und ziehen es mit einem Ruck ins Innere der „Kalkburg". Es hat lange gedauert, bis man herausfand, zu welcher Tiergruppe die Seepocken gehören. Ihre Larven verrieten durch ihren Körperbau das Geheimnis: Seepocken sind *Krebstiere*. 6 Paar Gabelbeine bilden die rankenförmigen Fangrechen, die zugleich für Atemwasser sorgen. *Rankenfüßer* nennt man die Seepocken deshalb. Bei Ebbe können sie ihre Kalkgehäuse dicht verschließen.

Die Larve heftet sich mit Kitt an einer geeigneten Stelle an und entwickelt sich zur Seepocke. Ihr Körper besitzt wie alle Gliedertiere ein Außenskelett. Sie muß sich also *häuten*: Für ein Tier, das nicht fliehen kann und der Brandung ausgesetzt ist, ein gefährliches Unternehmen. Da die Platten des Gehäuses jedoch nicht abgestreift werden, sondern sich durch Anlagerung von Chitin und Kalk am Rand vergrößern, ist die Seepocke auch während dieser Zeit geschützt.

171.1 *Seepocken. Unter Wasser fahren sie ihre „Fangrechen" aus.*

höchstes Hochwasser

mittleres Hochwasser

Palmentang

Meersalat

Blutroter Seeampfer

Niedrigwasser

Krause Rotalge

7

8

171

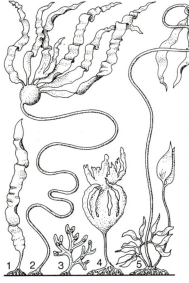

172.1 Verschiedene Tange.
1 Zuckertang
2 Palmentang
3 Blasentang
4 Fingertang
5 Birntang; er kann 100 m lang werden

Aus der Höhe der Napfschneckenschale kann man auf die durchschnittliche Stärke der Brandung an einem Küstenabschnitt schließen. Kannst du den Zusammenhang erklären?

172.2 Napfschnecke. Ihr Fuß hält sie wie ein Saugnapf auf dem Fels fest. Oben links eine Seepocke.

Auch bei der *Fortpflanzung* sind die Seepocken an das Leben in der Brandungszone angepaßt. Im Gegensatz zu den meisten Meerestieren, die ihre Eier und Spermazellen einfach ins Wasser entleeren, wo dann die Befruchtung stattfindet, übertragen die dicht beieinandersitzenden Seepocken ihre Spermazellen mit einem Penis. Erst wenn sich aus den Eiern im Schutz der Kalkburg *Larven* entwickelt haben, entlassen die Seepocken ihre „Kinder" ins Meer.

Napfschnecken – lebende Saugnäpfe. Eine hervorragende Anpassung an die Brandungszone im Fels zeigen auch die Napfschnecken. Sie kommen nicht auf Helgoland, wohl aber an englischen, französischen und anderen Felsküsten vor. Ihre Schale bildet einen flachen, kräftigen Deckel, den die Schnecke an die Unterlage heranzieht. Ihr breiter Fuß hält wie ein Saugnapf. Bei Ebbe bleibt genügend Wasser unter der Schalenmütze zurück.

Würmer und Gespensterkrebschen. Die dichten „Tangwälder" bieten vielen Lebewesen Nahrungsmöglichkeiten und Schutz zugleich. Der *Dreikantwurm* und der *Posthörnchenwurm* finden auf den Tangen festen Halt. Das 1–3 cm große *Gespensterkrebschen* klammert sich mit seinen enterhakenähnlichen Hinterbeinen fest und streckt die vorderen Raubbeine starr geradeaus. Kleine Krebschen, Larven und Würmer werden von ihm blitzschnell gepackt.

Uferschnecken. Drei Arten der Uferschnecke leben auf dem Helgoländer Watt als Weidegänger. Die *Gemeine Uferschnecke* und die *Stumpfe Uferschnecke* sind noch ganz ans Meer gebunden und legen hier auch ihre Eier ab. Die kleinere *Felsen-Uferschnecke* jedoch macht Ausflüge bis in die Spritzwasserzone hinein, wo sie Blaualgen abweidet. Ihre Kieme hat sich zurückgebildet. Die Mantelhöhle wird wie bei den Lungenschnecken von zahlreichen Blutgefäßen durchzogen. Auch legt sie keine Eier mehr ins Wasser, sondern bringt winzige, aber fertige Jungschnecken zur Welt. Es sieht so aus, als würde sich diese Art gegenwärtig *von Wassertieren zu Landtieren umwandeln*.

Purpurschnecke. Die *Nordische Purpurschnecke* mit einem 4 cm hohen, weißgelben Gehäuse findet man über die ganze Gezeitenzone verteilt: Sie ist eine *Raubschnecke* mit rüsselförmig verlängertem Mund. Mit der vorn liegenden Raspelzunge bohrt sie ein Loch in die Schalen von Seepocken und Schnecken. Durch die 1 mm dicke Öffnung hindurch zerraspelt sie ihr Opfer und saugt es aus. Die jungen Purpur-

172

schnecken ernähren sich von Posthörnchenwürmern, deren Gehäuse sie durchnagen können.

Miesmuschel. Im unteren Bereich der Gezeitenzone und in der Unterwasserzone hängt die 8 cm lange, schwarzblaue Miesmuschel in Massen am Fels. Solche Ansammlungen nennt man *Muschelbänke*. Mit wasserfesten, zähen *Haltefäden*, die von einer Drüse im Fuß gebildet werden, vertäuen sie sich nach allen Richtungen. So finden sie festen Halt.

Bohrmuscheln. Im Norden Helgolands lebt die *Krause Bohrmuschel.* Sie ist weiß und wird 8 cm lang. Ihre beiden Schalen, zart wie aus dünnem Porzellan, sind mit Rippen und scharfen Zähnchen besetzt. In jahrelanger „Fußarbeit" dreht sich die Muschel wie ein Bohrer in den Fels hinein. Die rauhe Schalenoberfläche raspelt einen 10–14 cm tiefen Gang in den Kalk. Da die Muschel dabei wächst, wird das Bohrloch nach innen immer größer. So bleibt das Tier zeitlebens eingeschlossen. Nur der Sipho ragt aus dem Bohrloch heraus. Die *Felsenbohrer* ätzen sich mit Hilfe einer Säure ins Kalkgestein.

Purpurseerose. Im unteren Teil der Gezeitenzone entfaltet die prächtig rot- oder grüngefärbte Purpurseerose ihre 200 *nesselzellenbesetzten Fangarme.* Seerosen sind *Polypen.* Eine Medusengeneration tritt bei ihnen jedoch nicht auf. Mit der *Fußscheibe* sitzen die Tiere auf dem Fels. Auch starke Wellen spülen sie nicht fort. Ihr Körper besteht aus einer zusammenziehbaren Röhre, die – anders als beim Süßwasserpolypen – durch *Scheidewände* gekammert ist. Sie sind oben mit dem *Schlundrohr* verwachsen, unten ragen sie in den *Magenraum* hinein. Entlang ihres inneren Saums tragen sie Zellen, die Verdauungssäfte absondern und Nahrungsbestandteile aufnehmen. Fische, Krebse und Nacktschnecken werden von den Nesselzellen der Fangarme gelähmt, festgehalten und in den Schlund gestopft. Bei Ebbe kugelt sich die Seerose ein.

173.1 *Miesmuschel. Die zähen Haltefäden verankern sie auf der Unterlage.*

Miesmuscheln werden auch kultiviert. Die bundesdeutsche Ernte beträgt jährlich etwa 8000 t, die der Holländer 55 000 t.

173.2 und 173.3 *Das Foto zeigt eine Purpurseerose. In dem schematischen Schnitt durch eine Seerose sind Fangarme, Mund, Schlundrohr, Magenraum, Scheidewände und Fuß zu sehen. Rot: Keimzellen.*

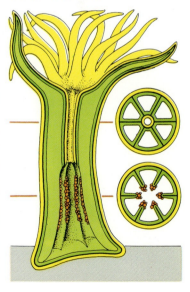

173

174.1 Muschel- und Schneckenschalen, die man an der Nordsee häufig findet. Die Namen der Muscheln und Schnecken sind auf S. 175 angegeben.

174.2 und 174.3 Krebstiere der Nordsee. Der Kaisergranat wird etwa 18 cm lang. Hummer gab es früher vor Helgoland in großer Zahl. Im Foto ist ein ausgewachsener, 40 cm langer Hummer vor seiner Höhle zu sehen.

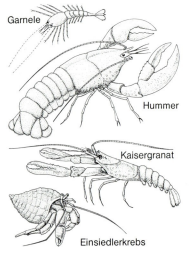

Garnele

Hummer

Kaisergranat

Einsiedlerkrebs

7.4.3 Unterwasserzone und Meeresboden

Auf die Gezeitenzone folgen *Unterwasserzone* und *Meeresboden*.

Wellhornschnecke. Das 8–12 cm hohe, graugelbe Gehäuse ist bei Wellhornschnecken, die in der Brandungszone leben, dickwandig. Bei Bewohnern des Meeresbodens ist es dünner. Als Räuber und Aasfresser findet die Schnecke Nahrung genug. Ihre Eier packt sie zu je etwa 1000 Stück in eine Kapsel. Viele Kapseln werden zu einem traubenförmigen Büschel zusammengefügt. Nur aus etwa 10 Eiern einer Kapsel gehen kleine Schnecken hervor. Die übrigen Eier werden von den Schnecken während ihrer Entwicklung aufgefressen.

Hummer. Der Helgoländer Felssockel in 35 m Tiefe ist der Le-

174

bensraum des Hummers. Kopf und Brust sind wie beim Flußkrebs zum *Kopfbruststück* verwachsen. Der Hinterleib endet mit einem breiten *Schwanzfächer*. Das vordere Paar der Laufbeine besitzt mächtige Scheren, die unterschiedliche Aufgaben erfüllen: Mit der größeren *Knackschere* zermalmt der Hummer die dicksten Muschel- und Schneckenschalen, während die feinzähnige *Schneideschere* zum Ergreifen der Beute und Zerteilen ihres Fleisches dient. Die kleineren Scheren der beiden folgenden Laufbeine bilden wie beim Flußkrebs das „Eßbesteck". Tagsüber verbirgt sich der Hummer in Felsspalten, unter Steinen oder in Höhlen, aus denen er den Sand herausbaggert. Nachts fängt er Schnecken, Muscheln, Würmer und Aas.
In der Zeit von Juli bis September befestigt das Weibchen je nach Alter 5000–30 000 Eier an seinen Hinterleibsbeinen. Knapp ein Jahr später kriechen blau gefärbte Larven aus, die sich von Plankton ernähren, nach einigen Wochen zu Boden sinken und unter zahlreichen Häutungen heranwachsen.
Früher wurden bei Helgoland jährlich 70 000 Hummer mit beköderten Körben gefangen. Heute sind die Hummer dort *fast ausgestorben*.

Einsiedler im Schneckenhaus. In den leeren Gehäusen der Wellhornschnecke lebt der *Einsiedlerkrebs*. Er steckt seinen schneckenförmig gewundenen, weichhäutigen Hinterleib in die Windungen des leeren Schneckenhauses. Auf diese Weise ist er vor Feinden geschützt. Das Kopfbruststück ist hart wie bei anderen Krebsen. Mit den großen Scheren kann der Krebs Angreifer abwehren und Beute machen. Er frißt Schnecken, Würmer, Krebse und Aas.

Stachelhäuter. *Seeigel* und *Seesterne* besiedeln den Meeresboden in großer Zahl. Zusammen mit den *Seegurken* bilden sie den *Stamm der Stachelhäuter*.
In der Nordsee ist der gelbrote bis braunviolette *Rote Seestern* die häufigste Art. 30 cm Spannweite kann er haben. Er läuft auf etwa 200 kleinen Füßchen, von denen jedes mit einer winzigen Saugscheibe endet. Sie gehören zu einem weitverzweigten Röhrensystem im Inneren des Seesterns, das über einen Kanal mit Meerwasser gefüllt wird. Dieses *Wassergefäßsystem* ist ein Pumpwerk. Durch Muskeln kann Wasser in die Füßchen hineingepreßt oder herausgedrückt werden, so daß sie sich strecken oder verkürzen. 60 cm weit tragen diese hydraulischen Füßchen den Seestern in einer Minute. Seesterne sind Räuber. Mit ihren *Saugfüßchen* heften sie sich auf den beiden Schalen einer Muschel fest und ziehen sie auseinander. Nach einiger Zeit gibt der Schließmuskel der Muschel nach. Nun stülpt der Seestern seinen Magen über der Muschel aus und entleert Verdauungssäfte über das Fleisch seines Opfers. Bei dieser *Außenverdauung* wird die Muschel in der eigenen Schale verdaut und dann vom Seestern aufgesaugt. Auch Schnecken, Korallen und Fische werden auf diese Weise gefressen. Wenn du einen Seestern in die Hand nimmst, merkst du, daß er durch Kalkplatten in seiner

Muscheln und Schnecken in Bild 174.1

1 *Herzmuschel*
2 *Klaffmuschel*
3 *Pfeffermuschel*
4 *Tellmuschel*
5 *Schwertmuschel*
6 *Gemeine Uferschnecke*
7 *Stumpfe Uferschnecke*
8 *Felsen-Uferschnecke*
9 *Nordische Purpurschnecke*
10 *Wellhornschnecke*
11 *Krause Bohrmuschel*
12 *Miesmuschel*
13 *Auster*

175.1 *Einsiedlerkrebs. Da er wächst, muß er von Zeit zu Zeit in ein größeres Schneckenhaus „umsteigen".*

175

176.1 *Arm eines Seesterns.*

176.2 *Ein Seestern überfällt eine Muschel und versucht, sie zu öffnen.*

176.3 *Schlangenstern.*

176.4 *Seeigel auf einer Glasplatte. Man sieht die Füßchen.*

176.5 *Baupläne von Seestern und Seeigel. Sie gehören zum Stamm Stachelhäuter.*

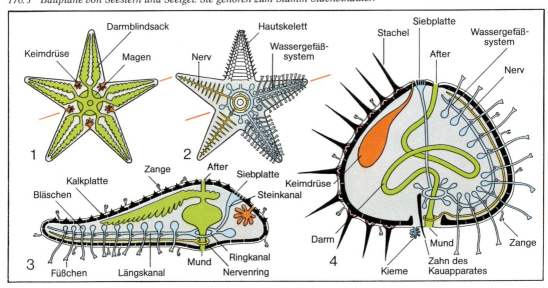

Haut gepanzert ist. Das nennt man ein *Hautskelett.* Büschel winziger Kiemenbläschen an der Oberfläche werden vom farblosen Blut durchströmt. Auch das Wassergefäßsystem ist an der Atmung beteiligt.

Eier und Spermazellen werden ins Wasser ausgestoßen. Dort erfolgt die Befruchtung. Aus der Larve, die zunächst im Plankton lebt, entwickelt sich ein kleiner Seestern.

Die *Schlangensterne* haben dünnere Arme, die leicht abbrechen. Die Füßchen tragen keine Saugscheiben. Sie dienen nur zur Atmung und zur Nahrungsaufnahme. Die Fortbewegung erfolgt durch Schlängeln mit den Armen. Die Schlangensterne leben von kleinen Würmern, Krebsen und Muscheln, auch von Tierresten. Der Magen wird nicht ausgestülpt, sondern die Nahrung geschluckt und das Unverdauliche wieder ausgespuckt.

Die Seeigel haben dem Stamm Stachelhäuter den Namen gegeben. Der kugelige, 10–12 cm große, bläulich-rote *Eßbare Seeigel* ist auf dem Felsboden der Nordsee häufig. Die Kalkplatten seines Hautskeletts sind zu einem *festen Gehäuse* miteinander verwachsen. Wenn du die abgewetzte Schale eines toten Seeigels betrachtest, erkennst du 5 Doppelreihen kleiner Löcher, die wie Längengrade vom Nord- zum Südpol verlaufen. Aus ihnen treten die *Füßchen* des Wassergefäßsystems hervor. Auf diesen Füßchen und auf seinen *Stacheln* läuft der Seeigel. Die Stacheln sitzen mit einem beweglichen Kugelgelenk auf den Kalkplatten. Am „Nordpol" des Gehäuses befindet sich der After, am „Südpol" der Mund. Mit 5 starken *Zähnen* weidet der Seeigel den nahrhaften Bewuchs von Steinen und vom Boden ab und schabt Stücke aus zähen Tangen.

Tintenfische. Der *Gemeine Krake* erreicht in der Nordsee eine Größe von 0,75 m, im Mittelmeer von über 3 m. Er lebt am Boden in Felsspalten, Höhlen und unter Steinen. Oft baut er sich eine „Burg". Dazu häuft er Steine um sich herum auf. Dann bedeckt er

177.1 *Gemeiner Krake. Kraken haben 8 Arme.*

177.2 *Schnecken, Muscheln und Tintenfische bilden den Stamm Weichtiere.*

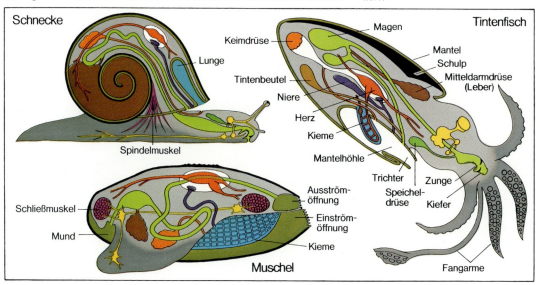

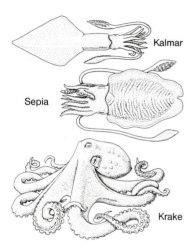

Kalmar

Sepia

Krake

178.1 Kalmar, Sepia und Krake sind Tintenfische.

178.2 Aus einer Larve bildet sich eine Einzelkoralle, die einen Kalkbecher abscheidet. Der Sockel verbreitert sich, und neue Polypen knospen heraus. Oft teilt sich auch ein Polyp in 2 Einzeltiere. Schließlich entsteht ein mächtiger Korallenstock.

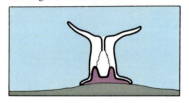

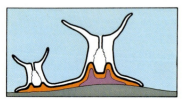

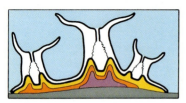

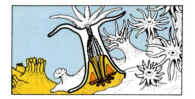

sich selbst mit Steinen und hält sie mit den *Saugnäpfen* seiner *8 Arme* fest. Seine leistungsfähigen Linsenaugen mustern aufmerksam die Umwelt. Nachts geht der Krake auf Beutefang. Meist bewegt er sich dabei auf seinen Armen. In den Saugnäpfen befinden sich *Geruchssinnesorgane*, mit denen er Krebse und Muscheln aufspürt. Aus seiner *Speicheldrüse* spritzt er *Gift* in das Wasser, das die Beute schnell lähmt und tötet. Mit seinen starken *Schnabelkiefern* beißt der Krake ein Loch in den Panzer und speit Verdauungssaft hinein. Auch geschlossene Muscheln behandelt er so. Den entstehenden Nahrungsbrei schlürft er auf. Seine *Raspelzunge* hilft ihm dabei.

Tintenfische atmen mit *1 Paar Kiemen*, die in der *Mantelhöhle* sitzen. Mit „Druckknöpfen" aus Knorpel können sie diesen Hohlraum verschließen und das Wasser durch den *Trichter* auspressen. Der *Rückstoß* treibt sie pfeilschnell davon. Bei Gefahr mischen sie dem Ausstoßwasser *Tinte* zu. Sie bildet eine dunkle Wolke, die den Angreifer täuscht. Die Weibchen der Kraken bewachen den Laich und sorgen durch gezielte Wasserstöße aus dem Trichter für frisches Wasser. Wenn sich die Eischalen öffnen, schwimmen kleine Kraken davon.

● Die Pflanzen und Tiere des Felswatts sind an das Leben in der starken Brandung angepaßt.

7.5 Das Korallenriff

Das *Barrierriff* an der Ostküste Australiens ist 2000 km lang. Es würde, auf Europa übertragen, von Norwegen bis Italien reichen. Seine Fläche entspricht nahezu derjenigen der Bundesrepublik Deutschland. Klein sind aber seine Erbauer: *Polypen* mit einem Durchmesser von knapp 1 cm. In Kolonien von unübersehbar vielen Tieren bauen sie gewaltige Unterwassergebirge auf. Die Baumeister sind recht anspruchsvoll: Das Wasser, in dem sie leben, muß eine Temperatur von 20–30 °C haben und darf nicht tiefer als 50 m sein. Außerdem muß es klar sein und viel Sauerstoff und Kalk enthalten.

178.3 Teil des Barrierriffs vor Australien.

7.5.1 Steinkorallen

Die Polypen zeigen alle Merkmale, die du von den Seerosen kennst. Doch der untere Teil ihrer Körper scheidet Kalk ab, so daß sie in einem *Kalkbecher* stehen. Der Boden dieser Becher wird durch sternförmig angeordnete, senkrechte Kalkplatten stabilisiert, die von unten in die Taschen des Magenraums hineinragen. Tagsüber ziehen sich die Polypen tief in ihren Becher zurück. Nachts aber strecken sie sich und entfalten ihre mit Nesselzellen bewehrten Fangarme, um Plankton zu fangen.

Da die Polypen wachsen, wird der Kalkbecher immer höher. Von Zeit zu Zeit bildet die *Fußscheibe* einen Querboden. Danach stirbt der untere, abgetrennte Polypenteil ab. Durch Ausstülpung entstehen Tochterpolypen. Schließlich bildet sich eine *Polypenkolonie*. Polypenkolonien, die Kalkriffe aufbauen, heißen *Steinkorallen*. Die meisten Steinkorallen sind nach den auffälligen Formen benannt, die ihre Stöcke annehmen: *Hirnkoralle, Pilzkoralle, Geweihkoralle.*

Nicht alle Korallen besitzen Kalkgerüste, manche haben ein Hornskelett. *Orgelkoralle* und *Venusfächer* sind solche *Hornkorallen*. Riffbildner aber sind nur die Steinkorallen.

7.5.2 Korallenpolypen sind „Selbstversorger"

Nur dort, wo kaltes, nährstoffreiches Tiefenwasser aufsteigt, ist das Meer fruchtbar und entfaltet üppiges Leben. Korallen aber leben in warmem Wasser, und das ist *nährstoffarm*. Trotzdem nennt man Riffe oft „Oasen im blauen Meer". Wie ist das möglich?

Korallen beherbergen in ihrer inneren Zellschicht, dem Entoderm, massenhaft einzellige *Algen*. Diese sind grün-gelbbraun gefärbt und werden *Zooxanthellen* genannt. Wie andere Algen nutzen auch sie das Sonnenlicht zur *Photosynthese*. Dabei bilden sie viele organische Stoffe. Einen beträchtlichen Teil davon geben sie direkt an die Polypenzelle ab, in der sie „wohnen". Das gilt auch für den Sauerstoff, den sie tagsüber frei-

179.1 Das Strandriff befindet sich unmittelbar an der Küste. Wenn sich die Insel senkt, entwickelt sich das Strandriff zum Wallriff, das vor der Küste liegt. Wenn die Insel absinkt oder das Meer steigt, kann ein Atoll entstehen.

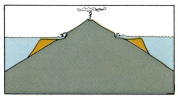

Strandriff

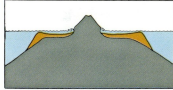

Wallriff

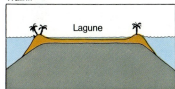

Lagune

Atoll

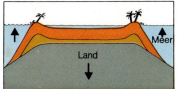

Meer

Land

179.2 Kalkriffe sind aus Steinkorallen aufgebaut.

179

180.1 Ein Fischschwarm am Korallenstock.

Entwirf eine Nahrungskette, an deren Ende die Muräne steht! Muränen fressen auch Papageienfische.

180.2 Das Wasser, in dem Korallen leben, darf nicht kälter als 20°C sein.

▷ Tiere am Riff:
1 Kofferfisch; er besitzt einen Panzer aus Knochenplatten
2 Schmetterlingsfisch
3 Papageienfisch
4 Rotfeuerfisch
5 Zackenbarsch mit Putzerfisch
6 Muräne
7 Riesenmuschel; ihre Schale ist zum Licht hin geöffnet
8 Dornenkronenseestern

setzen. Außerdem helfen sie den Polypen bei der Kalkherstellung. Die Korallen sind also auf die Tätigkeit der Zooxanthellen angewiesen. Deshalb leben sie dicht unter der Wasseroberfläche, wohin das Licht noch vordringt. Umgekehrt liefern die Polypenzellen den Zooxanthellen viele mineralstoffreiche Abfälle und Kohlendioxid. *Beide Organismen tauschen also lebensnotwendige Stoffe aus und bilden eine Symbiose.*

● Die Korallenpolypen sind auf Phytoplankton in ihrer Umgebung nicht angewiesen. Der ganze Stoffkreislauf von den pflanzlichen Produzenten zu den tierischen Konsumenten und über deren Abfallstoffe zurück zu den grünen Pflanzen läuft im Inneren ihrer Zellen ab.

7.5.3 Korallenfresser und Polypenesser

Der *Papageienfisch* kann Korallen knacken. Seine Zähne bilden eine *Beißzange* zum Abzwicken der Kalkbecher. Pflastersteinartige Kauplatten zermahlen sie. *Feilenfische* haben *rüsselförmige Mäuler*, mit denen sie die Polypen einzeln aus ihren Kalkbechern heraussaugen. Die *Schmetterlingsfische* ziehen mit ihren *Pinzettenschnauzen* Algen und Kleintiere aus den Verstecken und zupfen auch gerne Polypen ab.

Die von den Eingeborenen als Geld und Schmuck benutzten *Kaurischnecken raspeln* die Polypen aus ihren Kalkbechern heraus. Eine nur weizenkorngroße *Miesmuschel* steckt ihren *Sipho* in den Magenraum von Pilzkorallen und stiehlt den Mageninhalt.

Ein gefährlicher Riffzerstörer ist der *Dornenkronenseestern*, der fast 0,5 m Spannweite erreicht und massenweise Korallenpolypen verschlingt. Er wiederum wird von der 30 cm langen *Tritonschnecke* und der *Harlekingarnele* verfolgt.

7.5.4 Rifftiere

Wesentliche Teile des Riffs liegen in der Gezeitenzone. Deshalb treffen wir hier dieselben *Lebensformen* wie auf dem Felswatt. Tausende von *Kreiselschnecken* liegen bei Ebbe dicht beisammen. So schützen sie sich in der sengenden Hitze gegenseitig vor der Austrocknung. *Seepocken* bilden hohle Kalkplatten als Hitzeschutz. Ständig unter Wasser leben große Schlangensterne, die *Gorgonenhäupter*. Ihre Arme gabeln sich mehrmals nacheinander, so daß ein feinmaschiges Fanggerät für kleine Meerestiere entsteht.

Ein erstaunliches Rifftier ist die *Riesenmuschel*. Sie kann bis zu 1,30 m lang und 250 kg schwer werden. Auch sie beherbergt *Zooxanthellen*. Ihre Schalenränder weisen nach oben, denn die Algen, die hier sitzen, benötigen Licht.

Die *Muräne* steht unter den Wassertieren im Riff an der Spitze der *Nahrungspyramide*. Sie lauert auf Beute, stöbert ihre Opfer aber auch in engen Schlupfwinkeln auf. Mit messerscharfen Zähnen packt sie zu.

Gezeitenzone ist *Kampfzone* – erst recht im Riff. Nicht nur

wegen der Brandung, sondern auch wegen der Konkurrenz aller hier lebenden Tiere. Da gibt es vielerlei kämpferische Anpassungsformen: *Giftige Flossenstrahlen* beim prächtigen *Rotfeuerfisch* und beim meisterhaft getarnten *Steinfisch*, an der Schwanzwurzel seitlich ausfahrbare *Knochenmesser* beim *Doktorfisch*, *Giftstacheln* beim *Rochen*, *scharfe Gebisse* bei *Hai* und *Muräne*, tödlich wirkende *Nesselzellen* bei der *Würfelqualle*, die deshalb auch „Seewespe" genannt wird. Bei den *Kegelschnecken* ist die Raspelzunge zu einer Hohlnadel umgewandelt, mit der die Tiere Würmer, Weichtiere und manchmal sogar Fische wie mit einer *Injektionsspritze* vergiften.

Der *Hutnadel-Seeigel* erreicht einen Durchmesser von 10 cm, doch seine hohlen und giftigen Stacheln sind dreimal so lang. Sie dienen der Verteidigung. Der *Drückerfisch* aber *pustet* ihn von der Seite mit einem Wasserstrahl so kräftig an, daß er auf den Rücken gedreht wird. Da der Seeigel auf der Mundseite keine Stacheln trägt, kann der Fisch jetzt zubeißen.

7.5.5 Signale im Riff
Auffällig sind die *vielen bunten Farben und Formen* der Fische im Riff. Was haben sie zu bedeuten?
Nur 10 % der Lebewesen im Korallenriff bestehen aus den Korallenpolypen selbst. Sie versorgen die übrigen Tiere mit Nah-

182.1 *Erdölbohrinsel in der Nordsee.*

rung und Unterschlupf. Wer hier eine Wohnung hat, profitiert auch von den dort vorhandenen Lebensmitteln. Die Fische, die im Riff „ein Stück Land" erobert haben, hissen ihre „Flagge" und geben damit den Konkurrenten ein Zeichen: Dieses Territorium ist besetzt! Wer es betritt, wird verfolgt! Solche *Signale* müssen auffällig sein. Grellfarbene Plakate mit aufregenden Mustern übersieht niemand.

Farben und Muster können aber auch freundliche Zeichen sein. Raubfische lassen sich von deutlich gekennzeichneten, kleinen *Putzerfischen* pflegen und säubern. Gleich aussehende „falsche Putzer" allerdings nutzen ihre Ähnlichkeit, um einem irregeführten Kunden plötzlich ein Stückchen Fleisch aus dem Körper zu beißen. Harmlose Fische tragen manchmal die Zeichnung gefährlicher Arten und bleiben wie sie von Feinden verschont. Diese „Nachahmung" nennt man *Mimikry*. Andere Fische tarnen sich.

7.6 Wir Menschen und das Meer

Für den Menschen hat das Meer eine überragende Bedeutung. An Geldwert bringt die Schiffahrt den größten Gewinn. Wichtiger jedoch ist der Fischfang. Er liefert einen wesentlichen Beitrag für die Ernährung der steigenden Zahl von Menschen auf unserer Erde. Doch schon macht sich die Überfischung

Namen einiger Korallenfische: Picassofisch, Wimpelfisch, Papageienfisch, Husarenfisch, Kardinalfisch, Kaiserfisch, Schmetterlingsfisch, Pfauenaugenbarsch.
Was kommt in diesen Namen zum Ausdruck?

Die gegenwärtige Bedeutung der Meere		Fischverzehr je Einwohner und Jahr	
Schiffahrt	50 Mrd. DM	Norwegen	40 kg
Fischfang	30 Mrd. DM	Portugal	25 kg
Erdöl, Erdgas	15 Mrd. DM	Schweden	21 kg
Mineralien	1 Mrd. DM	Japan	19 kg
Die angegebenen Zahlen sind geschätzt. Sie lassen sich nicht genau erfassen.		Chile	16 kg
		Bundesrepublik Deutschland	13 kg

bemerkbar, und man versucht, mit Spezialnetzen und Angeln auch die Tiefsee zu nutzen. Aus Sorge über zu geringe Erträge bei den Fischzügen beginnen die Meeresanlieger, die Grenzen ihrer Hoheitsgewässer auszudehnen. Es kommt zu regelrechten „Fischereikriegen". In einigen Buchten ist man dazu übergegangen, das Meer zu düngen und Meeresfische zu züchten. Das nennt man „Seafarming". Die Austernzucht ist ein einträgliches Gewerbe seit altersher.

Ozean und Atmosphäre beeinflussen sich gegenseitig. Wasser verdunstet, Wolken bilden sich und bringen dem Land Regen. Meeresströme führen Wärme oder Kälte mit sich. Der kalte Labradorstrom bringt nährstoffreiches Wasser vor die amerikanische Ostküste. Der warme Golfstrom beeinflußt maßgeblich das Wetter in Europa. Die großen Wassermassen der Meere wirken temperaturausgleichend. Man spricht von Seeklima. Mit verschiedenen Methoden gewinnt man heute Trinkwasser

Wirbeltiere

Im Meer hauptsächlich durch Fische vertreten. Sie bilden eine wichtige Nahrungsquelle für den Menschen. Lurche fehlen. Meerechsen gibt es auf Galapagos; sie leben von Tangen. Seeschlangen und Seeschildkröten kommen in tropischen Meeren vor. Viele Meeresvögel bevölkern die Küsten. Der Albatros mit einer Flügelspannweite von 3m ist ein Hochseevogel. Säugetiere: Wale sind die größten Tiere dieser Erde; Delphine sind nah mit ihnen verwandt. Viele Arten von Robben leben hauptsächlich an den Küsten.

Stachelhäuter

Dieser Stamm umfaßt nur Meeresbewohner: Seesterne, Schlangensterne, Seeigel, Seegurken; insgesamt 6000 Arten. Sie leben auf dem Meeresgrund. Ihre Larven haben einen großen Anteil am Plankton. Wichtigstes Organ ist das Wassergefäßsystem; außerdem besitzen sie ein Kalkskelett. Die Eingeweide von Seeigeln und Seegurken werden in einigen Gegenden gegessen. Der größte Seestern hat eine Spannweite von knapp 1 Meter; der größte Seeigel hat einen Durchmesser von über 30 cm.

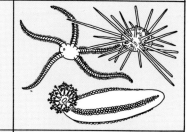

Weichtiere

Im Meer massenhaft vertreten: Schnecken, Muscheln, Tintenfische. Kleine Flügelschnecken gehören wie die Larven der Weichtiere zum Plankton. Muscheln (Austern, Miesmuscheln) und Tintenfische werden gegessen. Perlenzucht. Aus der Purpurschnecke des Mittelmeeres gewannen die Phönizier einen rotblauen Farbstoff, der eine zeitlang ihren Reichtum begründete. Die größte Meeresschnecke hat ein Gehäuse von über 60 cm; die Riesenmuscheln haben Schalen von 1,30m. Der Riesentintenfisch der Tiefsee ist ein Kalmar, dessen längste Fangarme über 15 m messen!

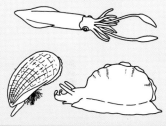

Gliedertiere

Gliederwürmer sind im Meer zahlreich vertreten (etwa 8000 Arten), ebenso Krebstiere (über 30000 Arten); Insekten fehlen. Die Krebstiere bilden mit ihren Larven die Hauptmasse des Planktons und damit die Nahrungsgrundlage der übrigen Meeresbewohner. Große Krebse werden gegessen (Hummer, Garnele, Languste), kleine wie z.B. Krill zu Eiweißpaste oder Tierfutter verarbeitet. Die Rankenfüßer (Seepocken) sind festsitzende Krebstiere.

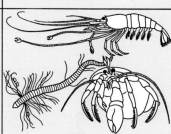

Hohltiere

Polypen, Medusen (Quallen), Korallen. Sie fangen ihre Beute mit giftigen Nesselzellen. Medusen bestehen zu 98% aus Wasser. Das Gift einiger tropischer Arten ist für den Menschen lebensgefährlich. Geschlechtliche und ungeschlechtliche Fortpflanzung; oft Generationswechsel. Steinkorallen sind Riffbildner. Die Edelkoralle wird zu Schmuck verarbeitet. Zu den Korallen gehören auch die Seerosen und die Seeanemonen.

Einzeller

Einzeller bilden einen großen Teil des Zooplanktons. Sie ernähren sich vom Phytoplankton. Oft mit Schalen, so Porentierchen und Strahlentierchen. Viele besitzen Schwebefortsätze oder Öltröpfchen. Die leeren Gehäuse sinken zu Boden und bilden hier im Laufe von Jahrmillionen dicke Schichten (Sedimente).

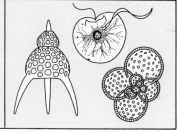

Blütenpflanzen: nur wenige Arten

Farne und Moose: fehlen

Pilze: nur wenige Arten

aus dem Meer. Elektrizitätswerke nutzen den Wechsel von Ebbe und Flut. Das französische Kraftwerk in der Mündung der Rance bei St. Malo in der Bretagne gewinnt Elektrizität aus einem Tidenhub von 6 Metern.

Die Förderung von Erdöl und Erdgas aus dem Boden flacher Meere wurde in letzter Zeit immer mehr gesteigert. Am Grund tiefer Ozeane lagern große Mengen wichtiger Mineralien wie Mangan, Nickel, Kobalt und Kupfer. Aus dem Meerwasser selbst gewinnt man immer mehr wichtige Grundstoffe, so Aluminium und Brom.

Das Meer ist nicht nur Nahrungsquelle und Wirtschaftsraum für den Menschen – es bietet ihm zugleich ein beliebtes Erholungsgebiet. So groß die Bedeutung der Ozeane für den Menschen ist, so viele Gefahren drohen dem Meer. Die Küsten mancher Erholungsgebiete wurden von harpunierenden „Sporttauchern" leergeschossen. Verunglückte Tanker und Ölinseln verursachen die Ölpest. Tausende von Vögeln gehen mit verklebtem Gefieder zugrunde. Nicht abschätzbare Mengen an Plankton und Fischen sterben ab, die Strände verdrecken. Industrieabfälle und Giftstoffe wie Quecksilber gelangen ins Meer. Bleihaltige Abgase der Autos werden tonnenweise vom Land ins Meer gespült.

● Du weißt: Die Nahrungsketten der Meere enden auch auf deinem Tisch!

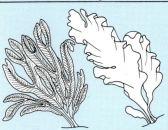

Tange
Tange sind vielzellige, große Algen. Meist haben sie einen derben Körper. Sie sind grün, braun oder rot gefärbt. Oft halten sie sich mit Klammereinrichtungen auf einer Unterlage fest. Manche Tange werden meterlang, einige erreichen eine Länge von mehr als 50 m. Einige Tange bilden gasgefüllte Blasen, so daß sie an der Wasseroberfläche treiben. Die Sargassosee ist nach den dort vorkommenden Tangen benannt.

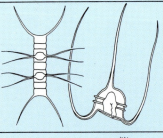

Einfach gebaute Algen
Einfach gebaute Algen bestehen oft aus einer einzigen Zelle, doch können bei aufeinanderfolgenden Teilungen die Tochterzellen beieinander bleiben und Zellketten bilden. Kieselalgen enthalten in den Zellwänden harte Kieselsäure. Sie sind kleiner als 1/2 mm. Nach ihrem Tod sinken die Schalen auf den Meeresgrund und bilden hier mächtige Schichten von Kieselgur. Es wird als Poliermittel und Filtriermasse verwendet, zur Herstellung von Dynamit und ist Bestandteil der Streichholzköpfe. Die Kieselalgen haben oft lange Stacheln, Dornen und andere Fortsätze.

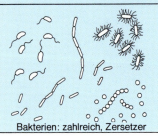
Bakterien: zahlreich, Zersetzer

Mannigfache Lebewesen haben sich in den Ozeanen entwickelt: pflanzliche und tierische Einzeller, Schwämme und Hohltiere, Gliederwürmer, Krebse, Weichtiere, Stachelhäuter und Wirbeltiere. Blütenpflanzen trifft man nur an den Küsten. Moose und Farne fehlen. Einfach gebaute Pilze gibt es. Die Ozeane sind das Reich der Algen, von den einzelligen bis zu den riesigen Tangen. Bakterien besiedeln das Meer von der Oberfläche bis zum Tiefseegrund.

184

2963 m

1

2

3

4

5

6

7

8

971 m

◁ 185.1 *Zugspitze von Nordosten. In welche Höhe wachsen die aufgeführten Pflanzen? Wo leben die Tiere?*

1 *Bergahorn*
2 *Fichte*
3 *Alpenrose*
4 *Schweizer Mannsschild*
5 *Rothirsch*
6 *Gemse*
7 *Murmeltier*
8 *Gletscherfloh*

Moosfarne: Nahe Verwandte unseres Bärlapps.

186.1 *Filzige Haare schützen das Edelweiß vor Sonnenstrahlung und Austrocknung durch den Wind.*

186.2 *Alpenrosen sind Sträucher. Sie können über 60 Jahre alt werden. Ihre biegsamen Äste ertragen zentnerschwere Schneelast.*

8.1 Im Gebirge

8.1.1 Zugspitze

Der Gipfel der Zugspitze in 2963 m Höhe ist fast das ganze Jahr über schneebedeckt. Einzelne Schneefelder jedoch ziehen sich selbst im Sommer noch sehr weit hinab. Wo liegt ihre untere Grenze im Juli? In diesem Monat wurde das Foto auf S. 185 aufgenommen. Auch andere Grenzlinien lassen sich in diesem Bild erkennen. Sie rühren vom Pflanzenkleid her. In welcher Höhe hört der Wald auf? Was folgt nach oben auf den Wald? Wo endet die geschlossene Pflanzendecke? *Viele Pflanzen und Tiere halten sich an ganz bestimmte Höhenbereiche.* Auf einem durchsichtigen Papier, das du über das Foto legst, kannst du versuchen, die Nummern der aufgeführten Pflanzen und Tiere auf dem Berg zu verteilen. Überprüfe dein Ergebnis anhand der nächsten Seiten!

8.1.2 Kilimanjaro

Bis in eine Höhe von 1800 m ist der Weg von dichtem *Regenwald* gesäumt. So weit hinauf reichen auch Kaffee- und Bananenpflanzungen. Bis auf 2800 m führt eine Autostraße. Dichter Nebel hüllt auf diesem Abschnitt den Wald ein. Eigentümliche Pflanzen, Überpflanzen oder Epiphyten genannt, zeichnen diesen *Nebelwald* aus. Epiphyten sind Pflanzen, die auf anderen Pflanzen sitzen. Graugrüne Flechtenbärte hängen von den Ästen. Moospolster überziehen alle Stämme. In den Astgabeln wachsen Farne. Der Boden ist von Moosfarnen bedeckt. In 3100 m Höhe ist der Nebelwald unvermittelt zu Ende. Ein scharfer Wind zerbläst den Nebel und jagt die Schwaden über eine steppenartige Landschaft mit niedrigen Sträuchern, ausgetrockneten Grasbüscheln und bunten Strohblumen. Bäume gibt es hier nur noch vereinzelt. Sie haben auch keine Ähnlichkeit mit den Bäumen weiter unten. Die mannshohe Baumerika, eine Verwandte unseres Heidekrauts, erinnert an Nadelbäume. Fremdartig kommen uns die Schopfbäume des Riesenkreuzkrauts in dieser *Strauchregion* vor. Über 4000 m Höhe gibt es nur noch *einzelne Pflanzenpolster* und Grasbüschel im Schutz von Felsblöcken. In 5893 m Höhe, auf dem Gipfel des Vulkanbergs, liegen *Eis* und *Schnee* unter der Äquatorsonne.

8.1.3 Der Pflanzenbewuchs ändert sich mit der Höhe

Zugspitze und Kilimanjaro – zwei Berge in verschiedenen Erdteilen, in unterschiedlichen Landschaften, aus verschiedenem Gestein, von unterschiedlicher Höhe, mit verschiedenem Pflanzenkleid. Vielleicht ist dir aufgefallen, daß es trotz aller Unterschiede *Übereinstimmungen* gibt: An der Zugspitze wie am Kilimanjaro ändert sich das Pflanzenkleid mit der Höhe. Hier wie dort folgt dem *Waldgürtel* ein *Strauchgürtel* und darüber ein *Gürtel von Polsterpflanzen und Gräsern.*

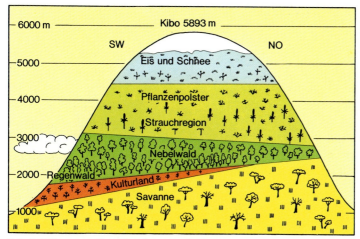

6000 m — Kibo 5893 m

SW — NO

Eis und Schnee

5000

Pflanzenpolster

4000

Strauchregion

3000

Nebelwald

2000 — Regenwald

Kulturland

Savanne

1000

187.1 Pflanzengürtel am Kilimanjaro, dem höchsten Berg Afrikas. Der Kilimanjaro ist aus den Vulkanen Schira, Mawensi und Kibo zusammengewachsen.

8.1.4 Pflanzengürtel in den Nordalpen

Auf der Zugspitze befindet sich in 2960 m Höhe die höchste Wetterstation Deutschlands. 2240 m tiefer, in Garmisch-Partenkirchen, steht ebenfalls eine Wetterstation. Wenn du die *Klimawerte* der beiden Stationen vergleichst, bekommst du einen Eindruck davon, wie sich die *Umwelteinflüsse* mit der Höhe ändern.

	Jahresdurchschnitt		Summe über 1 Jahr hinweg		
	Temperatur	Windstärke	Sonnenschein-dauer	Nieder-schläge	Neuschnee-decke
Zugspitze	– 4,8 °C	4	1824 h	1990 mm	17870 mm
Garmisch-Partenkirchen	+ 7,1 °C	1,2	1673 h	1423 mm	3040 mm

Im Gebirge ist es kälter als in tiefergelegenen Bereichen. Mit 100 m Höhenzunahme sinkt die mittlere Temperatur etwa um 0,5 °C. Allerdings heizt die Sonne den Boden und die Pflanzen in größeren Höhen so stark auf, daß beispielsweise in 3000 m Höhe Temperaturunterschiede von 50 °C zwischen einem Platz in der Sonne und im Schatten keine Seltenheit sind. Wie die Tabelle zeigt, scheint die Sonne auf den Bergen auch länger als im Tal.

Gebirge sind meist Niederschlagsgebiete. Die Luftmassen, die an ihren Abhängen hochsteigen, kühlen sich in der Höhe ab. Die mitgeführte Feuchtigkeit bildet Wolken, es regnet oder schneit. Doch die starke Sonneneinstrahlung, die dünne Luft und der niedrige Luftdruck lassen die Feuchtigkeit rasch verdunsten. Der ständige Wind in den Bergen trocknet zusätzlich aus.

In 2000 m Höhe liegt in den Alpen etwa 7 Monate im Jahr Schnee. In 3000 m Höhe ist der Boden meist nur wenige Wochen schneefrei. Nur Pflanzen, die den *tiefen Temperaturen*, dem häufigen Wechsel von *Hitze und Kälte*, *Regengüssen*, zeitweiliger *Austrocknung*, *Schneelast* und *Stürmen* gewachsen sind, *überleben* dort.

187.2 „Schopfbäume" am Kilimanjaro. Auf Stengeln, die 7 m hoch werden können und von abgestorbenen Blättern filzig umhüllt sind, stehen die Blattrosetten des Riesenkreuzkrauts.

187.3 Nebelwald am Kilimanjaro.

187

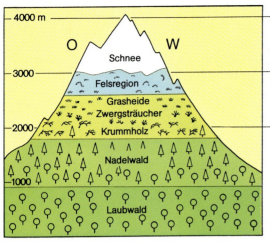

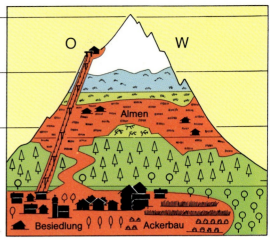

188.1 *Pflanzengürtel in den Nord-alpen. Almwirtschaft, Besiedlung, Akkerbau, Fremdenverkehr und insbesondere der Wintersport verändern das Pflanzenkleid der Alpen.*

188.2 und 188.3 *Für Alpenpflanzen gilt es, den kurzen Bergsommer zu nützen. Soldanellen (oben) blühen schon unter der Schneedecke auf. Aus dem Blütenstand des Alpenrispengrases (unten) wachsen junge Pflänzchen hervor.*

Am empfindlichsten sind die Laubbäume. Große Kälte, starke Temperaturschwankungen und heftige Stürme vertragen sie nicht. Das läßt sich auf einer Bergwanderung feststellen: Bis etwa 900 m Höhe führt der Weg durch *Laubwald* mit Ulmen, Rotbuchen, Eichen, Eschen und Bergahorn. Dann ist der Laubwald zu Ende. Über 900 m Höhe gibt es fast nur noch Tannen und Fichten. Sie sind weniger empfindlich. Die Grenze des *Nadelwaldes*, der über 1300 m fast nur noch aus Fichten besteht, liegt bei 1800 m. Ab 1800 m lichtet sich der Wald. *Krummholz* aus Legföhren und kniehohes Alpenrosengebüsch drängen von oben her zwischen die Bäume. Einzelne Wetterfichten stehen wie Vorposten des Waldes noch höher. Meist wachsen sie einseitig zur windabgewandten Seite hin. Auf Legföhren und Alpenrosengebüsch folgt ein Gürtel, in dem vor allem *Zwergsträucher* wachsen. Ab etwa 2500 m findet man nur noch Gräser und zahlreiche Arten von Kräutern. Diesen Gürtel nennt man *Grasheide*. Über der Schneegrenze gibt es nur noch vereinzelt Blütenpflanzen. Schließlich werden auch Algen, Moose und Flechten selten.

● In den Alpen verschärfen sich die Lebensbedingungen von unten nach oben. Übereinander folgen der Laubwaldgürtel, der Nadelwaldgürtel, der Krummholzgürtel und die Gürtel der Zwergsträucher und der Grasheide.

8.1.5 Alpenpflanzen kämpfen ums Überleben

Die Pflanzen im Hochgebirge sind auf vielfältige Weise *an ihren Lebensraum angepaßt.* Bei einigen Arten bleiben die *Fruchtstände* bis in den Winter hinein stehen. Nur so gelingt es ihnen, reife Samen auszubilden. Zahlreiche Gebirgspflanzen pflanzen sich *ungeschlechtlich* fort. Einjährige Pflanzen, die im selben Jahr aus einem Samenkorn heranwachsen, Samen bilden und anschließend absterben, gibt es im Hochgebirge kaum. Für sie ist die Wachstums- und Reifezeit zu kurz. Ausdauernde, *mehrjährige Pflanzen* haben bessere Überlebenschancen.

Viele Alpenpflanzen sind von *niedrigem Wuchs*: In Bodennähe ist es windstiller und feuchter, auch schützt die Schneedecke 8–10 Monate lang vor strengem Frost. Selbst bei einer
Lufttemperatur von −20 °C sinkt die Temperatur unter einer
60 cm hohen Schneedecke kaum unter den Gefrierpunkt.
Niedrige Sträucher mit biegsamen Ästchen und Polsterpflanzen ertragen die Schneelast am besten. Auch wenn die
schützende Schneedecke fehlt, tragen einige Gebirgspflanzen
keinen Schaden davon: Ihr Zellsaft enthält gelösten Zucker
als *Gefrierschutz*. Viele Pflanzen über der Waldgrenze sind
immergrün. Selbst im Winter können sie noch Photosynthese
betreiben. Auch der Schnee hindert daran nicht: Unter einer
20 cm dicken Schneedecke ist es so hell wie unter dem Blät-
terdach eines sommergrünen Buchenwaldes.

Mannsschild und Flechten. In 3500 m Höhe, im ewigen
Winter, wachsen in den Ritzen schneefreier Felsgrate die
Kugelpolster des Schweizer Mannsschildes. Findest du
heraus, wie er den Kampf ums Überleben führt?
Schweizer Mannsschild: Halbkugelförmige Polsterpflanze mit
vielen verzweigten Ästchen, die dicht beisammen stehen.
Blättchen derbhäutig, immergrün. Die oberen Blättchen leben,
die unteren sind abgestorben und zerfallen zu Humus. Pfahl-
wurzel. Selbstbestäubung der Blüten möglich, Samenreife im
Spätherbst.
Selbst an den glatten Felswänden der Alpengipfel gibt es
Lebewesen. Die grauen, gelben, orangeroten und braunen
Krusten auf den Steinen sind *Flechten*. Flechten können
monatelang ohne Wasser auskommen, in wenigen Minuten
aber mehr Wasser aufnehmen, als ihrem Trockengewicht entspricht, und ebenso schnell mit der Photosynthese beginnen.
Sie sind einfach gebaute Pflanzen, bei denen Algen und Pilze
eine Symbiose bilden.

Flechten sind oft Wegbereiter in der Felsregion. Von ihnen
ausgeschiedene Stoffe lösen den Kalkstein an, gefrierendes
Wasser erweitert die Risse. Wenn Sand, Staub und Flechten-
reste die Spalten füllen, können Blütenpflanzen wurzeln.

8.1.6 Tiere in den Bergen

Gemsen. In der Kälte des Oktobermorgens hat das Gams-
rudel seinen nächtlichen Einstand in den Legföhren verlassen.
Trittsicher ziehen die Tiere über Geröllhänge und handbreite
Felsbänder, setzen über meterweite Klüfte und springen bis
zu 15 m tief hinab. Bei jedem Sprung *spreizen sie die Hufe*
weit, so daß sie wie Zangen den Felsgrund greifen.
Im November stößt ein alter Gamsbock zu dem Rudel, das
aus einem Dutzend Geißen, ihren im Mai geborenen Kitzen
und den Jährlingen besteht. Wie die Rudeltiere hat auch der
Bock schon das dichte *Winterfell* aus schwarzbraunen Grannenhaaren von 8–12 cm Länge. Zusammen mit den flauschi-
gen Wollhaaren verleihen sie den Tieren den notwendigen

189.1 und 189.2 *Der Schweizer*
Mannsschild besiedelt die Felsregion
bis 3500 m. Der Längsschnitt (unten)
zeigt den Aufbau der Polsterpflanze.

189.3 *In allen Hochgebirgen der*
Erde gehören die Flechten zu den Le-
bewesen, die am höchsten vordringen.
Bei der Krustenflechte im Bild handelt
es sich um die Landkartenflechte.

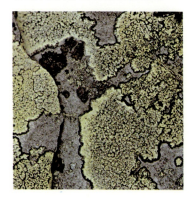

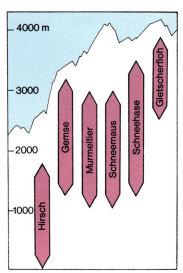

190.1 Lebensbereiche von Tieren der Alpen.

190.2 Gemsen. Geiß mit Jungtieren.

Brunftzeit: Paarungszeit

190.3 Murmeltiere am Bau.

190.4 und 190.5 Schneehase im Sommer und im Winter.

Kälteschutz. Im Dezember ist *Brunftzeit*. In dieser Zeit beherrscht der Bock das Rudel. Ständig markiert er mit einem Stoff aus seinen Duftdrüsen hinter dem Hornansatz Sträucher und Steine im Revier. Als *Platzbock* muß er sich gegen rudellose Rivalen behaupten. Wenn diese dem Rudel zu nahe kommen, droht er mit aufgerichteten Rückenhaaren und greift an. Zum Fressen bleibt dem Platzbock kaum Zeit. Nur wenn er sich als Einzelgänger im Sommer genügend *Fett* angefressen hat, kann er während der Brunft seinen Platz behaupten und den Winter überstehen.

Auch bei Eis und Schnee erreichen die klettergewandten Gemsen Äsungsplätze in der hohen Felsregion. Erst wenn der Schnee die letzten Pflanzen zugedeckt hat, ziehen sie weiter nach unten in die Wälder.

Schneemäuse. Zu den Säugetieren, die auch im Winter in den höchsten Regionen der Alpen leben, gehört die Schneemaus. Im Alpenrosengebüsch, auf sonnigen Matten, aber auch in den Rasenflecken zwischen dem Geröll verlaufen ihre *Gänge* dicht unter der Erde. Unter dem Schnee wühlt sie sich von Pflanze zu Pflanze. Auch im tiefsten Winter bleibt ihr Fell immer graubraun.

Schneehasen. Der Schneehase färbt sich im November um. Luftgefüllte, weiße Grannenhaare überwachsen das braune Sommerfell und verleihen dem Tier ein *Tarnkleid* für den Winter. Im Spätherbst zieht der Schneehase dann aus dem Krummholzgürtel tiefer hinab in den Nadelwaldgürtel.

Murmeltiere. Die Murmeltiere haben schon einige Wochen vor dem ersten Schnee einen *Winterbau* unter der Erde bezogen. Am Ende eines 8–10 m langen Ganges liegt in 2–3 m Tiefe ihr Wohnkessel. Bis zu 15 Tiere finden darin Platz. Der Kessel ist sorgsam mit Heu gepolstert, der Eingang von innen durch Erde und Steine verschlossen. Im kurzen Sommer haben die Murmeltiere sich so viel *Fett* angefressen, daß sie im Winter davon zehren können. Allerdings reichen diese Vorräte nur deshalb so lange, weil die Tiere einen *Winterschlaf* halten und dabei ihren Stoffwechsel drosseln. Nur alle 3–4 Wochen erwachen sie für kurze Zeit, um Harn und Kot abzugeben.

8.2 An der nördlichen Waldgrenze

Eine *Rentierherde* zieht nach Süden. Die Tiere kommen von ihren sommerlichen Weidegründen in der baumlosen *Tundra* im Norden Norwegens. Auch *Polarfuchs*, *Schnee-Eule* und *Schneehuhn* ziehen vor dem Winter ein Stück nach Süden, wo es mehr zu fressen gibt. Nur wenige Tierarten, wie *Lemming* und *Ziesel*, bleiben auch im Winter im hohen Norden.

Was zeichnet die Tundra aus, diesen Lebensraum am Rande der *Arktis*? Welchen Bedingungen müssen Lebewesen hier standhalten? Im kurzen Sommer kann es sehr heiß werden. Der Winter ist lang, kalt und stürmisch. Das erinnert an die Verhältnisse im Hochgebirge.

● Im Hochgebirge verschärfen sich die Lebensbedingungen mit der Höhe, in der arktischen Tundra von Süden nach Norden.

Je weiter nördlich, umso kürzer erhebt sich im Winter die Sonne über den Horizont. Nördlich des *Polarkreises* geht sie sogar für einige Zeit überhaupt nicht auf. Heftige Stürme blasen weite Flächen vom schützenden Schnee frei. Sogar im Sommer taut der *gefrorene Boden* nur wenige Zentimeter tief auf. Die Niederschläge sind gering, dennoch herrscht keine Trockenheit. Bei den niedrigen Temperaturen verdunstet nur wenig Wasser, und der Frostboden läßt kein Wasser einsickern. Daher gibt es in der Tundra im Sommer viele flache *Schmelzwassertümpel* und *Sümpfe*. Unzählige *Mücken* entwickeln sich dann im Wasser, Nahrung für viele *Zugvögel*, die hier brüten.

Ähnlich wie im Hochgebirge haben auch in der Tundra die meisten einjährigen Pflanzen keine Überlebenschancen. Nur ein Dutzend einjähriger Pflanzenarten kennt man aus den Tundren Europas und Asiens, dagegen nahezu tausend *mehrjährige Arten*. Wie im Hochgebirge pflanzen sich viele Pflanzen *ungeschlechtlich* fort. Nur wenige Tundrapflanzen

191.1 Die halbwilden Rentiere im Norden Europas sind an das Leben in der baumlosen Tundra angepaßt. Sie wandern jedes Jahr weite Strecken zwischen Sommerweide und Überwinterungsplätzen.
Die Markierung zeigt den Ausschnitt der unteren Karte.

191.2 Den äußersten Norden Skandinaviens und Finnlands, etwa vom Polarkreis an, rechnet man zur Arktis.

191.3 Winterweide, Sommerweide und Zugwege der norwegischen Rentiere. Manche Herden sind gezwungen, auf ihrem Zug schmale Meeresarme zu durchschwimmen.

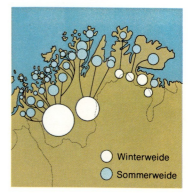

○ Winterweide
○ Sommerweide

192.1 Übergang zwischen Waldtundra und Tundra in Norwegen. An windgeschützten Stellen wachsen noch Bauminseln mit verkrüppelten Birken. Sonst bedecken Zwergsträucher und Flechten den Boden.

192.2 Die Polarweide wird 3–4 m lang, aber nur wenige Zentimeter hoch.

192.3 Rentierflechte.

werden höher als 10 cm. Die Vorteile des *Zwergwuchses* kennst du von den Gebirgspflanzen. Selbst Holzgewächse wie die Polarweide und die Polarbirke halten nur stand, wo sie sich eng an den Boden anschmiegen. Alle Pflanzen *wachsen* im hohen Norden sehr *langsam* und können erstaunlich *alt* werden. Der holzige Sproß einer *Polarweide* wird in 400 Jahren oft nur 2,5 cm dick. Selbst Kräuter werden über 100 Jahre alt. Besonders gut kommen einige Flechten mit den Lebensbedingungen der Tundra zurecht. Die silbergraue *Rentierflechte* überzieht weite Flächen. Rentiere scharren sie sogar aus metertiefem Schnee, um sie zu fressen.

Weiter im Süden beginnt der *nordische Wald*. Die Übergangszone zwischen Tundra und Wald nennt man *Waldtundra*. Sie kann viele Kilometer breit sein. Eine deutliche Waldgrenze gibt es nicht. In den lichten Wäldern der Waldtundra überwintern die Rentiere. Hier liegt der Schnee lockerer als in der Tundra.

● Von Süden nach Norden folgen nordischer Wald, Waldtundra und Tundra aufeinander.

Nur in äußerst günstigen Jahren können die Bäume im hohen Norden *keimfähige Samen* bilden, die nördlichsten *Kiefern* Europas wahrscheinlich nur alle 100 Jahre. Viele Samen treibt der Wind in den unwirtlichen Norden, wo sie nicht keimen können. Zudem erschwert der Flechtenteppich die Keimung, weil die Samen nicht in den Boden gelangen. Jedes ungünstige Jahr vernichtet die zarten Jungpflanzen. Nur wenn mehrere Jahre hintereinander günstige Bedingungen herrschen, kann ein Baumsämling aufkommen.

● Außerordentliche Lebensbedingungen erfordern ungewöhnliche Anpassungen: Die Pflanzen im Gebirge und am Rande der Arktis sind vor allem an die kurze Wachstumszeit angepaßt. Die Tiere ändern ihre Lebensweise mit den Jahreszeiten.

8.3 Leben und Überleben in der Wüste

8.3.1 Ein lebensfeindlicher Raum

Sengende Sonne, hitzeflimmernde Luft, langanhaltende Trokkenheit und ein endloses Meer aus glutheißem Sand – so stellen sich viele die Wüsten vor. Zu einer *Wüste* gehören aber auch eiskalte Nächte, gewaltige Regengüsse, scharfkantige Steine und ständiger Wind.

Keine Wüste der Erde gleicht der anderen. Trotzdem gibt es Gemeinsamkeiten:

- Alle Wüsten haben Böden mit hohem Mineralstoffgehalt, geringe, unregelmäßig über die Jahre verteilte Niederschläge, geringe Luftfeuchtigkeit, fehlende Gewässer, hohe Luft- und Bodentemperaturen, große Temperaturschwankungen, verstärkte Austrocknung durch den Wind.

In den trockensten Wüsten können nur wenige Lebewesen existieren. In den *Halbwüsten* sind die Bedingungen nicht ganz so hart, so auch in der *Sonora*, einer Halbwüste um den Golf von Kalifornien in den USA. Pflanzen bedecken dort einen Teil des Bodens, Spuren im Sand verraten die Anwesenheit von Tieren. Welche Tiere sind das? Wie halten sie die Hitze aus, wie die Trockenheit? Was fressen sie?

8.3.2 Springmäuse

Tagsüber scheint die Sonora wie ausgestorben. Sobald aber die Sonne untergegangen ist, kommen *Springmäuse* aus ihren Verstecken. Wie Känguruhs hüpfen sie auf den langen Hinterbeinen über den Boden. Feste Haare an den Pfoten verhindern, daß sie in den losen Sand einsinken. Nur selten berühren die kurzen Vorderbeine den Grund. Die langen Barthaare reichen bis auf den Boden. Selbst während des Sprungs tasten sie den Boden ab. Vor ihren Feinden fliehen die Springmäuse in weiten Sprüngen. Dabei erreichen sie Ge-

193.1 und 193.2 Riesenkakteen kennzeichnen die Sonora-Wüste in den USA. Sie erreichen 12 m Höhe, wiegen dann 7 Tonnen und sind 150 bis 200 Jahre alt.
Spuren auf dem Wüstenboden verraten die Anwesenheit von Tieren.

Wo liegen folgende Wüsten und Halbwüsten: Sahara, Namib, Lut, Tharr, Gobi, Atacama, Sonora, Große Victoriawüste. Worin unterscheidet sich das Wüstenklima von dem der Steppe?

Von welchen Tieren könnten die Spuren in Bild 193.2 stammen?

193

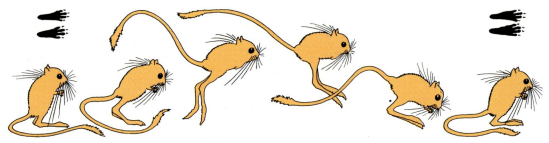

194.1 Wüstenspringmaus im Sprung.

194.2 Der Rennkuckuck, ein naher Verwandter unseres einheimischen Kuckucks, ist ein kleiner Laufvogel. Sein 30 cm langer Schwanz dient als Gegengewicht und Bremse beim Laufen und Wenden.

Die amerikanischen Wüstenspringmäuse heißen auch „Känguruhratten". Kannst du erklären, wie sie zu diesem Namen kommen?

194.3 Die Wüstenspringmäuse springen sich beim Kampf an und schlagen mit den Hinterbeinen.

schwindigkeiten von 6 m in der Sekunde. Nur alle 2 m setzen die Mäuse die Beine auf. Oft schlagen sie auf der Flucht sogar rechtwinklige Haken.

Den heißen Tag verschlafen die Tiere meist unter der Erde in *Wohnhöhlen.* Selbst wenn der Wüstenboden am Mittag eine Temperatur von über 60 °C hat, ist es darin, 30−50 cm unter der Oberfläche, nicht wärmer als 15−25 °C. Da die Springmäuse die Eingangsröhren zu ihren Wohnhöhlen tagsüber verschlossen halten, ist es dort auch *feuchter* als über der Erde, weil die Feuchtigkeit der ausgeatmeten Luft erhalten bleibt. Ein Teil dieser Luftfeuchtigkeit wird von den Samen und Körnern aufgesaugt, die die Mäuse zusammengetragen haben. Sie kommt den Mäusen wieder zugute, wenn sie fressen. Wüstenmäuse *schwitzen nicht.* Auch das spart Wasser. Zur *Ausscheidung* der gleichen Menge Abfallstoffe mit dem Harn reicht ihnen *ein Viertel des Wassers*, das wir dafür brauchen.

So gering der *Wasserverlust* auch ist, er muß ausgeglichen werden. Wo aber bringen die Tiere das lebensnotwendige Wasser her? Regenwasser gibt es selten. Enthalten am Ende die Samen und Körner das notwendige Wasser? Messungen an einer gefangenen Springmaus gaben Aufschluß:
Die 38 g schwere Maus verzehrte während des Versuchs 100 g Pflanzensamen.

In dieser Zeit wurde gemessen:

Wasserabgabe der Maus	mit der Atemluft	43,9 g
	mit dem Harn	13,5 g
	mit dem Kot	2,5 g
Wasseraufnahme der Maus aus der Nahrung		6,2 g

Es fehlen 53,7 g Wasser. Woher kommen sie? Um diese Frage beantworten zu können, muß man wissen, daß beim Abbau der Nährstoffbausteine in den Zellen des Körpers Wasser gebildet wird, aus 100 g Pflanzensamen genau die fehlenden 53,7 g.

Etwa 90% ihres Wassers beziehen die Springmäuse somit als *Stoffwechselwasser.* Die Tiere sind so sehr an dieses „Trinken auf Umwegen" angepaßt, daß sie auch in Gefangenschaft kein Trinkwasser annehmen. Du verstehst jetzt, warum Wüstenmäuse auf genügend Nahrung in doppelter Hinsicht angewiesen sind.

194

8.3.3 Räuber in der Wüste

Der Kitfuchs. Er sucht seine Beute bei *Nacht* und verläßt sich dabei vor allem auf seinen *Hörsinn*. Seine großen Ohrmuscheln sind bewegliche Schallfänger. Mit ihnen ortet der Fuchs Mäuse auch bei völliger Dunkelheit. Er beschleicht sie und fängt sie mit einem gezielten Sprung.

Der Rennkuckuck. Er jagt bei *Tag* und orientiert sich dabei vor allem mit seinem *Sehsinn*. Der hochbeinige Vogel erreicht im Lauf Geschwindigkeiten von etwa 25 km in der Stunde. Dabei „rudert" er heftig mit den kleinen Flügeln. Mit dem Schnabel fängt er Schlangen, Echsen, Insekten und selbst die schnellen Springmäuse. Wie übersteht der Rennkuckuck die Hitze am Tage? Ist das *Laufen* eine Anpassung an das Wüstenleben? Kleine, schnelle Beutetiere sind im Lauf leichter aufzustöbern und zu verfolgen als im Flug. Wahrscheinlich *erhitzt sich der Körper beim Laufen weniger* als beim Fliegen. Gegen Überhitzung schützt sich der Vogel durch *Hecheln*: Bis zu 6 Atemzüge in der Sekunde schaffen Wärme aus dem Körper, allerdings auch Wasser. Deshalb verbringt der Rennkuckuck die Zeit der Mittagshitze während der heißesten Monate im Schatten. Da er nur selten Wasser findet, ist die *Nahrung für ihn die wichtigste Wasserquelle*.

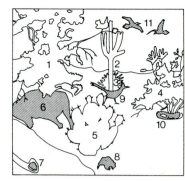

195.1 und 195.2   In den Wüstengebieten im Südwesten der USA fällt zwar selten, aber doch so viel Regen, daß zahlreiche Pflanzen- und Tierarten leben können.

1 *Kreosotstrauch,*   2 *Saguaro*
3 *Palo verde-Strauch*
4 *Mesquite,*   5 *Feigenkaktus*
6 *Kitfuchs,*   7 *Springmaus*
8 *Schaufelfußkröte*
9 *Rennkuckuck*
10 *Seitenwinder-Klapperschlange*
11 *Kolkrabe*

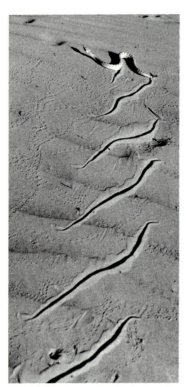

196.1 Die Bewegung der Seitenwinder-Klapperschlange hinterläßt im Sand parallel verlaufende Furchen schräg zur Bewegungsrichtung. Sie sind nicht miteinander verbunden.

Wie kommen die Spuren der Seitenwinder-Klapperschlange zustande?

Gleichwarm: siehe S. 247.

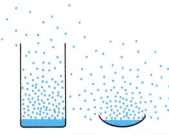

196.2 Die Spaltöffnungen der Kakteen sind tief in die Außenhaut eingesenkt. Ein Modellversuch zeigt, wie sich dies auf die Wasserverdunstung aus den Spaltöffnungen auswirkt. Führe den Versuch durch und erkläre das Ergebnis!

Die Seitenwinder-Klapperschlange. *Kriechtiere* sind *wechselwarme, wärmeliebende* Wirbeltiere. Sie bevorzugen Temperaturen zwischen 35 und 40 °C. Ihnen sollte man daher am ehesten zutrauen, daß sie den heißen Tag in der Wüste verbringen können. Zu heiß darf es aber auch für sie nicht werden, denn schon wenige Grad über ihrer *Vorzugstemperatur* erleiden sie Hitzeschäden. Daher halten die Wüstenkriechtiere ihre Körpertemperatur durch ständigen Wechsel zwischen Aufenthalt in der Sonne und im Schatten in der richtigen Höhe.

Eines dieser Wüstenkriechtiere ist die *Seitenwinder-Klapperschlange.* Mit S-förmigen Windungen bewegen diese Schlangen den Körper nicht nach vorne, sondern *seitwärts.* Der Körper liegt dabei nur an zwei Stellen auf dem Boden. Daher kommt er mit den messerscharfen Steinkanten, dem schmirgelnden Sand oder den heißen Felsflächen kaum in Berührung. Bei ihrer *Lauerjagd* auf Nagetiere und Reptilien verläßt sich die Seitenwinder-Klapperschlange vor allem auf den *Geruchssinn.* Je kühler die Wüstennacht wird, umso besser eignet sich aber der *Wärmesinn* dieser Tiere für das Aufspüren von Beute: Zwischen den Nasenöffnungen und den Augen liegen zwei Gruben mit äußerst empfindlichen Sinnesorganen. Durch sie kann die Schlange warme Körper sehr genau orten. In der nächtlichen Kühle strahlen vor allem *gleichwarme Tiere,* wie Säugetiere und Vögel, Wärme ab.

8.3.4 Grüne Flecke im Gelb der Wüste

Wüstengebiete, in denen es nur alle 10–20 Jahre einmal regnet, sind pflanzenleer. Wo es alle 2–3 Jahre regnet, gibt es erstaunlich viele Pflanzen. So ist zum Beispiel die Sonora-Wüste berühmt durch ihre *Riesenkakteen,* die *Saguaros.* Kakteen gelten zu Recht als „Kinder der Wüste". Ihre dicken, saftigen Säulen- oder Kugelstämme bilden große *Vorratsbehälter aus wasserspeicherndem Gewebe.* 85–90% der Masse eines Kaktus bestehen aus Wasser. Bei einem großen Saguaro sind das über 6000 l. Überraschenderweise sind Kakteen ausgesprochene *Flachwurzler.* Die Wurzeln eines 12 m hohen Saguaro dringen kaum 1 m tief in die Erde, verzweigen sich aber stark und durchwurzeln den Boden im Umkreis von 30 m. Damit wird Regenwasser, auch wenn es nur wenig in den Boden eindringt, von jedem Saguaro auf einer Fläche von mehr als 2500 m² aufgenommen. Ein 3 t schwerer Saguaro, der mehr als 2500 l Wasser enthält, gibt pro Tag nur 0,5–2 l Wasser ab. Trotzdem läßt sich nach einigen regenlosen Monaten der Wasserverlust erkennen: Die *wasserhaltigen Zellen* des Kaktusstammes *schrumpfen,* sein Umfang nimmt ab.

Wie sind die Kakteen vor Wasserverlust geschützt? *Blätter,* die durch Spaltöffnungen Wasser verdunsten, *fehlen.* Die *Außenhaut* des Kaktusstammes ist *dick,* fast *wasserundurchlässig,* und er besitzt nur wenige Spaltöffnungen.

196

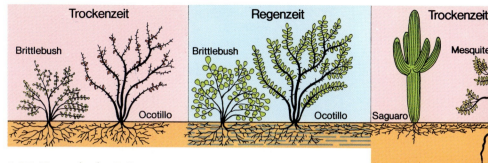

Trockenzeit — Brittlebush — Ocotillo
Regenzeit — Brittlebush — Ocotillo
Trockenzeit — Saguaro — Mesquite

8.3.5 Regen in der Wüste

Wenn es nach langer Trockenzeit in der Sonora regnet, ergießen sich wahre Sturzbäche von 15 °C kühlem Wasser auf die rissige, 70 °C heiße Erde. Der ausgedörrte Boden kann die Wassermassen nicht fassen. Jede Rinne wird zu einem überquellenden Flußbett. Doch nach wenigen Stunden brennt die Sonne wieder. Aber das Wasser unter der erneut austrocknenden Oberfläche reicht aus, um das Gesicht der Wüste zu verwandeln: Wo nackter Wüstenboden war, wogt ein Blütenteppich im Wind. Viele *Samen* sind *zu aktivem Leben erwacht.* Sie keimen, wachsen, blühen und fruchten innerhalb von 3 oder 4 Wochen. Dann sterben sie ab.

Auf den undurchlässigen Tonböden bleiben Tümpel stehen. Schon kurze Zeit nach ihrer Entstehung schwimmen *Schaufelfußkröten* im Wasser. Schaufelfußkröten sind *Lurche* und daher *Feuchtlufttiere.* Tief eingegraben im Boden haben sie die wasserlose Zeit in *Trockenstarre* überdauert. Jetzt paaren sie sich und laichen noch in der ersten Nacht ab. Schon nach 2 Tagen schlüpfen die Kaulquappen. Sie fressen eingeschwemmte Pflanzenreste und Algen. Solange der Boden noch feucht und weich ist, gehen die Kröten auf nächtliche Insektenjagd. Graben sie sich aber nicht rechtzeitig vor dem Austrocknen des Bodens ein, überleben sie nicht.

● Lebewesen in der Wüste sind vor allem darauf eingerichtet, den Wassermangel zu überstehen.

Grundwasser

197.1 *Wüstenpflanzen der Sonora sind auf unterschiedliche Weise an Wassermangel angepaßt: Kakteen, wie der Saguaro, saugen als Flachwurzler auch geringste Mengen Niederschlag in großem Umkreis auf. Der Ocotillo-Strauch wirft bei Trockenheit seine Blätter ab. Die Blätter des Brittlebush sind in der Regenzeit groß und saftig, in der Trockenzeit klein und behaart. Der Mesquite-Baum erreicht mit Wurzeln, die bis zu 30 m lang werden, das Grundwasser.*

197.2 *Querschnitt durch einen Riesenkaktus am Ende der Regenzeit (links) und nach längerer Trockenheit.*

197.3 *Ein starker Regen hat die Wüste in ein Blütenmeer verwandelt! In wenigen Wochen, in denen die Erde feucht ist, müssen aus den Blüten dieser einjährigen Wüstenpflanzen Samen geworden sein, denn nur als Samen überstehen sie die Trockenzeit.*

197

Zwischen Höhlen und Grundwasser bestehen enge Verbindungen. Viele kleine Tiere, die in Höhlengewässern leben, kommen auch in den wassergefüllten Gesteinslücken des tiefen Bodens vor.

198.1 *In lichtlosen Höhlen können keine grünen Pflanzen wachsen. In Schauhöhlen dagegen sind Tropfsteine und Höhlenwände im Bereich der Lampen oft mit Algen überwachsen.*

198.2 *Blinde Höhlenfische der Gattung Anoptichthys aus einer Höhle in Mexiko.*

198.3 *Höhlentiere.*
1 *Springschwanz (Insekt), 1–2 mm*
2 *Höhlenassel (Krebs), 2 mm*
3 *Höhlengarnele (Krebs), 5–7 cm*
4 *Höhlenflohkrebs, 2–3 cm*
5 *Grundwasserkrebs, 3 mm*
6 *Höhlenschnecke, 1 cm*

8.4 Leben in lichtlosen Höhlen

Wo kein Licht hinkommt, wachsen keine grünen Pflanzen. Wo die grünen Pflanzen fehlen, können organische Stoffe höchstens von Bakterien erzeugt werden. Tiere haben es in diesem Lebensraum sehr schwer, weil sie kaum Nahrung finden. Außer *Dunkelheit* und *Nahrungsmangel* erschweren auch *niedere Temperaturen* und *hohe Feuchtigkeit* das Leben in Höhlen. Alle diese Bedingungen bleiben das ganze Jahr über gleich.

Die meisten Höhlentiere sind blind. Im Dunkeln nützen Augen nichts. Viele sind aber besonders *tastempfindlich*, vor allem an den langen Beinen, Fühlern und Mundwerkzeugen. Mit ihrem *feinen Geruchssinn* finden Höhlentiere Nahrung und Geschlechtspartner. Höhlenfische können mit dem *Ferntastsinn* ihrer Seitenlinie Hindernisse, Feinde und Beute im Wasser wahrnehmen.

8.4.1 Höhlentiere sind Hungerkünstler

Mit dem einsickernden Wasser werden Blätter, Zweige, Früchte und kleine Tiere in die Höhle geschwemmt. Höhlengäste wie *Siebenschläfer* und *Fledermäuse* bringen ebenfalls Nährstoffe in die Höhle: Eicheln, Bucheckern, Nistmaterial und Kot. In manchen Höhlen gibt es regelrechte Pendler zwischen innen und außen. Von dem, was sie eintragen, werden viele Höhlentiere satt. *Allesfresser* haben in der Höhle

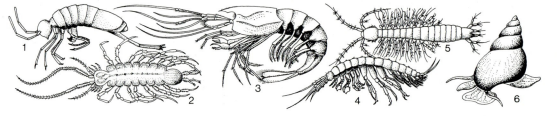

den Nahrungsspezialisten vieles voraus. Deshalb ist ihr Anteil an den Höhlentieren besonders groß. Höhlentiere sind außerdem wahre *Hungerkünstler.* Fische und Kleinkrebse hielten im Experiment 2 Jahre ohne Nahrung durch. Grottenolme sollen, ohne zu fressen, 3 Jahre lang leben können. Die Kälte der Höhlen wirkt sich dabei vorteilhaft aus: Sie drosselt den *Stoffwechsel,* die Nahrung reicht länger.

8.4.2 Der Grottenolm

Grottenolme sind *augenlose Tiere* von etwa 25 cm Länge. Sie leben in Höhlengewässern Jugoslawiens. Ihr *bleicher, lang-gestreckter Körper* mit *4 schwach entwickelten Beinchen* besitzt einen *platten Ruderschwanz* und *Büschelkiemen* am Hinterkopf. Die entfernte Ähnlichkeit, die der Olm mit Molchen, vor allem aber mit deren Larven hat, kommt nicht von ungefähr: Auch Grottenolme sind *Lurche.* Selbst als ge-schlechtsreife Tiere besitzen sie noch äußere Kiemen. Sie atmen aber auch durch die Haut und mit ihren einfachen Lungen. Kleine Krebse sind ihre Hauptnahrung. Der Laich enthält etwa 70 nährstoffreiche Eier. Bei einer Wasser-temperatur von 9 °C schlüpfen die 2 cm langen Larven nach etwa 5 Monaten. Sie können im ersten Lebensjahr fast aus-schließlich von Höhlenlehm leben, denn im Lehm sind winzige Pflanzenreste und viele Bakterien enthalten.

Die *Olmlarven* sind dunkel gefärbt und besitzen deutlich sichtbare Augen. Nach einem halben Jahr verlieren sie ihre dunkle Körperfarbe, die Augen bilden sich zurück. Im Alter von 3 Jahren schimmert nur noch ein kleiner, dunkler Punkt als Augenrest durch die Haut. Dunkler Hautfarbstoff und sehtüchtige Augen sind Kennzeichen oberirdischer Tiere. Sollten die Vorfahren der heutigen Olme im Freien gelebt haben? Haben sie vielleicht Farbe und Augen erst verloren,

199.1 *Grottenolm.*

*Versuche folgende Tatsachen zu er-
klären:*
*Höhlentiere haben meist nur wenige
Nachkommen.*
*Selbst in großen Höhlen leben nur we-
nige Tiere derselben Art.*

199.2 *Die Höhlengewässer des slo-
wenischen Karsts sind die Heimat des
Grottenolms. Besonders bekannt ist
die Höhle von Postojna, die Adelsber-
ger Grotte.*

Schlage in einem Atlas oder Lexikon nach und versuche festzustellen, welche Teile Europas während der Eiszeit vom Gletschereis bedeckt waren! Welche europäischen Gebirge tragen heute noch Gletscher?

als sie zum Höhlenleben übergegangen waren? Für diese Vermutung spricht, daß Larven des Grottenolms, die *im Licht* statt im Dauerdunkel heranwachsen, ihre *dunkelgraue Farbe* behalten und *sehtüchtige Augen* ausbilden.

8.4.3 Rückzug ohne Wiederkehr

Was mag die Vorfahren der Olme, aber auch mancher Fische, Krebse, Käfer, Spinnen und Tausendfüßler veranlaßt haben, die unwirtlichen, unterirdischen Räume zu besiedeln? Als es während der Eiszeit auf der ganzen Erde kälter wurde, war es in den Höhlen mit ihrem ausgeglichenen Klima verhältnismäßig warm. Manche Tiere, die den harten Winter im Freien nicht überstanden hätten, überlebten in den wärmeren Höhlen. Als am Ende der Eiszeit die Gletscher nach Norden und Süden zurückwichen und das Wasser der Flüsse und Bäche wieder wärmer wurde, war es in den Höhlen kühler als außerhalb. Jetzt zog sich manche kälteliebende Tierart in die Höhlen zurück.

Im Laufe von Jahrhunderttausenden überlebten diejenigen Nachkommen der Höhlenbewohner am ehesten, die länger hungern konnten, deren Tastsinn besser ausgebildet war und die nur wenige, aber dafür nährstoffreiche Eier bildeten. Ob diese Tiere Augen hatten oder eine dunkle Tarnfarbe, war unwichtig. Ja, es war vielleicht sogar von Vorteil, Nährstoffe, die für den Aufbau von Augen, Sehnerven und einer dicken Haut benötigt wurden, einzusparen. Im Freien wären diese Tiere heute hilflos, *eine Rückkehr in die Welt des Lichts ist ihnen nicht mehr möglich.*

● Lebewesen in Höhlen sind an Dunkelheit, Nahrungsmangel, geringe Temperaturschwankungen und oft auch an Feuchtigkeit angepaßt.

Das Wichtigste in Kürze
Kälte, Hitze, Trockenheit, Lichtmangel und viele andere Widrigkeiten der Umwelt setzen dem Leben von Pflanzen und Tieren in vielen Gebieten der Erde eine Grenze.
Im Gebirge verschlechtern sich die Lebensbedingungen mit zunehmender Höhe, in der Arktis von Süden nach Norden. Kennzeichnende Pflanzengürtel sind die Folge.
Hitze und Trockenheit bestimmen das Leben in den Wüsten.
Lichtmangel und Nahrungsarmut kennzeichnen den Lebensraum Höhle.
Außerordentliche Lebensbedingungen erfordern ungewöhnliche Anpassungen. Pflanzen der Gebirge und der arktischen Region sind vor allem an die kurze Wachstumszeit angepaßt. Tiere überstehen hier die ungünstigen Verhältnisse durch jahreszeitlichen Wechsel ihrer Lebensweise. Viele Wüstenpflanzen, wie die Kakteen, speichern Wasser. Wüstentiere gewinnen Wasser aus ihrer Nahrung und dem Stoffwechselwasser.
Höhlentiere besitzen meist einen ausgeprägten Tastsinn und stellen geringe Nahrungsansprüche.

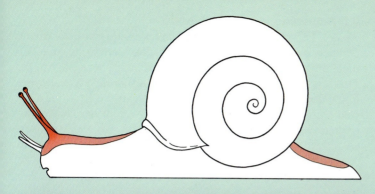

9 Lebewesen orientieren sich

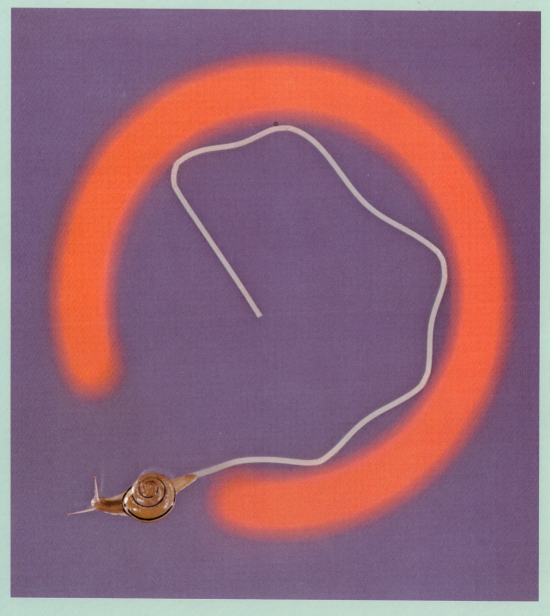

202.1 Eine Napfschnecke hat sich an der Scheibe eines Meerwasseraquariums festgesaugt. Die Muskeln im Fuß bewegen das Tier vorwärts. Die Zunge raspelt Algen von der Scheibe ab.

◁ 201.1 und 201.2 Um herauszufinden, wie sich Lebewesen orientieren, sind Versuche notwendig.
Mit einem Duftstift wurde um diese Hainschnirkelschnecke ein fast geschlossener Kreis gezogen. Die Spur der Schnecke ist weiß nachgezeichnet. Was schließt du aus dem Versuch?
In der Zeichnung ist der Bereich des Schneckenkörpers hellrot hervorgehoben, in dem die Geruchssinneszellen liegen.

9.1 Napfschnecken auf dem Fels

An den Felsküsten gibt es *Napfschnecken*. Ihre mützenartigen Schalen passen millimetergenau in eine Vertiefung, die sich die Schnecken selbst aus dem Fels mit Säure herauslösen. Ihr Fuß saugt sich wie ein Saugnapf am Gestein fest. Der Körper unter der Schale ist auf diese Weise gegen die Brandung geschützt. Bei Ebbe bleibt genügend Wasser in der Vertiefung zurück; Napfschnecken atmen mit Kiemen. Bei Nacht weiden sie unter Wasser mit ihrer Raspelzunge den Algenbewuchs in der Umgebung ihrer Wohngrube ab, von der sie sich bis zu 2 m entfernen. Die Wanderungen dauern 4–5 Stunden. Am nächsten Morgen sitzen die Schnecken wieder *am gleichen Platz* wie tags zuvor.

9.1.1 Sinne, Nervensystem und Muskeln arbeiten zusammen

Wie findest du von der Schule nach Hause? Hast du dir die Straßennamen oder die Häuser angeschaut und eingeprägt? Ist es das Klingeln der Straßenbahn, der Autolärm oder der Duft einer Würstchenbude, an die du dich erinnerst? Wir orientieren uns vor allem mit dem Sehsinn und mit dem Hörsinn. Der Geruchssinn, im Finstern auch der Tastsinn, helfen dabei. Die *Sinnesorgane* melden über *Nerven* zum *Gehirn*, was sie wahrnehmen. Das Gehirn erfährt auf diese Weise, wie die Umgebung beschaffen ist. Das *Gedächtnis* speichert diese Erfahrung. Auf dem Nachhauseweg vergleicht das Gehirn die Erfahrung mit allen neuen Wahrnehmungen. Der richtige Weg wird ermittelt. Befehle aus dem Gehirn gelangen über *Nerven* zu den *Muskeln*. Diese bewegen den Körper in die richtige Richtung. Ob du frohgestimmt nach Hause gehst oder dich über das Ergebnis einer Klassenarbeit ärgerst, kann deinen Weg zusätzlich beeinflussen.

202.2 Eine Napfschnecke kehrt entlang der Fraßspur von der Futtersuche zum Wohnplatz zurück. Die alten Fraßspuren werden bereits wieder von Algen besiedelt.
Auch wenn die Napfschnecken ihre Spur nicht sehen können, finden sie zurück.

202

9.1.2 Wie die Napfschnecken zurückfinden

Napfschnecken haben einfach gebaute Augen. Mit ihnen können sie unterscheiden, ob es hell oder dunkel ist. Aber selbst bei Tage können sie damit ihre *Umwelt nur ungenau erkennen.* Trotzdem finden sie sicher zu ihrer Wohngrube zurück. Beobachtet man den Weg der Napfschnecken, stellt man fest, daß sie meist *entlang der Fraßspur* zurückkehren. Erkennen sie *Unebenheiten* im Untergrund wieder oder *riechen* sie ihre Spur? Um diese Frage zu beantworten, ließ man Napfschnecken auf Glasscheiben weiden. Wieder kehrten sie entlang der Fraßspur zurück. Verwischt man aber vor dem Nachhauseweg der Schnecken die Spur, so verirren sie sich. Tatsächlich lassen die Napfschnecken eine Schleimspur mit Duftstoffen zurück, der sie auf dem Rückweg folgen.

Napfschnecken können noch mehr: Bricht man ein Schalenstück ab, so daß die Schale nicht mehr genau in die Grube paßt, suchen sich die Schnecken einen neuen Wohnplatz. Das tun sie auch, wenn der Rand der Grube verändert wird. Die Tiere *kennen* also *ihre Wohngrube* genau und bemerken jede Veränderung. Das leistet ihr Tastsinn.

● Mit dem *Sehsinn* stellen die Napfschnecken fest, ob es Zeit zum Aufbruch oder zur Rückkehr ist. Mit dem *Geruchssinn* finden sie zu ihrer Wohngrube zurück. Ob es der richtige, genau passende Platz ist, stellen sie mit dem *Tastsinn* fest.

9.2 Versuche mit der Hainschnirkelschnecke

Die *Napfschnecke* ist wie die *Schlammschnecke,* die *Tellerschnecke* und die *Sumpfdeckelschnecke* (S. 143) eine *Wasserschnecke.* Du weißt, daß es auch landbewohnende Schnecken gibt. Die *Weinbergschnecke* hast du als Schnecke mit Lunge

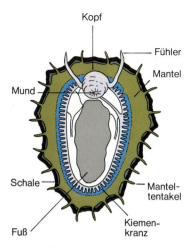

Kopf

Fühler

Mantel

Mund

Schale

Mantel-
tentakel

Fuß

Kiemen-
kranz

203.1 *Napfschnecke von unten gesehen.*

203.2 *Schnecken unserer Heimat.*
1 *Hainschnirkelschnecke*
2 *Gartenschnirkelschnecke*
3 *Heideschnecke*
4 *Bernsteinschnecke*
5 *Schließmundschnecke*
6 *Knopfschnecke*
7 *Weiße Turmschnecke*
8 *Moosschraube*
9 *Rote Wegschnecke*
10 *Große Egelschnecke*
Moosschraube und Knopfschnecke 1½fach vergrößert, alle übrigen halbe natürliche Größe. Die Pflanzen geben den Lebensraum an.

Suche für jede der folgenden Tiergruppen zwei Vertreter, die mit Kiemen atmen:
Lurche, Fische, Weichtiere, Insekten, Krebse, Ringelwürmer.

bereits kennengelernt. Nahe mit ihr verwandt sind die Schnirkelschnecken. Ihr Gehäuse wird knapp 2 cm hoch, gut 2 cm breit und hat 5 Windungen. Manchmal ist es schwarzbraun gebändert. Die *Hainschnirkelschnecke* lebt in Gärten und Hecken, die *Gartenschnirkelschnecke* vor allem im Wald. Im Freien verbergen sich die Schnirkelschnecken bei Hitze und Trockenheit unter Steinen und im Gebüsch. Wenn es kühl und feucht ist, kommen sie heraus, klettern auf saftige Pflanzen und fressen Blätter.

Bleiben die Schnecken wegen der Hitze im Versteck oder wegen der Trockenheit? Wie finden sie ihre Futterpflanzen? Dazu einige Versuche.

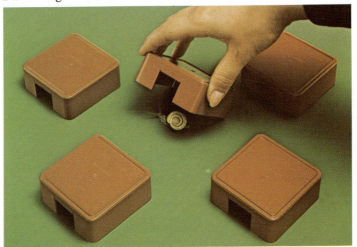

204.1 *Im Versuch werden Hainschnirkelschnecken in Häuschen gesetzt, die nur eine Öffnung haben.*

9.2.1 Feuchtigkeitssinn

Wir setzen eine Hainschnirkelschnecke in ein Häuschen, das nur eine Öffnung hat. Die *Temperatur* im Raum ist *konstant*. Die *Luftfeuchtigkeit*, die von einem Feuchtigkeitsmesser angezeigt wird, *ändert sich*. Ist es trocken, bleibt die Schnecke im Haus. Steigt die Feuchtigkeit an, kriecht sie heraus.

● Die Hainschnirkelschnecke kann Feuchtigkeit und Trockenheit wahrnehmen. Das leistet ihr *Feuchtigkeitssinn.*

Hat die Temperatur einen Einfluß?

Welche der folgenden Aussagen ist richtig?
– Die Schnecken bleiben wegen der Hitze im Versteck.
– Die Schnecken bleiben wegen der Trockenheit im Versteck.
– Die Schnecken bleiben wegen Hitze und Trockenheit im Versteck.
80% Luftfeuchtigkeit = hohe Luftfeuchtigkeit
20% Luftfeuchtigkeit = geringe Luftfeuchtigkeit

	Luftfeuchtigkeit	Temperatur	Beobachtung
1. Versuch	80%	10 °C	Schnecke kommt heraus
2. Versuch	20%	10 °C	Schnecke bleibt im Haus
3. Versuch	80%	30 °C	Schnecke kommt heraus
4. Versuch	20%	30 °C	Schnecke bleibt im Haus

Bild 205.2 zeigt dir, daß die Versuchsergebnisse nicht nur für eine, sondern für alle Versuchsschnecken gelten. In welche Richtung man die Öffnung der Häuschen auch dreht, wenn es außen hell und feucht genug ist, kommen die Tiere heraus.

9.2.2 Sehsinn

Bei Trockenheit ziehen sich die Schnirkelschnecken an einen dunklen Platz zurück. Unter Hecken und im Gebüsch ist es nämlich meist feuchter als in der Umgebung. Ist es aber überall feucht, kriechen die Schnecken zum Licht. So erreichen sie rasch die Futterpflanzen im Garten und auf der Wiese.
● Das leistet ihr *Sehsinn*.

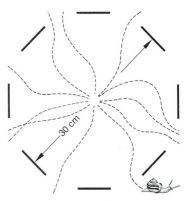

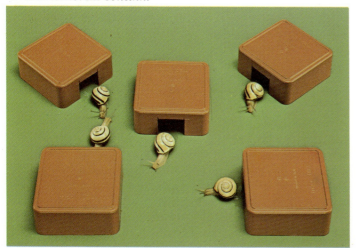

Wie gut die Hainschnirkelschnecken sehen, läßt sich mit einem einfachen Versuch prüfen. In Bild 205.1 findest du das Ergebnis aufgezeichnet.

9.2.3 Geruchssinn

Bild 201.2 zeigt einen weiteren Versuch. Der fast geschlossene rote Kreis ist die Spur eines Duftstifts auf der Glasplatte. Die Spur der Hainschnirkelschnecke auf der Platte ist weiß nachgezeichnet. Du siehst, daß sie immer dann abbiegt, wenn die Schnecke dem Duftstoff zu nahe gekommen ist.
● Schnirkelschnecken haben einen guten *Geruchssinn*.
Dieser Sinn leitet sie bei der Nahrungssuche. Von der Weinbergschnecke weiß man, daß sie Löwenzahnblätter noch aus 20 cm Entfernung riechen kann.

9.2.4 Tastsinn

Bläst man eine Schnirkelschnecke vorsichtig an, zieht sie ihre Fühler ein. Berührt man sie, zieht sie Kopf und Fuß ins Gehäuse zurück. Wird sie heftig angestoßen, gibt sie zudem Schleim ab.
● Schnecken haben einen *Tastsinn*, mit dem sie Berührung und Druck wahrnehmen.

205.1 Der Sehsinn der Schnirkelschnecken läßt sich in einem einfachen Versuch prüfen: Auf einer Platte wird ein Kreis mit 30 cm Durchmesser gezogen und die Mitte markiert. Auf dem Kreis werden in regelmäßigem Abstand schwarze Pappstreifen aufgestellt. Dann setzt man eine Schnirkelschnecke in die Mitte und zeichnet ihre Kriechspur auf der Platte nach. Was kannst du beobachten? Wiederhole den Versuch mehrmals!

205.2 Wenn es feucht und hell genug ist, kriechen die Schnecken zum Licht. Dabei ist es völlig gleich, in welche Richtung die Öffnungen der Häuschen schauen.

205.3 Schnirkelschnecken können sogar über Rasiermesser kriechen. Tastsinn und Fußmuskulatur arbeiten dabei eng zusammen.

206.1 Hainschnirkelschnecken in
Trockenstarre auf einem 60 cm hohen
Pfahl. Die Temperatur beträgt am Bo-
den 32 °C, in 50 cm Höhe 28 °C.

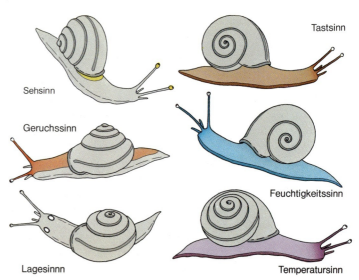

206.2 In die Umrisse ist eingetragen, was die Schnirkelschnecken mit
welchem Körperbereich wahrnehmen können.

*Miß bei Regenwetter und während
einer Hitzeperiode am Nachmittag mit
einem Thermometer, das auf 1/10 °C
genau abgelesen werden kann, die
Temperatur direkt am Boden und in
50 cm Höhe!*

9.2.5 Temperatursinn und Lagesinn

Bei großer Trockenheit und hoher Temperatur sitzen die
Schnecken in *Trockenstarre* an Baumstämmen und Pfählen.
Die Mündung ihrer Schale ist mit einem Häutchen verschlossen. Warum bleiben sie nicht im Gebüsch? Weil es dort nach
einigen Tagen großer Hitze genauso heiß und so trocken ist
wie überall in Bodennähe. Über dem Boden kühlt aber der
Wind selbst bei geringer Verdunstung.
Wenn die Schnecken vor der Hitze nach oben ausweichen, so
ist damit zweierlei bewiesen:

● Hainschnirkelschnecken haben einen *Temperatursinn* und
  einen *Lagesinn*.

Wo die Sinneszellen sitzen, mit denen die Schnirkelschnecken
Feuchtigkeit, Licht, Riechstoffe, Berührung, Temperatur und
ihre Lage wahrnehmen, zeigt Bild 206.2. Den Hörsinn wirst
du vermissen. Schnecken *können nicht hören*.

9.3 Mäuse im Labyrinth

Feldmäuse legen im Boden weit verzweigte Gangsysteme mit
Nestern und Vorratskammern an. Zahlreiche Ausgänge führen ins Freie. Wie finden sich die Tiere in diesem *Labyrinth*
zurecht? In einem künstlichen Gangsystem aus Kunststoff-
röhren bewegen sich die Mäuse schon nach kurzer Zeit sicher
und zielstrebig. Das gilt auch für ein *Hochlabyrinth*, das aus
einzelnen *Plastikstegen* zusammengestellt wird. Anfangs zö-
gern die Mäuse zwar, doch schon bald erkunden sie die Wege
und versuchen, das Nest zu erreichen. Die Stege lassen sich
rasch in jeder beliebigen Anordnung zusammenstellen. Daher
sind Hochlabyrinthe besonders geeignet, um herauszufinden,
wie sich Mäuse ihre Wege merken.

Vor etwa 4000 Jahren herrschte auf
der Insel Kreta König Minos. Sein rie-
siger Palast gilt als das sagenhafte Labyrinth, in dem der menschenfres-
sende Stier Minotaurus hauste. Als
Theseus beschloß, den Stier zu töten,
gab ihm Ariadne, die Tochter des Minos, ein Garnknäuel mit. Auf seinem
Weg ins Labyrinth rollte der Held den
Faden ab und legte damit eine Spur
für seinen Rückweg.

206

Auf ein Hochlabyrinth wie in Bild 207.2 wird eine Maus gesetzt. 325 Sekunden braucht sie im ersten Versuch, bis sie im *Nest* ankommt. 41mal hat sie zunächst die falsche Richtung genommen.

Nachdem sie mehrere Minuten im Nest war, wird sie erneut auf den *Startpunkt* gesetzt. Sie schnuppert und läuft los. Nach nur 183 Sekunden und 11 Fehlern ist sie im Nest. Sie hatte beim ersten Versuch auf den Stegen Harntröpfchen abgegeben. Dieser *Duftspur* folgte sie jetzt wie Theseus seinem Ariadnefaden. Wischt man nach jedem Versuch die Stege gründlich ab oder tauscht sie sogar aus, zeigt sich, daß es auch ohne Duftspur geht. Je *öfter* die Maus läuft, um so *rascher* und mit *weniger Fehlern* findet sie zum Nest. Der folgende Auszug aus dem *Versuchsprotokoll* beweist dies. Zweimal am Tag wurde die Maus auf das Hochlabyrinth gesetzt, und nach jedem Versuch wurden die Plastikstege durch gewaschene Stege ersetzt. Ihre *Anordnung* blieb aber *immer gleich*.

207.1 *Bei Tauchfahrten in unbekannte Höhlengewässer zieht der Höhlentaucher ein Seil hinter sich her. Mit diesem „Ariadnefaden" findet er sicher zurück.*

Versuche auf dem Hochlabyrinth mit einer Maus

Versuchs-Nr.	Zeitdauer	Fehlerzahl	Bemerkungen
1	325 s	41	putzt sich häufig
10	64 s	11	
20	68 s	15	bewegt sich hektisch
30	47 s	8	bewegt sich hektisch
40	29 s	3	geringste Fehlerzahl
45	30 s	5	
50	27 s	4	schnellster Lauf

*Wird an einer Stelle nach einiger Zeit ein kürzerer Steg in das Labyrinth eingeschoben, „schießt" die Maus über die Abzweigstelle hinaus. Erkläre!
Stelle mit der gleichen Anzahl von Stegen andere Labyrinthe zusammen!
Stelle in Versuchen fest, welches schneller, welches weniger schnell beherrscht wird! Erkläre!*

207.2 *Aufsicht auf das Hochlabyrinth. Die Wegstrecke vom Startpunkt bis zum Nest beträgt 2,75 m.*

207.3 *Schon nach wenigen Versuchen eilt die Maus schnell und mit nur wenigen Fehlern zum Nest.*

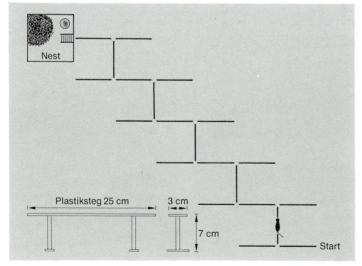

208.1 und 208.2 *Mit einem Pheromon aus zwei Drüsen am Hinterende (Zeichnung) locken die Weibchen des Amerikanischen Nachtpfauenauges Männchen an. Die Geruchssinneszellen sitzen in den Fühlern.*

208.3 *Sandwespen tragen in ihre Bruträhren Raupen ein. An der Lage auffallender Gegenstände in der Umgebung merken sie sich den Eingang (1). Was schließt du aus den Versuchen 2 und 3?*

Hat sich die Maus tatsächlich nur auf ihr *Gedächtnis* verlassen oder hat sie gesehen, welcher Weg zum Nest führt? Hat sie die piepsenden Jungen im Nest gehört? Haben ihre Schnurrhaare geholfen, den richtigen Weg zu ertasten?
Um dies zu klären, sind 3 weitere Versuche notwendig:
– Damit die Maus das Nest nicht sehen kann, lassen wir sie auf dem Labyrinth *im Dunkeln* laufen.
– Damit sie die Jungen nicht hören kann, wird ein *leeres Nest* an das Labyrinth gestellt.
– Damit sie den Weg nicht mit dem Tastsinn finden kann, werden ihre *Schnurrhaare hochgebunden*.
Jedesmal ist die Maus in einer Zeit von unter 30 Sekunden am Nest. Mehr als 5 Fehler hat sie nicht gemacht.
● Auf dem *Hochlabyrinth* finden Mäuse *allein mit dem Gedächtnis* zum Nest zurück. Sie können sich *Richtung* und *Länge* der einzelnen Wegstrecken merken.
● Im *unterirdischen Labyrinth* im Freien helfen ihnen der *Geruchssinn* und der *Tastsinn* bei der Orientierung.

9.4 Sinne im Dienst der Orientierung

Wir *Menschen* orientieren uns vor allem mit dem *Sehsinn* und dem *Hörsinn*. Bei der *Napfschnecke* spielen der *Geruchssinn* und der *Tastsinn* die Hauptrolle. Bei der *Hainschnirkelschnecke* arbeiten *viele*, nicht besonders gut ausgebildete *Sinne* bei der Orientierung zusammen. Es gibt viele Tiere, bei denen *ein einziger Sinn* für die Orientierung von überragender Bedeutung ist. Hier einige Beispiele:
Hörsinn. *Fledermäuse*, *Delphine* und *Robben* orientieren sich mit Peillauten. Am Echo der Peillaute können Fledermäuse sogar unterscheiden, ob sie einen Artgenossen, einen Feind oder ein Beutetier vor sich haben, aber auch, wie weit entfernt der angepeilte Gegenstand ist.
Geruchssinn. Am Geruch erkennen *Lachse* die heimatlichen Gewässer und kehren zum Ablaichen in den Bach ihrer Geburt zurück. Die Weibchen des *Amerikanischen Nachtpfauen-*

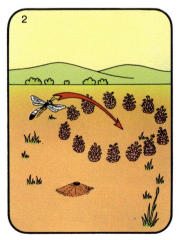

auges geben aus Duftdrüsen am Hinterende Duftstoffe ab. Die Männchen der gleichen Art riechen dieses Pheromon aus bis zu 10 km Entfernung und fliegen heran, um sich mit den Weibchen zu paaren. *Feuerameisen* und *indische Bienen* legen auf dem Heimweg eine Duftspur, wenn sie eine ergiebige Futterquelle entdeckt haben. Immer wieder berühren sie mit dem Hinterleibsende den Boden. Jedesmal wird 1 billionstel Gramm Duftstoff abgegeben. Entlang dieser Spur finden die anderen Ameisen oder Bienen zum Futter.

Temperatursinn. *Menschenfloh* und *Bettwanze* finden im dunklen Zimmer ihren Wirt durch die Wärme, die er ausstrahlt. *Seitenwinder-Klapperschlangen* finden ihre Beute ebenfalls mit dem Wärmesinn. Sie können noch Gegenstände voneinander unterscheiden, deren Temperatur nur 1/300 °C verschieden ist.

Sehsinn. *Ernteameisen* legen oft Hunderte von Metern zurück, bis sie Futter finden. Auch wenn man ihre Spur verwischt, finden sie wieder zurück. Sie merken sich, wo die Sonne steht. Ein Beispiel: Auf dem Weg vom Nest weg steht die Sonne im Winkel von 90° links vom Weg. Auf dem Heimweg hält die Ameise fast den gleichen Winkel zur Sonne ein, allerdings mit dem Unterschied, daß die Sonne jetzt rechts steht. Daß seit dem Verlassen des Nestes Zeit vergangen ist und die Sonne bei der Rückkehr etwas anders steht, vermag das winzige Ameisengehirn einzuberechnen. Die Ameise hat eine „innere" Uhr.

Wie sich Insekten mit Hilfe der Sonne orientieren, ist bei *Honigbienen* besonders gut untersucht.

9.5 Spitzenleistungen der Orientierung

9.5.1 Der Schwänzeltanz der Bienen

Am frühen Morgen hat eine Kundschafterin einen blühenden Apfelbaum entdeckt. Wenig später schwirren mehrere hundert Bienen um den Baum und sammeln Nektar und Pollen.

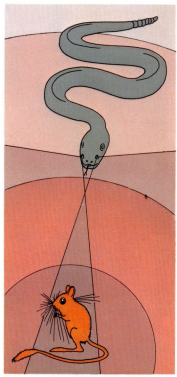

209.1 *Die Sinneszellen, mit denen Seitenwinder-Klapperschlangen Wärme wahrnehmen, liegen in zwei kleinen Gruben seitlich am Kopf.*

209.2 *Auf dem Weg zur Futterquelle (1) fällt das Sonnenlicht im rechten Winkel auf das linke Auge der Ernteameise. Auf dem Rückweg (2) gilt dasselbe für das rechte Auge. Der Versuch (3) beweist, daß sich Ernteameisen wirklich an der Richtung des Lichts orientieren.*

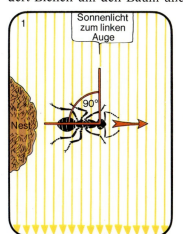
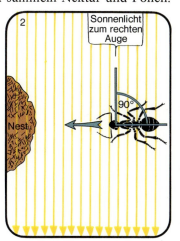
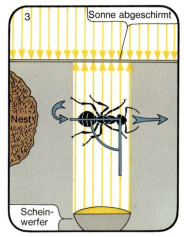

Lies den Text auf den beiden folgen-
den Seiten! Löse dann die folgenden
Aufgaben zum Schwänzeltanz der
Bienen in deinem Heft:
1 Die Futterquelle liegt 90° rechts von
der Richtung'zur Sonne. Zeichne die
Figur auf, die die Biene auf der
Wabe tanzt!
2 Wieviel Uhr ist es, wenn die
Schwänzelstrecke der Biene auf der
Wabe senkrecht nach oben verläuft
und die Futterquelle im Süden
steht?
3 Wo liegt die Futterquelle, wenn die
Schwänzelstrecke der Biene um
12 Uhr auf der Wabe senkrecht
nach unten verläuft?

Welche Angaben werden beim Rund-
tanz nicht übermittelt?

Sie alle stammen aus dem gleichen Bienenvolk wie die Kundschafterin.
– Woher wissen sie die *Richtung*, in die sie vom Stock aus fliegen müssen?
– Woher wissen sie die *Entfernung*?
– Warum flogen sie *gerade den Apfelbaum* an und *nicht den* ebenfalls blühenden *Birnbaum* nur wenige Meter daneben?

Diese Fragen stellte sich um 1920 der Bienenforscher Karl v. Frisch. Um sie beantworten zu können, baute er einen *Bienenkasten* mit nur *einer Wabe*. In die Vorder- und die Rückwand des Kastens setzte er eine *Glasscheibe* ein, damit er die Bienen beobachten konnte. Dann stellte er in 200 m Entfernung vom Beobachtungskasten ein *Schälchen mit Zuckerwasser* auf. Die Bienen, die die Futterquelle anflogen, wurden *mit Farbe gekennzeichnet*. Dann setzte sich v. Frisch an den Kasten und beobachtete die heimkehrenden, markierten Bienen. Dabei stellte er fest, daß die Sammlerinnen auf der Wabe immer wieder dieselbe Figur „tanzten". Zunächst liefen sie ein Stück geradeaus. Auf diesem Teil der Strecke zitterten die Flügel, und der Körper „schwänzelte" heftig. Dann folgte ein Kreisbogen nach links, anschließend zitterten sie wieder mit den Flügeln und schwänzelten. Dann kam ein Kreisbogen nach rechts. Dies wiederholte sich in derselben Reihenfolge dutzende Male.

Von dieser *Tanzerei* wurden andere Bienen angesteckt. Bald liefen sie hinterher. Besonders auf der *Schwänzelstrecke* blieben sie mit den Fühlern in Kontakt mit der erfolgreichen Sammlerin. Immer wieder wurden sie von ihr mit *Zuckerwasserproben* gefüttert.

210.1   Der Biologe Karl von Frisch
entdeckte die „Sprache" der Bienen.
Er stellte auch fest, daß Bienen Farben
sehen können. 1973 erhielt er den
Nobelpreis.

210.2 und 210.3   Schwänzeltanz der Bienen. Die tanzende Biene ist von Stockgenossinnen umgeben. Sie folgen ihr. Die Zeichnung zeigt die Tanzfigur.

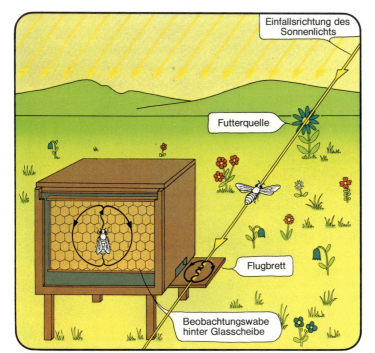

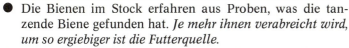

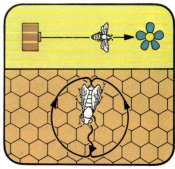

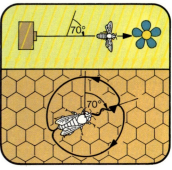

• Die Bienen im Stock erfahren aus Proben, was die tanzende Biene gefunden hat. *Je mehr ihnen verabreicht wird, um so ergiebiger ist die Futterquelle.*

War das Futterschälchen 200 m vom Stock entfernt, liefen die Bienen die Figur in 1 Minute etwa 30mal. Betrug die Entfernung 2 km, wurde sie in der gleichen Zeit nur noch 12mal, und bei 10 km Entfernung nur noch 6mal gelaufen.

• *Je schneller* eine Sammlerin tanzt, *um so näher* ist die Futterquelle.

Um herauszufinden, wie die tanzenden Bienen die Richtung mitteilen, stellte v. Frisch das Futterschälchen nacheinander in verschiedenen Himmelsrichtungen auf. Der Abstand vom Bienenkasten blieb dabei immer gleich. In den Bildern 211.1 bis 211.3 siehst du, welche Beobachtungen sich dabei auf dem Flugbrett und auf der Wabe machen ließen. Das Ergebnis:

• *Flugbrett*: Die Schwänzelstrecke gibt immer die Richtung zur Futterquelle an.

• *Wabe*: Verläuft die Schwänzelstrecke auf der Wabe nach oben, liegt die Futterquelle in Richtung zur Sonne.
Verläuft die Schwänzelstrecke nach unten, liegt die Futterquelle in entgegengesetzter Richtung zur Sonne.
Hat die Schwänzelstrecke auf der Wabe einen Winkel von 70° zur Senkrechten nach rechts, befindet sich die Futterquelle 70° rechts von der Richtung zur Sonne.
Die Bienen können offenbar die *Richtung zur Sonne* mit *„auf der Wabe senkrecht nach oben"* gleichsetzen.

Wie die Ernteameise kann auch die Honigbiene die *Veränderung des Sonnenstandes* während des Flugs *berücksichtigen.*

211.1 bis 211.3   Auf dem Flugbrett weist die Schwänzelstrecke zur Futterquelle. Auf der Wabe entspricht „oben" der Richtung zur Sonne.

211.4   Ist die Futterquelle nahe beim Stock, tanzen die Bienen diesen Rundtanz. Er wird immer gleich schnell und immer in der gleichen Richtung getanzt. Auch hier werden Futterproben verteilt.

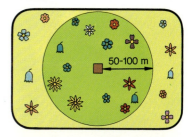

211

212.1 *Stare sammeln sich bereits im Sommer. Viele Stare bleiben auch im Winter in ihrem Brutgebiet.*

Welche der folgenden Vogelarten sind Standvögel, welche Strichvögel, welche Zugvögel?
Kohlmeise, Buchfink, Grünfink, Haussperling, Mehlschwalbe, Mauersegler, Amsel, Star, Eichelhäher, Rabenkrähe, Mäusebussard, Schleiereule.

212.2 *Zugwege einiger Zugvögel.*

9.5.2 Vogelzug

Schwalben überwintern im Schlamm von Teichen, der *Kukkuck* verwandelt sich im Winter in einen *Sperber*. Davon waren die Menschen jahrhundertelang überzeugt.

1822 wurde in der Nähe von Wismar ein *Storch* erlegt, dem ein 80 cm langer Pfeil am Hals steckte. Nachforschungen ergaben, daß man mit solchen Pfeilen in Afrika Störche schießt. Schon 1663 berichtete ein holländischer Kapitän über Störche, daß sie sich im Winter in großer Menge in Afrika aufhalten sollen.

Heute weiß man, daß von den bei uns brütenden über 200 Vogelarten zwei Drittel *im Herbst wegziehen*. Vögel, die regelmäßig Wanderungen in ein Winterquartier durchführen, nennt man *Zugvögel*. Vögel, die wie Haussperling, Kleiber, Dompfaff und Specht das ganze Jahr über ihr Wohngebiet nicht verlassen, sind *Standvögel*. Es gibt aber auch Vögel „ohne festen Wohnsitz". Sie sind immer dort anzutreffen, wo sie genügend Nahrung finden. Viele Meisen, Goldammer und Grünfink, aber auch die Krähen und die Sumpfohreule gehören dazu. Man nennt sie *Strichvögel*.

Wohin die Zugvögel ziehen, wenn sie ihr Brutgebiet verlassen, untersucht man seit Anfang dieses Jahrhunderts. Mitarbeiter der *Vogelwarten* fangen Vögel und *beringen* sie. Nummer des Ringes, Art, Geschlecht und Alter des Vogels werden an die Vogelwarte gemeldet.

Wie erregend die Ergebnisse der *Zugvogelforschung* sein können, zeigen die folgenden Beispiele:

Kurzschwanzsturmtaucher. Zu Beginn der sechziger Jahre beringten Biologen in Australien 32 000 Kurzschwanzsturmtaucher. Die Wiederfunde brachten Erstaunliches an den Tag:

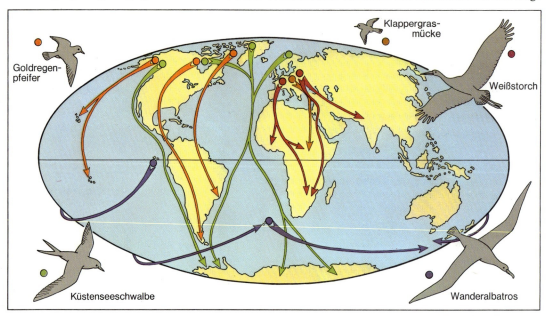

Am 26. und 27. September treffen die Sturmtaucher jedes Jahr auf ihren Brutinseln südöstlich von Australien ein. Dort balzen sie und verschwinden dann wieder. Am 19. November erscheinen sie erneut. Die Weibchen legen Eier ab. Mitte Januar schlüpfen die Jungen, Mitte April brechen die Vögel auf. Zunächst geht es 10 000 km nach Norden bis in die Nähe von Japan. Land wird nie berührt, die Tiere schlafen auf dem Wasser. Im Juni findet man die Sturmtaucher westlich von Alaska. Dann ziehen sie an der Westküste Kanadas nach Süden, schwenken nach Südwesten um, überqueren den Pazifik und kommen am 26. und 27. September wieder in Australien an. 35 000 km haben sie bis dahin zurückgelegt.

Küstenseeschwalbe. Diese Vögel brüten im nördlichen Kanada und auf den Inseln der Arktis. Wenn dort der Herbst einzieht, verlassen sie ihr Brutgebiet und fliegen Richtung Osten. Vor England schwenken sie um und ziehen nach Süden. Auf der Höhe von Westafrika gabelt sich der Zugweg auf. Weit im Süden bis hin zur Antarktis überwintern sie. Mit 40 000 km für Hin- und Rückflug hält die Küstenseeschwalbe den Weltrekord im Langstreckenflug.

Klappergrasmücke. Diese einheimischen Singvögel ziehen im Herbst zunächst Richtung Südosten. Über Zypern schwenken die Grasmücken nach Süden um. Jetzt haben sie direkten Kurs auf ihr Winterquartier am Oberlauf des Nils. Bis sie dort sind, haben sie 6000 km zurückgelegt. Für diesen kaum sperlingsgroßen Vogel ist das eine ungeheure Leistung.

Klappergrasmücken ziehen bei Nacht. In zahllosen Versuchen im Planetarium fand man heraus, daß sie sich *am Sternenhimmel orientieren.* Auch Kuckuck, Rohrdommel und einige Sängerarten sind *Nachtzieher.* Storch, Tauben und Finken sind *Tagzieher.* Reiher, Enten, Kraniche, Lerchen, Drosseln und Stare ziehen sowohl tagsüber als auch nachts. Manche Zugvögel orientieren sich an der *Sonne.* Vögel mit einem „Kompaßsinn" orientieren sich am *Magnetfeld der Erde.*

213.1 und 213.2   Der Weißstorch zieht im letzten Augustdrittel fort. Die „Weststörche" fliegen nach Westafrika, die „Oststörche" nach Ost- und Südafrika. Ende März bis Anfang April kehren sie zurück. Seit Störche beringt werden, kennt man ihren Zugweg.
Auf dem rechten Foto wird eine Wacholderdrossel beringt.

213.3   Zugweg des Kurzschwanzsturmtauchers. Die Punkte geben an, wo man Tiere, die in Australien beringt wurden, wiederfand.

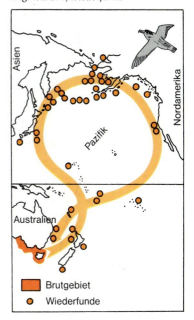

- Brutgebiet
- Wiederfunde

214.1 Ein Biologe der Vogelwarte Helgoland. Er beantwortete unsere Fragen. Aus dem Fangkasten hat er drei Singvögel genommen. Die Vögel werden beringt.

214.2 Radarfoto mit südwestlich-nordöstlich verlaufenden „Echos" von Ringeltauben. Mit dem Radar können Zugrichtung und Geschwindigkeit genau bestimmt werden.
V = Vogelwarte Helgoland

214.3 Ringe der Vogelwarte Helgoland. Der größte Ring ist für Seeadler, der kleinste Ring für Goldhähnchen und Zaunkönig bestimmt. Der geschlossene rote Ring wird von Züchtern für Tauben verwendet.

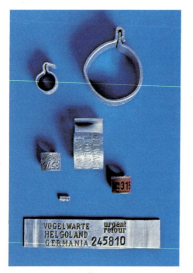

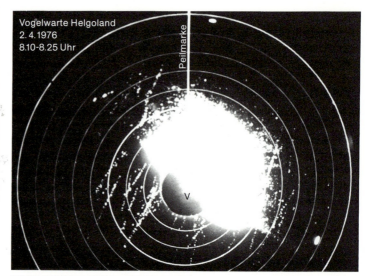

Vogelwarte Helgoland
2. 4. 1976
8.10-8.25 Uhr

Peilmarke

V

Gespräch auf der Helgoländer Vogelwarte

In der Bundesrepublik Deutschland gibt es 2 Vogelwarten, eine in Radolfzell am Bodensee und eine auf der Insel Helgoland, knapp 70 km von Cuxhaven entfernt in der Nordsee.

Frage: Warum gibt es gerade auf Helgoland eine Vogelwarte ?

Dr. Moritz: Hier läßt sich der Vogelzug besonders gut beobachten und untersuchen: Im Frühjahr ziehen viele Arten über die Insel nach Nordosten in ihre Brutgebiete. Im Herbst rasten sie hier auf ihrem Zug nach Südwesten. In den Hauptzugzeiten werden von uns an einzelnen Tagen bis zu 1 000 Tiere beringt, im Jahr sind es bis zu 26 000 Tiere.
365 Vogelarten wurden in Helgoland nachgewiesen. Nur 20 von ihnen treten auf der Insel selbst als regelmäßige Brutvögel auf. Darunter sind einige Seevögel, für die das Naturschutzgebiet "Lummenfelsen" der einzige deutsche Brutplatz ist. Es ist sehr interessant, die hier ständig lebenden Arten und die zwischen Mai und Juni an den Felsen brütenden Seevögel zu beobachten.

Frage: Wie werden die Vögel gefangen ?

Dr. Moritz: Vor der Vogelwarte liegt unser Fanggarten. In ihm finden die Vögel, die auf der Durchreise rasten und Nahrung suchen, Gebüsch, Nahrung und Trinkwasser. Das gibt es sonst nirgends auf der Insel. Morgens, bei Bedarf auch während des Tages, treiben wir die rastenden Vögel vorsichtig in die Reusen. Nach hinten werden die Reusen immer schmäler. An ihrem Ende ist ein Fangkasten. Aus ihm können wir die Vögel einzeln herausnehmen und in Leinenbeutel stecken. Manche Vögel bleiben auch in den ausgespannten Netzen hängen oder gehen in Käfigfallen.
Wir fangen das ganze Jahr über, solange es hell ist. Bei Sturm und Dauerregen ruht die Fangtätigkeit.

Frage: Was machen Sie mit den Vögeln ?

Dr. Moritz: Als erstes stellen wir Art, Alter und Geschlecht fest. Dann werden sie beringt. Diese Daten, zudem Ringnummer, Tag und Uhrzeit werden in eine Liste eingetragen. Dazu kommen Bemerkungen über den Ernährungszustand, das Gefieder oder besondere Körpermerkmale. Nach wenigen Minuten sind die Tiere wieder frei.

Frage: Was läßt sich aus diesen Daten schließen ?

Dr. Moritz: Ein Beispiel: Beim Rotkehlchen können wir im Herbst Jungvögel

214

und Altvögel unterscheiden. Aus der Zahl der Jung- und Altvögel läßt sich errechnen, wieviele Junge auf je 2 Altvögel entfallen. ·Dieser Wert ist ein Maß für den Bruterfolg.

Um herauszufinden, was aus den beringten Vögeln geworden ist, muß man abwarten, bis ein Ringvogel aufgefunden oder erneut gefangen wird. Das ist bei etwa jedem hundertsten Vogel der Fall. Dann kann man vieles feststellen: wo eine Art ihr Brutgebiet hat, wo ihr Winterquartier, welchen Weg die Vögel nehmen und wie rasch sie ziehen. Auch über das Alter, das Vögel erreichen können, wissen wir seit der Einführung der Beringungsmethode mehr. Wird ein beringter Vogel oft kontrolliert, läßt sich sein Lebensablauf gut verfolgen.

Eine Singdrossel - diese Art zieht nur nachts - wurde im Fanggarten auf Helgoland am 5. April 1961 um 12.45 Uhr beringt. Am folgenden Tag wurde sie um 13.00 Uhr Ortszeit auf den etwa 1 000 km entfernten Åland-Inseln in der Ostsee kontrolliert.

Eine Trottellumme, die wir am 2. Juli 1938 als Küken hier beringten, wurde am 5. August 1970 auf der Insel Spiekeroog wiedergefunden. Sie mußte jetzt 32 Jahre alt sein.

Wer eine Ringfundmeldung abgibt, erhält eine Nachricht, auf der alle wichtigen Daten über das Tier, die Beringung und den Wiederfund festgehalten sind.

Frage: Was können Sie über Vögel sagen, die Helgoland nur überfliegen ?

Dr. Moritz: Wir sehen sie auf unseren Kontrollgängen und vom Beobachtungsturm aus. Meist lassen sich Art, Zahl und Zugrichtung erkennen. Bei diesen Arbeiten unterstützen uns ehrenamtliche Helfer, die als Beobachter im Freien bei Tage die Vögel sehen, nachts als Horchposten die einzelnen Arten an ihren Rufen erkennen und ihre Beobachtungen über Funk mitteilen. Mit dem Radargerät können wir ziehende Vögel bis zu 20 km weit verfolgen.

Wer einen Vogel mit Ring findet, sollte den Ring aufbiegen und an eine Vogelwarte schicken: Für Funde nördlich des Mains an das Institut für Vogelforschung in 2940 Wilhelmshaven. Für Funde südlich des Mains an die Vogelwarte in 7760 Radolfzell. Teile Datum, Fundort, Fundumstände und möglichst auch die Art mit!

9.5.3 Brieftauben kehren zum Schlag zurück

„Tauben im Krankendienst: Zwei Krankenhäuser in Südengland, die den Austausch von wichtigen medizinischen Proben durch dressierte Tauben beschleunigen wollen, müssen vorerst noch für diesen Dienst auf das langsamere und wesentlich teurere Taxi zurückgreifen. Noch konnten sich die Behörden nicht entschließen, Mittel für diese neue Transportmöglichkeit bereitzustellen. Man rechnet allerdings damit, daß die Tauben noch in diesem Herbst ihren Flugdienst aufnehmen können. Bei dichtem Nebel und während der Nachtstunden erhalten sie allerdings keine Starterlaubnis."

Die heutigen *Brieftauben* wurden vor über 100 Jahren in Belgien aus verschiedenen Taubenrassen gezüchtet. Brieftauben legen an einem Tag bis zu 1000 km zurück.

Schon die jungen Brieftauben werden *trainiert.* Zunächst dürfen sie um das Haus kreisen. Dann läßt man sie 20 km und später 50 km vom Schlag entfernt allein nach Hause finden. Am ersten Wettbewerb, der über 150 km geht, dürfen sie im Alter von etwa 5 Monaten teilnehmen. Die nächste Entfernung beträgt 250 km. Alttauben werden bis zu 700 km vom Heimatort entfernt aufgelassen. Es ist keine Seltenheit, daß alle Tauben – meist 500–700 Tiere – innerhalb von 11 Stunden zurück sind.

Um die Frage zu beantworten, wie die Tauben *nach Hause finden,* wurden in den letzten Jahren viele *Versuche* durchgeführt:

Geschwindigkeiten beim Vogelzug:

Rauchschwalbe	44 km/h
Nebelkrähe	50 km/h
Star	74 km/h
Regenpfeifer	90 km/h

215.1 Brieftauben. Im Ruhrgebiet sind Brieftauben besonders beliebt.

215

216.1 *Eine Brieftaube, die einen Kleinstsender mit sich trägt, wird aufgelassen. Mit Antenne und Peilwagen wird ihr Flugweg verfolgt.*

216.2 *Brieftaube mit Kleinstsender. Um sie von anderen Tauben unterscheiden zu können, wurde ihr Gefieder angefärbt.*

Um ihren *Flugweg* zu verfolgen, wurden sie mit dem Radar beobachtet. Andere Wissenschaftler flogen ihnen mit dem Hubschrauber nach. Selbst Kleinsender wurden ihnen umgehängt. In Peilwagen folgten ihnen die Forscher auf der Straße.

Richten sich die Tauben nach der *Beschaffenheit der Erdoberfläche* oder nach dem *Sonnenstand*? Tiere mit trüben Haftschalen über den Augen sollten Aufschluß geben.

Richten sich die Tauben nach dem Magnetfeld der Erde, haben sie auch einen „Kompaßsinn"? Forscher hängten den Tieren Magnete um. Damit sollte die Wahrnehmung des Erdmagnetfeldes gestört werden.

● Noch weiß man nicht, wie sich Tauben orientieren. *Wahrscheinlich* spielen die *Sonne* und das *Magnetfeld der Erde* eine wesentliche Rolle dabei.

Daß es Tiere gibt, die einen Magnetsinn besitzen, ist durch viele Versuche bewiesen: Maikäfer, Honigbienen, Termiten und Rotkehlchen sind nur einige Beispiele.

216.3 *Brieftaube auf dem Rückflug zum Schlag.*

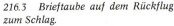

Das Wichtigste in Kürze

Will man herausfinden, mit welchen Sinnen sich ein Lebewesen orientiert, muß man Versuche durchführen.

Bei der Orientierung arbeiten meist mehrere Sinne zusammen. Das gilt für den Menschen, aber auch Napfschnecke und Schnirkelschnecke sind Beispiele dafür. Bei einigen Spezialisten spielt ein Sinn bei der Orientierung die überragende Rolle. Fledermaus, Lachs, Nachtpfauenauge, Feuerameise, Floh, Bettwanze und Ernteameise gehören dazu.

Spitzenleistungen der Orientierung zeigen die Honigbiene und die Zugvögel. Erfolgreiche Sammlerinnen unter den Bienen „erklären" mit dem Schwänzeltanz oder mit dem Rundtanz ihren Stockgenossinnen, wo sie Futter finden. Zugvögel orientieren sich bei ihrem Zug an den Sternen, an der Sonne und am Magnetfeld der Erde. Wie die Brieftauben nach Hause finden, ist auch heute noch nicht genau bekannt.

218.1 *Goldhamster.*

◁ *217.1 und 217.2 Afrikanische Elefanten an der Tränke. Man hat beobachtet, daß sich Elefanten flache Tränken selbst graben können. Das Leben in der Gruppe erleichtert solche Leistungen.*
Oben: Indische Elefanten im Zoo. Auch hier erkennt man, daß Elefanten Herdentiere sind.

218.2 Damit sich der Hamster in seinem Käfig wohl fühlt, müssen genügend Streu, ein Schlafkistchen, Futter- und Trinkgefäße und ein Laufrad vorhanden sein.

Hamster sind zwar possierliche Heimtiere, man sollte aber nur Tiere halten, die aus einer Zucht stammen, deren Gesundheit vom Tierarzt überwacht wird.

10.1 Der einsame Hamster

10.1.1 Peter und sein Goldhamster

Peter kennt *Goldhamster* aus der Tierhandlung als muntere Spieltiere. Seit ein paar Wochen nun hat er selbst ein Goldhamsterweibchen. Doch den ganzen Tag über ist es nicht zu sehen. Erst am Abend scharrt es in einer Käfigecke, rennt im Laufrad oder klettert am Gitter, nagt daran und blickt hinaus. Was hat Peter falsch gemacht? Sein Käfig ist genau so eingerichtet, wie es ihm in der *Tierhandlung* gesagt wurde. Täglich erneuert er das Trinkwasser und füllt den Futternapf. Jede Woche wechselt er die Streu. Was fehlt dem Hamsterweibchen? Fühlt es sich vielleicht einsam?
Peter kauft ein Hamstermännchen und setzt es zum Weibchen in den Käfig. Kaum haben sich die Tiere gesehen und berochen, wetzen sie die Zähne. Das Weibchen jagt das Männchen in eine Ecke und versucht es zu beißen. Bevor es ernst wird, holt Peter das Männchen aus dem Käfig.

10.1.2 Goldhamster in Syrien

April 1930. In der Nähe der syrischen Stadt Aleppo gräbt ein Zoologe dem unterirdischen Gangsystem eines kleinen Säugetieres nach. In 2,5 m Tiefe stößt er auf die Wohnkammer und findet ein Weibchen einer kleinen Hamsterart mit 8 neugeborenen Jungen. Nur ein einziges Mal, fast 100 Jahre früher, hatte man solche *Goldhamster* gesehen. Der Zoologe nimmt 2 Weibchen und 1 Männchen mit und züchtet sie weiter.

● Alle Goldhamster, die heute vom Menschen gehalten werden, stammen von diesen Tieren ab.

Aus Beobachtungen in freier Natur weiß man nur wenig über das Leben des Goldhamsters. In seiner syrischen Heimat führt er ein *nächtliches Leben*. In den über 2 m tiefen *Erdbauen* ist er vor starken Temperaturschwankungen und Trockenheit geschützt. Legt ein Goldhamster einen neuen Bau an, gräbt er

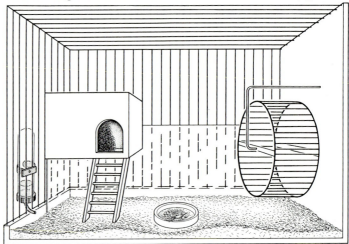

zuerst eine senkrechte *Fallröhre*. Ist sie tief genug, gräbt er ein verzweigtes Gangsystem, an dessen Ende die *Vorratskammer*, die *Nestkammer* und die *Kotplätze* liegen.

Im Schutz der Nacht kommt der Hamster an die Erdoberfläche. Sein dichtes, *seidenhaariges Fell* schützt ihn vor der Kälte. Vermutlich sucht er große Flächen der pflanzenarmen Landschaft ab, bis er genügend Nahrung gefunden hat. Seine großen *Backentaschen* fassen mehr als eine Tagesration. Die wichtigste Nahrung des Goldhamsters sind Samen und trockene Früchte. Er frißt aber auch Insekten. Den größten Teil des Wassers, das er benötigt, bezieht er aus der Nahrung.

● Goldhamster leben als *Einzelgänger*, die jeden Artgenossen aus ihrem Revier fernzuhalten versuchen.

Nur so reicht ihnen die Nahrung. Ihr Revier *markieren* sie mit einem Duftstoff, indem sie ihre Flanken an Steinen oder am Boden reiben. Wenn ein Weibchen paarungsbereit ist, wird ein Männchen für einige Stunden im Revier geduldet. 16 Tage nach der Paarung werden die Jungen als 2,5 g schwere, blinde und haarlose *Nesthocker* geboren. Etwa 4 Wochen leben Mutter und Jungtiere einträchtig zusammen. Je älter die Junghamster werden, desto ernsthafter und kampfbetonter werden ihre Spiele, um so häufiger werden sie auch von der Mutter wie Eindringlinge angegriffen. In der 5.–6. Lebenswoche werden die Jungen geschlechtsreif. Dann löst sich die Familie auf. Die jungen Hamster suchen sich ihre eigenen Reviere.

10.1.3 Was Hamster wirklich brauchen

Hätte Peter mehr über die wilden Vettern seines Goldhamsterweibchens gewußt, wäre ihm manche Enttäuschung erspart geblieben. Goldhamster fühlen sich als *Einzelgänger* am wohlsten. Wenn sie nur trockenes Futter bekommen, muß man ihnen auch Wasser geben. Als *Bodentiere* brauchen sie genügend *Streu*, damit sie graben können, und ein dunkles Versteck. Das Laufrad ersetzt die *weiten Wegstrecken*.

219.1 *Der einheimische Feldhamster wird etwa doppelt so groß wie der Goldhamster. Wie Goldhamster leben auch Feldhamster als Einzelgänger in Revieren. Die jungen Hamster auf dem Bild sind schon beinahe erwachsen. Bald werden sie von der Mutter vertrieben.*

219.2 *Erdbau eines Goldhamsters.*

219.3 *Die Heimat des Goldhamsters ist eine trockene Steppenlandschaft im Nordwesten von Syrien. Heiße Sommer und kühle Winter, in denen oftmals Schnee fällt, kennzeichnen ihr Klima.*

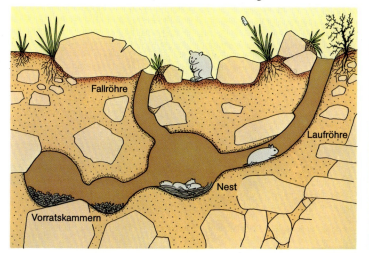

220.1 *Kaninchen vor ihrem Bau.*

220.2 (unten) Das Frettchen stammt vom Iltis ab. Es wird seit Jahrhunderten gezüchtet und zur Kaninchenjagd abgerichtet.

220.3 (rechts) Der Kaninchenbau wird von allen Tieren einer Kolonie gemeinsam gebaut. In einiger Entfernung vom Hauptbau graben die Weibchen bis zu 3 m lange, blind endende Röhren, sogenannte Satzröhren. In ihnen bringen sie ihre Jungen zur Welt.

10.2 Kaninchen und Hasen

10.2.1 Kaninchen am Bau

Am hellen Tag zeigt sich nur selten ein *Kaninchen* am Ausgang seiner Wohnröhre. Erst gegen Abend regt sich Leben am sandigen Hang. Im Loch neben dem Ginsterbusch sieht man eine Schnauze. Ein Tier schnüffelt, um zu prüfen, ob die Luft „rein" ist. Erst dann verläßt es die Röhre. Bald erscheinen weitere Tiere, ein Dutzend allein aus diesem Bau.

● Einige hundert Kaninchen können in *Kolonien* in enger Nachbarschaft leben.

Beobachtet man die Tiere über längere Zeit, kann man erkennen, daß sie nicht nur zusammen in einem *Bau* wohnen. Sie äsen auch miteinander. Alle jungen Kaninchen wachsen *zusammen* auf und spielen gemeinsam. Trommelt ein Männchen mit den Hinterbeinen auf den Boden, flitzen alle wie auf Kommando zu ihrem Bau. Ein aufmerksames Tier kann auf diese Weise die ganze Kolonie warnen.

Kaninchen haben viele *Feinde*. Dem Steinmarder, der Katze, der Krähe, dem Habicht, dem Uhu und dem Waldkauz können sie durch Flucht in den Bau entkommen. Vom Iltis werden sie jedoch bis in den Bau hinein verfolgt. Der Bau ist aber nicht nur Zufluchtsstätte. Das ganze Leben der Kaninchen spielt sich in seiner unmittelbaren Umgebung ab.

In der *Fortpflanzungszeit*, zwischen Januar und Juli, bringen die Weibchen im Bau bis zu dreimal 4–12 Junge zur Welt. Junge Kaninchen sind *Nesthocker*, die nach einer Tragzeit von 30 Tagen nackt, zahnlos, blind, wärmebedürftig und fast unbeweglich geboren werden. Erst nach 4 Wochen sind sie selbständig. Von allen Jungen, die von einem Weibchen in einem Frühjahr geboren werden, erleben im Durchschnitt nur 9 Kaninchen den Winter. Unter günstigen Bedingungen können die Jungen aus dem 1. Wurf noch im selben Jahr ebenfalls Junge bekommen.

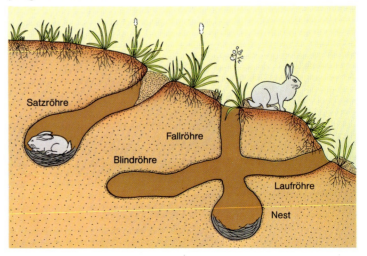

220

10.2.2 Hasen auf dem Feld

Viele Menschen können Hase und Kaninchen nicht voneinander unterscheiden. Kannst du es? Bild 223.3 zeigt beide Tiere im Vergleich. Sie sind eng verwandt, aber Hasen verhalten sich ganz anders als Kaninchen.

● Der Feldhase ist ein Einzelgänger mit einem weiten Revier. Nur zur Paarungszeit finden sich die Hasen zusammen. Ihr ganzes Leben verbringen sie unter *freiem Himmel*. Tagsüber liegt der Hase in einer *Sasse*. Das ist ein offenes, ungepolstertes Lager im Kleefeld, zwischen den Schollen eines Sturzackers, am Wiesenrain oder im lichten Wald. In der Dämmerung äst der Hase. Liegt er in der Sasse, so verhält er sich völlig ruhig. Sein *tarnfarbenes Fell* macht ihn für viele Feinde unsichtbar. Doch sein Duft kann ihn verraten. Aber lange bevor ein Feind die Fährte des Hasen entdeckt und in die Nähe seines Lagers gekommen ist, hat ihn der Hase mit den Schalltrichtern seiner *Löffelohren* gehört oder mit der Nase gewittert. Reglos, alle Muskeln gespannt, verfolgt er jede Bewegung des Feindes. Im letzten Augenblick schnellt er sich dann aus der Sasse und jagt davon. Auf der Flucht ist der Hase seinen Feinden überlegen. Sein ganzer *Körperbau ist auf Schnelligkeit und Ausdauer eingestellt*. Im vollen Lauf kann er Haken schlagen. Verfolger hätte er schnell abgeschüttelt, könnten sie nicht seine Spur riechen. Doch selbst das fällt ihnen schwer, denn der Hase läuft immer wieder ein Stück auf seiner Spur zurück und springt dann weit zur Seite. Mit diesen *Widergängen* und *Absprüngen* versucht er seine Feinde zu verwirren.

Zwischen März und September wirft die Häsin drei- bis viermal 1–4 Junge. Selbst in guten Jahren erlebt davon nur die Hälfte den Winter. Die *Tragzeit* ist mit 42 Tagen rund ein Drittel länger als beim Kaninchen. Die neugeborenen Hasen sind daher auch weiter entwickelt. Sie sind *Nestflüchter* und haben bei der Geburt bereits ein dichtes Fell und gut entwickelte Zähne, sie können sehen und hören. 4 Tage später flüchten sie bei

221.1 Feldhase.

Worin unterscheiden sich die jungen Feldhasen und Kaninchen von Bild 221.2 und 221.3? Erkläre, wie die Unterschiede mit der Lebensweise der beiden Arten zusammenhängen.

221.2 und 221.3 Wenige Tage alte Feldhasen (links) und gleichalte Kaninchen (rechts).

221

Lege Transparentpapier auf Bild 222.1! Zeichne „Hasengebiet" und „Kaninchengebiet" mit verschiedenen Farben ein. Wie sehen die bevorzugten Lebensräume von Hase und Kaninchen aus?

Gefahr schon auseinander. Die Häsin läßt ihre Jungen tagsüber allein. Nur nachts kommt sie für kurze Zeit zum Säugen. Nach 2–3 Wochen sind die jungen Hasen selbständig.

10.2.3 Die ungleichen Verwandten

Vergleichst du Feldhase und Kaninchen, so mag dir der Hase von der Natur benachteiligt vorkommen. Kein Unterschlupf schützt ihn vor Unwetter und Feinden. Kein Artgenosse warnt ihn vor dem nahenden Feind. Schon als ganz junges Tier ist er auf sich allein gestellt. Trotzdem gibt es Lebensräume, in denen der *Hase* als *Einzelgänger* gegenüber dem *gesellig lebenden Kaninchen* Vorteile hat. Die Kaninchen meiden ebenes Gelände, da es ihnen wenig Deckung gibt. Auch felsigen oder lehmigen Boden, der das Graben erschwert, besiedeln sie nicht. Wo aber das Gelände ausreichend Deckung gewährt und der Boden locker genug ist, sind die Kaninchen zahlreich.

222.2 Kaninchen in Australien.

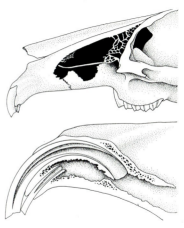

10.2.4 Eine Plage und ihr Ende

Im 18. Jahrhundert brachten europäische Einwanderer *Hauskaninchen* nach Australien. Einige dieser Tiere verwilderten und entwickelten sich, da ihnen Klima und Boden zusagten, in wenigen Jahrzehnten zu einer *Landplage*. Schließlich lebten über 1 Milliarde Kaninchen in Australien. Da sie wertvolles Weideland vernichteten, errichtete man Zäune, vergiftete die Wasserstellen, versprühte mit Flugzeugen Gift, pflügte ihre Baue um, fing die Kaninchen in Fallen und schoß sie in Mengen. Trotzdem wurde man nicht Herr der Plage. Auch Füchse und Wiesel, die man aus Europa nachholte, konnten die riesigen Bestände kaum verringern.

● 1938 infizierte man einige Kaninchen mit dem Erreger der Kaninchenseuche.

Stechmücken, vor allem aber Kaninchenflöhe übertragen die Krankheitserreger beim Blutsaugen von Kaninchen zu Kaninchen. Zunächst griff die Seuche nur langsam um sich. Nach einigen Jahren jedoch breitete sie sich so stark aus, daß in weiten Gebieten Australiens nur 10 % der Kaninchen überlebten.

10.2.5 Regeln für das Zusammenleben?

Obwohl in einer Kaninchenkolonie viele Tiere leben, gibt es kein wildes Durcheinander, keine ernsthaften Kämpfe. Wie aber können so viele Tiere auf so engem Raum verträglich zusammenleben?

Beobachtet man genauer, dann sieht man, daß innerhalb einer Kolonie *Gruppen von 8–10 Tieren* besonders eng zusammenleben und zu anderen Gruppen Abstand halten. Jede Gruppe bewohnt ihr eigenes Gebiet. Wahrscheinlich *markiert* sogar jedes Kaninchen im Gebiet seiner Gruppe *ganz bestimmte Plätze*, wo es äst, in der Sonne badet, ruht und scharrt.

● Offenbar gibt es für das Zusammenleben der Kaninchen genaue Regeln.

Auch bei anderen Tieren, die gesellig leben, läßt das verträgliche Nebeneinander auf eine besondere Ordnung schließen. Welche Regeln sind das? Woher sind sie den Tieren bekannt?

223.1 und 223.2 Oberkiefer eines Kaninchens. Die beiden gebogenen Schneidezähne, die Nagezähne, sind nur an ihrer Vorderseite von hartem Zahnschmelz bedeckt. Das dahinter liegende, weichere Zahnbein nutzt sich deshalb schneller ab, die Zähne bleiben scharf. Da die Schneidezähne wurzellos sind, wachsen sie ständig nach. Hinter den Schneidezähnen stehen 2 kleine Stiftzähne.

Welche Unterschiede fallen dir im Bild 223.3 zwischen Feldhase und Kaninchen auf?

223.3 Feldhase und Kaninchen im Vergleich.

10.3 Ordnung auf dem Hühnerhof

10.3.1 Kämpfe helfen Streit vermeiden

Fütterung auf dem Hühnerhof. Obwohl kaum die Hälfte der Hühner an der Schütte Platz findet, geht alles *geordnet* zu. Kein Huhn streitet mit dem anderen ums Futter, die Wartenden drängeln auch nicht. Es sieht ganz so aus, als würden alle „wissen", wann sie an der Reihe sind. Die gleiche Ordnung herrscht auch an den anderen bevorzugten Plätzen: beim Staubbad, an der Tränke, auf den Schlafstangen.

Markiert man einzelne Tiere einer Hühnerschar, so kann man die Rolle, die jedes Tier spielt, genau beobachten. Es zeigt sich, daß *jedes Huhn* innerhalb der Gruppe *einen ganz bestimmten Rang* einnimmt.

● Je höher der Rang eines Huhnes ist, um so mehr Vorrechte hat dieses Huhn.

224.1 (unten)   So kann man sich schematisch die Rangordnung in einer Hühnerschar vorstellen.

224.2 (rechts)   Hühner am Futterplatz. Nur noch wenige Hühner werden heute auf diese Weise gehalten.

Bringt man Hühner von verschiedenen Gruppen zusammen, finden in den ersten Tagen *heftige Kämpfe* statt. Die Tiere springen sich an, hacken einander und reißen sich sogar Federn aus. Jeder kämpft gegen jeden. Wer besiegt wird, steht danach im Rang unter dem Sieger. Ist der Rang festgelegt, kommt es nur noch vereinzelt zu *Rangordnungskämpfen*.

10.3.2 Experimente mit Hühnern

Welche Schlüsse kannst du aus den folgenden Versuchsergebnissen ziehen?

– Zu einer Hühnerschar mit eingespielter Rangordnung wird *ein neues Tier gebracht*. Am ersten Tag wird es von jedem Gruppenmitglied angegriffen. Am Abend betritt es als letztes den Stall.

– Aus einer Gruppe von Hühnern mit eingespielter Rangordnung wird *das ranghöchste Tier herausgenommen*. In den folgenden Tagen kommt es häufig zu Rangstreitigkeiten.

224.3   Hühner in einer Legebatterie.

224

– Küken werden *nach dem Schlüpfen jedes für sich aufgezogen*. Nach 8 Wochen setzt man sie zusammen. Sofort kämpfen die Tiere miteinander.
– Ein Huhn wird für 6 Wochen aus seiner Schar entfernt und dann zurückgebracht. Hühnern, die vor der *Trennung* im Rang über ihm standen, weicht es aus. Rangniedere hackt es.
– Einem ranghohen Huhn wird das *Gesicht farbig bemalt*. Daraufhin wird es von Rangniederen angegriffen.

10.3.3 Käfighühner

Fütterung in der *Legebatterie*. Futterautomaten geben jedem Tier die berechnete Menge Kraftfutter. In 3 Stockwerken sitzen die Hühner übereinander. 4 oder 5 Hühner teilen sich einen Drahtkäfig von 43 × 40 × 40 cm. Automatische Förderbänder schaffen den Kot weg, der durch das Bodengitter der Käfige fällt. Fangvorrichtungen nehmen die Eier auf.

225.1 *Mit Hilfe der Markierung kann man die Rangordnung in einer Gruppe ermitteln.*

Welche Rangordnung vermutest du bei den Hühnern in Bild 225.1?

Die *Vorteile* solcher *Massenhaltung* sind eindeutig: Maschinen übernehmen die zeitraubende und unangenehme Arbeit des Ausmistens und Fütterns. Die Gesundheit der Tiere läßt sich gut überwachen. Eier und Hühnerfleisch werden kostengünstig erzeugt, ihre Qualität ist einheitlich. Aber die Käfighaltung hat auch große *Schattenseiten*:

● Regeln, die jedes Tier von Geburt an kennt, bestimmen das Leben in der Hühnerschar: Achte auf die anderen! Richte dich nach ihrem Verhalten! Verliere den Anschluß nicht! Verteidige deinen Rang! Nütze jede Gelegenheit, deinen Rang zu verbessern!
Käfighühner können keiner dieser Regeln folgen.

Kein unterlegenes Tier kann seinen Käfignachbarn aus dem Weg gehen. Daher spielen sich oft erbarmungslose *Beschädigungskämpfe* ab. Meist sind die Käfige so eng, daß die Tiere nicht einmal ihr Gefieder pflegen können. Dabei fordert das Tierschutzgesetz die „verhaltensgerechte Unterbringung".

226.1 An Wasserlöchern und bei den großen Wanderzügen sieht man in den Zebraherden häufig Gnus und Antilopen.

226.2 Jedes Zebra hat sein eigenes Streifenmuster!

226.3 und 226.4 Zebras untersuchen ein „Zebra", das aus Holz und Leinwand nachgebildet wurde.

226.5 Ziehende Zebras.

10.4 Herden in der Serengeti

10.4.1 Gruppen in der Masse

Im Buschflugzeug über der *Serengeti-Steppe*. Weit verstreut über das frisch ergrünte Grasland weiden Tausende von *Gnus, Zebras* und *Gazellen*. Aus der Luft erkennt man, daß sich die *großen Herden aus kleinen Gruppen* zusammensetzen. Kommt ihnen das Flugzeug zu nahe, ergreifen die Tiere die Flucht. Dann schließen sich die Gruppen enger zusammen, trennen sich aber schnell wieder, wenn die Gefahr vorbei ist. Ob aber immer dieselben Tiere in einer Gruppe sind, läßt sich vom Flugzeug aus nicht erkennen. Auch mit dem Geländewagen sind solche Beobachtungen schwierig. Erst nachdem man eingefangene Zebras markierte, erfuhr man mehr über ihr Zusammenleben.

10.4.2 Das Familienleben der Steppenzebras

Die Gruppen der *Zebras* bestehen meist aus einem Hengst, mehreren Stuten und Fohlen. In diesen *Familiengruppen* kennen sich die Tiere *persönlich*. Jahrelang bleiben sie zusammen. Geht auf Wanderungen oder bei Durchmischung mit anderen Gruppen ein Gruppenmitglied verloren, so wird es gesucht.
● Zebras erkennen sich an den unterschiedlichen Streifenmustern, aber auch an der Stimme und dem Geruch.
Die Familienmitglieder säubern sich gegenseitig das Fell. Je häufiger sich zwei Tiere beknabbern, desto enger sind ihre Beziehungen. Alte, kranke oder verletzte Tiere werden nicht verstoßen. Die anderen kümmern sich um sie und holen sie in die Gruppe zurück, wenn sie zurückbleiben.
Hyänen, Hyänenhunde und *Löwen* sind die gefährlichsten

227.1 Manchmal schließen sich Elefanten zu großen Herden zusammen. Selbst dann kann man Familienverbände noch gut erkennen.

Feinde der Steppenzebras. Bemerkt ein Tier Gefahr, stößt es einen kurzen *Warnlaut* aus. Haben die Zebras den Feind rechtzeitig erkannt, fliehen sie nicht, sondern versuchen, den Abstand zum Feind langsam zu vergrößern, ohne ihn aus den Augen zu lassen. Der Hengst bleibt als *Rückendeckung* immer etwas hinter der Gruppe.

Begegnen sich Zebrafamilien, nehmen die Stuten kaum Notiz voneinander. Die Hengste dagegen beriechen sich, reiben die Stirn aneinander und *begrüßen* sich mit kleinen Sprüngen; die Fohlen jagen sich im Spiel. Nur wenn die Jungstuten im Alter von 13–15 Monaten fortpflanzungsbereit werden, kommt es zu *Kämpfen* zwischen den Hengsten. Sie beißen sich, steigen aneinander hoch und schlagen aus. Jeder versucht, die jungen Stuten zu entführen und in seine eigene Familie aufzunehmen.

10.4.3 Graue Riesen mit Gemeinsinn

Eine *Elefantengruppe* auf dem Marsch. Die Leitkuh geht voran, ihr folgen die anderen Kühe. Die Kälber bleiben dicht bei ihren Müttern. Mit Brummlauten halten die Tiere Fühlung untereinander. Rund 16 Stunden sind Elefanten täglich auf Nahrungssuche. Sie sind schlechte Futterverwerter. Ein Tier benötigt durchschnittlich 100 kg Pflanzenkost am Tag. Es trifft die Tiere daher hart, wenn ihr Lebensraum durch neue Siedlungen mehr und mehr eingeschränkt wird.

Afrikanische Elefanten halten sich vorzugsweise in einem bestimmten *Heimatgebiet* auf. Sie leben meist in kleinen Gruppen von 6–15 Tieren zusammen. Es sind *Familienverbände* aus nahe miteinander verwandten Kühen und ihren Kälbern. Mehrere Familienverbände bilden zeitweise größere *Sippen-*

Betrachte Bild 226.3 und 226.4! Mit solchen Versuchen hat man herausgefunden, woran sich Zebras erkennen. Wie hättest du diese Versuche durchgeführt?

227.2 Die Serengeti, das bekannteste Reservat für Wildtiere in Afrika.

227.3 Ziehende Elefanten. Male die Tiere entsprechend Bild 226.5 an! Lies dazu den Text 10.4.3!

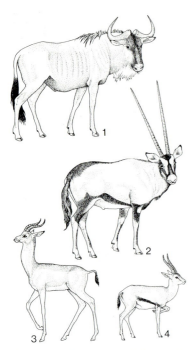

228.1 In der Serengeti leben auch viele Antilopenarten.
1 Streifengnu, 2 Ostafrikanischer Spießbock, 3 Giraffengazelle, 4 Thomsongazelle.

228.2 Säugetiere untergliedern ihr Revier. Es gibt darin bevorzugte Schlaf- und Ruheplätze (H_1, H_2, H_3), Stellen der Körperpflege (K, wie Suhlen, Wälzplätze, Scheuerbäume), Kot- und Harnplätze (HK), Badestellen (B), Hindernisse (H), Vorratsstellen (V), Futterplätze (F), Trinkstellen (T) und Markierungsstellen (M).

- - - Territoriumsgrenze
.... Schonzone
——— Wechsel
- - - - Nebenwechsel

gruppen mit bis zu 50 Tieren. Fast immer aber bleiben die Familienverbände einer Sippe auf Hörweite. Solche Sippengruppen bestehen, so vermutet man, meist länger als 100 Jahre. Erwachsene Elefantenbullen ziehen oft allein, schließen sich aber auch für kurze Zeit in kleinen Gruppen zusammen.

Zur *Begrüßung* und *Beruhigung* legen sich die Elefanten gegenseitig den Rüssel ins Maul. In der Familiengruppe haben einzelne Tiere besonders enge, *freundschaftliche Beziehungen* zueinander. Ältere Kälber kümmern sich oft wie Kindermädchen um die jüngsten Tiere. Dennoch bleiben die Tiere innerhalb der Gruppe Konkurrenten. Das kann man an den Wasserstellen, beim Suhlen und besonders beim Rangeln um beliebte Nahrungspflanzen erkennen. Hier wird die Rangordnung in der Gruppe deutlich. Sie ist bereits in früher Jugend durch spielerischen Kampf festgelegt worden. Später drohen sich die Tiere nur noch.

Außer dem Menschen brauchen erwachsene Elefanten keinen Feind zu fürchten. Jungtiere, die den Anschluß an ihre Gruppe verloren haben, werden aber leicht zur Beute von Löwen. Wittern Elefanten einen Feind, so schließen sich benachbarte Familien schnell zu Sippengruppen zusammen. Die Kälber in ihre Mitte nehmend, bilden sie eine dichte *Kampfgruppe*. Die Ohren sind drohend abgestellt, die Stoßzähne erhoben und die Rüssel schlagbereit aufgerollt. Größere Gefahr droht den Riesen durch umfallende Bäume, Steilhänge oder Sümpfe.

● In Gefahr versuchen Elefanten, sich *gegenseitig zu helfen*.

10.5 Einzelgänger und Herdentier im Zoo

10.5.1 Hasen hinter Gittern

Im Zoo von Basel war ein unscheinbarer Käfig mit *Feldhasen* jahrelang eine vielbesuchte Sehenswürdigkeit. Es ist nämlich schwierig, Feldhasen in Gefangenschaft zu halten. In dem engen Käfig kommen die Tiere ständig mit ihren Ausscheidungen in Berührung. Da Feldhasen besonders viele Krankheitserreger und Parasiten beherbergen, muß der Käfig alle 2 Tage gründlich gesäubert werden. Du weißt, daß Feldhasen Fluchttiere sind. Sobald jemand zu nahe kommt, versuchen sie in rasendem Tempo zu entkommen. In einem normalen Käfig verletzen sie sich dabei schwer. In Basel löste man dieses Problem, indem man die Hasen in einen zweiteiligen Käfig setzte. Während sich die Tiere in der einen Hälfte aufhielten, konnte die andere Hälfte gereinigt und mit Futter versehen werden, ohne daß die Hasen den Pfleger bemerkten. Da die Besucher zudem durch eine Absperrung auf 4 m Abstand gehalten wurden, blieben die Hasen ruhig.

Die meisten Tiere im Zoo lernen rasch, daß Gitter, Gräben und Absperrungen *Schutz vor dem Menschen* bieten.

● Alle Tierarten, die in Freiheit Reviere abgrenzen, betrachten auch den „Ersatzlebensraum" im Zoo als *Revier*.

10.5.2 Der „glückliche" Löwe

Wohin mit den vielen Löwen? Diese Frage bewegt die Zoodirektoren mehr als die Sorge um den Nachwuchs. *Fast dreimal soviele Junge wie in der Wildnis*, die kaum ein Zoolöwe je gesehen hat, vermag eine Löwin bei ausgewogener Ernährung, hygienischer Haltung und guter tierärztlicher Pflege großzuziehen. Auch eine Eigentümlichkeit im Verhalten der Löwen läßt diese Tiere im Zoo so gut gedeihen: Wilde Löwen verbringen *viele Stunden am Tag mit Ruhen, Dösen und Verdauen.* Wenn sie satt sind, genügt ihnen ein Ruheplatz mit Sichtschutz.

10.5.3 Schwierige Pfleglinge

Zebras, Antilopen, Elefanten und viele andere Tiere legen in freier Wildbahn täglich große Strecken zurück. Wie kann man sie da in den kleinen Zoogehegen überhaupt halten? Erstaunt stellt man fest, daß diese Tiere nicht einmal den ganzen Raum nützen, der ihnen im Zoo zur Verfügung steht. Der Grund: *Es fehlt der Anlaß zur Bewegung.* Die Tiere brauchen weder Nahrung zu suchen noch vor den Feinden zu fliehen. Aus diesem Bewegungsmangel ergeben sich aber viele Probleme für die Zootiere: Ihre Hufe oder Sohlen werden nicht genügend abgenutzt, die Gelenke nicht beansprucht. Hinzu kommt die *Langeweile*! Ein Elefant, der in der Wildnis 16 Stunden auf Nahrungssuche ist, hat im Zoo viel nutzlose Zeit.

● Die wichtigste Abwechslung für Tiere, die in Gruppen leben, sind die Artgenossen.

Das gilt für die genannten Tiere ebenso wie für Affen, Wölfe, Ponys, Papageien und viele andere. Hält man solche Tiere einzeln, werden sie stumpfsinnig und krank. Aber auch das Leben in der Gruppe hat seine Schwierigkeiten: Elefantenbullen werden in regelmäßigen Abständen für einige Tage so *angriffslustig*, daß ihre Pflege lebensgefährlich wird. *Rangordnungskämpfe* zwischen Antilopen fordern *Opfer*, wenn das unterlegene Tier nicht fliehen kann. Wird der Tierpfleger in die Kämpfe einbezogen, ergeben sich bei so starken Tieren wie Gorillas und Elefanten zusätzliche Probleme.

10.5.4 Warum überhaupt Zoos?

Wilde Tiere ihren Bedürfnissen entsprechend in Gefangenschaft zu halten, ist nicht leicht. Der Beweis dafür sind die schlecht geführten Tierparks und Tiergärten. Lohnen sich überhaupt die Mühe und die Kosten, die man heute für die Zoos aufwendet?

● Für viele Menschen sind Tiergärten der einzige Ort, an dem sie wilden Tieren begegnen können.

● Zahlreiche Einzelheiten über das Leben von Tieren kann man nur während ihrer Gefangenschaft erfahren.

● Immer häufiger werden Zoos zu einer modernen Arche Noah, einer letzten Zufluchtsstätte für Arten, die von der Ausrottung bedroht sind.

229.1   *Der „glückliche" Löwe.*

229.2   *Zebras im Zoo.*

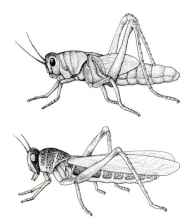

230.1 *Heuschreckenschwarm in Marokko.*

230.2 *Hüpfer und Fluginsekt der Wüstenheuschrecke.*

10.6 Insektenschwarm – Insektenstaat

10.6.1 Der Heuschreckenschwarm

„In der Baumsteppe bei Marrakesch war es am frühen Morgen noch ziemlich kalt. Soweit der Blick reichte, waren die Äste der Bäume und Sträucher mit rot und schwarz gefärbten Wüstenheuschrecken bedeckt. Später erfuhren wir, daß dies auf einer Fläche von 100 km^2 so war. Die Tiere waren noch starr vor Kälte. Als die Sonne höher stieg, krochen die Heuschrecken langsam von den Bäumen herunter und begannen in die gleiche Richtung zu laufen. Griff man nach ihnen, sprangen sie weg oder flogen auf. Gegen 9.00 Uhr wurde es richtig warm. Nun mußte man beim Umhergehen den Arm vor das Gesicht halten, weil die Tiere in Massen durch die Luft flogen. Am Horizont begann sich eine riesige rötliche Wolke vor die Sonne zu schieben. Ringsum wurde es dunkel: Milliarden von Heuschrecken waren unterwegs, auch die Tiere um uns herum. Wir konnten nichts mehr sehen und flüchteten ins Auto." So erlebte ein Europäer einen Heuschreckenschwarm in Marokko.

Nur wenige Heuschreckenarten, darunter die *Wüstenheuschrecke* und die *Marokkanische Wanderheuschrecke*, zeigen ein solches Schwarmverhalten.

In Jahren mit intensivem Pflanzenwuchs und günstiger Witterung vermehren sich die Heuschrecken stark. Auch ihr *Verhalten ändert sich.* Sie halten keinen Abstand mehr voneinander, sondern laufen miteinander. Die Larven, die sich aus den Eiern dieser Heuschrecken entwickeln, sind dunkler gefärbt als sonst. Sie bleiben noch enger beieinander und pflanzen sich gleichzeitig fort. Jedes Weibchen legt in 10 Gelegen zusammen bis zu 300 Eier. Die aus diesen Eiern ausschlüpfenden Larven laufen zunächst kreuz und quer durcheinander, dann streben sie mehr und mehr in die gleiche Richtung. Dabei überwinden sie ohne Rücksicht auf Verluste alle Hindernisse. Der *Hüpferschwarm* schafft etwa 20 km pro Tag. Die Tiere wandern, fressen, wandern und fressen. Dabei wachsen die Larven in wenigen Wochen von 8 mm Länge auf 20–30 mm heran. Sie häuten sich 6mal. Nach der letzten Häutung sind die Flügel schließlich fertig ausgebildet. Der *Schwarm der fertig ausgebildeten Insekten* fliegt in der Richtung weiter, die die Larven eingeschlagen hatten. Bis zu 500 km legen die Tiere nun an 1 Tag zurück.

Ein Heuschreckenschwarm frißt soviele Pflanzen, wie er selbst wiegt. 10 Milliarden Tiere mit je 2–3 g Körpergewicht fressen also zusammen bis zu 30 000 t. 1954 vertilgte in Marokko ein Heuschreckenschwarm in 5 Tagen 7000 t Orangen. Der Schaden betrug 20 Millionen DM.

Der Heuschreckenschwarm durchquert auch Wüstengebiete mit einer Lufttemperatur von 40° C. Nicht selten gehen dabei die meisten Tiere zugrunde. Auch wenn ein Schwarm aufs Meer gerät, ist er verloren. Die wenigen überlebenden Tiere verhalten sich *wieder wie Einzelgänger.*

10.6.2 Der „Staat" der Termiten

Termiten gehören zu den häufigsten Tieren der tropischen Regenwälder. Allein in Afrika gibt es über 600 verschiedene Termitenarten. Mit Holz aus Afrika kamen die gefürchteten Schädlinge auch nach Europa. Im warmen Untergrund der Großstädte, so in Hamburg, haben die tropischen Insekten gute Überlebenschancen.

● Termiten leben *immer in Gemeinschaft*. Man spricht vom „Termitenstaat". Einzeltiere sind allein nicht lebensfähig.

Obwohl Termiten so zahlreich sind, bekommt man sie nur selten zu Gesicht. Manche Arten leben in Fraßgängen in totem Holz. Andere legen Gänge im Boden an und fressen sich von dort aus ins Holz. Wieder andere bauen Nester. Besonders auffällig sind die steilen, pyramidenförmigen *Termitenhügel*. Sie sind bis zu 6 m hoch. Ihr Baumaterial ist eine Mischung aus Erde, Kot und Speichel. Zahlreiche Gänge verbinden

231.1 Ein Termitenbau kann bis zu 6 m hoch sein.

231.2 Die verschiedenen Mitglieder einer Termitenart.

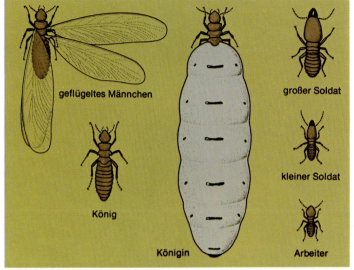

geflügeltes Männchen

großer Soldat

kleiner Soldat

König

Königin

Arbeiter

231.3 Im Schnitt durch den Termitenbau erkennt man die Kammer, in der die Königin ihre Eier legt. In anderen Kammern sind „Pilzgärten" als zusätzliche Nahrungsquelle angelegt. Der ganze Bau ist von einem System von Luftgängen durchzogen.

die Kammern untereinander. Unterirdische Gänge führen bis zum Grundwasser und zu abgestorbenen Baumstämmen.

In einem großen Nest hat man über 1 Million Tiere gezählt. Jedes dieser weißlichen Tiere stammt von der *„Königin"*, dem einzigen fortpflanzungsfähigen Weibchen, ab. Sie sitzt im Innern des Baues in der Königskammer. Über 10 Jahre lang legt sie täglich 8000–10000 Eier. Ihre Eierstöcke sind so groß, daß sie den Hinterleib weit aufblähen. Neben ihr sitzt der *„König"*, das einzige fortpflanzungsfähige Männchen. Er begattet die Königin von Zeit zu Zeit. Die Eier werden in benachbarte Brutkammern getragen.

Bei den Termiten gibt es unterschiedlich gestaltete *Arbeitstiere*. Leicht zu unterscheiden sind die *„Arbeiter"* und die *„Soldaten"*. Die Arbeiter graben Gänge, bauen das Nest und sammeln die Nahrung. Die Soldaten schützen den „Staat" mit ihren kräftigen Kieferzangen vor Eindringlingen. Neben die-

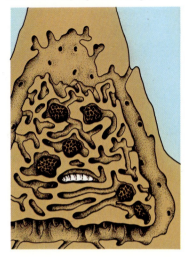

232.1 *Ameisenhügel der Roten Waldameise.*

232.2 *Eine Rote Waldameise trägt eine Fichtennadel zum Nestbau herbei.*

sen Soldaten gibt es Schleimwerfer, die Feinde beschießen. Die Soldaten müssen von den Arbeitern gefüttert werden. Gegenseitiges Füttern kommt im „Termitenstaat" häufig vor.

● Termiten haben eine unvollkommene Verwandlung. Selbst die jüngsten Larven sind schon arbeitsfähig.

10.6.3 Die Rote Waldameise

Am Rande der Lichtung liegt das Nest der *Roten Waldameise*, ein Hügel aus Nadeln, kleinen Zweigen und Erde. An den Öffnungen herrscht ein ständiges Kommen und Gehen. Die Staaten der Roten Waldameise bestehen aus 500 000 bis 800 000 Tieren. Die *„Arbeiter"* sind verkümmerte Weibchen. Die kleineren Tiere unter ihnen besorgen die Arbeit im Nestinnern. Sie betreuen Eier, Maden und Puppen und entfernen Kot und Leichen. Andere bauen Gänge und Kammern, wieder andere füttern die *„Königin"*. Die Nahrung wird von den größeren Außendienstarbeiterinnen beschafft. Ihre häufigste Beute sind Schmetterlingsraupen. Am Hereintragen der schweren Beute beteiligen sich oft mehrere Tiere. Ein großes Ameisenvolk trägt an einem Sommertag bis zu 1 kg Insekten ein.

Oft sieht man die Ameisen auf einer *Ameisenstraße* in einem langen, schmalen Zug. *Duftmarken*, die von Ameisen „gesetzt" werden, kennzeichnen den Weg. Meist enden diese Straßen an Baumstämmen. Die Ameisen klettern die Stämme hinauf, halten an einer Ansammlung von *Blattläusen* und betrillern deren Hinterende. Darauf geben die Blattläuse süßen Kot ab, den die Ameisen auflecken. Bis zu 1 kg „Honigtau" gelangen im Laufe eines Sommertages in das Ameisennest. Oft bleibt eine Arbeiterin als Wächter bei der Blattlauskolonie und verteidigt die „Milchkühe". Nachdem man eine dieser Wächterinnen markiert hatte, weiß man, daß sie ihren Posten 8 Tage lang tagsüber besetzt hielt. Nur abends ging sie ins Nest zurück.

Das Wichtigste in Kürze

Goldhamster sind Einzelgänger. Als Bodentiere führen sie ein nächtliches Leben. Wer Hamster richtig halten will, muß das wissen.

Wie unterschiedlich die Lebensweise auch nahe verwandter Tiere sein kann, zeigt der Vergleich von Kaninchen und Feldhase. Der Feldhase ist ein Einzelgänger, das Kaninchen lebt in Kolonien.

Für das Zusammenleben vieler Tiere in Gruppen gibt es Regeln. Versuche mit Hühnern haben gezeigt, daß bei ihnen jedes Tier einen ganz bestimmten Rang einnimmt, der in harten Rangordnungskämpfen festgelegt wird.

Bei der Tierhaltung in den Zoos versucht man, die natürliche Lebensweise der Tiere zu berücksichtigen. Heute werden die Zoos mehr und mehr zu einer Zufluchtsstätte für Tiere, die vom Aussterben bedroht sind.

◁ 233.1 So stellt man sich aufgrund von Fossilien die riesigen Sumpfmoorwälder vor, die in der Steinkohlenzeit vor 300 Millionen Jahren weite Teile der Erde bedeckten. Die Namen der Pflanzen und Tiere sind in Bild 245.1 erklärt.

234.1 Vergleiche die vereinfachten Baupläne von Vogel und Kriechtier mit dem Foto von Archaeopteryx! Wichtige Merkmale, die Archaeopteryx mit Vögeln oder Kriechtieren gemeinsam hat, sind rot eingetragen.

234.2 Archaeopteryx. Die abgebildete Platte ist 40 cm breit und 50 cm hoch. Sie wird im Museum für Paläontologie in Berlin (-Ost) aufbewahrt.

11.1 Ein Fund macht Geschichte

Sommer 1861. Ein Steinbruch in der Nähe von Solnhofen in der Fränkischen Alb. Arbeiter entdecken in einer Kalkplatte das versteinerte Skelett eines Tieres. *Fossilien*, wie man solche Reste von Pflanzen und Tieren früherer Zeiten nennt, wurden im *Solnhofener Plattenkalk* immer wieder gefunden. Viele waren ungewöhnlich gut erhalten. Doch keiner der bisherigen Funde war so aufsehenerregend wie dieser. Mehr als 13000 Goldmark zahlt das Britische Museum in London. Wenige Jahre später wird einige Kilometer vom ersten Fundort entfernt erneut ein Fossil derselben Tierart geborgen. Es geht für einen noch höheren Preis an das Mineralogische Museum der Universität Berlin. Solnhofen wird weltberühmt.

Was macht diese Funde so wertvoll? Wenn du das Foto des zweiten Fundes mit den vereinfachten Bauplänen von *Kriechtier* und *Vogel* vergleichst, entdeckst du sicher das Besondere an diesem Fossil:

● Es weist einerseits Merkmale auf, die du nur von Vögeln kennst, andererseits solche, die man nur bei Kriechtieren findet.

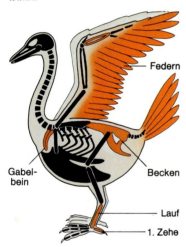

Federn
Gabelbein
Becken
Lauf
1. Zehe

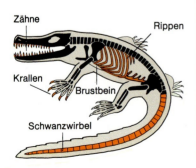

Zähne
Rippen
Krallen
Brustbein
Schwanzwirbel

Zu den *Vogelmerkmalen* gehört die *Befiederung*. Auf der Kalkplatte sind deutliche Abdrücke von Federn an den Vordergliedmaßen und am Schwanz zu erkennen. Einen V-förmigen Knochen, das *Gabelbein*, findet man ebenfalls nur bei Vögeln. Es wird von den Schlüsselbeinen gebildet, die miteinander verwachsen sind. Auch das *Becken* und das *Fußskelett* sind ähnlich gebaut wie bei den Vögeln.

Zu den *Kriechtiermerkmalen* gehören die *Zähne*. Vögel haben keine Zähne, ebensowenig einen langen *Schwanz* mit zahlreichen Wirbeln. An den flügelartigen Vordergliedmaßen erkennst du 3 freistehende *Finger mit Krallen*. Auf der Bauchseite liegen V-förmige Bauchrippen. Auch diese Merkmale gibt es heute nur bei Kriechtieren.

Zu welcher *Tierklasse* gehört nun das Tier, dessen Reste gefunden wurden? War es ein Kriechtier oder ein Vogel? Unter den Wissenschaftlern entbrannte über diese Frage ein heftiger Streit, ja das Fossil bekam sogar zwei verschiedene Namen: Die Kriechtieranhänger nannten es *Gryphosaurus problematicus*. Dies bedeutet ungefähr „die schwer zu deutende Rätselechse". Die Vogelanhänger gaben ihm den Namen *Archaeopteryx lithographica*. Das heißt soviel wie „der uralte Vogel aus dem Steindruckschiefer".

Die Wissenschaftler hatten es damals viel schwerer, die Frage „Vogel oder Kriechtier?" zu beantworten. Zu jener Zeit glaubten nämlich die meisten Biologen noch, daß alle Pflanzen- und Tierarten genauso erschaffen wurden, wie sie heute aussehen. Inzwischen weiß man aber, daß sich *viele Arten im Laufe langer Zeiträume und über viele Generationen hinweg verändert haben.*

Welchen Schluß zieht man heute daraus, daß es vor 150 Millionen Jahren – so alt ist das Fossil von Solnhofen – Tiere gab, die Vogelmerkmale und Kriechtiermerkmale auf sich vereinigten? Folgende Lösungen bieten sich an:

Das Fossil war
– ein Kriechtier;
– ein Vogel;
– sowohl Kriechtier als auch Vogel;
– weder Kriechtier noch Vogel;
– Vorfahre der heutigen Kriechtiere und Vögel;
– Vorfahre der heutigen Kriechtiere;
– Vorfahre der heutigen Vögel.

Um die richtige Lösung finden zu können, fehlen noch zwei Angaben: Man muß wissen, seit wann es Vögel und seit wann es Kriechtiere auf der Erde gibt.

Es gibt *kein älteres Fossil mit Schwungfedern* an den Vordergliedmaßen, *aber zahllose ältere Fossilien von schwungfederlosen Kriechtieren.* Daraus ergibt sich:

● Archaeopteryx – so nennt man das Fossil heute übereinstimmend – war einer der ersten Vögel, ein *Urvogel*.

● Die *Vögel stammen von Kriechtieren ab.*

235.1 *Alle bisher bekannten Urvogelfunde stammen aus den Plattenkalken von Solnhofen und Umgebung.*

Vogelmerkmale des Urvogels:
Federkleid;
Schädel mit Schnabel;
Flügel;
Gabelbein;
3 freistehende Finger mit Krallen;
Schambein des Beckens nach hinten gerichtet;
Fußwurzelknochen und Mittelfußknochen teilweise zum Lauf verschmolzen;
erste Zehe nach rückwärts gerichtet.

Kriechtiermerkmale des Urvogels:
Zähne;
Rippen ohne Versteifungsfortsatz;
flaches Brustbein;
Bauchrippen;
Schienbein und Wadenbein nicht verwachsen;
lange Schwanzwirbelsäule.

236.1 *Longisquama, ein kleiner Sau-*
rier, der vor 210 Millionen Jahren
lebte. Die langen, V-förmig angeord-
neten Schuppen auf dem Rücken
dienten wahrscheinlich beim Sprung
von Bäumen als „Fallschirm".

Warum ist es so schwierig, die Lebens-
weise des Urvogels eindeutig aus den
Fossilfunden zu erschließen?

236.2 *Verschiedene Rekonstruktio-*
nen von Archaeopteryx. Was war er
wirklich, ein Flieger, ein Baumkletter-
rer oder ein zweifüßiger Renner? Bis
heute ist die Lebensweise des Urvogels
nicht genau bekannt.

11.2 Wie sah Archaeopteryx aus?

Leider sind vom Urvogel bis heute nur versteinerte Skelette und einige Federabdrücke gefunden worden. Viele Fragen über das Aussehen und die Lebensweise dieser Tiere können deshalb nicht beantwortet werden. Durch *Vergleich* der Funde mit anderen Fossilien und mit lebenden Tieren kann man aber ziemlich sicher ausschließen, daß das *Gefieder* von Archaeopteryx weiß war, denn weiße Vögel leben heute entweder in der Schneeregion oder sie sind Schwimmvögel. Der Urvogel aber bewohnte wahrscheinlich die lichten Wälder an der Küste des Jurameeres. Ob sein Gefieder aber rot, braun, gelb oder gescheckt war, läßt sich nicht sagen. Man weiß nicht einmal, ob Archaeopteryx *fliegen* konnte. Manche Wissenschaftler halten ihn für einen *Baumkletterer*, der kurze Gleitflüge ausführen konnte. Für andere war er ein *bodenlebendes Tier*, das seine Beute im Lauf jagte. Aber sind dazu *Federn* notwendig?

In der Sowjetunion fand man das Skelett eines kleinen *Sauriers*, dessen Körper von *gekielten Schuppen* bedeckt war. Diese zeigen zwar einen viel einfacheren Bau als die heutigen Federn, aber sie schlossen Luft ein und isolierten so den Körper. Vielleicht war *Schutz vor Wärmeverlust auch die wichtigste Aufgabe der Federn des Urvogels.* Leider sind Fossilfunde nicht häufig genug, um einen genauen *Stammbaum der Tiere und Pflanzen* aufstellen zu können. Normalerweise entstehen auch gar keine Fossilien. Vielmehr beginnt schon bald nach dem Tode eines Lebewesens der Zerstörungsprozeß. Aasfresser suchen Nahrung, Pilze und Bakterien zersetzen die organische Substanz. Selbst Knochen und Zähne werden im Laufe der Zeit aufgelöst.

● Nur unter günstigen Bedingungen bleiben Reste von Tieren und Pflanzen als Fossilien erhalten.

11.3 Das Mammut im Eis

Der *Boden* in der Tundra Sibiriens und Alaskas ist fast das ganze Jahr über *tief gefroren*. Nur während der Sommermonate taut er an der Oberfläche auf. Schon vor Jahrhunderten entdeckten Pelzjäger auf ihren Streifzügen durch die Tundra *Kadaver von Mammuts*, die im Eis eingefroren waren. Viele von ihnen waren so gut erhalten, daß ihr Fleisch nach dem Auftauen noch von Tieren gefressen wurde. In den Sagen der Jäger hatten die Tiere als unterirdische Ungeheuer gelebt. Als sie an die Oberfläche kamen, waren sie beim Anblick des Lichts zu Eis erstarrt.

Die wissenschaftliche Untersuchung gut erhaltener Funde zeigte, daß das *Mammut zu den Elefanten gehört*. Wie diese hatte es einen *Rüssel, Stoßzähne* und *Säulenbeine*. Im Gegensatz zu den Elefanten hatte das Mammut aber ein *dichtes, dunkles Fell*. Bei einigen Funden war noch die Mähne aus Grannenhaaren zu erkennen, die bis zu einem halben Meter lang wurde. Am tiefgefrorenen Inhalt von Magen und Darm und an den Nahrungsresten zwischen den Zähnen konnte man erkennen, daß sich die *Mammuts* von Gräsern und Flechten der Tundra ernährten.

Die männlichen Tiere erreichten eine Schulterhöhe von 3 m, das ist etwas weniger als beim *Indischen Elefanten*. Der Kopf des Mammuts war groß, die Stoßzähne wurden bis zu 4 m lang. Als *fossiles Elfenbein* sind die Stoßzähne bis heute begehrt. Die Mammuts lebten während der letzten Eiszeit vor 10000–30000 Jahren am Rande der Gletscher. Wahrscheinlich sind die Tiere damals im Morast eingesunken und erfroren. Auch in unserer Heimat gab es früher Mammuts. Von ihnen findet man heute aber nur noch Skelette, insbesondere die dauerhaften Zähne.

● Die Mammutfunde in der Tundra sind das berühmteste Beispiel für *Konservierung durch Kälte*.

237.1 Das Mammut gehörte zu den wichtigsten Jagdtieren der Eiszeit- und Steinzeitmenschen. Die Tiere wurden in Fallen gelockt und von den Jägern mit Speeren und Steinen erlegt.

237.2 In der Grotte von Rouffignac in Südwestfrankreich malten eiszeitliche Jäger ihre Jagdtiere an die Felswand. In der Bildmitte zwei Mammuts.

237.3 Welche dieser Rekonstruktionen stimmt? Vergleiche mit Höhlenmalereien und den Funden im sibirischen Eis beantworteten zu Beginn dieses Jahrhunderts die Frage.

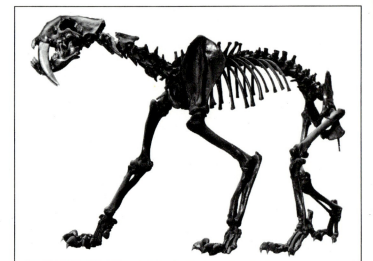

238.1 *Dort, wo heute Los Angeles liegt, gab es gegen Ende der Eiszeit große Asphaltsümpfe.*

238.2 *Skelett eines Säbelzahntigers. Es ist 1,5 m lang.*

238.3 *Verbreitungsgebiet des „Bernsteinwaldes" vor 40 Millionen Jahren in Skandinavien (grün) und heutige Fundorte von Bernstein (rot).*

11.4 Der Säbelzahntiger im Asphalt

Im Gebiet des heutigen Los Angeles in Kalifornien gab es früher große *Asphaltsümpfe*, die durch austretendes Erdöl entstanden. Nach einem Regen blieb über dem undurchlässigen Asphalt Wasser stehen. Viele Tiere wurden auf der Suche nach Trinkwasser von diesen Seen angelockt. Doch der Untergrund gab nach, sie sanken in den zähen Asphalt ein und gingen zugrunde.

● Viele Skelette blieben unter *Luftabschluß* im Asphalt bis heute als Ganzes erhalten.

Die Funde zeigen, daß es gegen Ende der Eiszeit, ehe die Indianer ins Land kamen, in Nordamerika Elefanten, andere Rüsseltiere, Riesenfaultiere, Kamele, viele kleine Säugetierarten und Wasservögel gab.

Auffällig ist der hohe Anteil von Raubtieren unter den Funden. Auch die *Säbelzahntiger* gehören dazu. Sie konnten mit ihren gewaltigen *Eckzähnen* auch dickhäutige, große Tiere erlegen. Wahrscheinlich wurden sie von den Schreien der verendenden Tiere angelockt und gingen selbst in die Falle.

11.5 Die Ameise im Bernstein

Eine Ameise läuft über die rissige Rinde eines Kiefernstammes. Ihr Vorratsmagen ist mit Nahrung gefüllt. Sie trifft eine Nestgenossin, hält an und füttert sie. In diesem Augenblick überfließt die beiden ein *Harztropfen*, schließt sie ein und konserviert sie bis heute. So gut und lebensecht ist der Erhaltungszustand, daß man meinen könnte, die Tiere hätten sich noch vor kurzem bewegt. Dabei sind sie schon fast 40 Millionen Jahre in ihrem „gläsernen Sarg" eingeschlossen. Seither sind manche Veränderungen erfolgt: Das flüssige Harz verfestigte sich zu *Bernstein*. Die inneren Organe, ja sogar der harte Chitinpanzer der eingeschlossenen Ameisen sind weitgehend verschwunden.

● Der *Abdruck* aber ist so genau, daß *feinste Einzelheiten* noch erkennbar sind.

Eine der bedeutendsten Fundstätten für Bernstein ist das Samland in Ostpreußen. Entstanden ist der Bernstein allerdings in einem Waldgebiet, das vor rund 40 Millionen Jahren das heutige Skandinavien bedeckte. Das fossile Harz lagerte sich zunächst im Waldboden ab. Später überflutete das Meer die Wälder und spülte den leichten Bernstein aus dem Boden. Meeresströmungen lagerten ihn weit entfernt vom Entstehungsort ab.

Neben den Einschlüssen vieler *kleiner Tiere*, wie Insekten, Spinnen, Milben und Tausendfüßlern, wurden im Bernstein auch *pflanzliche Fossilien* gefunden: Moose und Flechten; Zweige, Nadeln und Blüten von Nadelbäumen; Blätter, Knospen, Blüten, Pollen und Früchte von über 100 Laubgehölzen und Blütenpflanzen. Anhand dieser Funde kann man sich ein Bild davon machen, wie die *Bernsteinwälder*

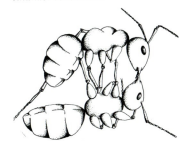

239.1 *Die beiden Ameisen wurden während der Fütterung von Harz überflossen und eingeschlossen. So deuten einige Biologen den Fund. Andere meinen, daß sich die Tiere beim Versuch, dem Harz zu entkommen, ineinander verkrallten.*

239.2 *Weibliche Wintermücke im Bernstein aus dem Samland. Durch den Druck des Harzes wurde ein Ei ausgepreßt.*

Was kann man tun, wenn man ein Insekt konservieren will? Kennst du eine Methode, die der Konservierung in Kunstharz nahe kommt?

aussahen. Es waren *lockere Kiefernmischwälder mit Zypressen, Palmen, Eichen und Kastanien.*

Über *größere Tiere* gibt der Bernstein kaum Auskunft. Eingeschlossene Haare und Federteile beweisen jedoch, daß auch Säugetiere und Vögel in diesen Wäldern lebten.

● Zwar sahen viele Pflanzen und Tiere in der „Bernsteinzeit" anders aus als heute, doch gab es vor 40 Millionen Jahren schon *alle wichtigen Pflanzen- und Tiergruppen.*

11.6 Das Urpferdchen aus dem Ölschiefer

25 km südlich von Frankfurt liegt am Nordrand des Odenwalds der Ort Messel. Fast 100 Jahre lang wurde dort in einem Steinbruch Ölschiefer abgebaut. Heute lohnt sich der Abbau nicht mehr. Die Schiefergrube Messel, inzwischen rund 1000 m lang, etwa 700 m breit und 60–70 m tief, sollte als Müllhalde

239.3 *Mottenlaus im Bernstein aus dem Libanon. Dieser älteste, fossilhaltige Bernstein ist 125 Millionen Jahre alt.*

240.1 Teilweise freipräpariertes Fossil eines Urpferdchens aus dem Ölschiefer von Messel. Es ist 50 cm lang.

240.2 Rekonstruktion eines Urpferdchens.

Nenne einige Merkmale, durch die sich das Urpferdchen vom heute lebenden Pferd unterscheidet!

240.3 Blick in die Grube Messel. Seit kein Ölschiefer mehr abgebaut wird, hat sich am Boden der Grube ein See gebildet.

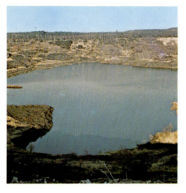

verwendet und wieder zugeschüttet werden. Dagegen erhob sich ein Sturm der Entrüstung. Weshalb?

Vor 50 Millionen Jahren war dieses Gebiet Teil eines großen *Fluß- und Seensystems*, in dem viele Pflanzen- und Tierarten lebten. Im ruhigen Seewasser sanken die abgestorbenen Pflanzen und Tierleichen auf den Grund und wurden in *Ton* und *Schlamm* eingebettet.

● Viele Skelette blieben vollständig erhalten, manchmal sind sogar die Weichteile noch erkennbar.

Auch die Zeit, in der diese Fossilien entstanden, ist von großer Bedeutung:

● Vor 50 Millionen Jahren entstanden *viele neue Arten von Säugetieren*. Die Funde in Messel sind daher von großer Bedeutung für die Erforschung der *Stammesgeschichte*.

Dies gilt beispielsweise für das *Pferd*. Die heute lebenden Pferde stammen von Vorfahren ab, die vor 60 Millionen Jahren in den Wäldern Europas und Nordamerikas lebten. Von Messel kennt man *Urpferdchen*, die nahe Verwandte dieser Pferdevorfahren waren. Da ihr *Skelett fast vollständig erhalten* blieb und außerdem noch *Teile der inneren Organe erkennbar* sind, weiß man sehr genau, wie diese Tiere ausgesehen haben: Die Urpferdchen waren viel *kleiner* als die heutigen Pferde, nur 0,5–1 m lang. An den Vorderbeinen hatten sie 4, an den Hinterbeinen 3 Hufe. Wegen des stark gekrümmten Rückens ähnelten sie manchen Antilopenarten. Besonders aufschlußreich war die Untersuchung des Mageninhalts. Man fand darin Blätter von Laubbäumen und schloß daraus, daß die ersten Pferde *blattäsende Waldbewohner* waren.

Neben den Urpferdchen fand man noch *weitere Säugetierfossilien*: Nagetiere, Insektenfresser und Fledermäuse. Manche von ihnen waren „mit Haut und Haaren" erhalten. Auch *Vögel* und *Kriechtiere*, wie Krokodile, Schlangen, Eidechsen und Schildkröten, *Lurche*, *Fische* und *Gliedertiere* wurden gefunden. Bei manchen Insekten waren sogar die Farben erkennbar.

11.7 Ammoniten und Nautilus

Ammoniten. In vielen Meeresablagerungen aus dem Erdaltertum und dem Erdmittelalter findet man Fossilien von ammonitenartigen *Weichtieren.* Ihren Namen verdanken sie dem altägyptischen Sonnengott *Ammon,* der häufig als Widder oder als Mensch mit Widderkopf dargestellt wurde. Deshalb werden Ammoniten auch als Ammonshörner bezeichnet.

Bei den Fossilfunden handelt es sich um die *Schalen* dieser Tiere. Manchmal sind die Schalen sogar noch im ursprünglichen Zustand erhalten. In den meisten Fällen wurden aber ihre Bestandteile im Laufe der langen Zeit *durch andere Stoffe ersetzt* oder ganz *aufgelöst.* Besonders häufig findet man Steinkerne, die aus dem zu Stein erstarrten Schlamm bestehen, der in das Gehäuse des toten Tieres eingedrungen ist.

Ammonitenschalen ähneln äußerlich Schneckenschalen. Wenn man aber die Längsschnitte durch Ammoniten- und Schneckenschalen vergleicht, findet man einen wichtigen Unterschied: Im Gegensatz zum Schneckenhaus ist das Ammonitengehäuse durch *Scheidewände* in zahlreiche Kammern unterteilt. Ammoniten gehören zum *Stamm der Weichtiere* und dort zur *Klasse der Kopffüßer.* Zu dieser Gruppe gehören auch *Krake, Kalmar* und *Sepia.* Allerdings besitzen diese kein Gehäuse, sondern lediglich einen *Schulp* als Innenskelett. Da man über die Weichteile der Ammoniten fast nichts weiß, läßt sich das Aussehen dieser Tiere nicht genau rekonstruieren.

Nautilus. Der einzige auch heute noch lebende Vertreter der Kopffüßer mit einer äußeren Schale ist das *Perlboot Nautilus.* Es lebt in den wärmeren Meeresteilen im Pazifik meist in größerer Tiefe. Nautilusartige Tiere gibt es seit über 200 Millionen Jahren. Deshalb bezeichnet man Nautilus auch als *lebendes Fossil.* Nautilus hat wie die Ammoniten ein spiralig aufgerolltes *Gehäuse.* Die vorderste Kammer dient als *Wohnkammer.* In ihr lebt das Tier. Die Mundöffnung mit dem *Kiefer* ist von etwa 90 kurzen *Fangarmen* umgeben. Sie tragen

241.2 *Schliff durch das Gehäuse eines Ammoniten. Beachte die Kammern!*

241.3 *Bauplan eines Nautilus. Ausgewachsene Tiere erreichen einen Schalendurchmesser von 18–30 cm.*

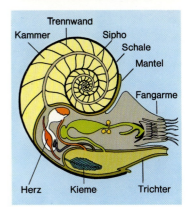

Trennwand
Kammer
Sipho
Schale
Mantel
Fangarme
Herz
Kieme
Trichter

242.1 *Blick in die teilweise mit Kristallen ausgefüllten Kammern eines Ammonitengehäuses.*

242.2 *Lobenlinie auf dem Steinkern eines Ammoniten.*

242.3 *Entstehung von Fossilien. Die jüngeren Schichten liegen über den älteren.*
Oben: Ammoniten
Unten: Belemniten. Sie waren Ammonitenverwandte mit stabförmigem Innenskelett.

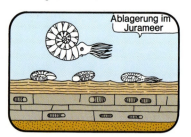

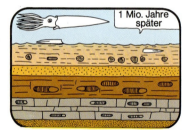

zwar keine Haken oder Saugnäpfe, können jedoch Beutetiere gut festhalten. Einige dieser Arme sind auf Riechen und Tasten spezialisiert. Unterhalb der Arme liegt der *Trichter*. Er ist muskulös und kann das Wasser aus der *Mantelhöhle* herauspressen. Dabei entsteht ein *Rückstoß*, der das Tier wie bei den anderen Tintenfischen mit dem Hinterende voran fortbewegt. In die Mantelhöhle hängen 4 federartige *Kiemen*. Außerdem münden hier die *Ausscheidungs-* und *Geschlechtsorgane*. Der ganze Körper ist von einem *Mantel* umgeben. Er liegt eng an der Wand der Wohnkammer an. Auf die Wohnkammer folgen bis zu 32 gasgefüllte „*Luftkammern*". Sie sind durch einen Schlauch, den *Sipho*, miteinander verbunden. Mit dem Sipho können die Kammern „geflutet" werden. Damit wird wie bei einem U-Boot Aufsteigen, Absinken und Schweben in gleicher Höhe ermöglicht. Wovon sich Nautilus in Freiheit ernährt, ist nicht genau bekannt. Wahrscheinlich beißt er aus lebenden Tieren oder auch aus Aas mit dem kräf-

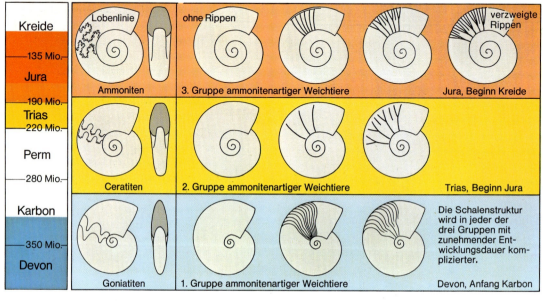

242

tigen Schnabel Stückchen heraus. Nautilus kann ziemlich *schnell schwimmen*, bei der Suche nach Nahrung manchmal sogar vorwärts. Dazu biegt er den Trichter um.

Vermutlich waren die *Ammoniten* in Aussehen und Lebensweise *dem Nautilus sehr ähnlich.* Aber schon die Frage, ob die Zahl der Fangarme so groß war wie bei Nautilus, kann weder aus dem Vergleich noch aus den Schalenfunden erschlossen werden. Ebensowenig ist klar, ob die Ammoniten wie der Nautilus 4 Kiemen besaßen oder ob sie, wie die übrigen heute lebenden Tintenfische, nur 2 Kiemen hatten.

Leitfossilien. Mehr als über die Lebensweise und den inneren Bau verraten die Schalenfunde über die *stammesgeschichtliche Entwicklung* der Ammoniten. Ein besonders wichtiges Merkmal ist dabei die Ansatzlinie der Kammerscheidewände an der Außenschale. Man bezeichnet sie als *Lobenlinie.* Bei den ersten ammonitenartigen Tieren, die vor 400 Millionen Jahren lebten, zeigte sie noch einen *einfachen Verlauf.* Bei den letzten Ammoniten am Ende der Kreidezeit war sie vielfältig *gewunden* und *gezackt.* Anhand der Lobenlinie lassen sich die ammonitenartigen Weichtiere *einem bestimmten Zeitraum der Erdgeschichte grob zuordnen.* Interessant ist, daß es bei ihnen *viele Arten* gibt, die nur *in ganz bestimmten Schichten* vorkommen. Sie haben also nur in der kurzen Zeit, in der „ihre" Schicht gebildet wurde, auf der Erde gelebt. Heute weiß man ziemlich genau, wann welche Art gelebt hat. Daher kann man die *Ammoniten zur Altersbestimmung* von unbekanntem Gestein verwenden: Findet man darin eine bestimmte Ammonitenart, kennt man sein Alter.

● Fossilien, die wie die Ammoniten einem ganz bestimmten Zeitabschnitt der Erdgeschichte zugeordnet werden können, nennt man *Leitfossilien*.

1 Fränkische Alb

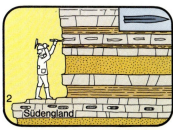

2 Südengland

3 Schweizer Jura

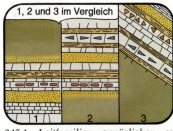

1, 2 und 3 im Vergleich

243.1 *Leitfossilien ermöglichen es, das Alter unbekannter Gesteine zu bestimmen.*

243.2 *Wie die Seiten eines Buches liegen die Gesteinsschichten im Grand Canyon des Colorado in den USA übereinander. Der Granit am Grunde der Schlucht ist mindestens 1,5 Mrd. Jahre alt.*

◁ 242.4 *Entwicklung der ammonitenartigen Weichtiere.*

244.1 Steinkohlenvorkommen in Europa.

244.2 Steinkohlenabbau in einem Flöz unter Tage.

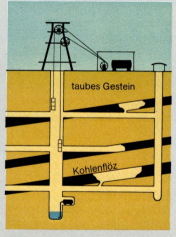

taubes Gestein

Kohlenflöz

244.3 Schnitt durch ein Steinkohlenbergwerk im Ruhrgebiet.

244.4 Schuppenbaum, Stamm.

244.5 Schuppen- und Siegelbaum.

244.6 Siegelbaum, Stamm.

244.7 Riesenschachtelhalm, Stamm.

244.8 Schachtelhalm und Cordait.

244.9 Cordait, Blätter.

11.8 Der Steinkohlenwald

Eine unserer wichtigsten Energiequellen ist auch heute noch die Steinkohle. Sie wird meist im Untertagebau aus *kohleführenden Flözen*, die zwischen taubem Gestein liegen, gewonnen. In der Bundesrepublik Deutschland findet man vor allem im Ruhrgebiet und im Saarland kohleführende Schichten. Sie können bis über 2 m dick werden. Manchmal sind in der Kohle *Reste von Pflanzen* zu erkennen. Solche Funde verraten, woraus sich die Kohle gebildet hat. Vor 300 Millionen Jahren war es bei uns subtropisch warm und feucht. Man nennt diese Zeit *Steinkohlenzeit* oder *Karbon*. Riesige *Sumpfmoorwälder* entwickelten sich damals. Umgestürzte Bäume, Äste und Laub versanken im sumpfigen Untergrund. Solange dieser sich senkte, bildeten sich mächtige Schichten aus toten Pflanzen. Von Zeit zu Zeit wurden sie überflutet, von Sand und Schlamm überschüttet und von der Luft abgeschlossen.

● Im Laufe vieler Jahrmillionen bildete sich auf diese Weise im Karbon *Steinkohle*.

Wo mehrere Kohlenflöze getrennt durch taubes Gestein übereinander liegen, wiederholte sich dieser Ablauf mehrfach.

Farnpflanzen: Die meisten Pflanzen des Steinkohlenwaldes gehörten zu den *Farnpflanzen*. Viele von ihnen waren aber viel größer als die heutigen Farne. Besonders häufig findet man Stammstücke von *Schuppenbäumen* und *Siegelbäumen*, die bis zu 30 m hoch wurden und einen Durchmesser von über 2 m erreichten. Das Schuppenmuster an den Stämmen und Ästen der Schuppenbäume stammt von der rautenförmigen Ansatzfläche abgefallener Blätter. Die Form der Blättchen und die Sporenzapfen lassen die Verwandschaft der Schuppenbäume mit den *Bärlappgewächsen* erkennen. Zu den Bärlappgewächsen gehörten auch die Siegelbäume. Das Siegelmuster auf der Rinde stammt bei ihnen ebenfalls von den Ansatzstellen der abgefallenen Blätter.

Riesenschachtelhalme, die *Calamiten*, bedeckten wie ein Röhricht aus mächtigen, bis 30 m hohen Bäumen das sumpfige Wasser der Verlandungszone.

Daneben kamen auch schon *Farnbäume* vor, die ihre Sporen nicht mehr abwarfen, sondern auf der Mutterpflanze einen kleinen *Vorkeim* entwickelten. Dieser bildete Keimzellen aus, die noch *auf der Mutterpflanze befruchtet* wurden. Der entstehende Keimling wurde mit einer Schale umgeben. So entstanden die *ersten Samen*.

Nacktsamer: Neben diesen *Farnsamern* traten in der Steinkohlenzeit die ersten *Nacktsamer* auf, die Vorfahren unserer Nadelbäume. Zu ihnen gehörten mit über 50 m Höhe die Riesen der Steinkohlenwälder, die *Cordaiten* (gesprochen: Korda-iten). Das waren schlanke Bäume, deren Krone sich dicht verzweigte. Die schmalen, bis zu 1 m langen Blätter saßen in Schöpfen am Ende der Zweige.

Bedecktsamer, zu denen alle Laubbäume, Sträucher und

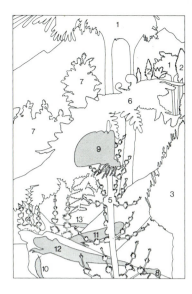

245.1 *Erklärung von Bild 233.1.*
1 *Schuppenbaum*
2 *Siegelbaum*
3, 4, 5 *Riesenschachtelhalme*
6 *Baumfarn*
7 *Cordait*
8 *Urschabe*
9 *Riesenlibelle*
10 *Tausendfüßler*
11 *Microbrachis (Kriechtier)*
12 *Dachschädler (Lurch)*
13 *Anthracosaurus (Kriechtier)*

Suche die auf S. 244 abgebildeten Pflanzen in Bild 233.1 !

246.1 Leitungs- und Festigungsein-
richtungen einer Landpflanze.

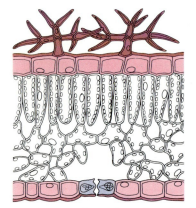

246.2 Querschnitt durch das Blatt
einer Landpflanze. Wachsschicht (rot)
und Härchen bilden einen Verdun-
stungsschutz. Verschließbare Spaltöffnungen (violett) regulieren die Wasser-
abgabe und ermöglichen die Aufnahme von Luft.

246.3 Eroberung des Landes durch
die Pflanzen. Nacktsamer und Bedecktsamer entwickelten sich zuletzt.

Kräuter gehören, gab es im Steinkohlenwald noch nicht.

Tiere. Es gab auch noch keine Vögel und Säuger. Von den
Wirbeltieren lebten zu jener Zeit *Fische, Lurche* und die ersten *Kriechtiere.* Aus der Gruppe der *Gliederfüßler* fand man
in der Kohle Fossilien von altertümlichen *Spinnen* mit geglie-
dertem Hinterleib und von fast 2 m langen *Tausendfüßlern.*
Unter den *Insekten* traten die ersten geflügelten Formen auf.
Die *Riesenlibellen* erreichten eine Flügelspannweite von
70 cm. Auch die Vorfahren der *Eintagsfliegen, Schaben* und
Schrecken gab es schon. Alle Insekten jener Zeit zeichneten
sich durch eine *unvollkommene Verwandlung* aus.

Gegen Ende der Karbonzeit wurde das Klima trockener. Die
feuchtigkeitsliebenden Farnpflanzen, aber auch die Lurche,
wurden mehr und mehr von Pflanzen und Tieren verdrängt,
die an die Trockenheit besser angepaßt waren. *Samenpflan-
zen* und *Kriechtiere* begannen in zunehmendem Maße das
Festland zu beherrschen.

11.9 Vom Wasser auf das Land

Pflanzen. Legt man *Wasserpflanzen* auf das Land, sinken sie
in sich zusammen und trocknen rasch aus. Im Wasser dage-
gen werden sie getragen. Austrocknungsgefahr besteht nicht.
Zudem bietet das Wasser Mineralstoffe und Kohlendioxid.
Landpflanzen haben es schwerer. Sie brauchen:
– Stützzellen, die ihnen Halt verleihen;
– Röhren, die Wasser und Mineralstoffe transportieren;
– Schutzeinrichtungen gegen Überhitzung und Strahlung;
– Spaltöffnungen für die Aufnahme von Kohlendioxid, die
  Abgabe von Sauerstoff und die Regelung der Verdunstung.
Pflanzenarten, die wie die *Moose* und *Farne* über solche Ein-
richtungen verfügten, konnten das Land besiedeln und an der
Luft leben. Im Laufe von Jahrmillionen rückten diese Pflan-
zengruppen vom Rande der Gewässer bis ins Innere der bis
dahin pflanzenlosen Kontinente vor. Das feste Land, wahr-
scheinlich eine Felswüste mit Wasserläufen, war zwar un-

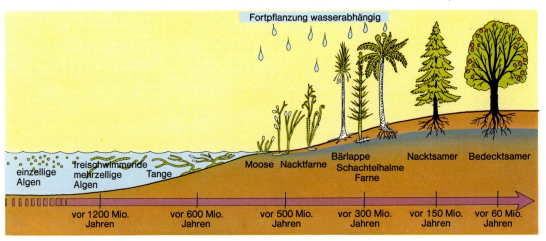

246

wirtlich, bot aber den *Pionieren* unter den Pflanzen *neue Entwicklungsmöglichkeiten.*

Tiere. Sie folgten den Pflanzen, die ihnen Nahrung und Schutz boten. Die ersten *Landtiere* waren *Gliedertiere.* Sie waren durch ihren Chitinpanzer vor Austrocknung geschützt. Unter den *Wirbeltieren* eroberte die Fischgruppe der *Quastenflosser* als erste das Land. Das war vor etwa 360 Millionen Jahren. Die Quastenflosser besaßen kräftige *Schreitflossen,* mit denen sie sich am Grund der Gewässer bewegen konnten. In Trockenzeiten krochen sie auf der Suche nach Gewässern sogar über Land. Mit einer Ausstülpung des Vorderarms, der *Lungenblase,* atmeten sie *Luft.* Aus den Quastenflossern entwickelten sich die *Urlurche,* die sich weiter vom Wasser entfernen konnten und schließlich nur noch zum Laichen auf das Wasser angewiesen waren. Aus Urlurchen wiederum entstanden *Urkriechtiere,* deren Nachfahren gut an das Leben auf dem trockenen Land angepaßt waren.

11.10 Der Vorteil der Warmblütigkeit

Die Körpertemperatur *wechselwarmer Tiere* ändert sich mit der Temperatur der Umgebung. An Land können die Temperaturunterschiede zwischen Tag und Nacht, aber auch zwischen Sommer und Winter sehr groß sein. Das wirkt sich auf die Lebewesen nachteilig aus, denn die *Stoffwechselvorgänge* in ihren Zellen *hängen stark von der Temperatur ab.* Am besten läuft der Stoffwechsel bei einer Temperatur ab, die ungefähr unserer Körpertemperatur von 37 °C entspricht.

Heute gibt es viele Tiere, deren Körpertemperatur unabhängig von der Umgebung immer die gleiche Höhe hat. Man nennt das *gleichwarm.* Die Temperatur liegt meist zwischen 35 und 42 °C. Darum spricht man auch von *Warmblütern.*

● Den ersten warmblütigen Tieren auf der Erde erschlossen sich neue Möglichkeiten: Sie konnten die kalten Gebiete der Erde besiedeln, aber auch in der kühleren Nacht aktiv bleiben, wenn sich andere Tiere zurückzogen.

Warmblütige Tiere zeigen folgende Merkmale:
– Ihre Zellen entwickeln mehr Wärme.
– Sie besitzen leistungsfähige Atmungs-, Verdauungs- und Kreislauforgane.
– Durch das Blut wird die Wärme im Körper verteilt.
– Die Wärmeregulation erfolgt durch ein eigenes Regelzentrum im Gehirn.
– Fett, Federn oder Fell sorgen für die Wärmeisolierung.
– Große Tiere haben Vorteile, weil bei ihnen das Verhältnis von wärmeabgebender Körperoberfläche zu wärmelieferndem Körperinhalt günstiger ist.

Die Erhöhung der Wärmeproduktion setzt voraus, daß mehr energiereiche Stoffe aufgenommen werden. *Warmblütige Lebewesen* müssen daher *mehr fressen* als wechselwarme.

Zu welcher Zeit der Erdgeschichte der Übergang von wech-

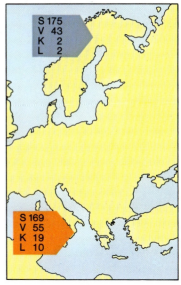

247.1 *Wirbeltierarten in Nordschweden und in Süditalien.*
S = Säugetiere, V = Vögel
K = Kriechtiere, L = Lurche

Vergleiche die Artenzahlen der aufgeführten Wirbeltierklassen in Nordschweden und Süditalien! Was stellst du fest? Versuche dafür eine Erklärung zu finden. Beachte dabei, daß Säugetiere und Vögel gleichwarm, Kriechtiere und Lurche wechselwarm sind.

247.2 *Die Smaragdeidechse ist ein wärmeliebendes Kriechtier. Ihr Hauptverbreitungsgebiet ist Südeuropa. In Mitteleuropa kommt sie nur in klimatisch günstigen Gegenden vor.*

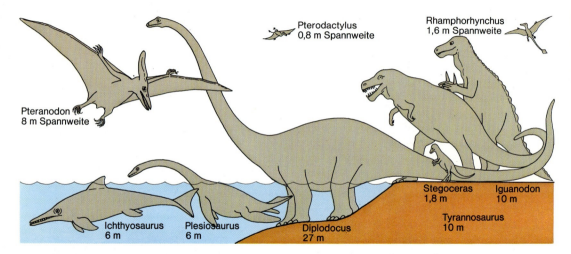

Pterodactylus
0,8 m Spannweite

Rhamphorhynchus
1,6 m Spannweite

Pteranodon
8 m Spannweite

Ichthyosaurus
6 m

Plesiosaurus
6 m

Diplodocus
27 m

Stegoceras
1,8 m

Iguanodon
10 m

Tyrannosaurus
10 m

248.1 *Saurier besiedelten das Land, die Meere und die Lüfte. Die kleinsten waren nur hühnergroß, die größten über 30 m lang. Sie erreichten ein Gewicht von 100 t. Warum diese erfolgreiche Tiergruppe am Ende der Kreidezeit ausgestorben ist, gehört auch heute noch zu den ungelösten Rätseln.*

Vergleiche Länge und Höhe von Diplodocus mit den Maßen deines Klassenzimmers!
Überlege, welche Schwierigkeiten sich für ein Tier dieser Größe ergeben! Welche Vorteile hat die Größe?

selwarmen zu gleichwarmen Tieren erfolgte, läßt sich nicht genau entscheiden. Findet man Reste von Haaren oder Federn, so kann man auf Warmblütigkeit schließen.

Kriechtiere. Wahrscheinlich waren die zu den Kriechtieren gehörenden *Vorfahren der Ursäugetiere* schon *warmblütig*. Es gibt Hinweise, daß auch schon einige *Dinosauriergruppen* warmblütig waren. Mit der Warmblütigkeit ließe sich erklären, warum diese Kriechtiere über einen Zeitraum von 140 Millionen Jahren die beherrschende Tiergruppe auf der Erde waren. Manche Wissenschaftler nehmen an, daß die *Vögel von warmblütigen Dinosauriern abstammen.*

Säugetiere. Mit dem *Aussterben der Dinosaurier* wurde der Weg frei für die vielfältige *Entwicklung der Säugetiere.* Diese Tiergruppe eroberte die Lebensräume der Dinosaurier, aber auch viele extreme Lebensräume. Fledermäuse fliegen ähnlich gut wie Vögel, Robben und Wale kehrten ins Meer zurück, Eisbären jagen im Treibeisgürtel der Arktis, Dromedare ertragen die Hitze und Trockenheit der Wüsten, Eichhörnchen, Marder und viele Affen leben auf den Bäumen.

● Nie zuvor hat eine Tiergruppe so viele verschiedenartige Lebensräume besetzt wie die Säugetiere.

> **Das Wichtigste in Kürze**
> Im Laufe der Erdgeschichte sind immer wieder neue Arten aus anders gebauten Vorgängern entstanden.
> Anhand von Fossilien kann man das Aussehen früher lebender Arten rekonstruieren und den Ablauf der Stammesgeschichte verfolgen. In einigen wenigen Fällen blieben Bindeglieder zwischen verschiedenen Gruppen erhalten. Archaeopteryx ist dafür ein Beispiel.
> Besonders wichtige Schritte in der Geschichte der Lebewesen waren die Eroberung des Landes und die Herausbildung der Warmblütigkeit bei Tieren. Sie zeigen, daß es den Lebewesen mehr und mehr gelang, neue Lebensräume zu erobern und sich an neue Lebensbedingungen anzupassen.

Erdzeitalter / Gliederung

Spalten (Gruppen):

- Bedecktsamer 250000
- Nacktsamer 800
- Farne 13000
- Moose 26000
- Pilze 90000
- Algen 14000
- Blaualgen 2500
- Bakterien 2000
- Kern-lose
- Einzeller 20000
- Schwämme 5000
- Hohltiere 10000
- Gliederwürmer 9000
- Gliederfüßler 850000
- Weichtiere 130000
- Stachelhäuter 6000
- Fische
- Lurche
- Kriechtiere
- Vögel
- Säuger

58000 (Fische, Lurche, Kriechtiere, Vögel, Säuger)

Zeitskala (links):

Ära	Periode	Alter
Erdneuzeit	Quartär	2 Mio.
	Tertiär	70 Mio.
Erdmittelalter	Kreide	135 Mio.
	Jura	190 Mio.
	Trias	220 Mio.
Erdaltertum	Perm	280 Mio.
	Karbon	350 Mio.
	Devon	410 Mio.
	Silur	435 Mio.
	Ordovicium	500 Mio.
	Kambrium	600 Mio.
Urzeit der Erde	Präkambrium	

Im Laufe der Erdgeschichte traten die verschiedenen Pflanzen- und Tiergruppen nicht gleichzeitig, sondern nacheinander auf. Als besonders erfolgreiche Pflanzengruppe erwiesen sich die Bedecktsamer. Unter den Tieren sind die Gliederfüßler heute am artenreichsten. Die punktierten Linien geben an, aus welchen Vorläufern sich die verschiedenen Gruppen wahrscheinlich entwickelt haben. Die Bedecktsamer stammen von Urnacktsamern ab, die Nacktsamer von Urfarnen. Farne, Moose und Pilze gehen auf Vorfahren zurück, die noch unbekannt sind. Was fällt dir auf, wenn du die Entwicklung der einzelnen Tiergruppen verfolgst?

Die Zahlenangaben für die Dauer der geologischen Zeiten entsprechen den neuesten Vorstellungen.

Register

Bildnachweis

Foto

T. Angermayer, Holzkirchen: 79.2, 91.3–5, 190.3, 208.1
K. Anslinger, Creglingen: 97.1
Anthony Verlag, Starnberg: 215.1, 216.3
Archiv für Kunst und Geschichte, Berlin: 26.1
Prof. Dr. E. W. Bauer, Nellingen-Ostfildern 2: 17.3, 23.3, 95.2, 98.1, 178.3, 198.1, 210.1, 217.2, 226.2, 231.1, 237.2, 243.2
Bavaria Verlag, Gauting: 9.6, 11.1, 13.2, 41.1, 118.2, 186.2, 194.2
W. Berberich, Mutterstadt: 38.1, 38.3, 38.7, 39.1, 49.1, 53.1, 63.3, 78.2, 98.3, 99.5, 106.2, 114.1, 148.2, 165.12, 207.3, 214.3, 220.2, 221.3, 223.1, 238.2, 240.2, 241.1–2, 242.1–4, 244.4–5, 244.7, 244.9
Dr. Biedermann/ZEFA: 11.2
Bildagentur Mauritius, Mittenwald: 68.1, 76.2
Bildarchiv für Medizin, München: 42.1, 45.1, 49.3, 51.3

Bildarchiv Schuster, Oberursel: 46.3, 51.1
BP, Hamburg: 182.1
Dr. W. Buff, Biberach/Riß: 13.1, 15.1, 16.1, 96.1, 96.3, 103.1, 104.3, 111.5, 119.3, 121.1, 189.1
A. Buhtz, Heidelberg: 145.1, 170.4, 171.1, 173.1–2, 176.1, 176.4, 224.3
Bundeszentrale für gesundheitliche Aufklärung, Köln: 54.1
Burda-Verlag, Offenburg, „Mein schöner Garten": 17.1
A. Christiansen, Rødovre, Dänemark: 131.1, 131.3, 132.1–2, 138.2–3, 149.1, 152.1
Th. Clemens, Varel: 214.2
B. Coleman Ltd., Uxbridge, Großbritannien: 225.1, 227.1
O. Danesch, Göfis: 72.3
J. Daudt/Arndt: 68.4, 83.1, 86.2
Dep. von Landbou-Tegniese Dienste, Pretoria, Südafrika: 230.1
Dürr Verlag, Leipzig 1886; aus: Das Buch Weinsberg: 47.1
Fera/ZEFA: 226.1

Fischwirtschaftliches Marketing Institut, Bremerhaven: 154.1–2
Prof. Dr. W. Frank, Stuttgart-Hohenheim: 46.1
Dr. G. Freytag, Hamburg: 161.3
Dr. G. Freytag/ZEFA: 9.4, 47.2
K. Gensel, Heidelberg: 118.1
Dr. W. Goll, Heidelberg: 170.5, 214.1
H. Gruhl, Albstadt: 181.6
Harstrick/Bavaria Verlag: 19.3, 119.2
J. Hasenmayer, Pforzheim: 207.1
Heil/ZEFA: 193.2
H. Huber, Garmisch-Partenkirchen: 185.1
JACANA, Paris: 190.5
A. Jung, Hilchenbach-Vormw.: 65.3, 144.3
M. Kage, Schloß Weisenstein: 124.2
K. Kemmner, Unterensingen: 12.3
Kirjayhtymä OY, Helsinki, Finnland: 89.2
Prof. Dr. H. Klaer, Johannesburg, Südafrika: 219.3
P. Kohlhaupt, Sonthofen: 186.1, 188.2–3
Kratz/ZEFA: 94.4
G. Krienke, Bad Dürkheim: 157.1, 180.1, 181.2, 181.7

K. Krischke, Baltmannsweiler 2: 64.2
H. Layer, Mannheim: 212.1
J. Lieder, Ludwigsburg: 31.2, 34.1–3, 35.2, 62.2, 71.3, 82.2–3, 133.3, 149.2
H. Löhr, Koblenz: 118.4, 190.2
Luftbild Brugger, Stuttgart: 89.4, 95.1
Muschenetz/Bavaria Verlag: 193.1, 197.3
Museum für Naturgeschichte, Berlin-Ost: 234.1
Naturfoto, Tisvilde: 171.8, 190.4
Naturmuseum Senckenberg, Frankfurt/M.: 240.3
L. Nilsson, Stockholm, Schweden: 43.2
Optisches Museum, Oberkochen: 26.2
Dr. G. Peters, Hamburg-Altona: 198.2
H. Pfletschinger, Ebersbach/Fils: 57.1, 58.1–2, 60.2, 61.5, 78.1, 81.4, 88.2, 118.3, 135.1–3, 136.2–3, 137.1–2, 143.3, 146.1, 232.1–2
G. Quedens, Norddorf/Amrum: 163.1–2, 164.1–3, 164.8, 165.4–6, 165.10–11, 170.3, 171.7, 175.1, 176.2
Rangnow/ZEFA: 229.2
Prof. Dr. W. Rauh, Heidelberg: 9.2, 24.1, 104.1, 113.2, 150.3, 187.2, 189.3, 192.2–3
Dr. L. Reinbacher, Kempten: 43.3, 44.3, 48.1
H. Reinhard, Eiterbach: 131.5, 220.1, 221.1
Dr. J. Reiss, Bad Kreuznach: 37.1
Reiter/Bavaria Verlag: 12.1
Dr. H. G. Rieche, Mannheim: 61.1–2, 65.2, 70.1–2, 72.2, 83.2–3
W. Rohdich, Münster i. W.: 181.1
Rust/ZEFA: 18.1
Dr. H. Sahling, Helgoland: 169.2
Dr. F. Sauer, Karlsfeld: 59.2, 68.3, 69.1–2, 86.1, 87.1, 112.2, 125.1–2, 131.2, 131.4, 137.3, 147.1, 160.2, 167.2–3, 168.2–3, 170.1, 172.2, 176.3
Sauer/Bavaria Verlag: 119.1, 133.1, 219.1
A. Schmidecker, Oberschleißheim: 218.1
Prof. Dr. K. Schmidt-Koenig, Tübingen: 216.1–2
Prof. Dr. H. Schneider, Godramstein: 126.2, 140.3
H. Schrempp, Oberrimsingen: 61.4, 68.2, 70.3, 76.1, 94.2–3, 98.5, 99.1, 108.1–3, 111.2, 111.7, 112.1, 224.2

W. Schwebler, Heidelberg: 21.1, 24.2
F. Siedel, Sande: 10.2, 110.2, 126.3, 140.2, 143.2, 144.1–2, 148.1, 150.5, 152.2, 159.1, 160.1, 164.7, 164.9, 166.1, 167.1, 170.2, 170.6, 174.3
Staatliches Museum für Naturkunde, Stuttgart: 239.2–3
Starck Filmstudio, Mannheim: 107.2
Starfoto/ZEFA: 94.1
Dr. H. Stehmann, Hamburg: 155.1
Dr. H. Streble, Stuttgart-Hohenheim: 28.2–5, 38.5, 116.1
Studio-tv-Film GmbH, Heidelberg: 30.2, 31.4, 65.4–5, 75.1, 156.1, 156.4, 157.3, 201.2, 202.2, 204.1, 205.2, 206.1
E. Suter, Luzern, Schweiz: 187.3
Teasy/ZEFA: 13.3
T. E. Thompson, Bristol, England: 153.1
Tierbilder Okapia, Frankfurt/M.: 222.2, 226.3–4
Time Life, New York, USA: 194.3, 196.1
Unterwasserkrause, Kiel: 158.3, 181.3, 181.8
E. Vasold, Bielefeld: 102.1
V-Dia-Verlag, Heidelberg: 105.1, 150.1, 179.1, 213.1, 244.2
H. Vender, Heidelberg: 205.3
H. Voigtmann, Hayingen: 181.4–5
J. Weber, Hannover: 92.2, 221.2
K. Wüstenberg, Radolfzell: 213.2
ZEFA, Düsseldorf: 23.1, 23.4, 48.2, 89.6, 99.3, 177.1, 191.1, 192.1, 217.1, 247.2
W. Zepf, Bregenz, Österreich: 61.3

Grafik

Hans-Jürgen Ellenberger, Markgröningen: 36.1, 37.2, 37.3, 38.2, 38.4, 38.6, 105.2, 106.1, 108.4, 114.2, 116.2, 116.3
Albert R. Gattung und Regine Gattung-Petith, Edingen-Neckarhausen: 16.3, 16.4, 19.2, 21.2, 22.2, 23.2, 25.2, 28.1, 45.1, 46.2, 47.3, 50.2, 58.3, 60.1, 63.1, 63.2, 69.2, 79.3, 97.2, 97.3, 98.2, 99.2, 107.1, 111.6, 113.3, 113.4, 117.1, 130.2,

132.3, 139.1, 147.2, 151.1–10, 162.1–3, 174.2, 178.1, 180.2, 189.2, 191.2, 191.3, 196.2, 197.2, 199.2, 205.1, 207.2, 210.3, 218.2, 222.1, 223.2, 223.3, 227.2, 228.1, 228.2, 230.2, 231.2, 231.3, 235.1, 236.1, 238.1, 238.3, 240.2, 244.1, 244.3, 245.1
Kurt Krischke, StD, Esslingen/N.: 9.1, 9.3, 9.5, 9.7, 11.3, 12.2, 14/15, 16.2, 17.2, 18.2, 19.1, 20.1, 20.2, 24.3, 27.1, 27.2, 28.6, 29.1–4, 30.1, 31.1, 31.3, 32.1, 32.2, 33.1, 34.4–6, 35.1, 39.2, 40.1, 40.2, 43.1, 44.1, 44.2, 45.2, 49.2, 50.1, 51.2, 59.1, 59.3, 61.6, 62.1, 62.3, 64.1, 65.1, 66.1, 66.2, 67.1, 67.2, 70.4, 71.1, 71.2, 72.1, 74.1, 75.2, 75.3, 76.3, 78.3, 78.4, 79.1, 80.1–3, 81.1–3, 81.5, 82.1, 82.4, 83.4, 84.1, 85.1, 86.3, 87.2, 88.1, 88.3, 88.4, 89.1, 89.3, 89.5, 89.7, 90.1, 91.1, 91.2, 92.1, 92.3, 93.1, 96.2, 96.4, 98.4, 99.4, 100.1, 101.1, 102.2, 103.2, 104.2, 104.3, 105.3, 108.5, 109.1, 111.1, 111.3, 111.4, 113.1, 117.2, 120.1, 121.2, 122.2, 123.1, 124.1, 124.3, 125.3, 126.1, 127.1, 128.2, 129.1, 130.1, 133.2, 133.4, 136.1, 138.1, 140.1, 140.4, 141.1, 142.1, 142.2, 143.1, 145.2, 146.2, 153.1, 156.2, 156.3, 156.5, 157.2, 158.2, 159.3, 160.3, 161.1, 161.2, 164/165, 166.2, 168.1, 170/171, 172.1, 173.3, 176.5, 177.2, 178.2, 179.1, 183.1, 184.1, 185.1–8, 187.1, 188.1, 190.1, 194.1, 197.1, 198.3, 201.1, 203.1, 206.2, 208.3, 209.1, 209.2, 211.1–4, 212.2, 219.2, 220.3, 224.1, 226.5, 227.3, 234.1, 237.3, 241.3, 242.3, 243.1, 244.5, 244.8, 246.1–3, 247.1, 248.1
Jörg Kühn, Heidelberg: 22.1, 73.1, 77.1, 115.1, 174.1, 195.2, 199.1, 203.2, 233.1, 236.2, 237.1
Sandro Nemo: 10.1
Fatio-Duvoisin, 1976, aus: Der glückliche Löwe: 229.1
Fischer-Verlag, 1977, aus: Norbert Kinder, Kunst und Katastrophen: 53.2
aus: Fuchs, Kräuterbuch, 1593: 110.1
aus: Ch. M. Schulz: Bleib am Ball, Charlie! 1972 by United Features Syndicate Inc.: 40.3

256

Bakterien

2000 Arten. Weltweit verbreitet. Einfach gebaute Zellen ohne Zellkern. Meist einzellig, sehr klein, kugel-, stäbchen-, komma- und korkenzieherförmig. Fast immer mit einfachen Geißeln.

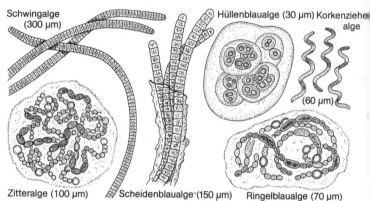

Kokken (1 μm)

Bazillen (5 μm)

Spirillen (50 μm)

Vibrionen (3 μm)

Blaualgen

2500 Arten. Vor allem im Süßwasser. Urtümliche Pflanzengruppe. Einzellig oder mehrzellig fadenförmig. Ohne Zellkern, immer mit Blattgrün. Ohne Geißeln. Einige ertragen Hitze bis zu 80 °C.

Schwingalge (300 μm)

Hüllenblaualge (30 μm) Korkenzieheralge

(60 μm)

Zitteralge (100 μm)

Scheidenblaualge (150 μm)

Ringelblaualge (70 μm)

Algen

30000 Arten. Fast durchweg Wasserpflanzen. Einzellige und vielzellige Formen mit Zellkern, meist mit Blattgrün. Vermehrung durch Sporen und Schwärmsporen.
Wichtigste Gruppen: Grüne Geißelträger (Euglena), Kieselalgen (Weberschiffchenkieselalge), Grünalgen (Sternalge), Rotalgen (Froschlaichalge), Braunalgen (Blasentang).

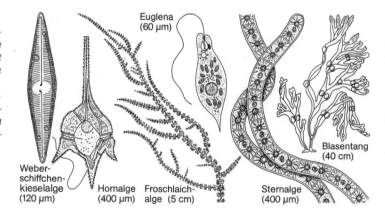

Euglena (60 μm)

Blasentang (40 cm)

Weberschiffchenkieselalge (120 μm)

Hornalge (400 μm)

Froschlaichalge (5 cm)

Sternalge (400 μm)

Pilze

90 000 Arten. Pflanzen ohne Blattgrün. Einzellige und vielzellige Formen. Vermehrung durch Sporen. Einzelne Pilzfäden werden Hyphen genannt. Hyphen bilden das Mycel. Wichtigste Gruppen: Niedere Pilze (Wasserschimmel), Schlauchpilze (Hefe, Pinselschimmel, Morchel), Ständerpilze (Baumschwamm, Schirmpilz).

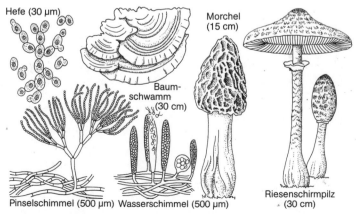

Hefe (30 μm)

Morchel (15 cm)

Baumschwamm (30 cm)

Pinselschimmel (500 μm) Wasserschimmel (500 μm)

Riesenschirmpilz (30 cm)